U0504512

李少鹏 著

朱熹晚年礼学思想研究

以《仪礼经传通解》为中心的考察

创于1897

商务印书馆
The Commercial Press

序

在中国思想史上，朱子之学开创了中国儒学的新发展局面，蔚为大宗。在中国学术史上，朱子之学素来备受关注：官府、私学倡扬，评议者不可胜数，历代学人多种视角的反复探研则积淀了丰富成果，从而构建了朱子理学、朱子经学、朱子史学、朱子文学、朱子文献学、朱子教育学等胜义纷披的朱子学学术畛域，其中又各自铺排，勾稽相关领域，俨成中国学术的一片富丽江山。朱子之学绵延的生命力在于其以集大成之姿态融贯先秦古学、汉唐故训及两宋当代学术菁华于一身，冶为一炉，淬炼而成。其学体大思深，蕴含丰富的学术生长点，至今世人尚难尽窥其堂奥，唯有慨叹其道之宏通，其义之幽邃，其术之精微。

著名经学家、文献学家林庆彰先生指出："朱子之学重博观泛览，故其遍注群书，并一一为之考据"，"宋人之中，须提出讨论者为大儒朱熹之考据学。朱子博极群书，其考据之语，分见《朱子语类》《朱子文集》与《朱子杂学辨》中。其考据之成就，约可分两点论之：其一，校勘古籍，如刘共父、张敬夫据胡文定家传本刻《二程集》，朱子贻书辨难，虽一字之异，一名之变，亦不惜旁稽博证。晚年更撰《韩文考异》，于校勘之方法颇多发挥，虽清儒亦自叹不如也。其二，辨订群书，如辨《伪古文尚书》《毛诗序》《左传》《礼记》及其他载籍。其中以疑《古文尚书》影响后人最大。然朱子并不以考据为治学之最终目的，故云：'论为学，考证已是末流，况此（指考草木）又考证之末流，恐自此不须更留意，却且收拾身心向里做些工夫。'朱子盖以考据为治学之一端而已，如以一端为全体，恐忘却身心修养等向内之工夫也。此种认识，最为正确。惜明、清考据家未能明其意耳"。（《明代考据学》）可见，仅朱子学之考据学一端，便有许多工作可以展开，便须就其所有著述具体深入地——挖掘其考据上的表现与价值等。少鹏的《朱熹晚年礼学思想研究》正执此端而为说，颇彰庆彰先生之论。

《仪礼经传通解》（以下或称《通解》）乃朱熹晚年纂集的礼学名著，是朱子礼学思想的重要体现。朱熹以《仪礼》为本，通贯三礼经传，重新分类编排礼学文本，汇辑相关礼学文献及经史资料，广取注疏，选撷各家论赞，随附按语，以解说三礼精义，昭示其礼学观，折射其宣扬性理的诉求。其编述中往往有所采据，遍散考证，明辨之功、考据之力在所不免矣。少鹏之书恰以《仪礼经传通解》为研究对象，通过排比朱子及门人有关编著活动的历史事实，梳理编纂经过，申明编刊意图，细研每条注疏含义，分析解经特点，归纳礼学成就，总结学术影响，以寻索朱子之学中考据之迹，抽绎其考证学之理念法式，究明其学流风所及之明清考据学之情状。少鹏之书抓住了朱子《仪礼经传通解》全著的考据学精神之一大端，与朱子的全部学风之关联，及后世继轨之所在，探赜索隐，沿波讨源，爬梳个人与时代的学术演变之痕，无疑摆脱了一般对解经类著述溺于碎片化研究的流弊，对其文献整理与考察活动赋以灵魂和精气。这是少鹏此书的一大亮点。

朱熹的礼学旨趣在《仪礼经传通解》中比较隐晦、分散地存在着。其隐见于《三礼》礼文的裁断、《通解》的纂修过程和编纂方式、解经体例的安排、汉注唐疏的取舍、当代三礼成果的选汰及附见的按说间，则又互见于《朱子家礼》，申发于《朱子语录》《朱子文集》中，非纵览《朱子全书》，细味《通解》文本，欲抉微发覆，有所彰明则绝不可能实现。在《仪礼经传通解》从编纂到按语的种种撰著措置中，少鹏精准地捕捉到了朱子对三礼学以礼化俗、通经致用意义的深切体悟，并予以透彻揭示。其书中称，朱子礼学有"存古"与"化俗"的倾向，两者"实为一体之两面：一方面要以古化俗，一方面要引俗复古，终究归结于治道，这正是朱子礼学的第一要义"。不仅如此，其书更将朱子《仪礼经传通解》与王安石、李如圭礼学，宋代礼制及《朱子家礼》相比较，在宋世三礼史、解经、治政、世风化育等视域下，通过分别与《周官新义》《仪礼集解》《朱子家礼》及朝廷礼仪制度的同中见异的比对，凸显出《通解》中朱子独特的礼学内涵，即以《仪礼》为尊，重视礼学的实践意义，致力于打通礼制与礼经之间的界限，以此践履礼的化育功用。《通解》所渗透的朱熹的理想是，把三礼作为治具，可能地、较好地服务于现实，而非仅为媒介，纯粹用于通过阅读"来体认经典结集年代的盛事或经典中所蕴藏的永恒的价值"。少鹏书中这些独到的见解，若无对宋代礼学史、礼仪制度沿革的鸟瞰及《通解》内容的全面审视，则不可得。此乃其书的第二个亮点。

亮点之三则数少鹏之书围绕《仪礼经传通解》的纂集，对参与搜采材料、分纂、结集和续写工作的朱熹门人群体的成长，以及朱子学派之形成、传承和发展给予关注。朱熹发端，黄榦、杨复继踵，吕祖俭、路德章、潘友恭、余正甫、蔡元定、吴必大、李

如圭、刘砥、刘砺、赵师夏、赵师恭、应㧑、詹体仁、叶贺孙、杨
楫、廖德明、杨方、杨简、刘光祖、刘起晦、孙枝、郑文通、郑宗
亮、潘㣧、潘柄、林学蒙、林夔孙、李闳祖、李方子、甘节、黄义
勇、张洽、李燔、胡泳、蔡念成、潘时举、黄士毅等朱门弟子、再
传弟子及友人等参加者几近四十人，影从者则不止于此。这里有
朱子学派几代学人礼学思想同迥的体现，更有当世朱子学派整体
风貌的展现。少鹏之书于此皆能条分缕析，娓娓道来，这对于深
入了解朱子学派的赓续流脉、学术宗旨、闽学派的奠基及规模阵
容都十分有益。

亮点之四则数少鹏之书对《仪礼经传通解》版本的董理。其
对国内域外，如中国国家图书馆、北华大学图书馆，日本东京、
京都、早稻田等大学，韩国中央图书馆、首尔大学奎章阁等处庋
藏的宋明清诸刻及朝鲜活字本情况进行了普遍掌握，对国内《四
库全书》本、《四库荟要》本、《四库存目丛书》本、《中华再造
善本》影宋嘉定残本、北京大学出版社影宋嘉定足本、王贻梁点
校本等亦加以多方收集，且比勘各本异同优劣，梳理源流关系，
尤其对诸处典藏的宋刻的网罗、比对，鲜明地突出了宋版书的版
本史及文献校勘价值。对主要版本特色、渊源的个案考述，也加
强了对《通解》文本传播，特别是作为域外汉籍流布探究的力度，
使之轨迹具象化而非泛化。

另外，在宏观与微观相结合的研究中，注重切实从《通解》
文本出发，提供充实的文献依据，论从史出，论从实出，不作凿
空之语，是少鹏之书又一个不可忽略的优长。比如对《通解》编
纂缘起、历程，解经内容、策略，经、记、传、注、疏、礼图各体
配合的编纂体式，撰述的发凡起例，珍贵传本的雠勘功用等方面

问题的分析，或广泛征引文献，或具体胪举文本实例，均能做到理据充分。尤其关于《通解》对清代礼学影响的阐释，不为空言，居然能细化到体例与具体问题上，指明或循朱子之径有所承继，或因朱子之启有所发挥，均能一一加以例说。在体例的影响上，如数家珍般胪述徐乾学、秦蕙田、江永、张尔岐、凌廷堪、黄以周等通礼著作，称举朱子首发，清儒继业之举；在具体问题的影响上，又能排比节目，举隅例证，不胜其细。由此而言，能以其细而成其宏者，能以其微观而铸其伟识者，少鹏之书也。

综观少鹏之书，能以朱子考据学风、礼学要义之纲，提举《通解》裁截章句之目，经纬结构，织作篇卷，使之不因《通解》星散的解经体而流于琐碎之诟病；又能结合史实、援采文献、条引经解，进而剖析阐发，舒展恣肆之论，使之不因考辨缺失而堕于空泛之泥淖。其于《通解》能发明幽隐，自竖见识，标举新说，颇多可观之处。可谓三礼学与朱子学领域又一新作。

略有憾恨处则是，许多精彩之论都隐于篇章三级标题之下，于书前目录粗览者，则不可得其全味、品其至臻。

"问渠那得清如许？为有源头活水来。"学问之事，岂能一蹴而就？少鹏之书今日出版，正得益于其曩昔之学术蓄积。少鹏雅爱古学，弱冠之年既徘徊于经史，流连于子杂，尤好朱子之学，忽忽焉已阅十余载。硕士论文既撰为《日本古学派〈论语〉诠释对朱子学的异化——以〈论语征〉和〈论语古义〉为中心》，见其摩玩朱子之学，历年亦久。此后经年，专注于朱子礼学，致力于《仪礼经传通解》，焚膏继晷，兀兀穷年，厚积薄发，有得于兹，结集梓行，必将有惠于朱子之学。问学经史，钻研古籍，其路漫漫而修远，愿其上下求索，他日更添新著。

又及，少鹏嗜坟典而外，有书法、篆刻之长才，且稍通易理，兼参象数，盖慕通德堂郑氏之风致而然也。每谈及于此，少鹏则憨厚莞尔，拱手曰："雕虫小技，不足为外人道也。"其敏慧而谦逊如此，学问、事业又何尝能不节节精进！

孙赫男

（吉林大学古籍研究所教授、博士生导师）

目　录

第一章

导　论

一、朱熹晚年礼学思想的内核——《仪礼经传通解》

《仪礼经传通解》（以下或称《通解》）是朱熹一生最后五年倾注巨大心血编纂的一部礼学巨著，体现了他晚年体大思精的礼学架构。这本书独创性地将礼学分为家礼、乡礼、学礼、邦国礼、王朝礼、丧礼和祭礼七个部分，以《仪礼》为骨干，贯通三礼，广引经史子籍，间加按语以考释。此书为朱熹倾注心血最多的一部巨典，体现了其晚年"以礼贯通五经"的学术志向，代表了朱熹礼学的最终成就。《通解》对后世礼学产生了巨大的影响，被誉为"礼书之大全，千古之盛典"[1]，是研究朱熹晚年学术思想的重要资料。

在中青年时期，朱熹一直对礼学保持着高度兴趣，曾花费数十年时间断断续续地完成了《古今家祭礼》的编撰工作。[2] 约在淳熙七年（1180），51岁的朱熹向吕祖谦表明想要编写一部贯通《仪

---

[1] 吴师道：《吴师道集》（下），邱居里、邢新欣点校，浙江古籍出版社2012年版，第695页。

[2] 朱熹自18岁草撰"诸家祭礼考编"（该书久佚，书名据束景南《朱熹年谱长编》第107页，笔者未发现此名何据，故未加书名号），至52岁《古今家祭礼》定稿刻版于建康，其间至少进行了四次正式修订。

礼》和《礼记》的礼学著作，并草拟了提纲与吕氏讨论，这就是《仪礼经传通解》的雏形。① 吕氏命其门人路德章完成了一小部分，朱熹曾对这一部分提出过修改意见，未果。至淳熙十三年（1186），朱熹的门人潘友恭重提此事，朱熹便命潘氏先事收集资料，编排整理。此后十余年间（尤其是朱熹去世前的五六年间），在吴必大、黄榦等高足的帮助下，朱熹将主要精力投入此书的编纂之中，在其去世前已完成全书的十之七八②。朱熹临终前一日，修书三封安顿后事，③前二信均系交代《通解》纂修事宜，第三封方是嘱其子朱在经丧诸事，足见此书在朱熹晚年学术思想中的地位。

在《仪礼经传通解》中，朱熹表现了一种与中年不尽一致的学风，可见庆元以后，其学风渐向"汉儒之学"转变，这种新的学风已开清儒考据之先河。朱熹在晚年整理礼学文献时发展出的接近于清儒朴学的学术方法，表明考据学本为朱子学所具足，这是晚明至清考据学风兴起的一个内生来源。

《仪礼经传通解》以《仪礼》为经，而取《礼记》《周礼》及诸经史所载有关于礼者，附于本经之下，具列注疏诸儒之说，规

---

① 参见朱熹:《朱子全书》(第24册)，朱杰人等主编，上海古籍出版社2002年版，第3579—3581页。

② 参见朱熹:《朱子全书》(第21册)，朱杰人等主编，上海古籍出版社2002年版，第1709页。

③ 关于朱熹的"绝笔"，学界有三说。一说为《楚辞集注后语》《辩证》，此时为庆元五年（1199）二月，距朱熹殁尚有年余，且其后还有《参同契考异》《阴符经考异》等著作，因而此说毫无根据。二说"改《大学章句》诚意一章，此熹绝笔"（《两朝纲目备要·卷6》)，此时为三月六日，只可当朱熹著成书的"绝笔"，王懋竑本之。三说为上述三封信，参考《行状》《年谱》均可知，此为朱熹真正之"绝笔"，而前两说均不确切。另外，此三信的写作顺序有争议，祝穆说先朱在，次黄榦，末范念德，但根据不足。亲历现场的蔡沈《梦奠记》和李方子《年谱》均作先范念德，次黄榦，末朱在，可从，亦可见《通解》在朱子心中之重甚至超过经丧后事。

模可谓空前。朱熹首创礼七分法，其生前已完成了家、乡、学礼三部分和邦国礼大部分，将这一共二十三卷内容亲自题名为《仪礼经传通解》，另外的卷二十四至三十七的"王朝礼"部分因只是草稿，朱熹为示区别而题为《仪礼集传集注》。以上五礼共计三十七卷，可谓朱熹一生最后的"半部"著作。朱熹去世时，委托门人兼女婿黄榦完成《通解》剩余的丧、祭礼部分。实际上，这一部分的大纲在朱子生前已经确定，部分章节也已定稿，朱熹甚至为之删削并撰作了数条按语。黄榦继承其师遗志，在嘉定十四年（1221）去世前完成了丧礼部分十六卷①的定稿，但祭礼部分十三卷最终未能写定，这共计二十九卷已定、未定的遗稿在刊印后被定名为《仪礼经传通解续》。②

因祭礼部分黄榦并未定稿，其中还有一些抵牾繁缛之处，黄榦的门人兼好友杨复又继承其遗志，直到绍定四年（1231）才将这剩下的部分最终完成，这就是杨复修订的《祭礼》。后来此本单独印行，但仍题《仪礼经传通解续》之名称，故后世多有将杨续定本《祭礼》与黄续稿本祭礼混淆者。关于杨续《祭礼》，因其影响有限，本书就不再讨论了。为示区别，除非特别交代，本书以《仪礼经传通解》及其简称《通解》来指代朱熹、黄榦修纂的全书，以《通解续》指代黄榦纂定的丧、祭礼部分。

在朱熹著述中，《仪礼经传通解》并未得到应有的重视，然而

---

① 其中卷十六"丧服图示"经由杨复修订。为示区别，下文将杨复定本祭礼加书名号以标示，而对黄榦稿本祭礼（即《通解续》的相应部分）则不加书名号。
② 四库馆臣误以为《通解》祭礼部分为杨复纂修，误标作者为杨复。实际上，四库本的祭礼部分是黄榦的草稿，与杨复重修的不同。

该书至少有以下四个方面的特别之处：

其一，这是朱熹晚年最为看重的一部书。据黄榦所说，朱熹"晚年大段留意于此"①，可以说是其晚年的寄托所在。尤其庆元以后，朱熹杜门著书，在此期间还完成了《书集传》《通鉴纲目》《楚辞集注》等书的修纂，但其重要性皆不如《通解》。黄榦在《行状》中曾言朱子晚年"编次礼书，用工尤苦"②。正如朱熹自况，庆元党禁后"益无生意，决不能复支久矣。所以未免惜此余日，正为所编《礼传》（即《通解》）已略见端绪而未能卒就，若更得年余间未死，且与了却，亦可以瞑目矣"③，"目前外事悉已弃置，只此事（指编修《通解》）未了为念"④，"若得前此（指《通解》编修完成）别无魔障，即自此之后便可块然兀坐，以毕余生，不复有世间念矣"⑤。相比于《书集传》，朱子曾表示"《书解》（即《书集传》）甚易，只等蔡三哥（蔡沈）来便了，《礼书》大段未也"⑥；《纲目》由赵师渊领衔撰写，朱子在写给他人的信中却说自己"了得《礼书》已无余力，此事全赖几道（指赵师渊）为结果了却，亦是一事也"⑦；庆元四年（1198）朱熹大病濒危，养病期间"不敢劳心看经书，闲取《楚词》遮眼，亦便有无限合整理处"⑧，后成《楚辞集注》。上述皆可见朱熹晚年心力全

---

① 黄榦：《勉斋先生黄文肃公文集》，收入北京图书馆古籍出版编辑组编：《北京图书馆古籍珍本丛刊》（第 90 册），书目文献出版社 1988 年版，第 348 页。
② 朱熹：《朱子全书》（第 27 册），朱杰人等主编，上海古籍出版社 2002 年版，第 565 页。
③ 朱熹：《朱子全书》（第 21 册），朱杰人等主编，上海古籍出版社 2002 年版，第 1708—1709 页。本段引文内的括注均为引者注。
④ 朱熹：《朱子全书》（第 25 册），朱杰人等主编，上海古籍出版社 2002 年版，第 4666 页。
⑤ 朱熹：《朱子全书》（第 21 册），朱杰人等主编，上海古籍出版社 2002 年版，第 1708 页。
⑥ 朱熹：《朱子全书》（第 18 册），朱杰人等主编，上海古籍出版社 2002 年版，第 3707 页。
⑦ 朱熹：《朱子全书》（第 11 册），朱杰人等主编，上海古籍出版社 2002 年版，第 3498 页。
⑧ 朱熹：《朱子全书》（第 23 册），朱杰人等主编，上海古籍出版社 2002 年版，第 2692 页。

在《通解》一书。

其二，从编修过程看，这是朱熹一生构思时间最长的一部书。其编修时间若从青年时对祭礼考订算起，至朱熹殁，共计约 50 年；若从拟定本书提纲算起，至朱熹殁，约 20 年，且其时尚未完成，又经黄榦、杨复在朱熹提纲和草稿的基础上编修，至朱熹去世 31 年后方克完稿，可见从提纲拟定到完成前后，已长达 50 余年之久。虽然朱熹真正着手编修是在其临终前五年，但此前全书的提纲曾经过数次调整，甚至朱熹在去世前还曾打算再做一次调整，但最终没有落实，① 其内容的修改调整更不必谈。在毕生的所有著作中，朱熹如此长时间地关注这一部书的构思，可谓绝无仅有。甚至可以说，《通解》之于朱熹，颇似《春秋》之于孔子：这两部书都是哲人历经一生的苦难之后，沉吟良久，手自编修，意在为后人留作"大经大法"的巨著，且这两部书均交由他们的高足继续负责讲习、纂修，均体现了与两位哲人早年不尽一致的学风趋向。只不过与孔学中的《春秋》研究相比，朱子学中的《通解》研究可谓门庭冷落。

其三，这是朱熹高足参与人数最多的一部著作。朱子晚年编纂书籍经常先拟提纲，然后分命弟子们纂辑资料长编，最后由其本人审定删节，如《四书集注》《通鉴纲目》皆如此编修。但未见朱熹在除此著作之外动员如此多的学友和弟子参与编纂：他至少曾邀请吕祖俭、路德章、潘友恭、余正甫、黄榦、蔡元定、吴必

---

① 据杨复称，黄榦在撰成丧礼部分的纲目后曾请朱熹提出意见，朱熹认为黄氏的提纲较自己已经拟定的提纲更为完善，声称可以按照黄氏的思路进一步修改已经定稿的《通解》的前半部分（杨复《通解续·跋》）。据黄榦《年谱》所载，此对话发生的时间是 1199 年，一年后朱子去世。因此可以认为，朱熹并没有来得及按黄榦的思路修改。

大、李如圭、刘砥、刘砺、赵师夏、赵师恭、应恕、詹体仁、叶贺孙、杨楫、廖德明、杨方、杨简、刘光祖、刘起晦、孙枝、杨复、郑文通、郑宗亮、潘儆、潘柄、林学蒙、林夔孙、李闳祖、李方子、甘节、黄义勇、张洽、李燔、胡泳、蔡念成、潘时举、黄士毅共计 39 人参与其中，几乎包括了朱门所有高弟，甚至包括再传弟子或好友及其弟子。他们在朱熹的统一调度下分头编纂，而本书也奠定了朱熹殁后闽学派的基本阵容。

其四，这是朱熹编撰的卷帙最大的一部著作。以新排印的《朱子全书》所收朱熹著作为例，除后人结集的《朱子语录》（以下称《语录》）和《朱子文集》（以下称《文集》）外，此书与《通鉴纲目》（以下称《纲目》）均为四巨册，是朱熹编撰的卷帙最大的两部著作。虽二者排印后总页数相当，但《通解》较《纲目》多出数卷。《通解》不同于《纲目》的还有：对于《纲目》的编撰，朱熹实际上并没有投入太大精力，自己言"了得《礼书》已无余力，此事全赖几道为结果了却"[①]，表明《纲目》主要由赵师渊主笔撰成；而朱熹在《通解》中对前人注疏几乎逐条删节改写，且通过加按语等形式阐述自己的意见，使得此书卷帙极巨，内容亦非单纯节抄前人之可比，处处体现着朱子的苦心。

但长期以来，与理学相比，朱熹的礼学并未受到应有的重视。虽然近来学界已经认识到《通解》是朱熹礼学思想的代表作，但即使是研究《通解》的论文，多数也只是从《文集》和《朱子语类》（以下称《语类》）中找出涉及《通解》的文字，而并没有深入到《通解》的文本之中。除此之外，研究朱熹礼学者多以

---

① 　朱熹：《朱子全书》（第 11 册），朱杰人等主编，上海古籍出版社 2002 年版，第 3498 页。

《家礼》为主，以其便于应用且影响遍及东亚；而研究朱熹文献学者则多以《韩文考异》《语录》等为主，以其资料便于把握且内容相对独立；讨论宋代礼学者则视《通解》杂糅三礼，又非礼制仪注，无所归属而泛泛论之，鲜发精义；而研究"朱熹思想"者则喜用《四书集注》《近思录》等理学资料，对阐发制度的《通解》多弃如敝屣。直到 20 世纪 90 年代，《通解》才第一次被点校整理，且因时间仓促，点校小有错讹，参校本亦选择不当，不无遗憾。①

顺带简单介绍一下《通解》的出版情况。当前该书的点校整理本仅有《朱子全书》收录的王贻梁点校本②一种。笔者所见的影印本有：《四库全书》本（常见的有文渊阁本、文津阁本，影印单位甚多，不具）、日本刻本（长泽规矩也、户川芳郎编，汲古书院 1980 年版）、《四库存目丛书》本（影印清梁万方整理本，齐鲁书社 1997 年版）、"中华再造善本丛书"本（影印南京图书馆藏宋嘉定残本，北京图书馆出版社 2006 年版）、《仪礼经传通解正续编·影印宋刊元明递修本》（影印东京大学藏宋嘉定足本，北京大学出版社 2012 年版）数种，基本囊括了存世的所有重要版本，这些影印本相对易见，足资参考。

实际上，当前学者研究古籍版本，具备古人难以想象的网络资源，较影印本更为便利。日本东京大学所藏的宋本《通解》的数码照片早已在网络上公开，韩国的奎章阁也公开了朝鲜活字本

---

① 礼书素称难点，间有错讹当属正常，但实际上该书点校时本可参用清梁万方刻本，最终弃之不用，当属舍易求难。梁本的所有文字均有点读，甚至有圈点标音符号，此系梁氏数十年研讨所撰，足资参考。点校本盲从了四库馆臣的意见，斥梁本毫无价值。

② 朱熹：《朱子全书》（第 2—5 册），朱杰人等主编，上海古籍出版社 2002 年版。

和首尔大学所藏的乾隆梁万方刻本、日本刻本的电子版。2017 年前后，中国国家图书馆藏有的明正德刻本和其他三种宋本也在网络上公开，学者足不出户就可以找到几乎所有《通解》重要版本的扫描本。关于这些版本间的优劣，本书将专章阐述。

为更好地讨论本书的相关论题，笔者综合使用了多种研究方法，这里补充说明一下。

关于本书的举例分析。在进行学术研究时，一般是先通过对原始资料进行逻辑归纳，后形成研究的脉络和提纲；而在将这一脉络或提纲表达出来时，却多是先叙述出提纲或脉络，再通过举例分析来加强论证这一提纲。换言之，在自己进行研究和向别人解释自己的研究时，二者的逻辑顺序是相反的。一项扎实的研究，一定是在广泛阅读的基础上找出尽可能多的例证，而在使用时只用较为典型的例证说明问题。

这一正一反的过程实际上含藏着一个逻辑陷阱：如果研究者没有深入地掌握原始资料，或故意隐瞒了一些反证，从表面上看其论证虽然符合逻辑，但其结论却有可能存在偏差甚至谬误的风险。因此举例分析法若使用不当，极容易形成一个看似严密、实则荒谬的逻辑陷阱，这在当前电子文献普及的时代是尤其需要警惕的。在搜索框中输入需要查找的例证，电脑会代替人检索出相关的内容，这与前人通过阅读原始文献归纳出研究脉络的做法是完全不同的。因为例证的检索过于容易，我们的研究脉络可能只建立在想当然的基础上，因此当代学者可能轻易地写出和前人一样逻辑严密、证据充分的学术论著，但结论却不一定能同样经得起推敲。有鉴于此，在撰写本书时，笔者一般会举出稍多一些的例证，而限于篇幅，论证的过程可能并未展开，但会标识进一步论证所需的参考资料，这是为了尽可能地避免上述逻辑陷阱，也试图表明本书研究脉络是建立在深入挖掘原始资料的基础之上的。

关于本书的比较研究。比较研究是人文社科领域经常使用的一项研究方法，比较的结论无非相同或相异，这里须特别指出的是所谓的"同中异"和"异中同"的问题。

所谓的"同中异"，有两个层次：一是应该注意到相同的二者之间实际上也存在细微的区别，对于这一点，熟悉辩证法的国内学界很容易理解；二是还应该注意到，相同是相对于一个与二者都相异的"他者"才显现出来的。比如我们在说"朱子晚年的考据学"和"清代考据学"更接近时，实际上暗含着"朱子中年的性理学"或"宋明理学"这个缄默的"他者"。换言之，正是通过与第三者的对比，二者之间的相同才会显现出来，而这个作为背景的第三者往往是缄默的、隐含的。因此，在比较得出"相同"的结论时，这个"相同"实际上凸显在一个与双方均不同的背景之上，而这一个层次的"同中异"往往容易被忽略。

所谓的"异中同"，指的是之所以能分析二者的不同，其逻辑前提是二者具有"可比性"；而具有"可比性"的二者，必定会存在相当的相似之处。正是因为有了大部分的相同，差异才显得尤为明显。故而，着眼于"异"，实暗含了"同"。本书分析黄榦和朱熹的礼学差异，须知二者一定是"同大于异"的："同"指的是在宋代礼学的大背景下，二者同属朱子礼学一派，明显区别于王安石、陈祥道等人的礼学；而"异"正是黄榦对朱熹礼学的发展，正是在"同"的前提下，"异"才有了意义。

秦汉时期，史学本经学之附庸，至晋以后始独立之。近代以来，经学式微，研究经学者多被划入文学、史学和哲学三个学科。

单以礼学研究方法而论，其中史学固然占其大宗，而其葬制则需考古学，书数则需数学，律吕则需音乐学，考工则需工学，财用则需经济学，刑法则需法学，历法则需天文学，另外文学、哲学、社会学等学科处处堪用，自不必论。以今日学科分野论，礼学研究必定需要学科交叉，但以古人的学科分野论，其所需要的所有知识本都是经学下属的礼学范畴之内，"天下无一人不囿于礼，无一事不依于礼"①，本没有所谓的"学科交叉"，职古今学术分科之不同故也。

另外交代其他几点问题。在行文的过程中，有时为保持对先贤的敬意，称朱熹为"朱子"，有时为突出立场的客观而称之为"朱熹"，并无其他特殊意义，也并未统一全书称谓。在朱子的弟子、朋友中，查有黄榦和黄幹二人，② 虽后者与本书无关，但为示区别，本书并没有将前者简化为"黄干"。此外，也没有将礼经中表示"嫡长"之意的"適"简化为"适"，以免产生歧义。古人著书，正文与双行小注区别明显，今天不便用古法排版，本书在引用原书的双行小注时加标括号，以示区别。

二、前贤对《仪礼经传通解》的评述

《通解》纂成后在宋代就有一定的影响，在宋代目录如《直斋书录解题》《中兴艺文志》《宋史·艺文志》中均有著录。宋人卫湜编纂《礼记集说》时就大量抄录了《通解》中关于《礼记》的解释，明言其所收出自"中庸、大学《章句》《或问》之外，其他

---

① 凌廷堪：《复礼》，收入《校礼堂文集·卷4》，中华书局1998年版，第28页。
② 黄榦，字直卿，号勉斋，闽县人。黄幹，字尚质，长溪县人。蓝田书院的"十八门人录"（传为朱熹所定）就用"榦"以区别于"幹"，但在朱子学研究中多有混淆二人者。

讲说，散见于《语录》《仪礼经传解》注"①，总计有百余条，几乎囊括了朱熹在《通解》中对《礼记》的绝大多数独创性见解。宋人李方子、马廷鸾、王应麟、赵希弁均曾对《通解》的编修过程或体例特点作出品评，② 体现了宋人对此书的重视。

元明时期礼学不振，但这一时期朱子学受到了官方的重视，时人对《通解》也间有评述。如元儒吴师道认为，《通解》是"礼书之大全，千古之盛典"③；虞集认为，朱熹编纂此书是为了"观于会通，以行其典礼……固将有所为也"④，但可惜其所载典制并未行诸世。也有持批评意见者，主要针对的同样是此书的体例。吴澄曾委婉批评此书有窜乱经典之嫌，明王鏊对《通解》中附入的《大戴记》《新书》《孔丛子》等杂书深表不满，认为朱子系"杂合以成之，实自为一书，并非是释经之作"⑤，曾棨也认为此书"未及精详"，等等。其中吴澄作为朱熹的四传弟子，是当时的礼学名家，其《三礼考注》就是"取《通解》注、疏诸书旁正而订之"而成。据朱彝尊说，吴氏的《仪礼传》也是"方诸朱子《通解》目录"而成。与吴澄同时的李俊民在其《仪礼逸经》的序中指出："世有好礼之士，先观注、疏旧本，次考朱子《通解》，然后取先生所次所释而深研之，乃知俊民之言为不妄也。"说明时人将《通解》作为仅次于注疏的经典著作。但吴澄在效仿朱熹的框

---

① 卫湜：《礼记集说·名氏》，文渊阁四库全书本。
② 俱参见朱彝尊《经义考·卷132》（文渊阁四库全书本）所引述。
③ 吴师道：《吴师道集》（下），邱居里、邢新欣点校，浙江古籍出版社 2012 年版，第695 页。
④ 虞集：《跋叶振卿丧礼会纪后》，收入《道园学古录·卷11》，商务印书馆 1929 年版，第 171 页。
⑤ 王鏊：《震泽长语》，中华书局 1985 年版，第 29 页。

架、体例的同时，强调《通解》为朱子"未定之稿"，言外之意就是其尚不完善。吴澄试图进一步完善之，主要是恢复了经典文本的先后顺序。清儒盛世佐、江永、陈乔新等也赞同吴澄的做法。①对朱熹"窜乱经典"的抑扬态度本质上取决于评价者对经典文本的认知，因此对于明清学者的此类意见我们不再详细胪列。

　　与其他学者相比，元儒敖继公《仪礼集说》的意见更为持平。在《仪礼集说》的最后，谦虚的敖氏坦陈了其对《通解》拆散经文这种编排体例的看法：

　　　　朱子作《仪礼通解》，乃始以记文分属于经文每条之下，谓"以从简便"。予作《集说》而于此则不能从也。予非求异于朱子也，顾其势有所不可耳。何以言之？《仪礼》诸篇之记，有特为一条而发者，有兼为两条而发者，亦有兼为数条而发者，亦有于经意之外别见他礼者。若其但为一条而发者，固可用《通解》之例矣。非是，则未见其可也。何则？《通解》之书，规模大而篇数繁，其《记》文有不可附于本篇每条之下者，则或于其篇末见之，否则于他篇附之，故虽未必尽如其所谓"以从简便"之说，而其于《记》文亦皆包括而无所遗也。②

　　在古代的学者中，能如敖继公"善体人难"者确实不多。敖氏一方面解释了自己在《仪礼集说》中保持《仪礼》经文顺序、

---

①　以上未说明出处引文，俱收入朱彝尊：《经义考·卷133》，文渊阁四库全书本。
②　敖继公：《仪礼集说·卷17》，文渊阁四库全书本。

未作改动的原因，另一方面也替朱熹道出了其重新编排《仪礼》的苦心，并没有就自己著作的体例而对《通解》横加訾议、厚己薄人。实际上，在《仪礼集说》中，敖继公除了引用注疏外，其他引用最多的就是朱子的《通解》，而在"继公谓"中袭用《通解》之处更是不胜枚举。这些均显示了元明时期的礼学者对《仪礼经传通解》的真实态度。

至清代，学者对《通解》的研习继承主要体现在四个方面：一是效仿《通解》的框架结构来撰著通礼性的大型著作，此可以被视为对《通解》体例的继承和补充，如江永的《礼书纲目》、秦蕙田《五礼通考》、黄以周《礼书通故》等；二是吸收《通解》的训释，将其糅入对应经典的"集注"中，此可以被视为对《通解》解经学的继承和发展，如孙希旦《礼记集解》、胡培翚《仪礼正义》和孙诒让《周礼正义》等都曾大量引用；三是通过《通解》来校勘经典（主要是《仪礼》），此可以被视为《通解》文献学方面的成果，如金曰追对《仪礼注疏》的校勘、阮元主持的《十三经注疏》校勘，都曾使用《通解》作为重要的参校本；四是对《通解》编纂过程的厘清，主要就是王懋竑在《朱子年谱》中的相关考订。总体而言，清人对《通解》的研究达到了一个新的高度，如他们意识到了杨复《祭礼》与黄榦祭礼的不同，[1] 认识到《通解》所引的注疏有所删节和修改，对具体的问题也有所订补或驳议，其内容我在下文还会述及。

除上述外，明清时期"三礼学"复兴，这类专著中引用《通解》者还有郑维岳《礼记解》、万斯大《学礼质疑》、郑之侨《四

---

① 参见陆心源：《仪顾堂书目题跋汇编》，冯惠民整理，中华书局 2009 年版，第 272 页。

礼翼》、褚寅亮《仪礼管见》、谢震《礼案》、姜兆锡《仪礼经传内编》、孔广森《礼学卮言》等,① 尤其是在胡培翚的《仪礼正义》中,朱子对《仪礼》散见的按语几乎全部被引作参考,足见其对清人影响之大。除此外,历代刊刻《通解》时也不可避免地在序跋中对之进行评述,这些序跋已被王贻梁精心收入在整理本的卷末,② 颇便使用,这里就不赘引了。

需要特别指出的是,清代学者梁万方编撰的《重刊朱子仪礼经传通解六十九卷》③ 代表了清人对《通解》研究的较高水平,也是中国古代唯一针对《通解》全书的研究著作,有必要对此作单独介绍。梁万方,字统一,号广庵,山西新绛人,清早期学者。《重刊朱子仪礼经传通解六十九卷》系梁万方毕生心血所在,在他去世后由其子梁开宗继续修订,参照李毓秀、敖继公的注释,并与方苞、翁荃等人来往讨论,直至校勘付梓,前后长达数十年。因四库馆臣对其评价不高,④ 仅入《四库存目》,历来学者多藐视之。平心而论,此书虽存在一些缺点,但其优长也是显而易见的。概括起来有以下三点:第一,此书全文加以点读,且于多音字的四角用圆圈标明平、上、去、入四音,可为后人点校此书提供参考;第二,此书有许多"附按",或说明其修改之处,或补充《通解》之未备,或商榷朱子之按语,胜义纷出;第三,该书重新统一全书体例,如补充原缺的目录和章节,重新编排目录和格式,

---

① 参见舒大刚主编:《儒学文献通论》(中),福建人民出版社 2012 年版,第 942—946 页。

② 参见朱熹:《朱子全书》(第 5 册),朱杰人等主编,上海古籍出版社 2002 年版,第 3414—3452 页。

③ 《四库全书存目丛书》编纂委员会编:《四库全书存目丛书》(第 112—114 册),齐鲁书社 1996 年版。

④ 参见永瑢等:《四库全书总目》,中华书局 1965 年版,第 206 页。

按多数一致原则统一版式，并在版心标注章节目次，使此书颇便检索，虽有改变原版面貌之失，其便利却不当泯灭。对这一版本的详细分析，可参见后文的版本梳理部分。

另外，在江永的《礼书纲目》卷首有《朱子论编礼书》一节，[①] 他从朱熹的《语录》《文集》中将涉及本书编纂过程的资料做了专门的搜集，虽然非专为研究《通解》之撰修过程而作，但客观上厘清了朱子编纂《通解》时思路的转变，也可视作古人的研究成果。李光地的《朱子礼纂》[②] 则按照"家礼"的框架从《文集》《语录》中摘录相关材料，虽非专研《通解》，但为研究朱子礼学思想之嬗变提供了不少便利，也可作为清人研究朱子礼学的成果。

总体而言，《通解》在元明清时期的研究状况与该书的刊刻流布密切相关，亦与三礼学在学术史上的地位密切相关。元明时的学者谈及《通解》者较少，随着清初宝诰堂和清中期聚锦堂重刊《通解》，加之清代三礼之学的复盛，此书的影响力大幅提高。但整体上古人多将此书置于"《仪礼》学"的附庸地位来看待，即在《仪礼》文本的框架下将《通解》拆散"复原"。除梁万方外，几乎没以此书为研究或整理对象的专门著作。

接下来介绍一下日本江户时期和朝鲜王朝的学者的研究。虽然朱子学在日本的德川时期号称主流，且宽文年间就有《通解》和刻本印行，但整个江户时期的朱子学者并未对该书有深刻见解。据笔者所见，中村兰林、安积艮斋、海保竹径都曾提到该书（俱

---

① 参见江永：《礼书纲目·卷首》，文渊阁四库全书本。
② 李光地：《朱子礼纂》，收入《榕村全书》，陈祖武点校，福建人民出版社2013年版。

见《日本儒林丛书》），但均系蜻蜓点水，浅谈辄止。朱子学在朝鲜王朝时期一直被作为正统之学，受到朝野的普遍尊重，至今韩国的一些家族仍在遵循《朱子家礼》，施行冠昏丧祭之礼。因此，朝鲜学者在朱子学的视域下，很早就开始关注《通解》，并且已经深刻认识到了《家礼》与《通解》的不同：

> 《经传》（即《通解》——引者注）历集古礼，无一段假己意有所损益，以为为国者制礼之用。《家礼》酌古参今，推以家居己所自用者，为一时当行之礼。①

> （朱熹）分命门人粹辑《仪礼经传通解》者，盖要勿散失，使人知其意义而已，非欲尽行之也。若其酌古今之变，成万世之法，存乎《家礼》。②

上述二人对《家礼》和《通解》差异的认识无疑是深刻的。我们站在朱熹早年的立场上看其晚年编修礼书的行为，很自然地会认为其晚年是在为早年的说法找经典依据；但如果转而站在朱熹晚年的立场上看其毕生学术主张之递变，就会得出其晚年发生了"考据学转向"的结论。关于这一点，朝鲜学者南公辙已经注意到：

> 义理当宗朱子，而至于训诂，则古注亦不可偏废。盖汉

---

① 宋翼弼：《龟峰先生集·卷6·答季涵问》，收入民族文化推进会编：《韩国文集丛刊》（第42册），景仁文化社1995年版，第473页。
② 徐宗华：《药轩遗集·卷4·与李原明论成服礼第二书》，收入《韩国文集丛刊》（第76册），景仁文化社1995年版，第254页。

唐诸儒，虽忽于理气心性之说，而于名物度数，为其专门之
学。故朱子亦于本注，皆节取注疏而参用之。晚年修《仪礼
经传通解》时，亦多以古注为主。虽如他经传，义理则至朱
子发挥无蕴，而训诂则朱子亦未尝废汉唐诸儒之说，而只略
定其未醇处而已。①

该观点与清代汉宋调和论者陈澧、朱一新等及后世吕思勉、钱穆、
张舜徽②所主张的"朱熹已开考据学之先"的说法不谋而合，这一
对朱熹晚年学风丕变的认识极大地启发了笔者。

近代较早对《仪礼经传通解》进行深入研究的当推白寿彝先
生，其《仪礼经传通解考证》③一文继承江永的思路，将《文集》
《语录》中散见的涉及《通解》编纂过程的资料收集起来，基本廓
清了《通解》的纂作年代、参与者以及朱熹生前未定稿部分的状
况，代表了民国时期相关研究的最高水平。另外一些学者在研究
经学史时也略有述及，如钱基博④、吕思勉⑤等，虽只言片语，但
见地精高，不容忽略。

此后的一些经学史、思想史专著中也曾顺带提及此书，较重
要者如束景南在《朱子大传》的"经学大师与经学弟子们"一节
中对《通解》的编修过程进行了考证，并提出朱子后学有一股

---

① 南公辙：《金陵集·卷 20·日得录》，收入《韩国文集丛刊 272》，景仁文化社 1995 年
版，第 378 页。
② 张舜徽：《爱晚庐随笔》，华中师范大学出版社 2005 年版，第 169—171、260、283 页。
③ 龚书铎主编：《白寿彝文集·朱熹撰述丛考·中国交通史》，河南大学出版社 2008 年版，
第 40 页。笔者素有对前贤之敬意，但为省篇幅，下文省略"先生""教授"等敬称。
④ 钱基博：《钱基博著作集·经学通志》，上海古籍出版社 2011 年版，第 95—97 页。
⑤ 吕思勉：《吕思勉全集》（第 16 册），上海古籍出版社 2016 年版，第 380 页。

"会通三礼热"①，颇具启发性。蔡方鹿在其《朱熹经学与中国经学》中予以专节探讨，尤其认为"从其仪礼经传相参通修及其篇章结构中可见朱熹《礼》学之宗旨"②，对《通解》框架充分肯定。张富祥则从宋代文献学的角度指出《通解》"渗透了精严博肆的考证功夫，而且造诣之深，虽清代朴学大师亦未必能够驾其上"③。姜广辉主编的《中国经学思想史》对《通解》在三礼学史上的地位充分肯定。④惠吉兴在《宋代礼学研究》中也认为《通解》一书"体例清晰，分章例目，使人一目了然，极有便于阅读"⑤。

　　近年则出现了一些针对《通解》研究的专著。如李红的《朱熹〈仪礼经传通解〉语音研究》⑥专就《通解》的注音系统进行研究，对闽方音的发展史颇有启示。王志阳的《〈仪礼经传通解〉研究》⑦从朱熹、黄榦、杨复三代编撰者的思路异同角度出发，重点分析了"三代主编者学术思想前后相承，又各具特色的礼学成就"，取得了不俗成绩，是从中古文学角度研究的代表性成果。殷慧的《礼理双彰：朱熹礼学思想探微》⑧也有不少篇幅涉及《通解》的纂修过程、基本思路。以上三种均是在作者学位论文的基础上修改出版的。

　　下面以具体问题为导向，简单梳理一下近年学者对《通解》

---

① 束景南:《朱子大传》，商务印书馆 2003 年版，第 1080 页。
② 蔡方鹿:《朱熹经学与中国经学》，人民出版社 2004 年版，第 434 页。
③ 张富祥:《宋代文献学研究》，上海古籍出版社 2006 年版，第 400—401 页。
④ 参见姜广辉:《中国经学思想史》(第 3 卷)，中国社会科学出版社 2010 年版，第 843 页。
⑤ 惠吉兴:《宋代礼学研究》，河北大学出版社 2011 年版，第 43 页。
⑥ 李红:《朱熹〈仪礼经传通解〉语音研究》，厦门大学出版社 2011 年版。
⑦ 王志阳:《〈仪礼经传通解〉研究》，社会科学文献出版社 2018 年版。
⑧ 殷慧:《礼理双彰：朱熹礼学思想探微》，中华书局 2019 年版。

诸方面的研究进展。

对《通解》版本的研究，较早有王贻梁在点校本《通解》的《点校说明》①，其中对该书存世的版本状况和其点校的版本依据作出说明，但因当时条件所限，版本调查间有纰漏。叶纯芳和乔秀岩在整理嘉定本《通解》的过程中撰写了多篇论文，通过对存世多种嘉定刊本的对比，详细说明了此书在宋元明时期的修补版情形。笔者也有相关论文多篇，其主要观点已收入本书。

对《通解》的纂修过程的研究是另一个热点。继白寿彝之后，钱穆在《朱子新学案》中也专门考证《通解》的纂修过程，认为"朱子修《礼经》，事若稽古，实欲通今"②，且"朱子以理学大儒而晚年大力修礼……清儒挟门户私见，力排宋学，谓宋儒好言理，不如古人之重礼。然清儒考礼，一意古籍辨订，曾于当代政治制度、民生日用毫不屑意。较之朱子，度量相越，洵不可以道里计矣"③，笔者受此启发甚大。戴君仁的《朱熹〈仪礼经传通解〉与修门人及修书年岁考》和《朱子及其门人编修礼书补考》④分别就此书的编修过程和编纂目的立论。另外潘斌⑤、李旭⑥等学者也对这一方面有所涉及，特别是李旭详细考释了《文集》中关于《通解》若干篇目的撰作年代，论证了《通解》于庆元元年

① 王贻梁：《点校说明》，收入朱杰人等主编：《朱子全书》（第2册），上海古籍出版社2002年版，第1—10页。
② 钱穆：《钱宾四先生全集（14）·朱子新学案（4）》，联经出版事业有限公司1998年版，第185页。
③ 钱穆：《钱宾四先生全集（14）·朱子新学案（4）》，联经出版事业有限公司1998年版，第171页。
④ 均参见戴君仁：《梅园论学集》，台湾开明书店1970年版。
⑤ 潘斌：《朱子〈仪礼经传通解〉的编纂缘由和学术影响》，《四川师范大学学报（社会科学版）》2015年第3期。
⑥ 李旭：《朱熹修撰〈仪礼经传通解〉编年考辨》，《文献》2021年第3期。

（1195）开始修纂的观点，所论更趋细密。受篇幅影响，这些研究大都是利用文集、书信、语类等材料梳理出《通解》纂修的时间线索来展开论述，不太重视对《通解》本身的利用。

除上述外，还有不少学者对《通解》的特点、意义及其后世影响进行研究，本书吸收或修正了相关观点。2010 年前后，经叶纯芳等学者的努力，深藏于日本静嘉堂文库、久已不为世所知的杨复修订版《祭礼》得以面世，这掀起了对黄榦、杨复续丧、祭礼研究的热潮，相关的主要论文均收录于《朱熹礼学基本问题研究》①。该书对朱熹、黄榦及杨复的礼学的异同关系、《通解》的纂修体例、《通解》对后世礼学的影响以及宋代的礼制与礼学的互动关系等重大问题都有创造性的论述，代表了目前对朱熹礼学研究的较高水准，这里就不一一介绍了。

朱子学曾经是东亚区域的共同思想资源，当代日韩学界对《通解》也有关注。日本明治维新以后，西方的学术范式逐渐取代了传统的汉学研究，本就没有被汉学家作为研究对象的《仪礼经传通解》同样饱受冷落，直到 1954 年，楠本正继在《朱熹的二项遗业》② 中才对《通解》有了粗浅的介绍，却还谈不上研究。1976 年，上山春平发表了《朱子的礼学——〈仪礼经传通解〉研究序说》③，充分肯定了《通解》在朱子学中的地位。1980 年，户川芳郎为影印《仪礼经传通解：和刻本》所作的《解题》④ 中，对该

---

① 叶纯芳、乔秀岩编：《朱熹礼学基本问题研究》，中华书局 2015 年版。
② 楠本正继：《朱晦庵の二遗业》，《哲学年报》1953 年第 2 期。
③ 上山春平：《朱子の礼学——「仪礼经传通解」研究序说》，京都大学人文科学研究所《人文学报》1976 年第 3 期。
④ 长泽规矩也、户川芳郎：《仪礼经传通解：和刻本》《仪礼经传通解续：和刻本》，汲古书院 1980 年版。

书在日本的流传及影响作了说明。1982 年，上山春平又写了《朱子〈家礼〉与〈仪礼经传通解〉》①，对朱熹所编撰的这两部礼书的关系作出说明。2011 年，吾妻重二的《朱熹的释奠仪改革——以东亚为视角》②，从俗礼改革的视角来观照其礼学活动，视角新颖。整体而言，日本学者的研究无论从思想上还是史实上都并不深入，没有太多独特之处。

而当代的韩国学界的研究同样多以心性层面的体认为主，且多与《朱子家礼》进行对比研究，而不同于中日学界偏重于文献研究的倾向。如 1997 年朴美罗在《宗教和文化》上发表的《〈仪礼经传通解〉体例所见朱子的礼学思想》③，通过分析《通解》的体例来说明朱子礼学思想的框架；2010 年张静洹在《教育思想研究》上发表的《作为家庭仪礼教育书的〈朱子家礼〉的性格与意义——以与〈小学〉〈仪礼经传通解〉的关系为中心》④ 将《通解》视为《家礼》的"进阶版"，是用《家礼》的路径来理解《通解》的典型代表。

除上述外，韩国学界在研究朝鲜王朝的礼学发展时，也曾注意到《通解》对之的影响。如张东宇的《寒冈〈五服沿革图〉的礼学史地位》⑤ 和《畿湖礼学的发展过程——以〈家礼仪节〉为

---

① 上山春平：《朱子の「家礼」と「仪礼经传通解」》，《东方学报》1982 年第 3 期。该文后被译成中文，收入吴震、吾妻重二编：《思想与文献：日本学者宋明儒学研究》，华东师范大学出版社 2010 年版，第 147—176 页。
② 吾妻重二：《朱熹の释奠仪礼改革について—东アジアの视点へ》，《东アジア文化交涉研究》2011 年第 4 期。
③ 박미라「『의례경전통해（仪礼经传通解）』의체제에나타난주자의예학사상（礼学思想）」、『종교와 문화』.
④ 장정호「'가정의례교육서'로서의'주자가례'의성격과의의：'소학'및'의례경전통해'와의관계를 중심으로」、『교육사상연구』.
⑤ 장동우「寒冈『五服沿革图』의례학사적인位相」、『퇴계학과 유교문화』.

中心》①、朴钟天的《从16—17世纪的礼学答问看退溪与退溪学派之礼学》②、具万玉的《18世纪正统朱子学者的现实认识与学术对应——以四养斋为中心》③等，就分别以李朝儒者郑述、李珥、李滉和姜浩溥及其相关著作为例，说明其礼学体系深受《通解》的影响。总体而言，当代韩国学界多将《通解》作为《家礼》的补充，或纯粹以韩国朱子学的视角进行研究。可以认为，当代韩国学界的研究水平并未超越朝鲜王朝时学者的认识。

总体而言，目前对《仪礼经传通解》研究的成果虽然相对丰富，但相较于朱熹的性理学研究、《家礼》研究以及宋代礼学研究而言，还是相当薄弱。这种现象在近年来有所缓解，但整体上并未超越通过《通解》的外围文献来研究《通解》、通过研究《通解》的影响代替研究《通解》这两大范式。

古人说："学如积薪，后来居上。"当前国内学界的研究已经远超古人，无论是对《通解》的版本、纂修过程还是其影响方面，都有超越前人的代表性成果。特别是近年来随着点校本和北大版影印嘉定刊本的面世，加之杨复修订《祭礼》文本的重现，在乔秀岩、叶纯芳等学者的共同推动下，学界对朱子礼学的研究已经极大地深化。在可以预见的未来，各大图书馆藏书的数字化发展和中外学界的深入交流，必将极大地推进对《通解》的全面研究。

---

① 장동우「畿湖 礼学 의 进展 过 程—〈家礼 仪 节〉에대한대응을 중심으로」、『태동고전연구』、통권 29 호.
② 박종천「16~7 세기礼问答으로살펴본退溪와退溪学派礼学」、『퇴계학보』、통권 125 호.
③ 구만옥「18 세기正统朱子学者의 현실인식과학문적대응—四养斋姜浩溥（1690-1778）의저술을중심으로-」、『한국사상사학』.

第二章
《仪礼经传通解》的纂修

关于朱熹在中国思想史上的地位，韦政通先生曾有如下概括："朱子在中国思想史上，等于是一座巨型的思想蓄水库，以前的都一一流入其中，经过他的整理、消化、融摄与批判，赋以新的生命，呈现出有条理有统绪的新面貌。以后的思想，不论是赞同或反对，亦大抵是针对他而发。他不但是儒学复兴史上最具关键性的人物，也是中国文化史上的巨人之一，从文化的传承与创新这个意义来看，他也是唯一能与孔子相比拟的人物。"① 我认为，这一评价是准确的，公允地概括了朱熹在中国思想史上的地位及影响。《通解》之于礼学史，正如同朱熹之于思想史，这是此前学界所普遍忽略的。

朱熹在晚年曾对其友人指出："礼即理也，但谓之理，则疑若未有形迹之可言；制而为礼，则有品节文章之可见矣。"② 可见"礼学"与"理学"是朱子学中之"一体两面"，二者相辅相成。这一点，清人阮元认识得最为深刻："朱子中年讲理，固已精实，

---

① 韦政通：《中国思想史》（下），吉林出版集团有限责任公司2009年版，第818页。
② 朱熹：《朱子全书》（第23册），朱杰人等主编，上海古籍出版社2002年版，第2893页。

晚年讲礼，尤耐繁难，诚有见乎理必出于礼也。"① 他举例说："殷尚白，周尚赤，礼也。使居周而有尚白者，以非礼折之，则人不能争；以非理折之，则不能无争矣。故理必附于礼以行。空言理，则可彼可此之邪说起矣。"② 用实例揭示了朱子礼学与理学之间存在的密切关系。

从朱子生前至今，人们对朱子学的关注主要集中在性理学上，而忽略了其在礼学上的成就。正如叶纯芳所指出的，"众人所忽略的部分，恰好是其学术中与理学同样重要的核心，于是长期以来，形成了一个颇为偏颇的朱熹形象"③。近年来，学界开始渐渐关注《通解》所体现出来的朱子的礼学思想。

第一节
《仪礼经传通解》的主要内容

一、《仪礼经传通解》章节大意

此处列表说明《仪礼经传通解》的具体章节及其与经典文献的对应关系，并提示此部分内容与朱熹其他著作篇章之间的互见关系，以说明《通解》的构思是贯穿朱熹一生的事业。

---

① 阮元：《揅经室续集》，中华书局 1985 年版，第 124 页。
② 阮元：《揅经室续集》，中华书局 1985 年版，第 125 页。
③ 叶纯芳：《杨复再修〈仪礼经传通解续卷祭礼〉出版说明》，《版本目录学研究》（第二辑），国家图书馆出版社 2010 年版，第 153 页。

表1　《仪礼经传通解》章节出处表

分类	卷次	（序号）详细类目/出处	备考
家礼	卷一	1. 士冠礼/《仪礼·冠》①	可参《朱子家礼·冠礼》。
		2. 冠义/《礼记·冠义》	可参《朱子家礼·冠礼》。
	卷二	3. 士昏礼/《仪礼·昏》②	可参《朱子家礼·昏礼》。
		4. 昏义/《礼记·昏义》	可参《朱子家礼·昏礼》。
	卷三	5. 内则/《礼记·内则》③	
	卷四	6. 内治/《礼记·内则》④	古无此篇，杂采众书新创。
	卷五	7. 五宗/《礼记·大传》	古无此篇，杂采众书新创。
		8. 亲属记/《尔雅·释亲》⑤	可参《朱子家礼·司马氏居家杂仪》。
乡礼	卷六	9. 士相见礼/《仪礼·士相见》⑥	
		10. 士相见义/刘敞《士相见义》	用刘敞补撰，朱子曾说其补撰为"今人善为百家书者"⑦，以刘敞补篇为主体，并附《白虎通义·瑞挚》。

① 分节为：筮日、戒宾、宿宾、为期、陈器服、即位、迎宾、始加、再加、三加、醴冠者、冠者见母、字冠者、宾出就次、冠者见兄弟姑姊、奠挚于君及乡大夫乡先生、醴宾、醮、杀、孤子冠、庶子冠、母不在、女子笄。

② 分节为：纳采、问名、醴宾、纳吉、纳征、请期、陈器馔、亲迎、妇至、妇见、醴妇、妇馈、飨妇、飨送者、祭行、奠菜、婿见妇之父母。

③ 分节为：事亲事长、饮食、男女之别、夫妇之别、御妻妾、胎教、生子、教子、冠笄嫁娶。

④ 分节为：内职、胎教（名虽重出而内容有异，下同）、生子、立世子、世子之记、齐家。

⑤ 分节为：宗族、母党、妻党、婚姻。

⑥ 分节为：请见、复见、士见大夫、尝为臣、大夫相见、言、视、请退、长者请见。

⑦ 朱熹：《朱子全书》（第17册），朱杰人等主编，上海古籍出版社2002年版，第2899页。

（续表）

分类	卷次	（序号）详细类目/出处	备考
乡礼	卷六	11. 投壶礼/《礼记·投壶》①	可参《文集·壶说》。
	卷七	12. 乡饮酒礼/《仪礼·乡饮酒礼》②	
		13. 乡饮酒义/《礼记·乡饮酒义》	
	卷八	14. 乡射礼/《仪礼·乡射礼》③	
		15. 乡射义/《礼记·乡射义》	节录《乡射义》而成，剩余内容编入序号36，可参《文集·增损吕氏乡约》。
学礼	卷九	16. 学制/《礼记·学记》④	古无此篇，可参《学校贡举私议》《白鹿洞书院揭示》《答石子重书》《论改学制事目》《回礼部取问状》《修立孔子庙条制》《周礼三德说》等篇。
	卷十	17. 学义/《礼记》《论语》等⑤	古无此篇，可参《文集》中的《玉山讲义》《答陈器之书》等篇。

① 分节为：请投、就筵、请宾、作乐、请投视算、卒投饮不胜者、三投庆多与。
② 分节为：谋宾介、戒宾介、设席、速宾、迎宾、宾酢主人、主人酬宾、主人献介、介酢主人、主人献众宾、一人举觯、乐宾、立司正、司正举觯、旅酬、二人举觯、彻俎、燕、宾出、遵入、拜礼、息司正。
③ 分节为：戒宾、设位、张侯、速宾、迎宾、主人献宾、宾酢主人、主人酬宾、献众宾、一人举觯、献大夫、大夫酢、乐宾、立司正、司正举觯、请射、诱射、初射获而未释获、取矢、再请射、再射获释、宾主大夫众宾射、取矢视算、饮不胜者、献获者、三请射、三射用乐、取矢视算、饮不胜者、三射毕、旅酬、二人举觯、彻俎、燕、宾出、拜赐、息司正。
④ 分节为：法制名号之略、教民之法、教子弟之法、教学之通法。
⑤ 分节为：明人伦之义、明礼乐之义、明教学之序。"等"字指的是出处较多，难分主次，仅列举主要者，下同。

（续表）

分类	卷次	（序号）详细类目/出处	备考
学礼	卷十	18. 弟子职/《管子·弟子职》①	朱子分章析句，参众说补注。
		19. 少仪/《礼记·少仪》②	
	卷十一	20. 曲礼/《礼记·曲礼》③	
	卷十二	21. 臣礼/《礼记》等④	古无此篇，可参《文集·臣民礼议》。
	卷十三	22. 钟律/《礼记》等⑤	古无此篇，朱子以为乐经亡逸，取古书言及律吕相生、长短均调者，创为此篇。
		23. 钟律义/蔡元定《律吕新书》⑥	可参《声律辨》。
	卷十四	24. 诗乐/《开元十二诗谱》	
		25. 礼乐义/《礼记·乐记》	
	卷十五	26. 书数/—	仅存目而无正文。
	卷十六	27. 学记/《礼记·学记》	可参《小学》《童蒙须知》《与长子受之书》和《与魏应仲书》。
		28. 大学/《礼记·大学》	用朱注《大学章句集注》。可参《大学或问》。

① 分节为：学则、蚤作、受业对客、馈馔、乃食、洒扫、持烛、请衽、退习。
② 分节为：差等、品节、洒扫应对进退、侍食。
③ 分节为：通言、容节、居处齐戒之事、步趋奉持之容、言语之礼、饮食之礼、问遗之礼、在车之容、仆御之礼、从宜、杂记。
④ 分节为：将朝、始见、朝礼、侍坐赐食、恭敬、谏净、死节、复仇。
⑤ 分节为：十二律阴阳辰位相生次第之图、十二律寸分厘毫丝数、五声五行之象清浊高下之次、五声相生损益先后之次、二变相生之法、十二律正变倍半之法、旋宫八十四声之图、六十调之图。
⑥ 分节为：明五声之义、明十二律之义、律寸旧法、律寸新法、黄钟寸分数法、黄钟生十一律数。

（续表）

分类	卷次	（序号）详细类目/出处	备考
学礼	卷十七	29. 中庸/《礼记·中庸》	用朱注《中庸章句集注》。可参《中庸或问》。
	卷十八	30. 保傅/《大戴礼记·保傅》	用《汉书·贾谊传》参校，可参《戊申封事》。
		31. 践祚/《大戴礼记·武王践祚》	
	卷十九	32. 五学/《礼记》等	古无此篇。
邦国礼	卷二十	33. 燕礼/《仪礼·燕》①	
		34. 燕义/《礼记·燕义》	
	卷二十一	35. 大射仪/《仪礼·大射》②	
		36. 大射义/《礼记·射义》	
	卷二十二	37. 聘礼/《仪礼·聘》③	
		38. 聘义/《礼记·聘义》	

---

① 分节为：戒群臣、陈馔器、即位、主人献宾、宾酢主人、主人献公、主人受公酢、主人酬宾、膡爵于公、公为宾举旅、主人献孤卿、再膡爵、公为卿举旅、主人献大夫、乐宾升歌献工、公为大夫举旅、乐宾升间合、立司正、彻俎、燕、主人献士、射、宾膡爵于公、公为士举旅、主人献庶子以下、无算爵、宾出、公与客燕。

② 分节为：戒百官、张侯设乐、陈器设位具馔、即位、请立宾及执事者、纳宾、主人献宾、宾酢主人、主人献公、公酢主人、主人酬宾、膡爵于公、公为宾举旅、主人献孤卿、再膡爵、公为宾若孤卿举旅、主人献大夫、乐宾、立司正、请射、诱射、初射获而未释获、取矢、再请射、再射释获、公及诸公卿大夫射、取矢视算、饮不胜者、献服不、献释获、三请射、三射用乐、取矢视算、饮不胜者、公为大夫举旅、彻俎、燕、献士及祝史、公为士举旅、复射、献庶子左右正内小臣、无算爵、宾出公入。

③ 分节为：图事命使介、具贽币、授使币、释币于祢及行、受命于朝、遂行、过他国、习仪、及竟、三展币、郊劳、至朝、致馆、设飧、行聘礼、享礼、聘享夫人、有言、礼宾、私觌、介私觌、公送宾问君劳宾介、卿大夫劳、归饔饩、问卿、宾私面于卿、介私面于卿、宾问尝使者、主国大夫有故、夫人归礼于宾、大夫饩宾介、食飧燕羞献、大夫飧食宾介、还玉报享、主君就宾馆、宾拜赐道行、赠送、归反命、礼门及祢、遭主国丧、聘君薨、私丧、宾介卒、小聘。

（续表）

分类	卷次	（序号）详细类目/出处	备考
邦国礼	卷二十三	39. 公食大夫礼/《仪礼·公食大夫》①	
		40. 公食大夫义/刘敞《公食大夫义》	古无此篇，用刘敞补亡。
		41. 诸侯相朝礼/《周礼》等	古无此篇。
		42. 诸侯相朝义/《大戴礼记·朝事》	
王朝礼	卷二十四	43. 觐礼/《仪礼·觐》②	
		44. 朝事礼/《大戴礼记·朝事》	
	卷二十五	45. 历数/《周礼》等	可参《楚辞集注·天问注》。
		46. 卜筮/缺	古无此篇，仅存目，可参《易学启蒙》。
	卷二十六	47. 夏小正/单行本《夏小正》	
		48. 月令/《礼记·月令》	
	卷二十七	49. 乐制/《周礼·司乐》等	古无此篇。
		50. 乐记/《礼记·乐记》	通言礼乐者编入《学礼》，取其言乐全文，仍其旧名。
	卷二十八	51. 王制③分土/《周礼》《礼记》等	可参《答郑卫老书》《语类·封建》。

---

① 分节为：戒宾宾从、陈器馔、迎宾即位、拜至、鼎俎入、设正馔、宾祭正馔、设加馔、宾祭加馔、宾正食、侑宾、卒食、宾出、拜赐、食上大夫礼、不亲食、大夫相食礼。

② 分节为：至郊、郊劳、赐舍、戒日、受舍、释币于祢、行觐礼、行享礼、请事、王劳、赐车服、飨、祀方明。

③ 此下细分为十个小部分，主要内容采自《周礼》。《礼记·王制》不备王制全部内容，《周礼》虽全面散为三百六十官之职，从官分条，不从礼分目。朱熹今总以《王制》名其礼，又别其事类，分为十目，以见古王朝礼之大凡。

分类	卷次	（序号）详细类目/出处	备考
王朝礼	卷二十九	52. 王制制国/《周礼》《礼记》等	可参《井田类说》《开阡陌辨》。
	卷三十	53. 王制王礼/《周礼》等	可参《天子之礼》《明堂说》。
	卷三十一	54. 王制王事/《周礼》《礼记》等	
	卷三十二	55. 王制设官/《周礼》等	可参《语类·三公之官》。
	卷三十三	56. 王制建侯/《周礼》等	
	卷三十四	57. 王制名器上/《周礼》《礼记》等	
	卷三十五	58. 王制名器下/《周礼》《礼记》等	可参《深衣制度》。
	卷三十六	59. 王制师田/《周礼》等	可参《（康熙）朱子全书·论兵》。
	卷三十七	60. 王制刑辟/《周礼》等	可参《（康熙）朱子全书·论刑》《戊申延和奏札》。
丧礼	续卷一	61. 丧服/《仪礼·丧服》	
	续卷二	62. 士丧礼上/《仪礼·士丧礼》	可参《家礼·丧礼》，以及《文集》中之《丧服札子》《君臣服议》《答余正甫书》等篇。
	续卷三	63. 士丧礼下/《仪礼·既夕礼》	
	续卷四	64. 士虞礼/《仪礼·士虞礼》	可参《文集·答李继善》《答潘子善》《答黄商伯》《山陵议状》《居丧杂仪》等篇。

（续表）

分类	卷次	（序号）详细类目/出处	备考
丧礼	续卷五	65. 丧大记上/《礼记·丧大记》《周礼》等	
	续卷六	66. 丧大记下/《礼记·丧大记》《周礼》等	
	续卷七	67. 卒哭祔练祥禫记/《礼记》等	
	续卷八	68. 丧服补/《礼记》等	
	续卷九	69. 丧服变除/《礼记》等	
	续卷十	70. 丧服制度/《礼记》等	
	续卷十一	71. 丧服义/《礼记·丧服四制》等	
	续卷十二	72. 丧通礼/《礼记》等	
	续卷十三	73. 丧变礼/《礼记》等	
	续卷十四	74. 吊礼/《礼记》等	
	续卷十五	75. 丧礼义/《礼记》等	
	续卷十六	76. 丧服图式/杨复撰	黄榦撰《图式》，经杨复修订。
祭礼	续卷十七	77. 特牲馈食礼/《仪礼·特牲馈食》	
	续卷十八	78. 少牢馈食礼/《仪礼·少牢馈食》	
	续卷十九	79. 有司彻/《仪礼·有司彻》	可参《家礼·祭礼》。
	续卷二十	80. 诸侯迁庙、衅庙/《大戴礼记》	
	续卷二十一	81. 祭法/《礼记·祭法》	

（续表）

分类	卷次	（序号）详细类目/出处	备考
祭礼	续卷二十二	82. 天神/《周礼》《礼记》等	
	续卷二十三	83. 地示/《周礼》《礼记》等	
	续卷二十四	84. 百神/《周礼》《礼记》等	
	续卷二十五	85. 宗庙/《周礼》《礼记》等	
	续卷二十六	86. 因事之祭/《周礼》《礼记》等	
	续卷二十七	87. 祭统/《礼记·祭统》	
	续卷二十八	88. 祭物/《周礼》《礼记》等	
	续卷二十九	89. 祭义/《礼记·祭义》	

从上表可以看到，此书的组织是以《仪礼》和《礼记》的篇章为主，将《周礼》《大戴礼记》《春秋三传》《论语》《孟子》《史记》《白虎通义》等书的相关内容拆散附入而成。这种编纂方式体现了朱熹明确的"以礼贯通群经"的构想：用礼七分法为纲，以《仪礼》为"经"，以《周礼》《礼记》等对礼仪的说明性文字为"记"，以《左传》《列女传》《孔子家语》等记载的一些具体事件为"传"，亲自删节改写古注疏，最终突破三礼乃至经典的界限，建立起了巨细靡遗的"朱子礼学"体系。从思想史的角度来说，这套体系"该括群经，兼容汉宋"。

据朱熹三子朱在的跋语①可知：上述序号1—60共三十七卷由朱子亲纂。其中，1—34已脱稿（26正文原缺，仅存目），共二十卷；35—42尚未脱稿，共三卷。以上家礼、乡礼、学礼、

---

① 朱熹:《朱子全书》（第2册），朱杰人等主编，上海古籍出版社2002年版，第26页。

邦国礼四部分共二十三卷，书名明署《仪礼经传通解》。35—60是仍前草创之本（46原缺），为王朝礼部分，共十四卷，因朱熹本人未加删润（在朱子去世后由黄榦修订），仍用旧名《仪礼集传集注》。丧、祭礼共计二十七篇，即黄榦《仪礼经传通解续》。朱子修家、乡、学、邦国、王朝五礼，将易箦以前审定过的丧、祭二礼初稿嘱黄榦编成。黄榦于丧礼精专，修改而后定稿，其中76系由黄榦撰草稿、杨复定稿。而祭礼部分仅成草稿，二者均被刊入《通解续》。因祭礼中颇有未及证定者，又有后来杨复重修《祭礼》之举，是为另一本书。

二、《通解》的编撰思路

这里首先说一下朱子对《礼记》与《仪礼》重要性的看法。一般学者在论及朱熹礼学时都单纯强调朱熹以《仪礼》为中心，实际上此论不甚全面。从我所掌握的资料来看，朱子对二书的看法在中年和晚年是有变化的。

一般而言，重视四书的学者在《仪礼》和《礼记》中往往倾向于后者，毕竟《大学》和《中庸》都是《礼记》的篇章，而且在《礼记》中已经出现了"礼尊其义""失义陈数，祝史之事"（《郊特牲》）的明文，其针对的显然就是《仪礼》。对这一问题的认识，中年朱熹也不例外。淳熙元年（1174），在给吕祖谦的信中，朱熹就表示了对汪应辰从事"考礼"的不屑：

> 汪丈进德不倦，后学幸甚。其所辨《石林燕语》颇留意于仪章器数之间，此曾子所谓"则有司存"者，岂其余力之

及此耶？专意于此，则亦非区区所敢知者矣。①

《语类》中也多有类似的表述：

> 圣人有作，古礼未必尽用。须别有个措置，视许多琐细
> 制度皆若具文，且是要理会大本大原。曾子临死丁宁说："君
> 子所贵乎道者三：动容貌，斯远暴慢矣；正颜色，斯近信矣；
> 出辞气，斯远鄙倍矣。笾豆之事，则有司存。"上许多是大本
> 大原，如今所理会许多，正是笾豆之事。曾子临死，教人不
> 要理会这个。②

以上表明，面对初学者时，朱子强调应看重《礼记》，反对对
"仪章器数""笾豆之事"的细微考证，这可能是朱子从自身的经
历体会中所得出的结论，即使到晚年着手编纂《通解》之际，他
仍认为"考礼"非初学者所当为。随着朱子晚年经历了议祧庙、
嫡孙承重讨论等事件之后，他转而意识到《仪礼》的重要性。一
方面他自责此前"讲学不熟"，即受王安石等人的影响而忽视了
《仪礼》和考礼，另一方面开始着手编纂"礼书"。因此在《通
解》中，他这样弥缝其中年与晚年之间认识的矛盾。《冠义》中有
这样一段："礼之所尊，尊其义也。失其义，陈其数，祝史之事也。
故其数可陈也，其义难知也。知其义而敬守之，天子之所以治天
下也。"朱熹在此下加按语道："此盖秦火之前，典籍具备之时之

① 朱熹：《朱子全书》（第 21 册），朱杰人等主编，上海古籍出版社 2002 年版，第 1454 页。
② 朱熹：《朱子全书》（第 17 册），朱杰人等主编，上海古籍出版社 2002 年版，第 2878—
2879 页。

语，固为至论。然非得其数，则其义亦不可得而知矣。况今亡逸之余，数之存者不能什一，则尤不可以为祝史之事而忽之也。"①此论对《冠义》有明显的"礼尊其义"的倾向的针对，正是朱熹中年时把握"礼义"和"礼仪"之关系的依据，但其晚年的认识已经与早年有所不同。他特别说"非得其数，则其义亦不可得而知矣"，表明"其数"也同样重要，强调学者"不可以为祝史之事而忽之"。

这在朱熹晚年的《语录》中也有述及："本朝陆农师之徒，大抵说礼都要先求其义。岂知古人所以讲明其义者，盖缘其仪皆在……"② 这种对"仪"的特别强调，与其早年鄙视汪应辰考礼之语形成了强烈的反差，我们应该注意这些话的语境差异。简而言之，在朱熹晚年着手编纂《通解》之时，他确实已经意识到了早年忽视《仪礼》的缺欠，并且将《仪礼》放到了比《礼记》和《周礼》更重要的位置（即"礼经"）来看待。

具体到《通解》的编撰思路，通过前表可以看出，《通解》的很多篇章直接在《仪礼》既有篇章内容上进行分节、删改，其中能体现朱子思想之处集中在朱熹所加的按语之中，这些部分的编纂相对比较容易，我们不再说明。

另外一些篇章是《仪礼》等礼学文献本身缺乏或不成体系的，《通解》中的这些篇章可以说是由朱熹重新"编纂"的，表1备考中写明了"古无此篇"（此语出自朱熹所撰《目录》原文），可以充分体现朱熹对该类礼的具体认识。这又可以分成两种情况：一

---

① 朱熹：《朱子全书》（第 2 册），朱杰人等主编，上海古籍出版社 2002 年版，第 71 页。
② 朱熹：《朱子全书》（第 17 册），朱杰人等主编，上海古籍出版社 2002 年版，第 2877 页。

类是只有一条条内容（条目）的形式；一类是采用分作"经""传"的形式。以下分别说明之。

第一类的代表是《学礼·学义》部分，共分为"明人伦之义""明礼乐之义"和"明教学之序"三节，每节之下并没有分为"经""传"，而是以条目的形式罗列自《尚书》《孟子》《左传》《国语》《白虎通义》《礼记》《论语》《孔丛子》中节抄出的十余条内容。在《目录》中，朱熹交代这是"集诸经传凡言教法之意者"① 而成篇，显然条与条之间并没有逻辑上的主次关系。

这种撰作方式不可避免地导致引文的重复。因为朱熹所选取的礼七分法本身就有逻辑上的重复，如"学礼"被单独分作一类，然而实际上，学礼中的绝大多数内容是可以分散到家、乡、邦国、王朝礼之内的。学礼内部的节目间也有个别重复，如《学礼·学义》中"明礼乐之义"所引三段《礼记·乐记》文字，在此后的《学礼·礼乐记》部分再次出现（后者本身就是节抄《礼记·乐记》而成）。《礼乐记》删去了《礼记·乐记》约三分之一篇幅的文字，却并未删去《学义》已引的那三段文字。仔细比对便可发现，朱熹在第二次引用时，重出的三段文字只保留正文而删去了《学义》的小注，表明这绝非朱子无意的疏失，体现了朱熹在撰作《通解》时的曲衷所寄。

以上是以《学义》部分为例，简述朱熹撰作条目形式的正文之思路，这种情形相对简单。下面以《学礼·臣礼》为例，说明其撰写第二类"经—传"形式的正文之思路。"臣礼"是三礼文献中没有系统内容的部分，朱熹在此章中将"臣礼"分为"将朝"

---

① 朱熹:《朱子全书》（第 2 册），朱杰人等主编，上海古籍出版社 2002 年版，第 36 页。

"始见""朝礼""侍坐赐食""恭敬""死节""复仇"七小节，每节先选择概述性的文字作为提纲（即"经"），自经典中找出例证或解释性的文字作为"传"。

我们移录此章"将朝"部分的经、传：

> 将适公所，宿齐戒，居外寝，沐浴。史进象笏，书思对命。既服，习容，观玉声，乃出。揖私朝，辉如也。登车则有光矣。（《玉藻》）
>
> 右将朝○传：晋灵公不君，赵宣子骤谏，公患之，使锄麑贼之。晨往，寝门辟矣。盛服将朝，尚早，坐而假寐。麑退，叹而言曰："不忘恭敬，民之主也。贼民之主，不忠；弃君之命，不信。有一于此，不如死也。"触槐而死。（《左氏》宣公二年）①

在这一部分，朱子先用《礼记·玉藻》中的一段文字作为"经"，用《左传·宣公二年》的事例作为"传"并矮一格排版，其以"礼"贯通《左传》和《礼记》的意图不言自明。

上引"将朝"节是最简单的（经、传均只有一条）情形，再举一个稍微复杂的"复仇"节作为例证：

> 父之仇弗与共戴天。兄弟之仇不反兵，交游之仇不同国。（《曲礼》）

---

① 朱熹：《朱子全书》（第2册），朱杰人等主编，上海古籍出版社2002年版，第462页。引文的双行小注删去，仅保留注中的出典，下同。

父之仇，辟诸海外；兄弟之仇，辟诸千里之外；从父兄弟之仇，不同国。君之仇视父，师长之仇视兄弟，主友之仇视从父兄弟。（《周礼·调人》）

右复仇〇传：子夏问于孔子曰："居父母之仇，如之何？"夫子曰："寝苫枕干，不仕，弗与共天下也。遇诸市朝，不反兵而斗。"曰："请问居昆弟之仇如之何？"曰："仕弗与共国，衔君命而使，虽遇之不斗。"曰："请问居从父昆弟之仇，如之何？"曰："不为魁，主人能，则执兵而陪其后。"（《檀弓》）

韩、魏、赵氏杀智伯，分其田。赵襄子漆智伯之头以为饮器，智伯之臣豫让欲为之报仇，乃诈为刑人，挟匕首入襄子宫中涂厕。襄子如厕，心动，索之，获豫让。左右欲杀之，襄子曰："智伯死无后，而此人欲为报仇，真义士也！吾谨避之耳。"乃舍之。豫让又漆身为癞，吞炭为哑，行乞于市，其妻不识也。行见其友，其友识之，为之泣曰："以子之才，臣事赵孟，必得近幸，子乃为所欲为，顾不易邪？何乃自苦如此，求以报仇，不亦愚乎？"豫让笑而应之曰："不可。既已委质为臣，而又求杀之，是二心也。且为先知报后知，为故君贼新君，大乱君臣之义，吾弗为之矣。凡吾所以为此者，所以明君臣之义，虽难不避也。"襄子出，豫让伏于桥下，襄子至桥，马惊，索之，得豫让，遂杀之。（《史记》《通鉴》）

王孙贾事齐闵王，王出走，贾失王之处。其母曰："女朝去而晚来，则吾倚门而望；女莫出不还，则吾倚闾而望。女今事王，王出走，女不知其处，女尚何归？"王孙贾乃入市中，曰："淖齿乱齐国，杀闵王，欲与我诛齿者，袒右。"市人从之者四百人，与诛淖齿，刺而杀之。（《通鉴》赧王

三十二年）

　　张良，其先韩人，大父开地，父平，相韩五世。平卒，良年少，未尝宦事韩，而秦灭韩。良家僮三百人，弟死不葬，悉以家财求客刺秦王，为韩报仇。尝学礼淮阳，东见仓海君。得力士，为铁椎重百二十斤。秦皇帝东游，良与客狙击秦皇帝博浪沙中，误中副车。秦皇帝大怒，大索天下，求贼甚急。良乃更名姓，亡匿下邳，为任侠。及陈涉起兵，良亦聚少年百余人，归沛公，数以《太公兵法》说沛公，沛公善之。又说项梁立韩公子成为韩王，梁从之，以良为韩申徒。因从沛公入关，画策灭秦。项羽立沛公为汉王，良乃归韩。项羽留韩王成，不遣之国而杀之，良遂亡，间行归汉，复为汉王画策，破杀项羽垓下。汉王立为皇帝，封良为留侯。留侯乃称曰："家世相韩，及韩灭，不爱万金之资，为韩报仇强秦，天下振动。今以三寸舌为帝者师，封万户、位列侯，此布衣之极，于良足矣。愿弃人间事，欲从赤松子游耳。"乃学辟谷，道引轻身。高帝崩，吕后强食之，后八年卒。（《史记》。杨时曰："张良破秦灭楚，始终为韩报仇耳，非欲为汉用也。"）[1]

　　这段说明复仇的"经"文引用了《礼记·曲礼》和《周礼·调人》两段文字，而"传"部分则先用《礼记·檀弓》所载的一段孔子与子夏的问答作为解释，又分别选取了《通鉴》《史记》所载的豫让为知伯复仇、王孙贾为齐闵王复仇、张良为韩王复仇三

---

[1]　朱熹：《朱子全书》（第 2 册），朱杰人等主编，上海古籍出版社 2002 年版，第 480—482 页。

个例证。如果按照"经"，此处的传应该分载臣子为君和父、己为兄弟和师长、己为从兄弟和交游三种情况的复仇，但实际上所举三例均为臣为君复仇，这大概是受到此章主要记载"臣礼"所约束。

关于"复仇"的事例，《公羊传》《左传》均有很多例证，且朱熹之前的类书如《艺文类聚》《太平御览》都进行了专门的收集，朱熹对这些内容肯定是熟悉的，我们借此可分析出朱熹选取"传"时的若干原则。比较朱熹所不取的那些例证，我们隐约可以发现其中的几个规律：

第一，不属于"臣礼"范畴的复仇事例不采作"传"，也就是朱熹在《目录》中所提示的"臣事君……其法……无所聚而散出于诸书"，即非"臣事君"则不用。如《左传》所载莒嫠妇为夫复仇事例、《公羊传》所载齐襄公为远祖齐哀公复仇事例、《吴越春秋》所载越王勾践复仇事例，分别是妻为夫、后君为先君以及复国仇之例，不符合章题而不采用。

第二，有争议性的事例不采用。如《左传》所载伍子胥为父复仇，投奔敌国引兵攻杀楚平王。虽然伍子胥父兄被平王冤杀，但前"经"既已明言，在复仇一事上君、父同等，而伍子胥为父弑君，此例虽为人尽皆知的复仇例证，但朱子却嫌破坏"经"例，因而并未取用。《朱子语类》中记载有弟子问伍子胥"父不受诛，子复仇可也，谓之乱臣贼子，亦未可"，所以应如何看待其复仇行为？朱子答曰："古人自有这般事……后世天下一家，事体又别。"[1] 这表明，朱子认为不宜单纯视此事为复仇行为，这应该就

---

[1]　朱熹：《朱子全书》（第 18 册），朱杰人等主编，上海古籍出版社 2002 年版，第 4181 页。

是朱熹不采的主要原因。

第三，有教唆动乱之嫌的事例不采用。复仇行为本身就游离于国法之外，很容易出现"于情可悯，于法不容"的状况。同样举《左传》的例证，齐国的邴歜之父、阎职之妻曾被齐懿公欺占，二人利用担任齐懿公车夫之机将其弑杀。在此例中，二人的复仇动机虽令人同情，但难掩其弑君作乱之实。另如，卫州吁弑君父卫桓公自立，老臣石碏设计弑杀州吁，为桓公复仇之事，虽然经典均肯定石碏此举，但盖为杜绝后人借辞作乱犯上，亦不取此作传。

以上三个原则虽然并未被朱熹明示，但基本可按而得之。《黄榦年谱》另记载了《通解》编撰过程的一些具体细节。庆元二年（1196，丙辰）三月提到：

> 编次《仪礼集传集注》书成。条理经传，写成定本，文公（指朱熹——引者注）当之；而分经类传，则归其功于先生（指黄榦——引者注）焉。然《集注集传》乃此书之旧名，自丙辰、丁巳以后，累岁刊定，讫于庚申，犹未脱稿。而先生所分《丧》《祭》二礼犹未在其中也……先生实为分经类传，文公删修、笔削、条例皆与议焉。（初，文公虽以《丧》《祭》二礼分畀先生，其实全帙自《冠》《昏》，《家》《乡》《邦国》《王朝》等类皆与先生平章之。文公尝与先生……云：千万更与同志勉励，究此大业……又云：此事异时直卿当任其责。其他往复条例，文多不能尽载。）[1]

---

[1] 吴洪泽编：《宋人年谱集目·宋编宋人年谱选刊》，巴蜀书社1995年版，第285页。已参照《勉斋先生黄文肃公文集》后附《年谱》修订。

可知，《通解》的撰定大致须经四个步骤：一是拟定全书纲目；二是将三礼经文按纲目重新划分；三是将注疏抄入相应经文下；四是删节注疏并加按语说明之。至朱熹去世时，《通解》已完成了家、乡、学礼三部分和邦国礼的小部分，共计二十卷内容（即上述四步均完成），另余邦国礼三卷草稿尚待审定。此后的王朝礼（卷二十四至三十七）也只是草稿，这十七卷草稿的第四步未完全完成，丧礼部分似乎也在进行第四步（《黄榦年谱》说朱熹对丧礼部分文字"悉皆亲笔删削，于《不杖》《大功》章有亲批五条，其他商榷发明，不一而足"①，即此意）。故这些内容在最终刊行前又经黄榦订正，而祭礼部分最终刊行的只是黄榦的草稿，容下文详述。

引文中提及朱子在撰作时本有"往复条例，文多不能尽载"，这些条例也并非全然佚失，黄榦在《通解续》中有一条按语专门说明其体例问题：

　　经文之后附入传记者，其例有三：其一，有诸书重出者，但载其一。有大同小异者，削其同，载其异，有同异相杂不可削者，并存之。二，所载传记全文已见别篇，则全文并注疏皆已详载有于全文之下，节略重出者，即云详见某篇，读者当于详见之处考之。三，所附传记之文有本经只一事而传记旁及数事者，虽与经文不相关，然亦须先载全文，后重出者，只节其与本文相关者，仍注云详见某条。②

---

① 吴洪泽编：《宋人年谱集目·宋编宋人年谱选刊》，巴蜀书社 1995 年版，第 286 页。
② 朱熹：《朱子全书》（第 3 册），朱杰人等主编，上海古籍出版社 2002 年版，第 1216—1217 页。

这条按语可能出自朱熹给所有参编者所立的编纂"条例",讲的是"内传"的编纂原则,概括起来就是:在保证异文都被吸收的前提下,尽量用按语提示互见,以求不重复引用。类似的"条例"应该还有不少。

以上为朱熹纂修《通解》之方法。

第二节
朱熹纂修《仪礼经传通解》的过程

关于《通解》编修的过程,自白寿彝以后学界探讨已多,钱穆、戴君仁、束景南、殷慧、李旭等前辈学者均有相关论述,俱已见前文。此下综括前人所述,勾稽《通解》的修纂过程,重在补充前贤诸论未备之处。

一、纂修《通解》前朱熹礼学的特质:务求践履

朱熹约50岁起开始构思《通解》的架构,在此之前,其礼学的关切点主要在于可资施行方面。我们将朱子早年礼学特点总结为以下四个方面:

首先,以精研祭礼起家,对礼学始终措意。

早在朱熹18岁(1147,绍兴十七年丁卯)时,"诸家祭礼考编"书成,是为朱子平生首部著作。《语类》载其自述:"某自十四岁而孤,十六而免丧。是时祭祀,只依家中旧礼,礼文虽未备,却甚齐整,先妣执祭事甚虔。及某年十七八,方考订得诸家礼,

礼文稍备。"① 实际上，朱熹之父朱松即为礼学名家，朱熹致力于礼学自有其渊源。此后朱熹一直没有间断对祭礼的关切，直到乾道五年冬（1169，40 岁），修订《祭仪》（《祭礼》）稿成。李方子《年谱》载："乾道五年九月，先生丁母祝令人忧。居丧尽礼，参酌古今，因成《丧葬祭礼》。又推之于冠、昏，共为一编，命曰《家礼》。"② 该书是在"诸家祭礼考编"的基础上完成的，书撰成前后曾与林用中（择之）探讨切磋，"《祭仪》稿本纳呈，未可示人，且烦仔细考究"③。因此信作于乾道五年（1169）春夏之间，可知在朱母抱病之时，朱子已着手修撰，林用中参与其中，这就是后来《朱子家礼》中的祭礼部分的雏形，亦可见朱子一生学问盖始于研究祭礼。

淳熙元年（1174，45 岁）五月，朱熹编次《古今家祭礼》④成，这应该是与编修《祭仪》同步的基础文献收集工作。他还写下《跋古今家祭礼》说明其理念：

> 古之圣王，因其所不能无者制为典礼，所以制其精神，笃其恩爱，有义有数，本末详焉。遭秦灭学，礼最先坏。由

---

① 朱熹:《朱子全书》（第 17 册），朱杰人等主编，上海古籍出版社 2002 年版，第 3052 页。
② 朱熹:《朱子全书》（第 7 册），朱杰人等主编，上海古籍出版社 2002 年版，第 947 页。朱子撰作于未成书时称谓往往不定，细绎前后书信可知《祭仪》即《祭礼》，也即《朱子家礼》中的祭礼部分，称谓繁简不一，但所指则同。
③ 朱熹:《朱子全书》（第 25 册），朱杰人等主编，上海古籍出版社 2002 年版，第 4943 页。
④ 朱子著述往往采取"由博返约"的办法，因此常有一个"博观"本和一个"约取"本。（如四书的《集解》《集义》与《四书章句集注》，《古今家祭礼》与《朱子家礼·祭礼》，等等。）一般而言，"约取"本更见朱子学问旨趣，而"博观"本可见其取材之限。朱子博览不辍，师友商量之间，往往会一再修订其"约取"本，并征求学友意见，这导致朱熹撰写的一些未定稿流布于世。朱子传世的不少著作版本不同、文字歧异，实因此而生。

汉以来，诸儒继出，稍稍缀缉，仅存一二。以古今异便，风
俗不同，虽有崇儒重道之君，知经好学之士，亦不得尽由古
礼，以复于三代之盛。其因时述作，随事讨论，以为一国一
家之制者，固未必皆得先王义起之意。然其存于今者，亦无
几矣……有能采集附益，并得善本通校而广传之，庶几见闻
有所兴起，相与损益折衷，共成礼俗，于以上助圣朝敦化导
民之意，顾不美哉！①

据束景南考证，"朱熹编次《古今家祭礼》资料主要得自汪应
辰。初刻（疑在建阳）只收十六家祭仪，至淳熙八年又增入三家，
由郑伯熊再刻于建安"②。虽该书久佚，但从上引跋文可见，朱子
早年礼学有明显的实践倾向，"因时述作""共成礼俗"，突出表现
为"礼"对"俗"的屈就。这表明，此时的朱子礼学开始不像五
年前那样专守二程礼说，转而注意唐宋礼学名家，尤其开始关注
司马光《书仪》等"助圣朝敦化导民"的实践类礼书。

次年，朱熹再次修订了《祭仪》，"乃最后修订，是为定本，
其后不再见其言修订《祭仪》事"③。而实际上，朱熹此后开始了

---

① 朱熹：《朱子全书》（第 24 册），朱杰人等主编，上海古籍出版社 2002 年版，第 3825—
3826 页。
② 束景南：《朱熹年谱长编》，华东师范大学出版社 2001 年版，第 513 页。《古今家祭礼》
所收原有十六家，后补入孟诜、徐润、孙日用三家（得自尤袤），再加上《吕氏家祭
礼》，合计二十家。王懋竑推断二十家分别为：《江都集礼》、《开元礼》、《开宝礼》、
《胡氏吉凶书仪》、《唐郑正则祠享礼》、《唐范傅式寝堂时享礼》、孟诜、徐润、孙日
用、《贾顼家祭仪》、《政和五礼》、《杜公祭享仪》、《范氏祭仪》、《刘岳书仪》、《陈致
雍新定寝祀礼》、《韩氏古今家祭式》、《横渠张氏祭礼》、《伊川程氏祭礼》、《吕氏家
祭礼》、《温公书仪》（王懋竑：《朱子年谱》，中华书局 1985 年版，第 274 页）。其内
容可详参来：《中国近世思想史研究》，商务印书馆 2003 年版，第 152—157 页。
③ 束景南：《朱熹年谱长编》，华东师范大学出版社 2001 年版，第 536 页。

《家礼》的编撰工作，对《祭仪》不再单独修订。学界一般认为，《家礼》是以《祭仪》为基础，同时受到《吕氏乡约》的影响而编撰的。约从淳熙初年起，朱子在《祭仪》的基础上增订冠、昏、丧三礼，他后来在《答吕伯恭》书中说"《礼书》亦苦多事，未能就绪。书成，当不俟脱稿，首以寄呈，求是正也"①，其所谓《礼书》应该就是众所周知的《朱子家礼》。

其次，时常与前辈学者、亲朋好友、晚辈学者切磋礼学，互有促进。

朱熹早年以礼学为家学，自己在钻研之余多与同道交流。早在朱熹24岁（1153，绍兴二十三年癸酉）时赴泉州同安主簿任时，途经福州，顺访《礼》学名家刘藻、任文荐，未及见王普。《朱子语类》载："福州有前辈三人，皆以明《礼》称：王普，字伯照；刘藻，字昭信；任文荐，字希纯。某不及见王伯照，而观其书，其学似最优，说得皆有证据，佽有议论，却不似今人杜撰胡说。"② 从中可见刘藻及王普对朱熹影响较大，尤其是两人"考订精确""说话有来历"的学风深深影响了朱子后来的礼学。

此外我们还可看到绍兴二十四年（1154）五月，朱熹请直学柯翰为同安县学诸生讲《礼记》，并为此作《讲礼记序说》阐述其礼学思想：

> 学者博学乎先王六艺之文，诵焉以识其辞，讲焉以通其意，而无以约之，则非学也。故曰博学而详说之，将以反说

---

① 朱熹：《朱子全书》（第21册），朱杰人等主编，上海古籍出版社2002年版，第1466页。
② 朱熹：《朱子全书》（第17册），朱杰人等主编，上海古籍出版社2002年版，第2884页。

约也。何谓约？礼是也。礼者，履也，谓昔之诵而说者，至是可践而履也。故夫子曰："君子博学于文，约之以礼。"颜子之称夫子，亦曰"博我以文，约我以礼"，礼之为义，不其大哉！然古礼非必有经，盖先王之世，上自朝廷，下达闾巷，其仪品有章，动作有节，所谓礼之实者，皆践而履之矣。故曰"礼仪三百，威仪三千，待其人而后行"，则岂必简策而后传哉！其后礼废，儒者惜之，乃始论著为书，以传于世……礼以极卑为事，故自饮食居处、洒扫咳唾之间，皆有仪节，闻之若可厌，行之若琐碎而不纲。然唯愈卑故愈约，与所谓极崇之智，殆未可以差殊观也。①

这表明，朱子早岁即同时注重在"践而履之"和"考订精确"之间建构其礼学大厦，也说明朱子早年与其他多数宋代学者一样，在"三礼"中较多地关注《礼记》，这一点与晚年有别，后当详述。

另外，《祭仪》在修订过程中，也多得益于与张栻、汪应辰、林用中、吕祖谦等人的讨论，列举几封相关书信：

> 张栻《南轩集·答朱元晦秘书》："示以所定《祭礼》，私心亦久欲为之，但以文字不备，及少人商量，今得来示，考究精详，甚慰……它日论定，当共行之，且可贻之同志，非细事也。"（乾道五年，1169）
>
> 朱熹《答张敬夫》："《祭说》辨订精审，尤荷警发……"

---

① 朱熹：《朱子全书》（第24册），朱杰人等主编，上海古籍出版社2002年版，第3585页。

（同年）

朱熹《答林择之》："《旧仪》亦甚草草，近再修削颇可观。"（同年）

朱熹《答汪尚书》："伏蒙垂谕《祭仪》之阙……"（乾道九年，1173）

朱熹《答汪尚书论家庙》"熹又尝因程氏之说，草其祭寝之仪，将以行于私家。而连年遭丧，未及尽试，未敢辄以拜呈。少俟其备，当即请教也。"（同年）

朱熹《答吕伯恭书》："《祭礼》已写纳汪丈处，托以转寄。"（同年）

可以明显看出，朱子礼学架构深受学友影响。在张栻给吕祖谦的一封信中，张栻透漏说："《祭仪》向来元晦寄本颇详，亦有几事疑。后再改来，往往已正。"① 据张栻所言，朱子此时修改《祭仪》应吸收了不少他的意见。仅就礼学而言，朱熹一生前后的变化较大，多是应学友的质疑而变，这一点应引起足够重视。

再次，在礼学中尤致力于可资实用者，尝试整理礼类文献。

淳熙元年（1174），朱子编订《弟子职》《女诫》，刊刻于建安。他在《答吕伯恭》中说，将这两书"付书肆摹刻，以广其传，亦深有补于世教"②，另《与建宁傅守札子》述及此事时说："男女之教虽殊，此则当通知者，使其流行，亦辅成世教之一事也。"③

---

① 张栻:《张栻集》（第 2 册），岳麓书社 2010 年版，第 719 页。
② 朱熹:《朱子全书》（第 21 册），朱杰人等主编，上海古籍出版社 2002 年版，第 1450 页。
③ 朱熹:《朱子全书》（第 21 册），朱杰人等主编，上海古籍出版社 2002 年版，第 1119 页。
关于此札子，陈来未定月份（第 119 页），束景南定为淳熙元年十月（第 483 页）。

可见，朱子早年礼学重在整顿社会风俗，以有补于世道人心为宗旨。

淳熙三年（1176），朱子又作《增损吕氏乡约》行于乡里，此文今见于《朱子文集》内。朱子大约在淳熙二年（1175）四月发现并考证了《吕氏乡约》的作者"本出蓝田吕氏"①。他将该文先寄给韩元吉，由韩转寄给张栻，向张栻征求增损意见。张提出两条：1. 对入约者身份应加限定；2. 删去处罚部分。（《南轩集·卷22》）朱熹接受其修改意见，并将《乡约》《乡仪》合并推行。②除此外，也有不少以官方形式发布的榜文、告示如《知南康榜文》《示俗》《晓谕兄弟争财产事》等，也可视之为广义地向民间推行古礼、劝善化俗的做法。

另外，朱子与张栻合撰《四家礼范》，淳熙四年（1177）③由刘珙刻于建康。张栻于前一年将司马光、程颐、张载三家的昏、丧、祭三礼刊刻于广西，取名《三家昏丧祭礼》，此后向朱子求正。朱子提出当加入冠礼："南轩说冠礼难行。某云：是自家屋里事，关了门，将巾冠与子弟戴，有甚难？"④张栻采纳朱子意见。此时朱子正致力于《吕氏乡约》的修订，于三家外又加入吕氏，在张栻本的基础上成《四家礼范》（久佚）。

欲推行古礼于民间乃至编撰礼书，客观上无法避免对礼的考据，这在朱熹早年的书信中多可见。只举袝礼一例，所谓"袝"，指新死者袝祭于先祖，礼载卒哭（死后百日）而袝。朱子30岁与

---

① 朱熹：《朱子全书》（第24册），朱杰人等主编，上海古籍出版社2002年版，第3600页。
② 朱熹在《答吕伯恭》（写于淳熙二年除夕，1175）中明确说增损工作此时尚"不能就"，即《增损吕氏乡约》此时尚未完成，则其成文约在淳熙三年（1176）前后。
③ 据束景南说（《朱熹年谱长编》，第579页）。
④ 朱熹：《朱子全书》（第17册），朱杰人等主编，上海古籍出版社2002年版，第2998页。

朋友的书信中已注意到前人对此意见不同，且已经形成比较清晰的看法。后在陆九渊之母卒时，朱子与陆九渊、叶味道往复书信讨论"祔"，朱子关于祔礼的主张是：

> 祔者，奉新死之主以祭于其所当入之祖庙，而并祭其祖，若告其祖以将迁于他庙，（若適士二庙，则此祖已当迁于夹室矣。）而告新死者以将迁于此庙也。既告已，则复新死者之主于寝，而祖亦未迁。比至于练，乃迁其祖入他庙或夹室，而迁新死者之主其庙耳。其未迁于庙与既迁而未祥，馈羞自如他日。如此，则庙自不虚，寝亦有馈……①

简而言之，朱子主张在死后百日"祔"于祖庙之后，应将其"主"（即牌位）取回继续留在（即所谓"复"）寝，此前供奉死者用的"几筵"也不撤换，等三年之后"迁庙"时再撤，即"既祔复主"；陆九渊则主张"祔"于祖庙之后马上就撤"几筵"，不必"复于寝"。二者孰是孰非，礼典所见并不明确。②朱子"既祔复主于寝"的主要根据是郑玄注，陆九渊以为"礼经未明言则无此礼"，此是二人学术分歧所在。权且不论二者是非，从中已可见朱子学问的"务求有据"一面。

最后，利用任职之便，推进礼学在民间的实践。

朱熹在 26 岁（绍兴二十五年，1155）时就曾考定释奠礼，《朱子文集》中保留有一篇当时的《行乡饮酒礼告先圣文》：

---

① 朱熹：《朱子全书》（第 23 册），朱杰人等主编，上海古籍出版社 2002 年版，第 2782 页。
② 详参郭嵩焘：《校订朱子家礼·卷 5》，收入《郭嵩焘全集》（第 2 册），岳麓书社 2012 年版，第 700—701 页。

一昨朝廷举行乡饮酒之礼，而县之有司奉行不谨，容节谬乱，仪矩阙疏，甚不足以称明天子举遗兴礼之意。今者宾兴有日，熹谨与诸生考协礼文，推阐圣制，周旋揖逊，一如旧章。即事之初，敢以舍菜之礼，谨修虔告。①

据引文"宾兴有日"可知，此祝文系在绍兴二十五年（1155）中秋前后所用，"宾兴"即乡贡秋试前以乡饮酒礼宴送举子之仪。此番考定释奠礼，系朱子与诸生协力为之。《朱熹年谱》载此年事："县学释奠旧例，止以人吏行事。先生至，求《政和五礼新仪》印本于县，无之，乃取《周礼》《仪礼》《唐开元礼》《绍兴祀令》更相参考，画成礼仪、器用、衣服等图，训释辨明，纤悉毕备。俾执事、学生朝夕观览，临事无舛。"② 朱熹所绘礼图不仅包括"器用、衣服"等前人已创制者，还有"礼仪"图（不是礼器图，而是行礼图）。可见，礼图为朱熹所特重，此后杨复所作《仪礼图》正是承此学风。

古语虽云"礼失求诸野"，但到朱子之时，民间所行的礼仪不仅已与古礼不协，且形同具文。朱熹后来回忆他青年初任地方时的感受："欧阳公言：古礼今皆废失，州县幸有社稷、释奠、风雨雷师之祭，民犹得以识先王之礼。而吏多不习，至其临事，举多不中而色不庄，使民无所瞻仰，见者怠焉。熹始读之，每疑其言之过。及仕州县身亲见之，而后知公之不妄也。"③ 在朱熹看来，与古礼不同尚可通过考订求得，"色不庄"的问题则比较严重，这

---

① 朱熹：《朱子全书》（第 24 册），朱杰人等主编，上海古籍出版社 2002 年版，第 4032 页。
② 王懋竑：《朱子年谱》，何忠礼点校，中华书局 1985 年版，第 13 页。
③ 朱熹：《朱子全书》（第 24 册），朱杰人等主编，上海古籍出版社 2002 年版，第 3927 页。

也是朱熹在追求践履过程中的着力所在。

同样反映朱子 30 岁前礼学主张的重要文献为《民臣礼议》，他提出"礼不难行于上，而欲行于下者难也"，文长不录。钱穆概括曰："主张就州县官民所应用之礼，别加纂录，为《绍兴纂次政和民臣礼略》，锓板模印，而颁之于州县，各为三通。一通于守令厅事，一通于学，一通于名山寺观。而民庶所用，则使州县自锓板，岁正，揭之市井村落。礼书既班，又使州县择士人讲诵。廪之于学，名曰治礼。又礼器、礼服皆制造颁降，以为准式，使州县自为之椟藏，一如礼书。其有礼书不备者，更详考而正之。"①从文中可见，朱子极重礼在整顿社会方面的作用。在实践中，古礼是今礼的根据，今礼是古礼的孑遗，考礼是行礼的手段，行礼是考礼的目的，四者之目的都是为了整顿社会风气。朱熹对此四者的认识可谓深刻。

淳熙六年（1179），朱子在南康任上，兴修白鹿洞书院，其时颇有文翁化蜀之志，乃上《乞颁降礼书状》②：

　　《政和五礼新仪》州郡元有给降印本，兵火以来，往往散失。目今州县春秋释奠、祈报社稷及祀风雨雷师，坛壝器服之度、升降跪起之节，无所据依，循习苟简。而臣民之家，冠、昏、丧、祭亦无颁降礼文可以遵守，无以仰称国家钦崇

---

① 钱穆：《钱宾四先生全集（14）·朱子新学案（4）》，联经出版事业公司 1998 年版，第 131 页。

② 此事王懋竑、束景南均记为发生在庚子，但朱子庆元元年（1195）在《书释奠申明指挥后》中明言，"淳熙己亥（六年），初守南康，尝一言之朝廷，为取《政和新仪》镂板颁下"（《朱子全书》（第 24 册），第 3927 页），可见申请颁降礼书当在己亥，后申请增修则在庚子。

祀典、防范民彝之意。①

在此期间，朱子一再向南康百姓申明"礼"的重要性，体现了他努力将儒家礼教规范落实到民间的努力。② 几个月后，朱子再度上疏《乞增修礼书状》："近者判部、侍讲、侍郎奏请编类州县臣民礼仪，镂版颁降，已奉圣旨依奏。此诚化民善俗之本，天下幸甚。然熹窃虑其间未详备处，将来奉行，或致抵牾。今具如后……"③ 这正是朱子申请颁降《政和五礼新仪》行于南康之后，发现有所未备，以当时的"礼学专家"的身份乞修订礼书。可见朱子居官期间，一直致力于"以礼化俗"，对实践层面的礼给予更多关注。

通观朱熹中年时期的礼学实践活动，用一个词来概括上析的四个方面，就是"务求践履"。用朱熹自己的话说，即"礼者，履也，谓昔之诵而说者，至是可践而履也……所谓礼之实者，皆践而履之矣"④。但毕竟世殊时异，许多先秦的礼典在宋代已经无法实行，而部分宋人所行之礼也未必有古典的依据，这就出现了"古礼"和"今礼"之间的矛盾，表现在现实中就是"行礼"和"考礼"的脱节。朱子根据自己的实际经验主张古礼、今礼、考礼、行礼四者相辅相成的关系，目的都是为了整顿社会风气，也就是所谓的"见闻有所兴起，相与损益折衷，共成礼俗，于以上助圣朝敦化导民之意"⑤。但总体而言，中年以前的朱熹礼学是有

① 朱熹：《朱子全书》（第21册），朱杰人等主编，上海古籍出版社2002年版，第929页。原文标点有误，引文略有改动。
② 参见惠吉兴：《宋代礼学研究》，河北大学出版社2011年版，第157—159页。
③ 朱熹：《朱子全书》（第21册），朱杰人等主编，上海古籍出版社2002年版，第930页。
④ 朱熹：《朱子全书》（第24册），朱杰人等主编，上海古籍出版社2002年版，第3585页。
⑤ 朱熹：《朱子全书》（第24册），朱杰人等主编，上海古籍出版社2002年版，第3826页。

"徇俗"的倾向的。具体表现为在不妨害"义理"的前提下，朱熹并不主张一味地"复古礼"："夫三王制礼，因革不同，皆合乎风气之宜，而不违乎义理之正。"此点突出地表现在朱熹与张栻的歧见上：朱子认为墓祭、节祀只要符合"礼意"，不妨从俗而行，而不应该纠结于"墓祭非古"或"中元节祀出自浮屠"等说。但与其他学者相比，朱熹也绝非一味从俗屈就，其"从俗"的底限有二：一为不得有碍于人情人心，如"既祔复主于寝"，就是典型的"缘情说礼"；二为不得与经典的明文记载相矛盾，如建议外孙不祭外祖，根据就是经典中的"民不祭非族"。只要不突破这两则底限，多数情况下，朱子并不反对"俗礼"，而这与其晚年的礼学认识是略有差别的。①

二、中年以后动议编纂《仪礼经传通解》

淳熙七年（1180）前后，②朱熹开始与素重考礼的吕祖谦讨论"礼书篇次"，即为《通解》编纂之嚆矢，这也是朱熹中年以后在礼学方面的核心工作。

朱熹的初步编纂构想是：以《仪礼》为经，而以《礼记》为传。将《仪礼》分为上下并附入《礼记》篇章，成为新礼书的主体部分；将《礼记》不可附入的篇章分为五类，成为新礼书的补充部分，这一构想见于《问吕伯恭三礼篇次》中：

> 《仪礼附记》上篇：《士冠礼》（《冠义》附）；《士昏礼》
> （《昏义》附）；《士相见礼》；《乡饮酒礼》（《乡饮酒义》

---

① 详参李少鹏：《〈仪礼经传通解〉研究》，吉林大学 2017 年博士学位论文，第 19—27 页。
② 据白寿彝、李旭说，上山春平以为在 1175 年，恐未当。

附);《乡射礼》(《射义》附);《燕礼》(《燕义》附);《大射礼》;《聘礼》(《聘义》附);《公食大夫礼》;《觐礼》。

《仪礼附记》下篇:《丧服》(《丧服小记》《大传》《月服问》《间传》附);《士丧礼》;《既夕礼》;《士虞礼》(《丧大记》《奔丧》《问丧》《曾子问》《檀弓》附);《特牲馈食礼》;《少牢馈食礼》;《有司》(《祭义》《祭统》附)。

《礼记》篇次:《曲礼》《内则》《玉藻》《少仪》《投壶》《深衣》(六篇为一类);《王制》《月令》《祭法》(三篇为一类);《文王世子》《礼运》《礼器》《郊特牲》《明堂位》《大传》(与《丧小记》误处多,当厘正),《乐记》(七篇为一类);《经解》《哀公问》《仲尼燕居》《坊记》《儒行》(六篇为一类);《学记》《中庸》《表记》《缁衣》《大学》(五篇为一类)。

以上恐有未安,幸更详之。①

此信所论实为《通解》之初草,其撰作时间未详。吕祖谦卒于淳熙八年(1181)七月,则朱子撰此信必在此前,盖在南康任内。此书中透漏出朱子礼学之大转变,即不再沉迷于程颐、司马光以及唐宋诸儒的礼学,目光转向礼经:将《仪礼》分为上下并附入《礼记》(即《仪礼附记》),成为新礼书的主体部分;将《礼记》不可附入的篇章分为五类,成为新礼书的补充部分。吕祖谦曾让路德章试编纂一部分,但不久即停滞了。

同时的朱熹也并未着手编纂,他自觉"精力向衰,遂不敢下

---

① 朱熹:《朱子全书》(第24册),朱杰人等主编,上海古籍出版社2002年版,第3579—3581页。引文个别文字据宋刻本校正。

手"①，主要是公务缠身不便。直到淳熙十年（1183）奉祠之后，朱熹方得与朋友探讨。淳熙十三年（1186）潘友恭给朱子写信请教礼学问题，朱子建议潘氏继续路德章的编纂工作。朱子随信寄去了路氏的稿本，"礼书"转由潘友恭编纂。朱子在写给潘氏兄弟等人的信中，阐述了他的编纂思路：

> 《答潘端叔》："《礼记》须与《仪礼》相参，通修作一书方可观。中间伯恭令门人为之，近见路德章编得两篇，颇有次弟。然渠辈又苦尽力于此，反身都无自得处，亦觉枉费工夫尔。"②

> 《答潘恭叔》："熹则精力已衰，决不敢自下功夫矣。恭叔暇日能为成之，亦一段有利益事。但地远，不得相聚评订为恨。如欲为之，可见报，当写样子去也。今有篇目，先录去，此又是一例，与德章者不同也。"③

> 《答吕子约》："闻子约教学者读《礼》，甚善。然此书无一纲领，无下手处。顷年欲作一功夫，后觉精力向衰，遂不敢下手。近日潘恭叔讨去整顿，未知做得如何。但《礼》文今日只凭注疏，不过郑氏一家之说，此更合商量耳。"④

---

① 朱熹：《朱子全书》（第22册），朱杰人等主编，上海古籍出版社2002年版，第2209页。
② 朱熹：《朱子全书》（第22册），朱杰人等主编，上海古籍出版社2002年版，第2292—2293页。
③ 朱熹：《朱子全书》（第22册），朱杰人等主编，上海古籍出版社2002年版，第2307页。
④ 朱熹：《朱子全书》（第22册），朱杰人等主编，上海古籍出版社2002年版，第2209页。此书下注"九月十三日"。束景南认为作于淳熙十四年（1187），陈来则认为作于淳熙十三年（1186）。信中言"近日潘恭叔讨去整顿"，潘恭叔整顿礼书始于淳熙十三年（1186），此年方成初稿。写信时初稿尚未成，故当从陈说。

上引前二信为给潘友端、友恭兄弟二人，所谓"伯恭令门人为之"就是指淳熙七年（1180）朱子与吕祖谦讨论篇次之事。因路德章仅完成了两篇，朱子又由于这一工作"反身都无自得处"而陷于停顿。此时潘友恭来信问于礼学，故朱子停顿数年后又命潘氏编纂。朱子晚年纂作多委门弟子先事编辑，终由朱子折中之。如《楚辞协韵》先委黄铢，《小学》先委刘清之，《参同契考异》先委蔡元定等，朱子此一编书习惯不可不知。

次年，潘友恭将提纲和部分成稿呈请朱子审阅，朱熹提出了详细的审阅意见，见《答潘恭叔》：

> 《礼记》如此编甚好，但去取太深，文字虽少而功力实多，恐难得就，又有担负耳。留来人累日，欲逐一奉答所疑，以客冗不暇。昨夕方了得一篇，今别录去。册子必有别本可看，却且留此，俟毕附的便去也。《仪礼附记》，似合只依德章本子，盖免得拆碎《记》文本篇。如要逐段参照，即于章末结云"右第几章"，《仪礼》即云"《记》某篇第几章当附此"。（不必载其全文，只如此亦自便于检阅。）《礼记》即云"当附《仪礼》某篇第几章"。又如此《大戴礼》亦合收入，可附《仪礼》者附之，不可者分入五类。如《管子·弟子职》篇亦合附入《曲礼》类，其他经传类书说礼文者，并合编集，别为一书。《周礼》即以祭礼、宾客、师田、丧纪之属事别为门，自为一书。如此，即礼书大备。但功力不少，须得数人分手乃可成耳……
>
> 若作集注，即诸家说可附入。或有己见，亦可仿温公《扬子法言》《太玄》例也。若只用注疏，即不必然，亦闷人耳。

分为五类，先儒未有此说。第一类皆上下大小通用之礼，第二类即国家之大制度，第三类乃礼乐之说，第四类皆论学之精语，第五类论学之粗者也。（《大戴礼》亦可依此分之。）

卷数之说，须俟都毕，通计其多少而分之，今未可定也。其书则合为一书者为是，但通以《礼书》名之，而以《仪礼附记》为先，《礼记分类》为后。如《附记》初卷首即云"礼书第一"，本行下写"仪礼附记一"五字；次行云"士冠礼第一"，本行下写"仪礼一"三字；"冠义第二"本行下写"礼记一"三字。《分类》初卷首第一行云"礼书第几"，本行下写"礼记分类一"五字，次行云"曲礼上第一"，本行下写"礼记几"（通前篇数计之）。其《大戴》《管子》等书亦依此分题之。[①]

此当与淳熙七年（1180）《问吕伯恭三礼篇次》对读，可见朱熹编纂思路之变化。潘友恭按照朱子提供的《篇目》和路德章的草本编成初稿，呈请朱熹审阅。对此朱熹提出如下修改意见：《仪礼》所附之《礼记》最好不用拆碎附入，仅在文中相互标出对应位置即可；如力所能及，应广收《周礼》《大戴礼记》甚至类书等相关内容；注释不用照抄注疏文字，可作集注并加断语等，并对《礼记》分类的缘由及其版式作出说明。显然，朱子全面参与指导了初稿的修改，其中版式、附按等意见体现在成书后的《通解》中。

---

① 朱熹：《朱子全书》（第22册），朱杰人等主编，上海古籍出版社2002年版，第2313—2314页。

在此期间，其他人也陆续参与了编修。绍熙元年（1190）十一月，负责编纂丧、祭礼的吕祖俭将草稿呈上。此事见《答吕子约》：

> 《礼书》已领，但《丧礼》合在《祭礼》之前乃是。只恐不欲改动本书卷帙，则且如此亦不妨也。但士、庶人祭礼都无一字，岂脱漏邪？若其本无，则亦太草草矣。乡人欲者甚多，便欲送书坊镂版，以有此疑，更俟一报，幸早示及也。恰写至此，忽报已有农簿之命……却恐释奠祭器等文字又因循也。然旧同官有可语者，得更叮嘱之尤佳。①

从信中可见，丧、祭二礼最早委托吕祖俭纂修，且吕祖俭已完成祭、丧礼的提纲并草草纂成祭礼部分。吕氏应该只是抄撮现成经传，因此无士、庶人祭礼，② 朱子对此颇为不满。

此后，朱子改变了委托他人编修的方法。绍熙三年（1192）从漳州任上归来后，鉴于此前委任门人编纂多不得要领，朱子本拟此时亲自召集门人编纂，后因赴任潭州而作罢。另据《黄榦年谱》，是年秋，丧礼由吕祖俭转交给黄榦负责纂修，朱熹书信还显示，后来吴必大、李如圭深入参与了祭礼部分的纂修。总之，朱

---

① 朱熹:《朱子全书》（第 22 册），朱杰人等主编，上海古籍出版社 2002 年版，第 2211—2212 页。陈来系此书于淳熙戊申（1188 年，《朱子书信编年考证增订本》第 282 页），疑误。顾宏义《朱熹师友门人往还书札汇编》系此书于绍熙壬子（1192 年，第 1935 页），又嫌太晚。此书下注日期为"十一月二十七日"，书中说吕祖俭有"农簿之命"，据《宋史》本传为宁宗即位前后之事，前贤多由此误。"释奠祭器等文字"实指绍熙元年十月列上释奠祭礼仪事，因淳熙己亥已有一次被有司敷衍，故唯恐此次"又因循"了事，乃托吕祖俭"叮嘱"一下，故当系绍熙庚戌（1190 年）为是。

② 《仪礼》中可入朱子所分"祭礼"者有《特牲馈食》《少牢馈食》与《有司彻》，均非士、庶人堪用者。

子编《通解》时并未按七礼顺序先后编纂，也并非先拟定家、乡、邦国至丧、祭礼七分法的提纲之后才开始着手编纂。很多资料显示，丧礼、学礼部分在庆元以前就已着手编纂。这种"先制作配件，后组装整体"的现象，同样可见于在朱熹编纂《朱子家礼》的过程。

虽然此前朱熹一直以"礼学"闻名，但他所擅长的并非"古礼"，而是可资践履的"俗礼"。在朱子 60 岁前后，有人向他请教《周礼》中的问题时，他坦承"素读此书不熟"[①]；有人向他请教根据《仪礼》所绘礼图时，他也说自己"礼图未暇详考，亦是素看此篇不熟"[②]。《语录》所载朱子说："《礼经》要须编成门类，如冠、昏、丧、祭，及他杂碎礼数，皆须分门类编出，考其异同，而订其当否，方见得。然今精力已不逮矣，姑存与后人。"[③] 这恐怕正是朱熹亲手编纂《通解》之前对礼经有心无力之心境的写照。

应说明的是，朱熹非常虚心向学。鉴于礼经为其学问"盲区"，自绍熙三年（1192）前后，他开始研习宫室制度，《殿屋厦屋说》《明堂说》等就是撰写于这一时期。朱子此时于宫室制度尚不熟稔，另外收入《朱子文集》的《仪礼释宫》（作于 1197 年）也并非朱子独著，而是由负责《通解》中相应章节的李如圭草定，最后经朱子改订而成。[④] 这一时期对宫室制度的"恶补"为朱子于

① 朱熹：《朱子全书》（第 25 册），朱杰人等主编，上海古籍出版社 2002 年版，第 4777 页。
② 朱熹：《朱子全书》（第 23 册），朱杰人等主编，上海古籍出版社 2002 年版，第 2645 页。
③ 朱熹：《朱子全书》（第 17 册），朱杰人等主编，上海古籍出版社 2002 年版，第 2870 页。
④ 四库馆臣以为《朱子文集》中的《仪礼释宫》为误收，全文系李如圭所著。束景南持不同意见，可从。详见束景南编：《朱熹佚文辑考》，江苏古籍出版社 1991 年版，第 723—724 页。

绍熙五年（1194）议祧庙打下了基础。

三、暮年开始全力编纂《通解》

绍熙五年（1194）冬，朝廷发生了对"嫡孙承重"（丧服制度）的讨论，这使朱熹认识到三礼注疏的重要性，进一步促成他晚年全力编修一部"礼书"的想法。时逢已禅位的宋孝宗去世，嫡孙宋宁宗应如何为先祖服丧，成为朝野广泛议论的一大问题。《仪礼》中并没有嫡孙承重（即承子之重，丧服同于嫡子）的记载，但宋高宗去世时孝宗以嫡孙承重，丧服三年，已备先例。此时礼官欲更张旧制，主张嫡孙不承重，仅按孙服丧服一月，对此朱熹持以反对。但"方文公上议时，门人有疑之者，文公未有以折之"[1]，说明朱熹的反对根据并不充分。之后朱熹在《仪礼注疏》中找到了自己的根据，方才意识到此前他非常熟悉的唐宋人对丧、祭礼的解释说明并不能解决所有的问题。这次嫡孙承重与否[2]的讨论是促使朱熹晚年转向经典考据的重要事件，朱熹晚年曾多次提及：

> 在讲筵时，论嫡孙承重之服。当时不曾带得文字行。旋借得《仪礼》看，又不能得分晓，不免以礼律为证。后来归

---

[1]　李心传：《建炎以来朝野杂记》，中华书局 2000 年版，第 572 页。

[2]　相关引文可参见殷慧：《朱熹礼学思想研究》，湖南大学 2009 年博士学位论文，第101—104 页。宋明时期和朝鲜王朝多有对"承重"问题的讨论，包括明代的大礼仪之争均属此类。这实际上是"小统"与"大统"之间的矛盾。作为当事人的皇帝源于人情，更重视"家统"或"宗统"，不愿意承重，希望服轻服；而朱熹一派主张"国统"或"王统"压倒一切，新皇帝的继位是在打破原有家统（一般是过继）的前提下才得以实现的，应该以"大统"为重，即服重服。在今天看来，这类争论意义似乎不大，但在当时是涉及统治合法性和延续性的极其重要的政治问题。

家检注疏看，分明说"嗣君有废疾，不任国事者，嫡孙承重"，当时若写此文字出去，谁人敢争。此亦讲学不熟之咎。①（《语类》）

汉儒之学有补于世教者不小。如国君承祖父之重，在经虽无明文，而康成与其门人答问盖已及之，具于贾疏，其义甚备，若已预知后世当有此事者。今吾党亦未之讲，而憸佞之徒又饰邪说以蔽害之，甚可叹也。②（《答李季章》）

先师朱文公因言孙为祖承重。顷在朝检此条不见，后归家检《仪礼疏》说得甚详，正与今日之事一般，乃知书不看不辨。旧来有明经科，便有人去读这般书，注疏都读过。自王介甫新经出，废明经，学究科人更不读书，卒有礼文之变，更无人晓得，为害不细。③（杨复《仪礼经传通解续·卷十六下》）

此事实为朱熹晚年编撰《通解》的一大触因，从此以后朱熹开始全力进行《通解》的修纂。因其自觉礼书编修一力难成，拟上《乞修三礼札子》请借官家之力从事编修，提到"臣顷在山林……欲以《仪礼》为经，而取《礼记》及诸经史杂书所载有及于礼者，皆以附于本经之下，具列注疏诸儒之说，略有端绪。而私家无书检阅，无人抄写，久之未成。会蒙除用，学徒分散，遂

---

① 朱熹：《朱子全书》（第17册），朱杰人等主编，上海古籍出版社2002年版，第3489页。
② 朱熹：《朱子全书》（第21册），朱杰人等主编，上海古籍出版社2002年版，第1709页。
③ 朱熹：《朱子全书》（第4册），朱杰人等主编，上海古籍出版社2002年版，第2080页。原文个别点读有误，此条记录大体亦见于《语类》，参见朱熹：《朱子全书》（第17册），朱杰人等主编，上海古籍出版社2002年版，第2906页。

不能就……"其中对《通解》纂修的大纲、体例均有涉及。此札后被收入《通解》中。据朱在的跋语可知，此札最终"不果上"①，大概是因议祧庙②受排挤而去国，最终没来得及呈上，更遑论落实。朱子后来回忆此事时也颇感慨：

> 顷在朝，欲奏乞专创一局，召四方朋友习礼者数人编修。俟书成将上，然后乞朝廷命之以官，以酬其劳，亦以少助朝廷搜用遗才之意。事未及举，而某去国矣。③

自庆元元年（1195）起，在没有官方帮助的背景下，朱子鉴于此前讨论嫡孙承重的经历，深知礼学事关重大，拟独力并邀约弟子、好友共同撰修，前后商榷修改。对此李旭④已有精湛的考证，这里就不赘述了，下文重点补充前人未备之说。

第一，在朱熹的《文集》中，除学界已经注意到的书信、语录外，还有不少反映《通解》编撰过程的资料。

淳熙十年（1183），朱子编纂的《小学之书》⑤四卷反映了他

---

① 朱熹：《朱子全书》（第2册），朱杰人等主编，上海古籍出版社2002年版，第26页。束景南直谓"上札乞修《三礼》"（《长编》，第1184页），盖未见《通解》所录朱在跋语所致，实际上此札子最终并未奏上。

② 议祧庙发生在此后一个月，朱熹力主傅祖不祧之说，不成，去国。相关资料散见于《文集》《语录》《年谱》《行状》等中，多已收入束景南《朱熹年谱长编》（第1168—1177、1203页）。此事是宋代礼制史上的重要问题，结果是朱熹的主张并未被采纳，朱熹晚年在书信中曾表示后悔其当时的主张。此事虽对朱熹影响较大，但主要对其仕途产生影响（被韩侂胄党攻击而去国），对《通解》乃至朱子礼学的形成则并没有产生太大的影响，在《通解》中也没有与之相关的内容。

③ 朱熹：《朱子全书》（第17册），朱杰人等主编，上海古籍出版社2002年版，第2894页。

④ 李旭：《朱熹修撰〈仪礼经传通解〉编年考辨》，《文献》2021年第3期。

⑤ 朱熹：《朱子全书》（第13册），朱杰人等主编，上海古籍出版社2002年版，第384—388页。此书版本复杂，一般著录书名为《小学》，大致分为四卷本、六卷本、十卷本三个系统，其中四卷本（今佚）最接近朱子所编原貌。

起初分内、外篇编纂《通解》的构想，可以视之为《通解·学礼》部分的初稿。该书今存，《郡斋读书志附志》归纳其内容为：

> 朱文公先生所编也。有内篇，有外篇，其宏纲有三，曰立教、曰明伦、曰敬身。明伦则有父子、君臣、夫妇、长幼、朋友之品；敬身则有心术、威仪、衣服、饮食之目，又采撮古今经、传、书、史之所纪载，曰稽古，曰嘉言，曰善行，以广其教而实其事。小学之工程，大学之门户也。①

全书今存有多种版本，自古为蒙学必读之书，以切近实用见长。此书"内篇"多取自《礼记》《孟子》《论语》《左传》等，"外篇"则杂取百家杂记、史传琐闻等，申发佐证内篇文字。这实际上就是朱子早期拟定的《通解》编纂分内传、外传的方式孑遗，此前学界未曾措意。

从《小学》之中可以看出，晚年的朱熹同样注重唐宋以来的礼典及唐宋儒者的解礼，本来是将之作为《仪礼外传》而不与《通解》的《经》与《（内）传》混淆，其最终编纂的《通解》中没有出现"外篇"（又称"外传"）。但朱熹并没有放弃编纂"外篇"的远大构想，这才有后来考亭后学熊禾编纂《仪礼外传》之事。朱熹编纂《通解》是对其一生礼学思想的总结，从《小学》中也可以看出，他并非将提纲拟定之后才开始编纂《通解》，而是先完成了部分篇章，到后期才开始构思整体框架，甚至到临终前

---

① 转引自朱熹：《朱子全书》（第 13 册），朱杰人等主编，上海古籍出版社 2002 年版，第 492 页。

一两年才想清楚将全书各章用什么样的方式"组合"在一起。《黄
榦年谱》甚至提到在朱熹去世后的嘉泰二年（1202），黄榦还曾
"别定《礼书》目录，揭之壁间"，"与诸君子商榷其目"① 可为佐
证。因此，朱熹完全可能边委托弟子分撰各个章节，同时思考全
书架构。换言之，《通解》的全书框架并非朱熹编礼书前的先期架
构，其到临终前都未曾将框架安排熨帖。因此，其历次改易稿中
所反映的朱熹礼学思想均未醇熟，即使在定稿中仍是如此（朱熹
在去世前一年还曾计划更改目录）。这种"先编内容、后组全体"
的编纂方式曾被朱熹多次运用，这是在探讨《通解》编纂过程时
应该特别注意的。

　　《跪坐拜说》《周礼太祝九拜辩》两文也是编纂《通解》时所
附撰的，② 与《通解》对应部分内容相似，但上述二文更多己意，
《通解》中的则是删节疏文而成。朱熹作"资料长编"时往往顺带
写一些题跋、考证类的文章，与清人的"笔记""札记"相似。除
上述外，《文集》中"杂著类"所收的《壶说》《记永嘉仪礼误
字》等文都与《通解》纂修关系密切，此前学界多未注意，在前
文表格内已提示《文集》中个别篇章与《通解》的内在联系，可
参看。

　　与《通解》撰作密切相关的还有《天子之礼》（庆元三年，
1197）一篇，反映了朱熹撰《通解》是有"为后王制法"的意图
在的。在《天子之礼》标题后有一段朱子后学的跋文："天子之礼
如此者数段，先生初欲以入《礼书》，后又谓：若如此，却是自己

① 　吴洪泽编：《宋人年谱集目·宋编宋人年谱选刊》，巴蜀书社 1995 年版，第 287 页。
② 　参见朱熹：《朱子全书》（第 2 册），朱杰人等主编，上海古籍出版社 2002 年版，第
　　431 页。

著书也，遂除去不用。"① 所谓的《礼书》就是后来的《通解》，表明朱熹对《通解》定位的矛盾之处：一方面想遵循"述而不作"的传统，唯三礼是从而不作创制；另一方面又想"为后王制礼"，垂范百世。

编修《通解》时，朱子在思想上有不少前后矛盾处。他最初倾向于"惟三礼是从"，将"《国语》杂书"作为"外传"，这样的"内传"不免会有缺项（古礼本身不全）。此后因议祧庙、友朋之规箴等事而动摇，成书的《通解》中甚至包括了一些伪书及宋人刘敞、蔡元定的著述。大约在构想初期，朱熹撰写了《天子之礼》，本拟收入"王朝礼"中，但最终还是因背离后期的想法（主要受庆元党禁影响）而放弃。但这一部分内容可以从侧面表明，朱熹撰《通解》有"为后世制法"的意图，这一点和孔子晚年撰《春秋》是一致的。

第二，庆元（1195）以后，朱熹的学风发生了转变。②

淳熙十三年（1186）前后朱熹与林栗的室户制度探讨，特别是后来林栗对朱熹的攻击，是朱熹庆元以后转向礼学考据的重要诱因。林栗同为当时精于礼学的学者，朱熹《答林黄中》信中有："'室户'之说屡蒙指教，竟所未晓……历考礼书，不见此曲折处"，"所扣《乡饮酒》疑义，近细考……"③ 这些内容在后来的《通解》中表现为大段按语，即朱熹晚年之所以转向考据，部分缘

---

① 朱熹：《朱子全书》（第 23 册），朱杰人等主编，上海古籍出版社 2002 年版，第 3364 页。
② 参见李少鹏：《庆元以后朱熹学风转变析论——以〈仪礼经传通解〉为视角》，《孔子研究》2018 年第 6 期。
③ 朱熹：《朱子全书》（第 21 册），朱杰人等主编，上海古籍出版社 2002 年版，第 1633、1634 页。

于说服林栗。特别是此后林栗上奏弹劾朱熹："本无学术，徒窃张载、程颐之余绪，以为浮诞宗主，谓之道学，妄自推尊……"（《宋史·林栗传》），对朱熹的仕宦产生了极大的影响。其指朱熹延续张载、程颐之学，但结合此前朱熹礼学着意于实践，所引多为司马光、吕大临等近儒礼学（从《古今家祭礼》所引二十家亦可见），自然难以服人。在类似的指责下，朱熹礼学的支撑点必定会从近儒转向礼经。

我们把这一转变的关键年份定在庆元元年（1195）。朱熹人生中最后一段黑暗时光——庆元党禁，随着二月赵汝愚的罢相而缓缓拉开序幕。就在前一年（绍熙五年，1194），朱熹曾补定《祭仪》并呈周必大阅览；[①] 再考释奠礼，作《绍熙州县释奠仪图》化行民间；[②] 发布《约束榜》整顿民间风气；跋张栻《三家（程颐、张载、司马光）礼范》并刊刻于长沙郡学；在竹林精舍据《五礼新仪》行释菜之礼。此前朱熹已提出整理礼经的整体架构，却仍在不断推进实践层面的近儒俗礼，说明朱熹礼学此时仍兼顾"化俗"与"存古"的两个面向。庆元以后，因罢官回乡，朱熹没有了以礼化俗的客观条件，只能一意于编纂《通解》了。反映朱熹庆元以后学风转变的，还可见于庆元二年（1196）的《答孙敬甫》信中：

> 《大学》所言格物致知，只是说得个题目，若欲从事于其实，须更博考经史，参稽事变，使吾胸中廓然无毫发之疑，

---

① 周必大曾写信给朱熹："新补《祭礼》，遂为全书，拜嘉感刻……"（《周益国文忠公集·卷193·答朱元晦待制》）。

② 朱熹《书释奠申明指摔后》："躬为钩校，删剔猥酿，定为数条，以附州案。俾移学官，符属县，且关师司并下巡内诸州……"（《朱子全书》第24册，第3928页）

方到知止有定地位。不然，只是想象个无所不通底意象，其实未必通也。近日因修《礼书》，见得此意颇分明。①

朱熹此语，与清儒阮元所见"殷尚白，周尚赤，礼也。使居周而有尚白者，以非礼折之，则人不能争；以非理折之，则不能无争矣。故理必附于礼以行。空言理，则可彼可此之邪说起矣"②，可谓异曲同工。所谓"须更博考经史，参稽事变"，指的就是详读经典，这在朱子在位得志之时大概是没有精力，抑或不屑于从事之事。

第三，我们再度关注一下朱熹与余正甫的纂作分歧。

前儒夏炘在《述朱质疑》中就注意到：

　　助编礼书诸儒，朱子最不满意于余正甫。《答冯奇之》书云："余正甫博学强识，亦不易得。礼书商量多未合处。近方见其成编，所谓独志无助者诚然，然渠亦岂容他人之助耶？"又《答黄直卿》书云："礼书向使只如余正甫所为，则已绝笔矣。"又偶读余正甫修《礼记》云……其辩之可谓深矣。然朱子始疑丧、祭二礼于家、邦无安顿处，后从余正甫之议，别做丧、祭二门，居邦、王朝之后，见《答余正甫书》，可见朱子之取人也，其心正而公、严而恕。③

实际上，朱子创立的礼七分法，深受余正甫影响，他是朱子初期编礼的重要助手，这一点前人已有所留意。

但关于朱熹《答余正甫》五封书信的撰作时间——特别是第五书"示喻编礼"（该信解释了《通解》编撰过程中的一次关键调整），学界的认识则有分歧。这五封书信除第一封外均与《通解》编撰有关，因余氏寄给朱熹的信已不存，只能从朱熹回信逆推。朱熹回信的第一、二、三书显系按时间先后排列，前后时间相差不大，此时余正甫与朱熹合作编修"礼书"，二人在书信中往往讨论《通解》的具体内容。大概在第三书后，二人因理念不合而中断通信，分道扬镳，各自编撰《礼书》。至第四书，内容无疑为庆元三年（1197）秋朱熹罢职落祠之际，余氏写信慰问后朱子的回函。陈来、束景南认为第五书于第四书后，同为庆元三年（1197）所撰，李旭则撰文主张第五书写于庆元元年（1195）。笔者则仍赞同陈、束旧说，兹申述之。

从内容上看，第四书时，朱熹尚未看到余正甫所编"礼书"，故信中云"不知老兄所续修者，又作何规模？"① 而此后余正甫回信，将其所编目录呈送（当时余书亦未定稿），故在第五书中，朱熹起首就说"示喻编礼，并示其目"，二相衔接。在第四书中，朱熹向余透漏自己"附入疏义一事，用力尤多"，余正甫答书盖由此建议朱熹直接买书剪贴，故而朱熹于第五书答曰：如其所说，经试验后发现"大小高下既不齐等，不免又写一番"，难以采用。二信前后逻辑密合，因此束、陈均主张第五书应紧承第四书而作，当时余书也正在编撰中。

① 朱熹：《朱子全书》（第23册），朱杰人等主编，上海古籍出版社2002年版，第3078页。

但能够证明第五书写于庆元三年（1197）以后的关键证据还是《偶读漫记》。朱熹的《偶读漫记》是其汇集起来的读书笔记，未标撰作年月。束景南考出其"非作于一时"①，是按照时间先后排列。其中可考出有作于庆元元年（1195）十一月、庆元二年（1196）十二月的内容，其中最后一条正是评述余正甫编是"礼书"，将此条移录如下：

> 《礼书》，此书异时必有两本，其据《周礼》、分经传，不多取《国语》、杂书迂僻蔓衍之说，吾书也。其黜《周礼》，使事无统纪，合经传，使书无间别，多取《国语》、杂记之言，使传者疑而习者蔽，非吾书也。刘原父尝病何休以《不修春秋百二十国宝书》、《三礼春秋》，而予反病二书之不传，不得深探圣人笔削之意也。异时此书别本，必将出于信饶之间、石桥之野，故箱败簏之间，其亦足以为予笔削之助乎？十月十八夜因读余正父修《礼》而书。②

因此条之前已有撰写于庆元二年（1196）十二月的内容，则此条中的十月十八日当在庆元三年（1197）以后。细品朱熹所谓"异时此书别本，必将出于信饶之间"，此时他似乎尚未见余所编全书，而《答余正甫》第五书中也有一段说了余书的缺点：

> 所取太杂，其间杂有伪书，如《孔丛子》之类。又如

---

① 束景南：《朱熹年谱长编》，华东师范大学出版社 2001 年版，第 1277 页。
② 朱熹：《朱子全书》（第 24 册），朱杰人等主编，上海古籍出版社 2002 年版，第 3423 页。

《国语》《家语》虽非伪书，然其词繁冗，恐反为正书之累。
又如不附《周礼》，如授田、地政等目，若不取《周礼》而杂
取何休等说，恐无纲领，是乃名尊《周礼》而实贬之……又
如不附注疏异义，如嫡孙为祖之类，云欲以俟学者以三隅反，
如此则何用更编此书，任其纵观而自得可也。①

二者对读，可以明显发现语气、内容、例证均一致，系同一
时期所写。则《答余正甫》第五书与《偶读漫记》的最后一条撰
写时间相当，详略互见，系在庆元三年（1197）十月十八日前后
草就，陈、束二先生所见不误。此后约到庆元五年（1199）余书
脱稿后，朱熹方见到余正甫所编全书，详读后在《答冯奇之》信
中说"近方见其成编"②，可以推测第五书后二人或当还有书信往
来，这是后话。

最后，笔者想谈一下关于朱熹修《通解》过程中与诸师友通
信的使用阈限。这些信件散见于《朱子文集》，确实并不一定按时
间先后排列。前贤关于其断代往往有分歧，当代学者如白寿彝、
束景南、陈来、顾宏义、殷慧、李旭等先生对其中涉及《通解》
的信件年代进行了精细考订，却仍未能取得一致意见。朱熹在纂
作《通解》过程中出现的不同构想孰先孰后，聚讼纷纭。依笔者
愚见，这些信中所体现出来的朱熹在不同时期的《通解》"腹案"
固然重要，但若把精力放在探讨这些"未成形"的构想上，着力
辨析某一种架构孰先孰后，似乎不如直接去读这成形的《通解》

---

① 朱熹：《朱子全书》（第23册），朱杰人等主编，上海古籍出版社2002年版，第3079页。
② 朱熹：《朱子全书》（第25册），朱杰人等主编，上海古籍出版社2002年版，第4788页。

来得直接痛快。

四、濒危之际朱熹对《通解》的安排

朱熹于庆元四年（1198，69岁）春曾有过一次濒危，但有惊无险，不久即恢复健康。最终于庆元六年（1200，71岁）三月初九日去世。两次濒危，朱熹均对《通解》有所交代。

按照朱熹《年谱》所载，庆元四年（1198）春间，朱熹大病六十余日，一度濒危。当朱熹以为将命终之时，曾给黄榦修书，实际上是交代后事："居庐读礼，学者自来，甚善甚善，但亦不易"，"日暮途远，心力疲耗，不复更堪讨论矣。日者多言今年运气不好，不知得见此书之成否？万一不遂，千万与诸同志更相勉励，究此大业也"。① 陈来定此书为庆元三年（1197）所作，② 但据黄榦《年谱》，此信当作于庆元四年（1198），系朱子第一次濒危之际与黄榦的诀别书，随信附深衣一件，郑重委托黄榦完成《通解》，"究此大业"，可见《通解》于朱熹之重要程度。

后来朱熹重病得愈，在愈后写给李壁的信中再提此事，以表心迹，见《答李季章》：

> 熹今岁益衰，足弱不能自随，两胁气痛，攻注下体，结聚成块，皆前所未有，精神筋力大非前日之比。加以亲旧凋零，如蔡季通、吕子约皆死贬所，令人痛心，益无生意，决不能复支久矣。所以未免惜此余日，正为所编礼传已略见端

① 朱熹:《朱子全书》（第25册），朱杰人等主编，上海古籍出版社2002年版，第4658页。
② 参见陈来:《朱子书信编年考证：增订本》，生活·读书·新知三联书店2007年版，第452页。

绪而未能卒就。若更得年余间未死，且与了却，亦可以瞑目矣。其书大要以《仪礼》为本，分章附疏，而以小戴诸义各缀其后，其见于它篇或它书可相发明者，或附于经，或附于义。又其外如《弟子职》《保傅传》之属，又自别为篇，以附其类。其目有家礼，有乡礼，有学礼，有邦国礼，有王朝礼，有丧礼，有祭礼，有大传，有外传。今其大体已具者盖十七八矣。因读此书，乃知汉儒之学有补于世教者不小。如国君承祖父之重，在经虽无明文，而康成与其门人答问，盖已及之，具于贾疏，其义甚备，若已预知后世当有此事者。今吾党亦未之讲，而憸佞之徒又饰邪说以蔽害之，甚可叹也。[1]

此信也是揭示《通解》编纂过程的重要资料。此一年间，蔡元定、吕子俭、吴必大等朱子高足先后病死，朱熹也大病濒危，极大影响了《通解》的编纂进程。朱子痊愈后一度“益无生意”，只因《通解》尚未成书，故而强支残躯，主持编修。读信至此，不免动容。引文所说的“大传”和“外传”并没有出现在今本《通解》中，白寿彝认为这一提纲只是《通解》的“第四次设计”[2]，最终被第五次设计所取代，吴国武先生亦同持此见[3]。但另据朱门后学熊禾说，他继承朱熹遗志“于所补《仪礼》各卷篇目

① 朱熹：《朱子全书》（第 21 册），朱杰人等主编，上海古籍出版社 2002 年版，第 1708—1709 页。
② 白寿彝：《白寿彝文集·朱熹撰述丛考·中国交通史》，河南大学出版社 2008 年版，第 47 页。
③ 参见吴国武：《朱子及其门人编修礼书补考》，收入叶纯芳、乔秀岩编：《朱熹礼学基本问题研究》，中华书局 2015 年版，第 88—89 页。

之下，参以历代沿革之制，又关、洛以来诸儒折中之说，辑为《仪礼外传》"①，表明《外传》应是《通解》之外的另一本书，只不过后来因朱子精力不济而未完成（最终由熊禾完成，久佚）。这也表明，今天所见的《通解》只是朱子生前经常提到的"礼书"的一部分，并不能直接在二者之间划等号。朱熹所构想的"礼书"全貌，似乎应该是前面说的《小学之书》体例的进一步扩大。

此后，朱熹致力于组织门人编订《通解》。庆元六年（1200）初，他在给巩丰的信中催促尽快编写《通解》，谓"趁此疾病少间之际并力了之，故不可缓"。在此期间，朱子不断分派"礼书"编纂任务。当年三月八日为朱熹临终前一日，他共作三书诀别。第一书给范念得（伯崇），令其为黄榦编《通解续》提供方便；第二书给其女婿黄榦，叮嘱《通解》事宜：

> 《礼书》今为用之、履之不来，亦不济事，无人商量耳。可使报之，可且就直卿处折衷，如向来《丧礼》详略皆已得中矣。《臣礼》一篇兼旧本，今先附案，一面整理。其他并望参考条例，以次修成。就诸处借来，可校作两样本，行道大小并附去，并纸各千番可收也。谦之、公庶各烦致意，不意遂成永诀，各希珍重。仁卿未行，亦为致意。病昏且倦，作字不成，所怀千万，徒切凄黯。不具。②

---

① 熊禾：《勿轩文集》，转引自杨世文、舒大刚点校：《宋元学案补遗第5分册》，人民出版社2012年版，第2310页。
② 朱熹：《朱子全书》（第21册），朱杰人等主编，上海古籍出版社2002年版，第1286页。

此为朱熹绝笔，读之令人唏嘘。其要旨在委托黄榦负责纂修《通解》，并向他"永诀"。第三书给三子朱在，令其速归，责成他整理遗书、安顿后事。可见，此三信实为朱熹绝笔。[①] 此前两年大病濒危时，朱熹就曾写"诀别书"，嘱托黄榦完成《通解》，痊愈后又继续主持编修，至此真正临终前仍念念不忘嘱托《通解》纂修，足见此书对晚年朱熹之重要程度。

三月九日，朱熹卒于家，嘱弟子参用《仪礼》经丧。李心传《道命录》载当日情形："诸生复入问曰：先生之疾革矣。万一不讳，用《书仪》乎？曰：疏略。然则当用《仪礼》乎？乃颔之。良久而逝。"[②] 李方子《紫阳年谱》的记载则略有不同，当时：

> 叶味道请曰：先生之疾革矣。万一不讳，当用《书仪》乎？曰：疏略。范元裕请曰：用《仪礼》乎？先生摇首。蔡沈复请曰：《仪礼》《书仪》参用如何？乃颔之。[③]

可见，朱熹心仪的丧礼既不是杂糅了佛教、祆教等异文化的民间葬式，又不是他中年以前所极力推行的司马光《书仪》之类，而是在后者的基础上加入《仪礼》的成分。从这里约可见朱熹晚年

---

① 关于朱熹绝笔，学界有三说。一说为《楚辞集注后语》《辩证》，此时为庆元五年（1199）二月，距朱熹殁尚有年余，且其后还有《参同契考异》《阴符经考异》等著作，此说毫无根据。二说"改《大学章句》诚意一章，此熹绝笔"（《两朝纲目备要·卷6》），此时为三月六日，只可当朱熹著书的"绝笔"，王懋竑本之。三说为上述三封信，参考《行状》《年谱》可知此为朱熹真正之"绝笔"，前两说均不确切。另外，此三信的写作顺序有争议。祝穆说先朱在，次黄榦，末范念德，但根据不足。亲历现场的蔡沈《梦奠记》和李方子《年谱》均作先范念德，次黄榦，末朱在，可从，亦可见《通解》在其心中之重甚至超过爱子。

② 李心传编：《道命录》，中华书局1985年版，第87页。

③ 此书已佚。转引自王懋竑：《朱子年谱》，何忠礼点校，中华书局1985年版，第409页。

治礼与中年之不同，亦可昧出朱熹晚年向经典之回归。

通观朱熹晚年礼学思想的转变，与中年以前相比有两点为特出：其一为向经典的回归，这与林栗等人攻击朱熹"以程颐为法""自标道学"密切相关。朱熹晚年曾感慨："近世学者道理太多，不能虚心退步、徐观圣贤之言以求其意，而直以己意强置其中，所以不免穿凿破碎之弊……如此则自我作经可矣，何必曲躬俯首而读古人之书哉?"① 可谓深得其中甘苦。其二为重视考据，从其晚年与友人的书信中可知朱熹多作考据文字，通过其在《通解》中的按语即可发现这一转变。

朱熹晚年遭遇庆元党禁，其心境无疑是颇为凄凉的。② 他也唯恐编修《通解》的活动被诬为"结党"，多次提醒参编人员注意保密："只此《礼书》传者未广，若被索去烧了，便成枉费许多工夫，亦不可多向人前说着也。"③（《与黄直卿》，1197）"此间《礼书》渐可脱稿，若得二公一来订之尤佳，然不可语人，恐速煨烬之灾也。"④（《答詹子厚》，1198）从中亦可看出，不仅编修《通解》是朱子庆元以后最看重的工作，而且他唯恐此书被政敌作为口实而销毁之，因此只邀请了门下高足或心腹弟子参与其中。而林栗等政敌对朱熹"道学"的攻讦也是朱子晚年转向经典考据的重要因素，毕竟只有如此，讲学庶几可免于"自标道学"之讥。

---

① 朱熹:《朱子全书》（第 23 册），朱杰人等主编，上海古籍出版社 2002 年版，第 2645—2646 页。
② 参见余英时:《朱熹的历史世界：宋代士大夫政治文化的研究》，生活·读书·新知三联书店 2004 年版。
③ 朱熹:《朱子全书》（第 25 册），朱杰人等主编，上海古籍出版社 2002 年版，第 4653 页。
④ 朱熹:《朱子全书》（第 23 册），朱杰人等主编，上海古籍出版社 2002 年版，第 2647 页。

第三节
朱门弟子在纂修中发挥的作用

上文已经提到，朱熹生前编书时多先由师友讨论，门弟子编写长编，经师友间互相呈示求正，最终由朱熹按己意折中抄录，或直接要求返工。《通解》的纂修也不例外，在此中最核心的人物当属黄榦。

一、黄榦负责纂修《通解》的丧礼部分

黄榦的《年谱》记载，早在"绍熙三年初，文公编集《仪礼经传通解》，先生分掌丧、祭二礼。是秋，始与朋友共讨论之"①。束景南先生在《朱熹年谱长编》中推测："盖朱子自漳州任归来后，即全力编著《礼书》，详见《朱子语类》卷八十四《论修礼书》，其中多叶贺孙、郑可学所录，正在绍熙二三年中。"② 此前丧、祭二礼由吕祖俭主成，因其所编不合朱子本意，故转交黄榦负责丧、祭二礼的统筹及丧礼的实际编纂。在此期间，黄榦精研礼图（见朱熹给赵彦肃的信），同时对丧礼也断续进行编修。

约庆元元年（1195）左右，黄榦在给友人郑文通的书信中写道：

> 朋友尽散，独谦之数往来耳。何日入城，得请教论邪？

① 《勉斋先生黄文肃公年谱》，收入吴洪泽、尹波、舒大刚主编：《儒藏·史部·儒林年谱》（第14册），四川大学出版社2007年版，第757页。
② 束景南：《朱熹年谱长编》，华东师范大学出版社2001年版，第1079页。另参见束景南编：《朱熹佚文辑考》，江苏古籍出版社1991年版，第723—724页。

《仪礼》编次殊未有伦理，得一二朋友如成叔、之敏为两三日之集，则此意可遂矣。榦日困多事，不得专意讲习为惧。承日课诗礼，计有新功……①

另《朱子文集》还收入许多与黄榦讨论具体细节的信件，显见庆元前后，二人开始主要从事此项工作。《黄榦年谱》还记载庆元二年（1196）三月时，朱子已完成前二十卷的大纲拟定和将三礼经文按纲目重新抄录的工作，其余诸卷可能只完成了大纲草拟，同时《冠礼》部分已经脱稿，供其他参与者据此为式，将注疏删节附入经文，等由朱熹审定。

需要指出的是，此前学者曾据《黄榦年谱》和杨复的跋文认为，丧、祭礼部分从大纲到具体细节都主要由黄榦承担，甚至有人说"文公所编《仪礼》，工夫汗漫，十未及一二"（林梅坞），笔者认为这是黄门弟子的含混之辞，未可尽信。缘由如下：其一，从朱熹给黄榦的书信中即可见朱子深入参与指导之实况。② 其二，黄榦所从事的纂修很大程度上是删改注疏、润饰文字的工作，独创价值有限。其三，黄榦在朱子生前主要负责丧礼，等朱子殁后才全面负责丧、祭二礼。从朱子生前的编年书信看，《丧礼》部分确实多与黄榦讨论，《祭礼》则与李如圭、吴必大讨论较多。在庆元二年（1196）寄给吴必大的信中，朱熹说"祭礼向来亦已略定篇目，今具别纸，幸

---

① 黄榦：《勉斋先生黄文肃公文集》，收入北京图书馆古籍出版编辑组编：《北京图书馆古籍珍本丛刊》（第90册），书目文献出版社1988年版，第379页。

② 参见殷慧：《朱熹礼学思想研究》，湖南大学2009年博士学位论文，第114—116页。

与宝之（即李如圭）商量"①，随后附《祭礼》部分的提纲，此后
往来书信多有言及"编礼"之事，可知庆元二、三年间祭礼部分
实由吴必大主成。吴必大于庆元三年（1197）冬去世，于是朱熹
将祭礼部分转交给黄榦负责，但直到朱熹去世前，黄氏仍未着手
编纂祭礼。我们可以发现，庆元五年（1199），黄榦在给朋友的信
中对自己工作作了介绍，其中似乎也没有涉及"祭礼"：

> 榦祸患余生，心力凋耗，此间事绪不一，终日应酬，无
> 少暇遐。休日且得休歇，《丧礼》尚未暇修整，礼图已略观，
> 更须相见更相诘难，方见定论。
>
> 类礼此间全不暇看……异日……更编得《祭礼》以配
> 《丧礼》，亦可以少裨世教也。
>
> 朋友多归，无复讲习之益，可以整治《丧礼》。适建宁有
> 专人来，又了数日，书问扰扰不可言。小卷已了，即可附来。
> 此中呼书工录出，如未毕，且将所移《丧服制度》注疏见示，
> 欲添成此一篇也。大祥，乡人例用忌日。或疑不得二十五月
> 足日之数，不知如何，试为思之。
>
> 类礼日夜在念，此两日方得下手。《丧大记》及《士丧
> 礼》已看过，只是多令互见，而注疏只出一处，如此亦不甚
> 繁，更旬日亦可下手抄写。但如《孟子》答滕文公段子之类，
> 亦合入，但未有顿放处，更容尽抄出。诸经如《顾命》之类，
> 皆抄入乃佳。《荀子》《左氏传》之类，却别作外传也。更得

---

① 朱熹：《朱子全书》（第 22 册），朱杰人等主编，上海古籍出版社 2002 年版，第 2457
页。此据束景南说（《朱熹年谱长编》，第 1251 页），而陈来认为此信作于庆元三年
（1197，参见《朱子书信编年考证：增订本》，第 450 页），乃指最晚作于是年。

从者早来，相与诘难，庶有至当之论也。

上述都是黄榦与朋友说明其修礼书进度的书信，时间在朱熹去世前数月。从书信中我们几乎看不到讨论祭礼的内容，因此可推断黄榦在朱熹生前主要负责丧礼的编撰工作，充其量兼顾祭礼的统筹工作。自庆元四年（1198）原负责祭礼的吴必大去世后，祭礼方归他负责，但他并未着手撰写。

综上，在朱子生前，《通解》的编撰分工应如下：朱熹负责提纲和统稿，黄榦负责丧礼和插入注疏（"类礼"），吴必大负责祭礼（吴氏去世后转由黄氏负责）。至朱熹去世前，已完成了家、乡、学礼三部分和邦国礼的小部分，共计二十卷（实为十九卷，第十五卷仅存目）的内容，加上尚未脱稿的邦国礼（其余三卷）一起，题名曰《仪礼经传通解》。王朝礼部分，即卷二十四至三十七，也由朱熹主持，但只是草稿，因此题旧名曰《仪礼集传集注》（这一部分在刊印前又经过黄榦的订正）。

关于《通解》的参编者，自白寿彝、钱穆①以后，以束景南考证最密。他遍考朱熹的通信答札，共勾稽出了吕祖俭、路德章、潘友恭、余正甫、黄榦、蔡元定、吴必大、李如圭、刘砥、刘砺、赵师夏、赵师恭、应恕、詹体仁、叶贺孙、杨楫、廖德明、杨方、杨简、刘光祖、刘起晦、孙枝、杨复共计23人的纂修队伍，且指出"闽中以建阳为中心，由黄榦、刘砥、刘砺兄弟负责；江西以

---

① 孙致文、殷慧皆云钱穆所考名单误收"吕芸阁"。实际上钱穆（《钱宾四先生全集（14）·朱子新学案（4）》，第183—185页）所列名单并非钱氏所考得，而是照抄夏炘《述朱质疑·卷七·跋仪礼经传通解》。二者不仅名单顺序一致，连名下的引文也一致，唯钱氏未列出处。

庐陵为中心，由吴必大、李如圭负责；浙中又分四路：金华由吕祖俭负责，四明由孙枝负责，永嘉由叶贺孙负责，黄岩由赵师夏负责"①。虽详赡已极，但仍略有未备。

的确，在朱熹交给黄榦的《通解》稿本中，是有一个"庆元三年朱先生所书编礼人姓名"的名单。黄榦在给《复李贯之兵部》信中曾提到此事：

> 阅故书中，得庆元三年朱先生所书编礼人姓名，为之感慨……今凋零殆尽，闽中则潘谦之、杨志仁、林正卿、林子武、李守约、李公晦，江西则甘吉父、黄去私、张元德，江东则李敬子、胡伯量、蔡元思，浙中则叶味道、潘子善、黄子洪，大约不过此数人而已。②

黄榦在信中并没有将这个长名单列出，但他接下来提到嘉定九年（1216）尚在世之人的情况，"闽中则潘谦之、杨志仁、林正卿、林子武、李守约、李公晦，江西则甘吉父、黄去私、张元德，江东则李敬子、胡伯量、蔡元思，浙中则叶味道、潘子善、黄子洪，大约不过此数人而已"。从文意看，这些人在朱子生前都参加过《通解》的纂修。③ 加上嘉泰二年（1202）协助黄榦修纂的刘砺、

---

① 束景南：《朱熹年谱长编》，华东师范大学出版社2001年版，第1253页。
② 曾枣庄、刘琳主编：《全宋文》（第288册），上海辞书出版社2006年版，第192—193页。
③ 此信也有模糊之处，从文意看，"今凋零殆尽"是上承"庆元三年朱先生所书编礼人姓名"而发出的感慨，如此，其下所举当为名单所开列者，其所列人物也确实多见于束景南所考得的23人中。笔者即作此解，夏炘《述朱质疑》、吴国武《朱子及其门人编修礼书补考》均同此见。然亦可理解为二不连属，"今凋零殆尽"下所举仅是当时尚在世者，是黄榦自发的感慨，即与"编礼人名单"无关，这些人未必曾参与《通解》纂修。从本文所考朱熹庆元以后的编礼活动经历来看，以前说见长，故本书不取后说。另，《经义考》有朱子传礼弟子名单，亦可参。

郑宗亮、潘儆与郑文通4人，剔除重复者，较束景南所考仍可多出郑文通、郑宗亮、潘儆、潘柄、林学蒙、林夔孙、李闳祖、李方子、甘节、黄义勇、张洽、李燔、胡泳、蔡念成、潘时举、黄士毅共计16人，再加上负总责的朱熹和束氏所举的23人，实际上参加《通解》纂修者多达40人，此编纂实可谓朱熹晚年和高足的"集体工程"。需要特别说明的是，这一时期正值权臣韩侂胄借党禁之机大肆攻击、打压朱子学派，朱熹顶着极大的压力纂修《通解》并多次向参与者强调要"保密"，意味着能参与纂修的都是值得朱子信赖的朋友和弟子。

此前学者多认为丧、祭礼部分与朱熹关系不大，如林梅坞说朱熹对《通解》的贡献"十未及一二"①，我认为这有失偏颇。仅就丧、祭礼部分而言，朱熹的贡献在于：1. 审定框架；2. 审定丧、祭礼部分经传的草稿；3. 删削丧礼部分草稿并酌加按语。而黄榦的贡献有二：1. 在朱子的指导下草撰丧、祭礼（重点是丧礼）的细节；2. 负责丧、祭礼的最终定稿（当时朱熹已去世）。

这在很多材料中都可以看到：

> 《答黄直卿》："《礼书》想已有次第，吴伯丰已寄得《祭礼》来，渠以职事，无暇及此，只是李宝之编集，又不能尽依此中写去条例。"

> 《答黄直卿》："所编甚详，想多费心力。但以王侯之礼杂于士礼之中，不相干涉，此为大病。又所分篇目颇多，亦是一病。今已拆去大夫以上，别为《丧大记》一篇。其间有未

① 吴洪泽编：《宋人年谱集目·宋编宋人年谱选刊》，巴蜀书社1995年版，第301页。

及填写处，可一面令人补足，更照别纸条目整顿诸篇，务令简洁而无漏落，乃为佳耳。修订之后，可旋寄来看过……"

《答黄直卿》："《礼书》便可下手抄写……"

《答黄直卿》："《礼书》附疏须节略为佳，但勿太略……"

《答黄直卿》："《礼书》须直卿与二刘到此，并手料理，方有汗青之日。老拙衰病，日甚于前。目前外事悉已弃置，只此事未了为念。向使只如余正父［甫］所为，则已绝笔久矣。不知至后果便能践言否，予日望之也。"（上引均为朱熹庆元二年至六年间所作）

《黄榦年谱》庆元五年条："会聚朋友，修纂丧、祭二礼，各为长编，以纳于文公之所。（杨信斋《丧礼后序》曰：'先生（指黄榦）尝语诸生云，文公当时分丧、祭二礼，俾某编纂。某夙夜究心，粗成端绪，尝奉而质之先师，喜曰，君所创立规模甚善，他日若能以吾所编家、乡、邦国、王朝礼悉用丧、祭礼规模，尤佳也。'于是读《丧礼》十一章终篇，注疏有繁冗之文，悉皆亲笔删削，于《不杖》《大功》章有亲批五条，其他商榷发明，不一而足。）"①

这些资料显示了朱熹和黄榦在《通解》的丧、祭礼部分中的各自贡献。总体而言，虽然《通解续》的责任者为黄榦，但朱熹对这一部分的贡献不容磨灭，且黄榦所做几乎全是在朱熹的认可或授意下完成的，因此本书倾向于将《通解》作为一个整体来进行研究。

---

① 吴洪泽编：《宋人年谱集目·宋编宋人年谱选刊》，巴蜀书社 1995 年版，第 286 页。

二、朱熹去世后《通解续》的纂修

前文已述，朱熹在去世之际，将继续编纂《通解》的任务交给其哲嗣兼女婿黄榦。此后二十一年直至去世，黄榦先后三次集中精力进行编纂，并在去世前一年完成了丧礼部分的定稿和祭礼部分的草稿，这就是后来刊行的《通解续》。

朱子去世后三年间，黄榦为朱子持心丧三年，几乎没有从事任何工作。嘉泰二年（1202）朱子大祥以后，黄榦心丧三年期满，除丧后履新得监嘉兴府崇德县石门酒库，居家待命期间开始第一次纂修《通解》。《黄榦年谱》载：

> 会朋友于城南乌石山寺，续后修《仪礼》，以成文公之志。时先创书局于神光寺，又移仁王寺，皆李筠翁先生寓居也。先生以书招郑文遍入书局，书中有"此间不能久留""修书亦颇有次第""日望贤者之来"等语。局中所修之书，先生董之，同门友刘砺用之，门人郑宗亮惟忠、潘徽茂修与郑文遍成叔分任其事，盖先修《王朝礼》一部，亦未知所止也。时有别定《礼书》目录，揭之壁间。文遍以为先生欲遵文公遗言，悉取《家礼》以下别为次第，此时实与诸君子商榷其目。追惟此书，终先生之世既不及为，而目录手稿具藏，当以编入先师遗言之内云。①

自嘉泰二年（1202）九月至嘉泰三年（1203）冬期间，黄榦的主

---

① 吴洪泽编：《宋人年谱集目·宋编宋人年谱选刊》，巴蜀书社 1995 年版，第 287 页。

要精力即用在《通解续》的编纂上。从"先修《王朝礼》一部"可知，朱熹去世时尚未定稿的《王朝礼》也经过了黄榦的修订。此时参与修订者共有4人，为刘砺（用之）、郑宗亮（惟忠）、潘㣃（茂修）与郑文通（成叔），由黄榦负总责。但在此期间，因人手不足，工作的实际开展相当有限。黄榦在书信中也提及此事："榦以《礼书》未就绪，刘用之相约过神光（寺），为卒岁之计，度亦不能久留……"①（《答林公度》）这表明刘砺离开后，此次编纂也随之不了了之。

以上为黄榦第一次组织纂修《通解》的情况，此次纂修历时约一年。

从此以后，黄榦劳于政事。开禧三年（1207）知临川县，嘉定四年（1211）移知剑浦，嘉定五年（1212）移知临江军新淦县，嘉定六年（1213）通判安丰军，嘉定七年（1214）添差通判建康府。所到之处颇有官声民意，切身实践朱熹"以礼化俗"之宗旨。在此期间，他一直念念不忘朱子遗志。如开禧三年（1207）十二月到临川县后，他在给友人的信中说："世事一切皆不足道，惟有勉进所学，以答先师属望之意耳……闲居可以读书，特以丧、祭二礼编次未毕，不能不以此关念。玩索之功不得精专，特反身一念，不能不自勉耳。"（《与李敬子司直书》）可见，黄榦一直以没有精力纂修《通解续》而自责。

直到嘉定八年（1215）黄榦奉祠，十二月命下主管武夷山冲佑观后，他才略有闲暇顾及《通解》修纂。嘉定九年（1216）夏，他

---

① 黄榦：《勉斋先生黄文肃公文集》，收入北京图书馆古籍出版编辑组编：《北京图书馆古籍珍本丛刊》（第90册），书目文献出版社1988年版。以下所引黄榦书信均出自该书，随文注出篇名，不再详注卷次页码。

终于有机会回到朱熹生前主讲的竹林精舍，睹物思人。他重新修葺了精舍，并开始撰写《朱子行状》，兼邀约友徒共修《通解续》。

是年秋，他在给李敬子的信中也表达了这一愿望：

> 榦闲居无他，以旧居迫窄，不足以容孥累，又念此身已老，亦欲为久居之计，架小堂于屋之后，不敢求华美。但百物旋措之故，久之不就，更旬月可以告成矣。闲居无朋友讲习，秋试后须有一二相识可以相聚，诸子亦可督以读外翁（即朱熹——引者注）之书也。伯量许下访吉父，得书亦云果尔，何幸如之。近于乡间取得《礼书》来，内有先师亲题编礼人姓名，晚年大段留意于此，不及见书之成，无穷之恨也。榦于丧、祭二礼编得甚详密，先生以为《礼书》所编皆不及古，当更仔细看过。若可缮写，即寻朋友在官者寄去抄录，可入《礼书》数中，其他亦皆须研究。但最苦是无朋友商确，其次是无钱可催人抄写及供朋友检阅，甚以为挠。若伯量肯来，又能为之多方抄化，以粗足编书之费。来此相聚数月，以成先师之志，何幸如之！生平读书，多疑无人讲问，苦不可言。尊兄恐越境亦难，若伯量来访，俟其归，榦当送之往麻姑，约从人一出，亦可为旬日之集。榦若措置得家事定叠，此间难得朋友，亦只得挟策求教朋友也。便出外一两年，亦无害也。因作伯量书，烦致意，促其来尤佳。（《与李敬子司直书》）

约在同时，黄榦写给好友李贯之的信中也提起此事：

> 榦投老山林，窃自增气，不知手舞而足蹈也。榦归建安，

寓居整整四月矣。向来数椽，二十年前所置，容膝之地，初
亦甚安，今挛累数倍于前，不足以容居，旋于旧居之后架小
堂，方不过二三丈，以为送老之计。坐是，亦颇扰扰，更旬
日亦可休息，一意杜门观书矣。朋友数人，皆欲秋试后相访，
亦可相与切磋义理，非讲习扣击，终是不分明也。近于乡间
取得所修《祭礼》来，幸无去失，并《丧礼》皆可入《礼
书》类中。然亦尚欠修整，当官固以无暇观书为恨，闲居又
以无笔吏抄写为挠。因阅故书中，得庆元三年朱先生所书编
礼人姓名，为之感慨，益思是书之不可不蚤定也。然亦须朋
友二三人来，方可参订。味道、子洪皆有志于此者，独恨道
远，难相屈致，榦亦无力远出，不能携书以就朋友。观先师
晚年，于此极惓惓，殊使人为之不安也……向来同学之士，
今凋零殆尽。闽中则潘谦之、杨志仁、林正卿、林子武、李
守约、李公晦，江西则甘吉父、黄去私、张元德，江东则李
敬子、胡伯量、蔡元思，浙中则叶味道、潘子善、黄子洪，
大约不过此数人而已。（《复李贯之兵部》）

总结上引二信，值得注意者有三：

其一，在朱熹留给黄榦的稿本中，是有"庆元三年编礼人姓
名"名单的。至嘉定九年（1216），名单中尚在世的有福建的潘柄
（谦之）、杨复（志仁）、林学蒙（正卿）、林夔孙（子武）、李闳
祖（守约）、李方子（公晦），江西的甘节（吉甫［父］）、黄义
勇（去私）、张洽（元德），江东的李燔（敬子）、胡泳（伯量）、
蔡念成（元思），浙江的叶贺孙（味道）、潘时举（子善）、黄士
毅（子洪）等，再加上在神光寺参与编修的刘砺（用之）、郑宗亮

（惟忠）、潘㒓（茂修）与郑文通（成叔）——他们都是朱子晚年的高足，以编修《通解》为事。在朱熹去世后，这些人中的多数仍围绕在黄榦周围，与此后闽学的形成关系密切。

其二，黄榦在居官十余年间（1203—1216）并没有编纂《通解》。上文说他从"乡间取得《礼书》来"，而且"幸无去失"，表明其居官期间并未携带《通解》的书稿，可知其任职期间没有从事修撰工作。

其三，黄榦与朱熹的编书风格不同。朱熹喜欢与门弟子通过驿递往来书稿，其本人则居家专事删削改定，因此曾拟定不少凡例分发，所谓"往复条例，文多不能尽载"①，不符合要求者动辄返工重来，这样就不免浪费人工物力；而黄榦则乐于与朋友当面研究，或"须朋友二三人来"，或"携书以就朋友"，总之必须聚在一起研讨编纂，否则宁可将编纂工作停顿，这可能与朱熹晚年编书时动辄返工的经历有关。

以上为黄榦第二次组织纂修《通解续》的情况。从嘉定九年（1216）夏到竹林精舍起至嘉定十年（1217）二月履新安庆府止，此次纂修共历时不到一年。

此后直到嘉定十一年（1218）末，再命主管建宁府武夷山冲佑观，已经年届七十的黄榦终于赋闲，便重启了第三次纂修工作。《黄榦年谱》载：

> （嘉定十一年）十一月，差主管建宁府武夷山冲佑观。重修《仪礼经传》续卷，置局于寓舍之书室及城东张氏南园，四方生

---

① 吴洪泽编：《宋人年谱集目·宋编宋人年谱选刊》，巴蜀书社1995年版，第285页。

徒会聚讲学。林梅坞曰：文公所编《仪礼》，工夫汗漫，十未及一二。而先生身任其责，中间奔走王事，作辍不常，每以为慊。及此投闲，乃整葺为书，与同志者以卒其业。①

上文引林梅坞说朱熹对《通解》的贡献"十未及一二"恐有夸张，前已详辨。但黄榦对王朝礼、丧礼、祭礼的部分（约占全书的五分之三）进行过修订则是事实。在开始第三次编纂时，黄榦还邀请了在朱子生前就参与编修的杨复（志仁）来共同参与，特地写信道："还家二十余日，杜门谢客，一意安静。丧、祭一[二]礼，非契兄未易言。此日夜念念，千万早来。旧本并携来为佳，当得与二三同志共成此书也。"（《复杨志仁书》）从嘉定十一年（1218）末开始，黄榦一直为此书的修纂而费心。至嘉定十二年（1219），《通解续》的全书草稿已经纂就。在给关心此事的郑文通的信中，黄榦说道："榦诸况如常，痰嗽不止，亦不足为苦也。《礼书》既毕，日与二三朋友考订，暇则相与审阅旧书，亦足自适耳。"（《与郑成叔书》）

在此期间，黄榦除纂修《通解续》外，还积极讲学，并热衷于实践地恢复《仪礼》。嘉定十二年（1219）十二月，黄榦门人张元简为女举行古昏礼；嘉定十三年（1220）三月，门人陈仍以古冠礼为子行冠礼；嘉定十三年（1220）五月，门人赵师恕率朋友行古乡饮酒礼。在上述场合中，黄榦均按《仪礼》主莅其事。

至嘉定十三年（1220）夏，《通解续》的丧礼部分终于定稿杀

---

① 吴洪泽编：《宋人年谱集目·宋编宋人年谱选刊》，巴蜀书社 1995 年版，第 301 页。

青，祭礼部分的草稿也告完成。《黄榦年谱》载：

夏，《仪礼经传通解》续卷《丧礼》书成。

杨信斋曰：先生归自建邺，奉祠居家。始取向来丧礼稿本精修，至庚辰之夏而《丧礼》书成。本经则丧服、士丧礼上下、士虞礼，所补则丧大记上下、卒哭祔练祥禫记、补丧服变除、丧服制度、丧服义、丧通礼、丧变礼、吊礼、丧礼义，凡十五卷。祭礼亦已有书，本经则特牲、少牢、有司彻，《大戴》则衅庙，所补则自天神、地祇、百神、宗庙以致因事而祭者，如建国、迁都、巡守、师田、行役、祈禳及祭服、祭器，事序终始，其纲目尤为详备。先生尝言："《祭礼》用力甚久，规模已定。每取其书翻阅而推明之，间一二条尚欠修正。"方欲加意更定，而先生殁矣。呜呼！礼莫重于丧、祭，文公以二书属之先生，其责盖不轻也。先生于是书也，推明文王、周公之典，辨正诸儒同异之论，剖击后世俗蠹坏人心之邪说，以示天下后世，其正人心、扶世教之功至远也。先生之心，忧天下后世为心，夫岂以著述为一己之书哉？先生又念丧礼条目散阙，欲撰《丧服图式》一卷以举其要，草创已就，犹慊然不满意曰："此卷尚欲审订，或别为一书如外书，以附其后可也。"

（杨复——引者注）又曰："先生尝言，此卷（指《丧服图式》——引者注）乃十五卷之枢要，又包举古今丧礼之变，兼括节文度数之详，尚欲子细审订以成之。"盖谨重不轻之意也。先生又尝谓："祭礼已有七八分，欲修订用力甚省。"复（杨复——引者注）请于先生曰："他卷更无可议，惟天神一门更宜整正。"先生然其言。①

　　杨复是黄榦后两次纂修《通解续》时的主要参与者，其所述当属耳闻目见。从以上引文可知，第三次纂修时黄榦付出了极大的精力，且《丧服图式》一章实际上也是先由他撰写草稿，再由杨复刊定，这直接引出了杨复此后撰写《仪礼图》一事。

　　这里我们还要特别交代一下《通解》全书的署名问题。一般著录此书为朱熹、黄榦撰，且前五礼向来被视为朱熹"亲撰"，丧、祭二礼为黄榦撰，后杨复又重修了祭礼。但我们通过上述对该书编纂过程的梳理可知，实际上，全书纂修时参与人数众多。朱熹去世后，黄榦曾对其所负责的王朝礼部分进行修订，而《丧服图式》一卷也是杨复在黄榦草稿的基础上修订的，另外丧礼部分从框架到成形是由黄榦承担了主要工作，但与其他人的深入参与亦密不可分。然而，历来对该书的署名却未见曲折。因此，我们应宽容地看待《通解》的署名问题，毕竟古人有"署师名"的传统（先秦诸子多属此类）。笔者也倾向于将《通解》视作朱子学派的集体著作。实际上，很难厘定哪部分是由朱熹单独编撰的，而哪部分又是由黄榦单独编撰的。因此，本书一再强调，通过《通解》可以窥探朱熹晚年礼学思想乃至闽学派形成期的学术思想旨趣。

　　这一次编纂从嘉定十一年（1218）末持续到嘉定十三年（1220）夏，共历时一年半，最终也只完成了《丧礼》的定稿和

① 吴洪泽编：《宋人年谱集目·宋编宋人年谱选刊》，巴蜀书社 1995 年版，第 302—303 页。上文与杨复的三跋（《朱子全书》第 5 册，第 3415—3421 页）大旨一致，文本各有长短，所述也略有出入，可参读。

《祭礼》的草稿。至此,《仪礼经传通解》全书告成。

几个月后,嘉定十四年（1221）三月,黄榦卒于家,享年七十岁。

三、《通解》的纂修与闽学派的形成

朱熹生前曾提到,"礼书"分为"内传"和"外传"两部分,此说多次见于朱子给李如圭、余正甫的书信中。[①]前人多认为"外传"原是《通解》的一部分,在后来最终的定稿中被放弃或已糅入今本《通解》中,这是不确切的。这个所谓的"外传"实际上是与《通解》不同的另一本书（参淳熙十年［1183］朱子所编的《小学》,可约略想见）,此后曾由考亭后学熊禾纂成,名为《仪礼外传》。在其序言中,熊禾提到:

> 文公晚年,为《经传通解》大纲细目具载,历门人黄勉斋、杨信斋三世,始克成书。旧有刻本,兵烬之后,板帙散亡。兼初本所纂注疏语类伤繁,后信斋为之图解,又复过略。而文公初志,将欲通经及诸史志、会要等书,与夫《开元》《开宝》《政和》礼,斟酌损益,以为百王之大法,而志则未遂。今得考亭以来诸名儒参校订定墨本,拟板行以便流布,仍于所补《仪礼》各卷篇目之下,参以历代代沿革之制,又关、洛以来诸儒折中之说,辑为《仪礼外传》,以附其后,庶

[①] 白寿彝:《白寿彝文集·朱熹撰述丛考·中国交通史》,河南大学出版社 2008 年版,第47—48 页。

可继先儒未毕之志。①

可见，今本《通解》中的《国语》《孔丛子》《汉书》等内容并不
是所谓的"外传"被删除之后留下的痕迹，朱熹曾说他的书"不
多取《国语》杂书"②，而并非完全不取。熊禾说"文公初志，将
欲通经及诸史志、会要等书，与夫《开元》《开宝》《政和》礼，
斟酌损益，以为百王之大法，而志则未遂"，表明这个"外传"应
是参用唐宋礼制的另外一部著作，最终"志则未遂"，即并没有完
成。因此，《宋史》所说的"编次朝廷公卿大夫士民之礼，尽取
汉、晋而下及唐诸儒之说，考订辨正，以为当代之典，未及成书
而没"③ 并不误，此中的"成书"是包括"外传"在内的全部
"礼书"，而不仅是今天所见的《通解》。

朱熹去世后，史称其学派为"闽学"或"考亭学"，以区别于
濂学、洛学和关学，成为宋代思想史的一大流派。关于闽学的形
成，学界讨论已多，然多注重于性理哲学层面，实际上闽学的形
成与《通解》的修纂密不可分，而这一点学界尚少注意。

朱子去世后，闽学第一代学者的核心是黄榦。而除黄榦外，
其他的核心成员还有哪些，以黄震的说法流传最广：

> 乾、淳之盛，晦庵、南轩（张栻）、东莱（吕祖谦）称三
> 先生，独晦庵得年最高，讲学最久，尤为集大成。晦庵既没，

---

① 熊禾：《仪礼外传序》，转引自王梓材、冯云濠：《宋元学案补遗》（第5册），杨世文、
舒大刚点校，人民出版社2012年版，第2310页。
② 朱熹：《朱子全书》（第24册），朱杰人等主编，上海古籍出版社2002年版，第3423页。
③ 《宋史·卷98·礼志一》，收入《二十五史》，上海古籍出版社1986年版，第335—336页。

如闽中则潘谦之、杨志仁、林正卿、林子武、李守约、李公
晦；江西则甘吉父、黄去私、张元德；江东则李敬子、胡伯
量、蔡元思；浙中则叶味道、潘子善、黄子洪，皆号高第。
独勉斋先生强毅自立，足任负荷。①

　　如果我们将这份名单略作分析就会发现，其当系暗引上述黄
榦《复李贯之兵部》所胪列的庆元三年（1197）编礼人名单中的
人物，可见在宋时人们就认为《通解》的纂修使朱熹带出了一个
队伍，这个队伍就是朱子去世后闽学的中坚力量。

　　朱熹晚年虽仍劝后学多读《四书》，多做自家体贴的工夫，但
他本人和他的高足们却在矻矻从事《通解》的编纂。黄榦说"先
师晚年于此极惓惓"②，绝非虚言。虽然朱熹曾强调说礼学并非入
门所当习，是"义理分明"之后"有余力时及之"的高阶段的学
问，但实际上，这是根据弟子禀赋不同而作出的"因材施教"或
"方便接引"，否则他本人晚年不会在"礼书"上花费如此巨大的
精力，并在临终前仍念念不忘地叮嘱黄榦完成遗志。

　　从朱子的《语录》《文集》中可以大致看出，朱熹的教育思想
或教育体系约略分为两个层面：对于初从其游的学友或资质稍差
弟子，他多讲性理之学，尤其在《语录》和书信中讲得极多，因
此资料较多，但这并不意味着这是其学问的精深之处；对于其高
足、座下龙象则多勉以"考据通经"，书信中也间有考礼文字，如
黄榦之于三礼、蔡沈之于《尚书》、蔡元定之于律吕之学等，其中

---

①　黄震：《黄氏日抄·卷40》，文渊阁四库全书本。
②　曾枣庄、刘琳主编：《全宋文》（第288册），上海辞书出版社2006年版，第192页。

尤以勉读三礼为大宗。这在朱熹去世前一年写给陈文蔚的信中可约见一二，见《答陈才卿》：

> 礼学是一大事，不可不讲，然亦须看得义理分明，有余力时及之乃佳。不然，徒弊精神，无补于学问之实也。①

> 知看《仪礼》有绪，甚善。此书虽难读，然却多是重复，伦类若通，则其先后彼此展转参照，足以互相发明，久之自通贯也。②

可见，朱熹认为"礼学"并非入门所当学之事，而是"义理分明"之后"有余力时及之"的高阶段的学问，初学者若致力于此，"徒弊精神，无补于学问之实也"。因此，朱子虽然在晚年给门弟子的信中仍不时阐述性理之学，但实际上是在因材施教、方便接引，而朱子本人和朱门高足的主要精力仍在《通解》上，这是用《文集》或《语录》研究朱子思想时所应特别注意的。③ 对于朱熹的学问，我们不应仅仅注意其"性理"的层面，虽然这方面的资料多，但这尚属"初级"范畴；而其晚年践行并传授高足的"经学"似当属"大学"范畴，类似于孔门的《春秋》之学"子夏之徒不能赞一辞"，这才是朱子学问的精微高妙之处，我们应该对此给予充

---

① 朱熹：《朱子全书》（第23册），朱杰人等主编，上海古籍出版社2002年版，第2848页。
② 朱熹：《朱子全书》（第23册），朱杰人等主编，上海古籍出版社2002年版，第2848页。
③ 除此之外，我们还应注意到朱熹此时的境况，他向黄榦说："只此《礼书》传者未广，若被索去烧了，便成枉费许多工夫，亦不可多向人前说着也。"向詹子厚说："《礼书》……不可语人，恐速煨烬之灾也。"因此对于自己并不熟悉的朋友，朱熹可能会故意强调"礼学"不重要，避免引起政敌的关注。

分的注意。

本书之所以强调《通解》的纂修与朱子学派的形成关系密切，主要原因有三。

第一，《通解》是朱熹一生投入精力最多、成书时间最晚的著作，是朱熹一生的学术终点，其在生前一再向心腹弟子强调这一工作的意义及重要性。本书导论中已经指出，《通解》一书的编修时间若从提纲拟定到黄榦完成定稿，前后达五十余年之久，其间全书的提纲曾经过数次调整。不仅如此，《通解》还是朱熹一生最后五六年间的精神寄托和临终时的最大遗憾，更是朱熹编纂的卷帙最大的一部著作，将其誉为朱子撰作中"皇冠上的宝石"当不为过。

第二，朱门高足几乎都曾参与纂修，且朱子绝笔修书命黄榦继续董成此事，在朱熹殁后客观上形成了以黄榦为中心的第一代闽学学者群。上文已经考证，先后参与编修《通解》者有吕祖俭、路德章、潘友恭、余正甫、黄榦、蔡元定、吴必大、李如圭、刘砥、刘砺、赵师夏、赵师恭、应恕、詹体仁、叶贺孙、杨楫、廖德明、杨方、杨简、刘光祖、刘起晦、孙枝、杨复、郑文通、郑宗亮、潘徽、潘柄、林学蒙、林夔孙、李闳祖、李方子、甘节、黄义勇、张洽、李燔、胡泳、蔡念成、潘时举、黄士毅共计39人，无论从什么角度看，这一名单均已囊括了闽学第一、二代学者中的佼佼者。他们有的与朱子亦师亦友，有的是门下龙象，有的是朱子好友的弟子，还有的则是朱子的再传弟子。他们各居福建、江西、浙江、江苏等地，以编纂《通解》为媒介，形成了行礼、考礼的良好学风。如黄榦就曾主持其弟子们的古昏礼、古冠礼、古乡饮酒礼，还曾撰写《赵季仁习乡饮酒仪序》《林子至子字序》《除丧辩》等考礼文章。可以说在朱子去世前后，闽学派之形成关键就是续纂《仪礼经传通解》，正是因此才使第一代朱子学派形成了一个相对稳定的"共同话题"。可以说，朱熹晚年动员和敦促高足们编纂《通解》的行为（此时正值庆元党禁，参与者也只能是其心腹弟子），客观上促成了朱子学派的形成。

第三，宋理宗对《通解》的研读和赞赏，对解除庆元党禁，进而提高闽学地位起到过直接的作用。这直接提升了参与编修《通解》者的地位，反过来又造成了早期的考亭后学对《通解》的特殊感情。

朱熹晚年遭受庆元党禁，其学派受到政治打压，直到其去世两年后渐"弛伪学党禁"[①]，至史弥远当政期间才转而提倡朱子学，先后赐朱熹谥号为"文"（1210），启用黄榦、朱在、叶味道等朱门高足（1210—1220），因而黄榦在此期间才没有精力从事《通解续》的纂修。1227 年，宋理宗下诏追褒朱熹为"太师，追封信国公"，并召见朱熹三子朱在；1230 年，再追封朱熹为"徽国公"，闽学渐受南宋官方的认可和提倡。

在专制时代，"楚王好细腰，宫中多饿死"，统治者的好恶往往能直接决定学派的兴衰。实际上，朱子晚年曾一度想通过撰修《通解》来达到和孔子一样"为后王制法"的目的，这突出表现在《天子之礼》的撰作上，可见其曾经将《通解》视为"百王之大法"（熊禾语），只不过限于当时的政治形势而不得遂愿。朱子去世后不久，这一片苦心终于得到了宋理宗的认可：

圣上因读礼书（即《仪礼经传通解》——引者注），问朱

① 冯琦原编，陈邦瞻纂辑：《宋史纪事本末》，中华书局 1955 年版，第 685 页。

某（朱熹）適传是黄某（黄榦），黄某適传为谁？又相与编
《礼》门人为谁？殿院王公遂抗疏谓：公游文公之门，为后进
领袖，讲说著述，世多传诵。人以为学明东南，文公之功为
大，公之力为多。①

上文"殿院王公遂"即王遂，曾任殿中侍御史，据此可知此事约
发生在端平年间。这则资料说明，《通解》在刊印后约十年曾被宋
理宗阅读，理宗和当时的大臣们普遍认为，黄榦是朱熹学问的嫡
传，而《通解》则代表了师徒二人最终的成果。可见宋理宗对朱
子学的把握也同样经历了从心性之学（四书学）到制度之学（礼
学）的升华过程。

　　关于宋代的朱子学友及后学的礼学著作，据朱彝尊《经义考》
所载，笔者统计列表如下。

表2　朱熹学友及后学礼学著作表

礼大类	书名	撰者	存佚/备注
仪礼类	《士冠士昏馈食礼图》	赵彦肃（子钦）	佚/此书启发朱熹编纂《通解》
	《仪礼云庄经解二十卷》	刘燧（晦伯）	佚
	《仪礼图十七卷》	杨复（茂才）	存
	《类注仪礼四卷》	黄士毅（子洪）	佚
	《仪礼释宫一卷》	李如圭（宝之）	存
	《仪礼要义五十卷》	魏了翁（华甫）	存
	《仪礼解》	叶味道（贺孙）	久佚

---

① 吴洪泽编：《宋人年谱集目·宋编宋人年谱选刊》，巴蜀书社1995年版，第305页。

（续表）

礼大类	书名	撰者	存佚/备注
礼记类	《礼记集说》	刘懋（勉之）	久佚/刘懋为刘爚之父
	《礼记详解》	吕祖谦（伯恭）	佚
	《礼记解》	吴仁杰（斗南）	佚
	《礼记解》	辅广（汉卿）	佚
	《礼记要义三十三卷》	魏了翁（华甫）	存
	《读礼记日抄十六卷》	黄震（东发）	存
	《丁丑三礼辩二十三卷》	李心传（微之）	佚
通礼类	《三礼考一卷》	真德秀（景元）	存/全书仅五叶
	《三礼通义》	熊庆胄（竹谷）	佚
	《三礼考异》	熊禾（去非）	佚
	《仪礼外传》	熊禾（去非）	佚

从上表可以看出，朱子晚年专事礼学考据的做法在朱门后学中同样得到了落实：这些著作多数以“考”“解”“释”命名，正说明朱子晚年学风转向“考据”，其门弟子则先后承继了这一转变。

《仪礼经传通解》作为朱熹晚年投入巨大精力的一部“通礼”性著作，其具体结构是朱子在长期的学习、研究礼学的过程中总结出来的。全书基本上以《仪礼》为主，细分为家、乡、学、邦国、王朝、丧、祭七部分。在嘉定年间本书刊印时，其中家、乡、学和邦国的大部分因已定稿，直接命名为《仪礼经传通解》；邦国小部分和王朝因属未定稿（实际上最初没有经朱子删节和加按语，但后来由黄榦完成了这一工作），朱熹为示区别将之命名为《仪礼集传集注》；丧、祭两部分由黄榦完成，命名为《仪礼经传通解续》。这就是全书的基本结构。

我将朱熹晚年纂修《通解》之活动放在其一生的礼学实践中进行观照，认为促成其晚年花费巨大精力编纂《通解》的动因可归于以下几个方面。

首先，朱熹早年热衷于进行"以礼化俗"的礼学实践和对程颐、司马光、吕大临等"近世"实践型礼学的关注，使他意识到"礼"在日常生活中的重要性，这是其毕生都不曾轻视"礼学"的基础。

其次，朱熹中年参与的议祧庙、讨论嫡孙承重等政治经历，使其意识到"礼学"在国家层面同样具有重要地位，但此时"近世"的礼学论著已经没有足够的说服力，只能上溯至礼经，只有这样才能回击反对派的质疑，并以此来规范国家层面的制度建设。

最后，朱熹晚年受到的政敌攻击对其学风产生了影响。林栗等礼学者攻击朱熹"尊程颐、标道学"，朱熹若在礼学方面对此作出回应，就只能回归礼经本身，即从事"考礼"。因此，其回归最初可能是被迫的，但朱熹很快就意识到空谈"理学"确实有蹈空之弊。他曾向朋友说因为最近读"礼书"而意识到"《大学》所言格物致知，只是说得个题目，若欲从事于其实，须更博考经史，参稽事变，使吾胸中廓然无毫发之疑，方到知止有定地位"①。这里的"博考经史"，对晚年朱子而言就是《通解》的编纂。

在上述三个因素的共同作用下，朱熹晚年投入了巨大的精力

---

① 朱熹:《朱子全书》（第23册），朱杰人等主编，上海古籍出版社2002年版，第3065页。

来纂修《通解》。同样受庆元党禁的影响，本书的参编者都是朱子的心腹弟子，自然也是朱门高足。朱子一再向参编者说明编纂的价值和重要性。事实证明，朱熹也确实通过这一工作带出了一支队伍，这些人在朱熹殁后的几十年里成了朱子学派的核心，对扩大朱子学的影响发挥了巨大的作用。

第三章
《仪礼经传通解》的版本及流布

作为朱熹晚年投入巨大精力的一部著作，《仪礼经传通解》在朱熹去世时并没有定稿杀青，而是被委托给朱熹的哲嗣黄榦继续编修。直到朱熹去世十多年，经黄榦三次修订的《通解》方于嘉定年间由朱熹三子朱在和张虑分两部分先后刊刻于南康道院。这次刊刻的书版迭经递修，直至明朝中期尚在印行。今尚存宋刊元明递修本数种，可以将之视作《通解》的"宋刻本"，也是其他所有刊本的共同底本。

除此之外，今天还可见明正德十六年（1521）刊本（仅刊经传无注疏）、康熙二十四年（1685）宝诰堂刊本、清乾隆十八年（1753）梁万方刊本和朝鲜、日本刻本等数种重要刊本，其流布也广及东亚中、日、韩三国，其间文字颇有异同，本章将重点介绍。

第一节
《仪礼经传通解》宋刻诸本

有关宋刻本的版本梳理，叶纯芳、乔秀岩等前辈学者在整理东大本、台北本的过程中作出了极尽精微的考证和梳理，甚至对每页的版刻情况都进行了细密研究，体现在其整理成果及所撰写的相关序跋里，前文已作介绍。本节参考学界已有研究，重点补充旧说所未备。

一、宋嘉定南康道院刊本

《仪礼经传通解》全书的前五礼在黄榦第二次纂修前就已经定稿，这三十七卷于朱熹殁 17 年后的嘉定十年（1217），由朱熹三子朱在主持刊印于南康道院。《通解续》即丧、祭礼部分在黄榦去世前一年基本定稿，黄殁后翌年即嘉定十五年（1222），由张虙主持刊印于南康道院。由于两次刊印为同一批工匠先后所刻，因此其版式、行款、字体完全一致。后世一般将这两次刊刻本合并称为"嘉定南康道院刊本"（以下简称"嘉定本"），是其他所有版本的共同祖本。

嘉定本刻印时正值官方提倡道学，因而得官费刻制，刻好后不久，版片即被收归官府。宋宝祐元年（1253）王佖曾提到此事：

> 嘉定间，嗣子侍郎公在方刻之南康郡学。后来勉斋黄公续成丧、祭二礼，亦并刻焉，而书监竟取之以去。曾几何年，字画漫漶，几不可读，识者病之。①

此言表明版片在刻好后不久就模糊不清了。瞿镛亦说："此书朱子殁后，其子在刻于南康道院，为嘉定丁丑岁。板移监中，不久

---

① 张金吾：《爱日精庐藏书志》，柳向春整理，吴格审定，上海古籍出版社 2014 年版，第60 页。

即漫漶。"① 其间，宝祐元年（1253）刊印杨复修订《祭礼》时，可能把朱熹的《通解》、黄榦的《通解续·丧礼》书版修治了一番（也有学者认为是重刊），此后朱在刊刻的《通解》、张虑刊刻的《通解续》，再加上王佖刊刻的书版，都一直被南宋的官方机构收藏和管理，且"有专官以掌之"，此官被称作"书库官"。元代以后，这些版片被西湖书院移管。据元人黄溍《西湖书院义田记》记载：

> 宋亡学废而板库俱在。至元二十八年故翰林学士承旨徐文贞公持部使者节治于杭……以其建置之详，达于中书。异书院额，立山长员，异时书库官之所掌悉隶焉……郡人朱庆宗以二子尝肄业其中，念无以报称，乃捐宜兴州泊阳村田二百七十五亩归于书院，遵者令减其租什二，实为米一百三十有二石，请别储以待书库之用。凡书板之刓缺者补治之，舛误者刊正之，所未备者增益之。②

《元西湖书院重整书目》著录中有"仪礼经传"③，说明西湖书院收藏有题名为《仪礼经传通解》和《仪礼经传通解续》的全部书版。这批书版在至元年间被划归西湖书院所有，并且有了专项的保护经费。按照上文说对这些书版"列缺者补治之，舛误者

---

① 瞿镛编：《铁琴铜剑楼藏书目录》，瞿果行标点，上海古籍出版社 2000 年版，第 93 页。从瞿镛所说来看，铁琴铜剑楼所藏当是宝祐本，因为只有宝祐本的三则序跋中提到了"板移监中，不久即漫漶"这一细节。

② 浙江省地方志编纂委员会编：《（雍正）浙江通志》，中华书局 2001 年版，第 7262 页。

③ 仁和吴氏双照楼刊本《元西湖书院重整书目》，影印入《丛书集成续编》（第 67 册），上海书店出版社 1994 年版，第 757 页。

刊正之，所未备者增益之”，可能此时陆续被修版。到元统三年（1335），书版经历了一次重要修补，修版时在《通解续》的《目录》后面留下了一则题记：

　　元统三年六月□日刊补完成　后学叶森书……承事郎江浙等处儒学提举余（谦）。①

　　余谦曾为元刊本《六书统二十卷》、元刊本《书学正韵》等修版，并还曾和叶森共同参与过林逋墓的修缮，二人与西湖书院关系十分密切。另，版心所列元代修版刻工名也可见于西湖书院的其他书版中，② 这都可表明元代曾不止一次修补过嘉定刊的版片。

　　这批版片直到明初仍可使用，收藏于南国子监内。今存的一些版本中尚可见明代修版刻工名，如“监生某某”，说明明代曾有修版。但在明代，足本的《通解》似乎也并不易见。据明代南监专志《南雍志·经籍考》记载，时南监藏有《仪礼经传通解》共三十五册（宋刊足本共计八十余册），其下备注“多缺篇”③，表明即使是收藏了书版的南监也无此书的完帙。另据明正德年间刘瑞重刊《通解》的题记，说此书“卷帙浩繁，点画漫漶，士大夫非惟不之读，识其名者或寡矣”④，可知在明中期，该书在社会上的知名度已经不高，且存世量很少。实际上，嘉定刊元修《通解》

---

① 朱熹撰，黄榦编：《仪礼经传通解正续编·影印宋刊元明迭修本》，北京大学出版社2012年，第971页。
② 参见阿部隆一：《中国访书志》，汲古书院1983年版，第399页。
③ 《南雍经籍考》，影印收入《续修四库全书》（第749册），上海古籍出版社1996年版，第420页。
④ 朱熹：《朱子全书》（第5册），朱杰人等主编，上海古籍出版社2002年版，第3425页。

的书版正保存在南监，丘濬就曾提到"《仪礼经传通解》等书，刻板在南监者，亦宜时为修［备］补"①。所以，唯一合理的解释就是此时板片损毁严重，已经不堪使用了。另据《南雍志》，当时书版尚存有：

> 《仪礼经传通解》二十三卷（好板三百二十面，坏板四百六十面）……《仪礼经传续通解》二十九卷……②

从存版的书名和板片的数量上推测，此时可能题为《仪礼集传集注》的十四卷和杨复《祭礼》部分的书版已经佚失。至明中后期，南监所藏的许多宋版已经脆薄不堪用。明亡后，个别书版被保存下来，至乾隆时还有部分存于江宁藩库，唯不知其中是否包括《通解》。嘉庆时期藩库火灾，所有书版化为了灰烬。至此，嘉定刊刻的书版再不见于史载。

因嘉定本书版刻后三十多年就"字画漫漶，几不可读"③（1253年所见），到元初"兵燹之后，板帙散亡"④（约1300年所见），因此嘉定书版后迭经修版，至明中期仍在印行。因修版时缺少善本校对或校勘不精，所以历次修版皆多次出现较大的错误，有些错误在再次修版时得到更正。如东京大学藏本《祭礼三》第

① 丘濬：《大学衍义补》，收入朱维铮主编：《中国经学史基本丛书》（第4册），上海书店出版社2012年版，第104页。
② 《南雍经籍考》，影印收入《续修四库全书》（第749册），上海古籍出版社1996年版，第427页。
③ 张金吾：《爱日精庐藏书志》，柳向春整理，吴格审定，上海古籍出版社2014年版，第60页。
④ 熊禾：《仪礼外传序》，收入王梓材、冯云濠编：《宋元学案补遗》（第5册），杨世文、舒大刚点校，人民出版社2012年版，第2310页。

五十五叶，根据朝鲜本（底本为嘉定刊元修本）推断为明代修版：
叶右第一行"次上"误作"此上"，"上宾"误作"比宾"；第二
行"众宾"误作"众寔"；第三行"侑致"误作"侑盈"，"主人"
误作"王人"；第四行"奠爵"误作"并爵"；第七行"不止"误
作"不上"。叶左第一行"兄弟不称加"误作"元利不缯如"，
"兄弟"误作"元芽"；第二行"容有"误作"客有"。一叶十四
行，七行有误，共计十四字，且错得毫无根据，可见此书迭修之
版①与原版的巨大差异，亦可见找到此版的早期刷印本极其重要。

今天有幸仍可见嘉定本在宋元明不同时期的若干刷印本，据
刷印时间先后胪举如下。

1. 东京大学藏嘉定刊宋刷残本（存《中庸》一卷）

此本何时流入日本已不可知，其为江户晚期儒者市桥长昭
（号格斋，1773—1814）旧藏，后被捐给当地孔庙，再后入安田家
族收藏，在 2004 年由安田弘捐赠给东京大学东洋文化研究所。②
这一册残本是今存唯一能确定为嘉定版宋刷本的《通解》。在该书
的最后一页有一则跋文：

> 长昭夙从事斯文，经十余年图籍渐多，意方今藏书家不乏
> 于世，而其所储大抵属挽近刻书，至宋元椠盖或罕有焉。长昭
> 独积年募求，乃今至累数十种。此非独在我之为艰，而即在西
> 土，亦或不易，则长昭之苦心可知矣。然而物聚必散，是理数

---

① 关于此书的元明补版情况，乔秀岩、叶纯芳两位先生已有极尽精细的研究，见于叶纯
芳、乔秀岩编：《朱熹礼学基本问题研究》，中华书局 2015 年版，第 287—399 页。
② 朱熹撰，黄榦编：《仪礼经传通解正续编·影印宋刊元明选修本》，北京大学出版社
2012 年，第 2626—2627 页。

也，其能保无散委于百年之后乎？孰若举而献之于庙学，获籍
［圣德以永其传，则长昭之素愿也。虔以宋元椠三十种为献，是
其一也。文化五年（1808 年）二月下总守市桥长昭谨志］。①

上述跋文是市桥长昭将其所藏宋元旧刊本三十种与明本数种献诸
文庙时所撰写，《中庸》仅存前部分，后部分方括号内容是据同时
所献《东坡集》后的跋文所补，可知此书早在 18 世纪以前就已流
入日本。

　　前文已说明，《通解》中收录的《中庸》就是《四书章句集
注》中的《中庸章句集注》，二者的文字略有不同。因该本为宋刻
宋刷，我们可以据此推断嘉定原版的样态，而通过此本与东大藏
足本、台北本的对应册逐叶比对，也可以看出元明补版（即完全
替换旧版，不包括在旧版基础上修版）应占到全书的一半以上，
与叶纯芳据刻工分析所得的结论一致。

　　通过对这一卷的校勘可以发现，《通解》在后世补版时往往因
缺乏善本校对而用"他校法"，即用三礼注疏、《四书集注》来回
校《通解》，这可能与补版时原版损毁过甚有关。这直接导致了补
版的文字与他书雷同，客观上降低了《通解》的文献价值。比如，
由于此本与《中庸集注》文本一致，因而我们可以将宋刷本与元
明刷本校勘，在宋刷本第十七叶左第一行小注"则其为体微矣"
一句，在东大本（明刷）和朝鲜本（元刷）中都脱"其"字作
"则为体微矣"。从中可以清晰看出，此叶为宋以后的补版，朝鲜

---

①　涩江全善、森立之撰：《经籍访古志》，杜泽逊、班龙门校，上海古籍出版社 2017 年
版，第 237—238 页。

本与东大本一致，说明在元补版时就已出现脱字。而其脱误的原因显然在于《中庸集注》中没有此字，即用常见的《中庸集注》来校勘《通解》时导致了修版脱文。这一脱文与嘉定原版已不同，且历次修版均未发现。亦可见在修版时，因为往往没有更早的刷印本校勘，同时又要使修版后的文字与未修之版衔接，所以作出的文字变更应相当多。由此我们自可推断，《通解》嘉定诸本之间会因刷印时代的不同而呈现出不同的价值。

2. 南京图书馆藏嘉定刊元修残本（南图本）

存三十六卷（亦可说存三十七卷，因第十五卷仅存目，可不计），卷八、九、十、二十三配明抄本，真正的宋刊元修的刊本只有三十一卷，《通解续》则全佚。叶纯芳据刻工判断，此本至晚为明初刷本，[①] 曾经明人袁凯、高廉、毛晋及清人王闻远、丁丙递藏。因袁凯为洪武举人，经他收藏的此本大概率未经明修，当为嘉定刊元修本。

照录丁丙跋曰：

> 《仪礼经传通解集传集注》三十七卷（宋刊本，王莲泾藏书）是书《家礼》六、《乡礼》四、《学礼》十五、《邦国礼》五、《王朝礼》十四，前有嘉定癸未孟秋四明张虑识，《目录》后载朱子《乞修三礼札子》。其孤在嘉定丁丑八月谨记，云此先君晚岁亲定绝笔，惟《书数》一篇缺而未补，而《大射礼》《聘礼》《公食大夫礼》《诸侯相朝礼》皆未脱稿。《王朝礼·

① 参见朱熹撰，黄榦编：《仪礼经传通解正续编·影印宋刊元明选修本》，北京大学出版社 2012 年版，第 2624 页。

卜筮篇》亦缺，余皆草定而未删改。惟丧、祭二礼，则尝以属之门人黄榦云云，即指勉斋所续之二十九卷也。后有嘉定癸未门人三山杨复及陈宓二跋。其书初刻于南康道院，再刻于江左书院①，每页十四行，行十五字，夹注同，版心有大、小字数，刊工姓名于匡。徵、恒、慎、敦、让字有缺笔。于《仪礼》则全载郑注，节录贾疏，每引温本及成都石经，足订注疏之讹。有高氏鉴定宋刻版书②、甲、宋本、③海叟氏、汲古主人毛晋、灌稼村翁、隐求书室、莲泾、太原叔子藏书记、沈士业印、耕野诸图记。海叟者，袁凯别号也，字景文，华亭人，明洪武中由举人荐授检察御史，以病免归，事迹具《明史》本传。莲泾姓王名闻远，字声宏，晚号灌稼村翁，太仓州人，著有《孝慈堂书目》，多宋元秘本。④

此残本影印入首批《中华再造善本》⑤，可参见。

3. 东京大学藏嘉定刊宋元明递修足本（东大本）

原为傅增湘旧藏，是已知嘉定刊存世的唯一一部足本（仅缺数叶）。叶纯芳据版心刻工推断，此书宋刊、元修、明修版各占约三分之一。⑥ 随着近年来古籍数字化，东京大学在"东京大学东洋文化研究所所藏汉籍善本全文影像资料库"上公开了其收藏的两

---

① 即下文所述宝祐本。
② 此乃高廉藏书印。高廉，字深甫，号瑞南，明仁和（今属浙江）人，藏书甚富。
③ "甲""宋本"为毛晋汲古阁藏书印。
④ 丁丙：《善本书室藏书志·卷2》，清光绪二十七年钱塘丁氏刻本，第65页。
⑤ 朱熹：《仪礼经传通解》，北京图书馆出版社2006年版。
⑥ 参见朱熹撰，黄榦编：《仪礼经传通解正续编·影印宋刊元明选修本》，北京大学出版社2012年版，第2624页。

种宋版（另一种即上述《中庸》残本）的全部影像，北京大学出版社 2012 年也出版了此书的影印本。①

关于此书的基本特征，日本版本学家阿部隆一作过详细说明：

> 首有"嘉定癸未孟秋上澣四明张虙识"的跋语（版心题作"跋"）次为《仪礼经传目录》《仪礼集传集注目录》，次为朱熹《乞修三礼札子》，接着低二格，有"嘉定丁丑八月甲子日孤在泣血谨记"即朱熹子朱在的后记。《通解续》卷首为《仪礼经传通解续目录》（第二行有"丧、祭二礼元本未有目录/今集为一卷庶易检阅耳"的双边木记）。目录后刻有元统三年六月日刊补完成的修补纪年与校刊列衔。卷十六《丧服图》首有《仪礼丧服图式目录》，《图式》末尾有题"嘉定辛巳七月日门□（人）三山杨复谨序"的杨复序。
>
> 正文卷首题"仪礼经传通解卷第一/上冠礼第一（距三格）家礼一之上"，朱子未定稿的卷二四《王朝礼》一之上以下题"仪礼集传集注卷第几"，《续编》题"仪礼经传通解续卷第几"。左右双边（18.3＊13.5 厘米），有界七行，行十五字，注小字双行。版心线黑口、双黑鱼尾，有"仪礼卷几"（或续卷"仪某礼几"，叶次）。上象鼻记大小字数，下象鼻记刻工名。元修的版心是线黑口或白口，有些是单鱼尾；明修为粗黑口，有些是白口。元、明补版，正编的版心都题"仪礼卷几"。②

---

① 朱熹撰，黄榦编：《仪礼经传通解正续编·影印宋刊元明选修本》，北京大学出版社 2012 年版。

② 阿部隆一：《阿部隆一遗稿集》（第 1 卷），汲古书院 1985 年版，第 313—314 页。

引文详述了嘉定本的版本特征，不赘。需注意的是，此本一直被认为是今存的唯一一部嘉定刊足本。

4. 台北"中央图书馆"藏宋刊元明递修残本（台北本）

原为张钧衡旧藏，正编存三十五卷（缺卷二十七、二十八），续编存二十九卷全存（但续卷二十五缺第一至八十七叶），其版本特征与东大本一致，七行十五字，注文小字双行，左右双边，版心小黑口，双黑鱼尾，上方记大小字数，二鱼尾间记书名卷次，《通解续》兼记篇名及叶次，下方署刻工。卷首有"中央图书馆收藏"朱文长方印、"钱印/谦益"白文方印、"牧翁/蒙叟"朱文方印、"吴兴张氏适园收藏图书"朱文长方印、"择是居"朱文椭圆印、"任柏川万卷/楼书画之印"白文长方印、"柏川/道人"白文方印、"芹圃/收藏"朱文长方印、"张印/钧衡"白文方印、"石铭/收藏"朱文方印。

需注意的是，此本与东大本都曾经任柏川收藏，且经拼配，二者可能均非原装（据叶纯芳研究，两书可能经过拆叶拼配），因此其刷印年代难以一概而论。总体而言，南图本和东大本均为嘉定刊元明递修本，台北本的刷印时间更晚，具体而言是明代中期的南国子监刷印本。

《朱子全书》点校整理本所据的底本即此本。

5. 国家图书馆藏宋刊元明递修残本三种

其一，存十一卷（《通解》正编卷一一五、二十二一二十七），下简称"国图本"（或"国图本一"）。其二，存两卷（卷二十七一二十八，以下简称"国图本二"）。其三，《通解续》卷二十五若干残叶（以下简称"国图本三"）。

国图本一李致中曾撰文考证，涉及版本特征部分移录如下：

> 此本每半叶七行，行十五字，小字双行同，黑口，左右双边。仅存一至五，二十二至二十七，凡十一卷，且为元明递修。有的版面已漫漶不清，但文字上却有优胜处。刻工有：监生秦淳、马出、陈日裕、刘书林、蔡祥、范宗海、王文、阮才、吴元、刘森、刘清、侯全、胡杲、监生邓志昂、刘仲、许厚、弓万、盛久、翁遂、茅化龙、陈生、余千、虞全、萧杰、范寅、监生留成、子信；单字有：仲、亮、启、宷、熊、桂、新、章等。《铁琴铜剑楼藏书目录》卷四谓："此书朱子殁后其子在刻于南康道院，为嘉定丁丑岁。板移监中不久即漫漶。"故在刻工中出现监生秦淳、邓志昂、留成等名。因此，此书之版本实应著录为：嘉定十年南康道院刻宋元明递修本。①

经笔者仔细比勘，此本刷印时间为明代中期，略早于东大本，肯定早于台北本。如卷二十二第四十八叶，台北本版心刻工为"监生郑志昂"，为明补版无疑；东大本与国图本均为"卢全"，为宋刻原版。但此版刷印时下部已渤，叶左第五行末二字国图本显然为"屈缫"，略有渤痕；东大本则"屈"字勉强可识，"缫"字已完全无法辨识了，表明此本刷印时板片渤损尚不严重。

国图本二的刷印时间晚于国图本一。以两本均有的第二十七

---

① 李致忠：《宋版书叙录》，北京图书馆出版社1994年版，第123页。

卷第一叶为例，国图本一的版心标注刻工为"遂"，即宋版刻工"翁遂"（此人可见于宋刷《中庸》内），略有泐，同时右第一行"王朝礼四之上"中的"上"已泐失；而国图本二此叶"上"字已补完，表明经过明补版，同时版心的刻工姓名模糊显示为"启"，即明刻工王启。再看东大本版心标注刻工也是"遂"，进一步印证了前述国图本一略早于东大本的判断。从存缺卷和版刻时间来看，笔者推断此本与台北本刷印时间相当。

国图本三为张元济涵芬楼旧藏，仅存续第二十五卷的残叶（第一至八十七叶，不足一卷）。此本刷印时间也要晚于东大本。以第六叶为例，此叶版心显示刊者为宋刻工"刘永"，东大本同，但仔细比较二者泐痕，显然东大本刷印时间要略早。

细心的读者可能已经发现，国图藏第二种和第三种与台北本三者缀合之后也是一部足本：台北本所缺的第二十七至二十八卷正是国图本二，所缺的续卷二十五的残叶正是国图本三，不但刷印时间符合（均晚于东大本），从页码上看同样丝毫不差。从藏书印上推断，这三本并非近代才分开，早在张钧衡甚至任柏川收藏前后就已离析（台北本每卷卷首都有张钧衡藏书印，国图本二、三则均无），后来长期分藏，竟均存至今日，天实佑之！

总结而言，今天存世的嘉定刊《通解》尚有两部，一部藏于东京大学，刷印时间为明代；另一本分别藏于台北和北京，刷印时间稍晚，这是此前学界较少注意的。

6. 附：静嘉堂文库藏宋刊杨复重修《祭礼》

嘉定十五年（1222）南康道院刊《通解续》时比较仓促，其《丧礼》部分由黄榦撰定稿；《丧服图式》一卷署名是杨复（实际上杨复只是修订）；《祭礼》十三卷则是黄榦的未定稿本，由杨复分卷。也就是说，嘉定本中的祭礼是黄榦的稿本，其中有许多含糊甚至矛盾之处。张虑在刊刻时也觉得这是一个遗憾。因黄榦临终时已有交待，张虑刊刻完后就将稿本交由杨复作进一步的删润修改。杨复的修订工作约进行了十年，于绍定四年（1231）最终完稿。①

　　但完稿后，杨复修订的《祭礼》一直未被刊刻，直到宝祐元年（1253）才被刻版。因其流传不广，长期以来很少有人知道"祭礼"还有杨复修订本的存在。直到陆心源得到杨复修订本《祭礼》后，用之与《通解续》的祭礼部分（康熙宝诰堂刊本）对校，才注意到二者不同。起先，陆氏误以为宝诰堂篡改了宋本的本来面目，说其"脱落羼错，妄删妄增，竟无一合"②，后来才知道《祭礼》原有两本："张虑所刊，乃信斋受于勉斋之稿本，即四库所收、吕氏（指宝诰堂——引者注）所重刊者；此则信斋以稿本修订者，与张（虑）刊本不同。故以吕刊互勘，或增或删，或改或易，竟无一条全同也。"③

　　陆心源的皕宋楼藏书后归日本静嘉堂，此本也可能是唯一一部存世的杨复再修本。④ 此本刊刻年代难以确定，据《静嘉堂文库宋元版图录解题》所述，此书的版式与南康道院刊本相似，且避宋讳，说明当出自宋刊本。另据叶纯芳考证，其修版刻工名多与

---

① 参见叶纯芳：《杨复再修〈仪礼经传通解续卷祭礼〉出版说明》，沈乃文主编：《版本目录学研究》（第2辑），北京图书馆出版社2010年版，第153页。
② 陆心源：《皕宋楼藏书志》（卷7），收入《续修四库全书》（第928册），上海古籍出版社1996年版，第85页。
③ 陆心源：《仪顾堂书目题跋汇编》，冯惠民整理，中华书局2009年版，第272页。
④ 有资料显示，至少还有一种杨复《祭礼》的宋刊本在1907年以后尚存世，并与静嘉堂文库本不是同一个版本，但今已不详所在。

嘉定刊元修本一致，可推断此书也曾入元西湖书院。

此书真容至今仍未公开，有抄录本整理出版，可参看。①

二、宋宝祐元年白鹿洞书院刊本

因至今未见此本实物，所以关于这一版本是否存在，学界尚有争议。②

张金吾在《爱日精庐藏书志》中记载，他收藏有一部影写元元统补刊本《仪礼经传通解续二十九卷》，其明言"《目录》后有'元统三年六月日刊补完成'一行，后列衔名五行"③。从这一特征看，这显然就是嘉定刊元修的《通解续》。因为张氏未见此书前正编三十七卷的序跋，因此误认为这就是元初刊本。但奇怪的是，张氏著录该本的作者为"黄榦撰卷十六，至末则杨复所重修也"，说明其所收藏的《通解续》共二十九卷中的《祭礼》部分使用的是杨复的修订本。这表明，曾有一种嘉定本的"祭礼"部分直接采用的就是杨复的《祭礼》，这与嘉定十五年（1222）由张虑主持刊印《通解续》不同。

张氏所见本与嘉定本还有一处不同，就是在其《目录》后附有王佖、丁抑和谢章的跋语，移录如下：

---

① 杨复：《杨复再修仪礼经传通解续卷祭礼》，"中研院"中国文哲研究所 2011 年版。

② 李致中对此语焉不详（《宋版书叙录》，第 123 页），叶纯芳认为存在这一版本，只不过尚未发现，而阿部隆一认为不存在这一刊本，当时只是修版（见北大版《通解》前言）。三人均未提出确凿证据。笔者倾向于认为，宝祐元年（1253）只是修补嘉定本书版，主要是刊刻了杨复的《祭礼》，似乎并不存在一个单独的"宝祐白鹿洞刊本"（也就是前文丁丙称的"江左书院刊本"）。

③ 张金吾：《爱日精庐藏书志》，柳向春整理，吴格审定，上海古籍出版社 2014 年版，第 59 页。

　　（朱熹）尝于经筵奏疏，愿置局集生员而讨论之，以存礼学于不坠，而待制作于将来。会以甚间不果遂。而朱子退居燕闲，姑自粹录，分吉、凶、军、宾、嘉五礼而条目粲然。仅成三礼而犹有未脱稿者，不幸天莠哲人，遽成梦奠，犹卷卷嘱于门人，意尚未忍忘如此。嘉定间，嗣子侍郎公在方刻之南康郡学。后来勉斋黄公续成丧、祭二礼亦并刻焉，而书监竟取之以去。曾几何年，字画漫漶，几不可读，识者病之，盖惧此书之无传也。似乘轺东江，因觇本司发下之券尚存，遂即筹度命工重刻……置其板于书院，庶几藏之名山，或免湮坠。其经之营之，亦甚艰矣。然朱子所成三礼止二十余帙，而勉斋所续则又倍之，厥后信斋杨君始删其《祭礼》之繁复，稍为明净。今《丧礼》则用勉斋所纂，《祭礼》则用信斋所修，且使六艺之废缺者庶乎可备，朱子平日之盛心庶乎可伸矣！（王似）

　　敬岩王先生详刑江左，簿书狱讼之暇，首以是书为急。且非以刑者辅治之法，礼者出治之本。刑能使人远罪而已，礼有以使民日迁善而不自知。三复朱子之言，此敬岩所以拳拳而不容已。一日贻书嘱抑曰："《仪礼》一书，文公平生精力尽在于此。虽丧、祭二礼成于门弟子之手，然皆定于师友平日之讲论。昔板康庐，今归秘府。吾欲掇餐供之余，补遗书之阙，子其为我程督之。"抑虽晚学，奚敢不力。于是择乡国之通儒，雠校其舛讹；命庠术之端士，董正其工役。始于癸丑之仲春，成于甲寅之季夏。纲目详备，篇帙整明，使一代钜典复为藏山之秘宝。（丁抑）

贰卿久轩蔡先生曩持节江左，尝以俸余二万楮遗白鹿，买田以助公养。历年久未遂，敬岩王公乃移刊三礼书。呜呼！礼之于人，犹桑麻菽粟之为养，日用饮食，胡可顷刻废？久轩买田之初心，所以养其身也；敬岩刊书之盛心，所以养其心也。章侍书堂，适际书成，庸志颠末，庶览者知流之源、知叶之根云。（谢章）①

从上述跋文中可以勾勒出如下情节：嘉定本印行后不久，书版即被"秘府"的"书监"取去，至宝祐时期已漫漶，不堪使用。王似号召重刻（"筹度命工重刻"），由丁抑等白鹿洞书院同仁参与校勘。其中《通解》用朱子定本，《丧礼》用黄榦定本，《祭礼》则改用杨复定本。又募得一些捐款，在宝祐元年（1253）二月开工，次年六月完工。

张金吾所见本今已不存，但却并非孤例。据著录，清嘉庆时期天一阁也藏有类似版本（即有王、丁、谢三跋）的明抄本：

《礼经传通解二十三卷》《续解二十九卷》朱丝栏钞本〇宋朱文公熹撰。宝祐癸丑金华王似序，丁抑序，昆山谢章序，朱夫子男朱左［在］序。②

可知当时天一阁曾藏有除题为《集传集注十四卷》外的全部

---

① 这三段跋文有两种版本：一种为张金吾《爱日精庐藏书志》所录（第59—62页）；另一种为天一阁藏明抄本（《朱子全书》第5册，第3424页）。二本文字略有不同，笔者参校两本移录。

② 范邦甸：《天一阁书目·卷1》，清嘉庆十三年扬州阮氏元文选楼刻本，第25页。

抄本。该本今尚存两册（卷一——二，续卷六—八），王佖等三跋位于卷首，这显然与张金吾所见本为同一系统,① 或者说这已经佚失的两种大概率就是宝祐本。另外，康熙宝诰堂刊本说其底本是"白鹿洞原本"，因嘉定本朱在、张虑的跋语中并未提及"白鹿洞"，可知宝诰堂也见过这三则跋语。这些记载可以证明，宋宝祐元年（1253）王佖等人确实曾有过重刻至少是补刻，且宝祐本的书版和嘉定书版一起在元统三年（1335）被补修。那么，这个"宝祐本"是曾经存在过但已经佚失了，还是今天见到的嘉定本实际上应该是宝祐本，嘉定本早在宝祐时就已罕见乃至无传呢？

　　如果是第一种情况，即今天所见的嘉定本，实际上就是保留了所有嘉定本信息的宝祐刊本，而真正的嘉定书版在宝祐年间已经不堪使用而丢失了。但这一可能性并不存在，因为从现存宋版版心刻工名字分析，南宋刻工主要集中于宁宗至理宗前期，只有个别人活动时间为稍晚的宝祐年间,② 表明今天看到的几种宋刊本均为嘉定本，没有证据显示是宝祐本的重新刻版。另外从避讳上可以发现端倪，前人如瞿镛、张元济都已注意到宋版《通解》中对匡、玄、徵、恒、慎、让、树等宋讳用缺笔避讳，今天可以见到《通解》中最晚的讳字为宋光宗赵惇的嫌名"敦"字，东大本卷三十三第五叶（宋刻工阮才）的大字"土田陪敦"和小字"敦厚也"的"敦"字均缺末笔示讳，这符合《绍熙重修文书令》所载

---

① 二者文本一致，位置略有不同：张金吾藏本因仅存《通解续》，则王佖等三跋是在《通解续》的卷首；而天一阁本的三跋位于《通解》正编部分的卷首。
② 参见阿部隆一：《阿部隆一遗稿》（第 1 卷），汲古书院 1985 年版，第 317 页。

的"若书籍及传录旧事者，为字不成"即"缺笔示讳"的规定。①
翻看全书，宁宗（嘉定）、理宗（宝祐）时需要避讳的如郭、筠、
驯（驯字见于宋刷《中庸》四十四叶）未见讳缺。虽未必可通过
避讳断定版本年代，似也可作为一个旁证：如果现存宋版刊刻晚
至理宗后期的宝祐年间，就没有理由不避宁宗（赵扩）、理宗（赵
昀）嫌名。

　　如果是第二种情况，宝祐年间又重刊了全书（即王跋所言
"命工重刻"），只不过今已不存于世了，如此却无法解释王、丁
二跋的明显错误。其对《通解》刊刻过程的描述与其他文献吻合，
唯朱熹此书采取的是礼七分法，但王佖却说："朱子退居燕闲，姑
自萃录，分吉、凶、军、宾、嘉五礼而条目粲然，仅成三礼而犹
有未脱稿者。"如果王仅牵头并未详读全书，倒也情有可原，但具
体负责校勘的丁抑竟然也说："奈何三礼之稿甫就而两楹之梦已形，
勉斋黄公、信斋杨君缉成丧、祭二书，而五礼之书始秩然而大
备。"这说明王佖、丁抑二人都不曾认真看过《通解》，如果他们
确曾校勘并刊印，不大可能犯如此低级的错误。

　　在未找到进一步的证据之前，笔者推断：可能并不存在一个
完整的"宋宝祐元年白鹿洞书院刊本"，王佖仅刊刻了杨复的《祭
礼》部分，其他部分则是用向有司讨借的嘉定本的书版修配的。
结合上述材料，我们可对当时的情况作如此猜想：就在嘉定本书
版刻好后不久，因系公费刊版，书版被收归太学所有。王佖借口
漫漶严重，向太学借来了这批书版，筹资进行修版，同时刻制了
杨复修订的《祭礼》部分，并加入了王佖等三跋。新版刻好后刷

---

① 陈垣：《史讳举例》，中华书局 2016 年版，第 213—214 页。

印了一批包含朱熹《五礼》、黄榦《丧礼》和杨复《祭礼》的
《通解》，其书版一度存于白鹿洞书院，但所有权仍归南宋官府。
宋亡后，这批书版（包含两种《祭礼》）又辗转进入了西湖书院。
在元统三年（1335）修版时，全套书版尚在（张金吾跋说其藏宝
祐本有"元统补刊"字样）。至修《南雍志》时，杨复修订《祭
礼》和王偲三跋、《集传集注》部分先后佚失，仅剩题名为《仪礼
经传通解》和《仪礼经传通解续》的两部分书版，再晚则所有书
版不知所终。

最后，我们交代一下宋刻本九则序跋情况。这些序跋均收录
于整理本《通解》卷末，下文据时间先后顺序移录其题目（用整
理本题目），并概括其大意：

1. 无题，实为朱在撰刊刻缘由，嘉定十年（1217）八月由朱
在主持刊印于南康道院时所写。东大本、台北本、朝鲜本、和刻
本位于《目录》所附《乞修三礼札子》之后，正德本、梁万方本
单独位于卷首。

2. 《宋嘉定癸未刊仪礼经传通解续丧礼后序》，杨复于嘉定十
四年（1221）七月在完成《丧服图式》之后所写，表明丧礼部分
业已定稿。东大本、台北本、朝鲜本、和刻本位于《通解续》卷
十六《丧服图式》后，正德本、梁万方本移于卷首。

3. 《宋嘉定癸未刊仪礼经传通解续祭礼后序》，杨复于嘉定十
六年（1223）六月在完成黄榦祭礼草稿分卷之后所写，全稿盖交
给陈宓。东大本、台北本、朝鲜本、和刻本均无，南图本不全，
正德本、梁万方本单独位于卷首。

4. 《宋嘉定癸未刊仪礼经传通解续序》，陈宓于嘉定十六年
（1223）七月撰，他本拟自刻，接到张虑拟刊印于南康道院的书信

后，将书稿转交给张虑时所写。东大本、台北本、朝鲜本、和刻本均无，南图本在上杨复《祭礼后序》后，正德本、梁万方本单独位于卷首。

5.《宋嘉定癸未刊仪礼经传通解续目录后序》，杨复于嘉定十六年（1223）六月在完成黄榦祭礼草稿之后，得知张虑拟刊印于南康道院，进一步说明其对黄榦祭礼草稿的分卷缘由。东大本、台北本、朝鲜本、和刻本均无，南图本在陈宓《序》后且不全，正德本、梁万方本单独位于卷首。

6.《宋嘉定癸未刊仪礼经传通解续序》，张虑于嘉定十六年（1223）七月撰，说明其刊印于南康道院之经过。东大本位于《目录》前，另可见于四库全书本卷首。

7.《宋宝祐癸丑刊仪礼经传通解序》（王佖撰）、《宋宝祐癸丑刊仪礼经传通解序》（丁抑撰）、《宋宝祐癸丑刊仪礼经传通解序》（谢章撰）。均写于宝祐元年（1253），介绍宝祐刊印缘由，应位于《通解续》目录前后。[①] 特别强调祭礼部分用杨复所撰替换了黄榦所撰的稿本。这三则跋语仅见于《爱日精庐藏书志》所移录和天一阁藏旧抄本（静嘉堂杨复《祭礼》也没有这三跋）之中，张金吾所藏原书不知所终，天一阁藏抄本则存两册。总之，有此三则跋语的宋刻本可被认定为宝祐刊本。

以上九则跋语基本交待了宋版两种的刊刻经过，足本的嘉定本应该有上列1—6的六则，而宝祐本至少应该有7中的三则（也可能1—7的九则均有）。

---

① 《通解续》的目录到底是元补版时所加，还是宋版旧有，尚有争议。笔者倾向于宋版旧有。

第二节

宋以后《仪礼经传通解》诸版本

一、明正德十六年辛巳刘瑞刊本

此本为半叶十一行，行二十字，白口，左右双边。国家图书馆、南京图书馆、上海图书馆、浙江图书馆和吉林大学图书馆等单位均藏有足本。

正德本的特殊之处在于，其《通解续》内有陈宓《通解续序》、杨复《通解续目录后序》和《祭礼后序》三篇序文。这三序也同样见于较早的南图本（有缺叶），但在东大本和台北本两部足本中都没有出现，说明三序在元明修版时佚失。

刘瑞翻刻时有序云：

> 书刻于南京国子监，卷帙浩繁，点画漫漶，士大夫非惟不之读，识其名者或寡矣。瑞窃叹曰：斯礼也，制作之宜、古今之变略备矣。后圣有作，将取而折中焉。今与其弃也，无宁先识大义，而后讲贯其精奥乎？乃命教授陈坙、教谕粘灿、王士和督诸生手录经传。雠校既定，出赎金付杭郡曹推官山刻焉。逾年毕工，山之劳著矣。①

可知其翻刻的原因是当时的南监本（即上述嘉定刊宋元明递修本）

---

① 朱熹：《朱子全书》（第5册），朱杰人等主编，上海古籍出版社2002年版，第3425页。

文字漫漶，无法使用，为扩大此书的影响才令杭郡教授等翻刻的，其底本系嘉定本。但因该版删去了原书注释，仅剩下经文（也就是所谓的"先识大义"），成了此次刻版能够"逾年毕工"的关键。因其删阙过多（朱熹的按语均在双行小注中，是本书的精华所在），后人对该版的评价不高。

通过校勘，可以判断此本的底本为宋刊元明递修本，即明初刷本，早于台北本和东大本。在今天的南图本目录第十叶右二、三、四行作：

> 《曾子问》及《诗》《春秋内外传》《白虎通义》
> 说昏礼之义及其变节合之以为此
> 篇

但在"说"字旁边的二三行间插入了"说苑说"三个小字。同叶左第二、三、四行作：

> 此必古者学校教民之书宜以次于
> 说苑所说昏礼之义及其变节合之
> 以为此篇

在二、三行间插入了"昏礼故取以补经而附以传记之说云"。这实际上是早期修版时的一个明显失误。仔细分析可知，在修版前，本是右叶第二行末脱"说苑说"三字，刻工应该将该侧三、四行铲去，镶上木条改刻为"说苑所说昏礼之义及其变节合之/以为此篇"。但由于刻工操作不慎，误将本来正确的左侧三四行铲去，将本应刻入右叶三四行的文字插入，但因铲去处原有"昏礼故取以补经而附以传记之说云"一行文字，因此又将之刻入二三行间，导致本来无误的叶左三四行完全成为衍文，不堪卒读。这一错误稍作校读即可发现。

该错误在再次修版时被纠正，作"……白虎通义/说苑所说昏礼之义……"和"……以次于/昏礼故取……"，行间的小字也被铲除，至此错误被完全纠正。因这一错误只在早期刷印本中才能看到，朝鲜本与南图本的目录都存在此误，可知其刷印时间较早。正德本虽然是翻印本，但其底本的此处错误已经纠正，说明宋版修版错误的纠正时间是在正德十六年（1521）之前的某个时间。通过此一再修版细节就可以判断，正德本的底本刷印时间晚于南图本和朝鲜本底本。

这里附带交代一下《天禄琳琅书目后编》所谓的"元翻宋刻本"。据载，此本足本三十七卷，二函十二册。此本每册首钤"谦牧堂藏书记"，末钤"谦牧堂书画记"，可知为钱谦益旧藏。据云为元翻宋刻本，历来著录皆云存佚不详。据近人研究，[1] 此本并未遗失，是被分别存放在台湾"中央图书馆"（《通解》卷六—八、卷二十七—二十九）、国家图书馆（《通解》卷九—二十六，卷三十一—三十三；《通解续》卷十二—十三）和台北故宫博物院（《通解续》卷一—十一，卷十四—二十三，卷二十六—二十九）三个单位。且此本也并非元刻本，而是正德本，由于正德本内有元统修版时的题记，故误作"元翻宋刻本"。

---

[1]　参见刘蔷：《天禄琳琅研究》，北京大学出版社 2012 年版，第 142 页。

二、康熙二十四年吕氏宝诰堂刊本

此本为半叶十二行，行二十五字，双行小注同，左右双边。该本收藏单位较多，北京大学图书馆、南京图书馆、复旦大学图书馆、湖北省图书馆都藏有全套足本。无序跋，有"御儿吕氏宝诰堂重刊白鹿洞原本"牌记。

此本有元统三年（1335）递修时留下的题记，表明其底本是嘉定刊元修本，其牌记称之为"白鹿洞原本"，说明宝诰堂已见过王、丁、谢三跋。从吕留良现存的诗文集来看，约在康熙初年他就在收集《通解》的善本。康熙七年（1668）他给张履祥的信中就曾提道："《仪礼经传通解》十四册已收领讫，所言苕中善本可得借钞否？并望留神，余不一一。"① 据叶纯芳所见静嘉堂文库藏杨复《祭礼》上有"南阳讲习堂"钤记，说明此本曾被吕氏收藏。也就是说，宝诰堂见过朱熹的《仪礼经传通解》和《仪礼集传集注》、黄榦的《通解续》和杨复修订后的《祭礼》全部四部分。但我们尚不清楚为何宝诰堂刊刻时，没有用杨复《祭礼》而仍用黄榦《祭礼》。

约康熙二十年（1681）以后，吕留良开始刊刻《通解》。在吕氏给其好友叶静远的信中也提道："《仪礼经传通解》正在缮写发刻，但其事浩大，不知能毕工否耳。"② 刊刻工作一直到吕留良死时（康熙二十二年，1683）尚未完成。康熙二十三年（1684），吕留良之子吕公忠在给陆陇其的信中曾说："目下刻《仪礼经传通

---

① 吕留良：《吕留良诗文集》（上），徐正等点校，浙江古籍出版社2011年版，第10页。
② 吕留良：《吕留良诗文集》（上），徐正等点校，浙江古籍出版社2011年版，第29页。

解》已将及半矣，明岁可得竣事，更容奉寄。"① 可知宝诰堂刻本
当在康熙二十四年（1685）完成的。

上文已述，嘉定本很早已经漫漶，前人曾指出吕氏在刊刻时
对这些漫漶的文字随意增补，这确实不太合适。但鉴于宝诰堂曾
刻意搜求《通解》的各种版本，且其提到"白鹿洞本"，这一信息
只有王、丁、谢的跋语中有所体现，说明其曾见过较早的刷印本，
故而有一定的价值。

三、清乾隆十八年癸酉梁万方聚锦堂重刊本

题作《重刊朱子仪礼经传通解六十九卷》，半叶十行，行二十
五字，双行小注同，四周单边。梁万方考定。此书收藏单位甚多，
南京图书馆、辽宁省图书馆、北华大学图书馆均藏有完本。牌记
有"乾隆十八年新镌/东雍梁广菴考订/朱子仪礼经传通解/树德堂
藏板"。

四库馆臣评曰：

> 此本名为重刊，实则改修。大致据杨复《序》文，谓朱
> 子称黄榦所续丧、祭二礼规模甚善，欲依以改定全书而未暇，
> 遂以榦之体例更朱子之体例，与榦书合为一编，补其阙文，
> 删其冗复，正其讹误。又采近代诸说，参以己意发明之。其
> 中间有考证，而亦颇失之芜杂。②

---

① 《三鱼堂文集·卷6》，转引自卞僧慧：《吕留良年谱长编》，中华书局2003年版，第
316页。
② 永瑢等：《四库全书总目》，中华书局1965年版，第206页。

实际上，四库馆臣的意见是根据此书的"凡例"而发的，因其多涉对《通解》的整体评价且未见排印，现将之移录如下：

> 按三山杨氏序云，黄勉斋先生创丧、祭二礼稿，朱子喜而谓曰，君所立丧、祭礼，规模甚善，他日取吾所编家、乡、邦国、王朝礼，悉用此规模更定之，而黄先生究未及为也。今谨遵朱子遗命，悉用黄先生规模，细为更定，俾前后画一。

> 旧本阙文最多，李子潜先生搜补十之七八，其所未及者，今皆购求增补。

> 旧本自《践阼》至《王制之癸》共三十篇，序题皆缺。又丧、祭二礼亦多缺，今细探本篇之阃奥，联络上下篇之旨趣，以统贯其所采经书，仿朱子前式而补之，总书于纲领者，使学者一览而全义可洞悉也。后仍逐篇录入卷首者，所以使学者每读一篇，先领会其大义也。

> 朱子原本于《觐礼》以下，初名《仪礼集传集注》，亦无编次名目。黄先生于丧、祭二编，加"续"字另序篇次，今悉遵朱子《经传通解》式法，《觐礼》篇接前至《祭义》共为九十篇，前后通彻，合成一书。

> 此书旧名《仪礼经传通解》，今间有删订，亦悉本朱子之意。其附入诸家说及补注、附按者，皆体会朱子平时所言之意旨，以发明经传之义理耳，不敢有更张也。

> 《仪礼》而外，《周礼》为尊。旧编在条下注职名，与他书等。今提职名于前，特作大书。条下分注六官，再总加"周礼"字，《诗》《书》《易》三经亦依此例移改。至引《春秋》系经文者，先提某公几年于前，作大书，若三传则小注

于后，皆所以尊经也。

此编剖析大义必明备，而录经传则谨严。三礼为本经本传，今除《仪礼》前后编已全录外，若《周礼》《戴记》有原编偶遗当补者，各随文义悉补之。《仪礼》后本记亦然。

编内引用经文，有两见及五六见者，其注疏止载一处，余皆注详见某篇、某章。旧本有错注者，今皆检对改正。

续编内有引经文，既截去上节，而疏内犹云上文者，反增读者之疑，今注明本经上文云云。疏引既截下文者，亦注明本经下文云云，庶读者不至误认。

凡经文有难晓字义，旧注与疏俱未解释，又有注疏难解未及明备者，今悉为补注，以便学者。

经义内注疏所解有未熨贴者，有旁及他说拘滞而乖大义者，朱子皆发明订正，冠以今按二字。今敬仿之，用附按字为别。

旧本有注在读下者，今悉改入句下。双恐语无头项，固各提明原文，添入数字。

朱子前编引《四书注》皆用《集注》。《续编》犹有系注疏者，今悉改从朱注。又引《诗》，皆改附朱子《集传》；引《易》，改附朱子《本义》；引《书》，改附九峰蔡氏《传》；一皆以至是为宗。

旧本疏内有发明注语，而于原注却未载者；有经文中典故须注乃明，而于原注亦偶缺者；又有疏内脱落数字数语者；犹有注待疏解，疏则全阙及误解当辨明者；今一一据原本补入。疏文前后，复句最多，又续编有上条已经解明，而下条另采一书，复载原本疏解。或因备采群言，其解更三四见者。

今悉为删削。

《续编》于疏文多系全载，今仿佛朱子前编式法，量为删除。

前编逐篇有分截名目，惟《王制》十篇则皆阙；续编有以本篇张数太繁而当分析为章次者，今皆照例补入。间有分截名目确须改易者，敬易之。

旧本分截章法，但云右某某。今仿朱子分《中庸》之例，每篇自第一章起，次第至末，凡若干章，又于篇下统注几章，每章细注几条，及章下分注又几条，总期贯彻详明。

旧本分截下有"传"字或"记"字，今以所载间有属经文者，亦非《礼记》所能统。又每条下已细注书名，遂尽从删去。朱子凡有说《三礼》及《语类》所载说经传语，今皆各随其条下录入。而周子、程子、张子语亦然若诸家精微之说，即皆采入，用一附字别其原本。

朱子于《聘礼》篇《行聘礼》章下，在《周礼》疏内改原疏言：仪礼为上经，盖朱子已改成《通解》之疏，非复昔时之旧本。凡此类，今尽仍旧者，固尊原本，亦以表圣贤乐取为善之心也。

融贯二书、三书作一条者，原本总注各书名于条末，若次第二书、三书成条者，原本分注书名于各本文下。今恐读者疑为另系一条，因于末后皆明注此为合编。

子潜先生原本于经传正文圈四声点句读及疏文，头绪多者又分析段落作句读，今悉从此善本。

绘图以资详考。子潜先生有隔八相生诸图，及解释经传订正段落之语，皆发明义蕴，裨益后学，今悉附入焉。

各篇内有前贤及今考订确系衍文者，用大圈围其外；确系讹错者，旁用双钩，令阅者瞭亮。

书脊用断文书某篇某章及书经传，阅者欲前后互相参考，一查即得。

旧本遇数条出一书者，逐条注书名，或四五次注同上，稍觉冗繁。今于两条同者，但下条注以上某书，三四条同者止于最后注以上几条某书，悉圈界出，使观者清爽。

此书载有陈世倌、雷铉、梁开宗三序，下将序中涉及刊刻过程部分移录如下：

> 梁君本其尊人遗稿，复加讨论编次，朱墨呫嗫中，搜罗宏富，决择精严，竭数十年之力，凡三脱稿而后成，洵可谓先圣之功臣、紫阳之嫡派矣。（陈世倌）

> 晋阳梁君统一，笃学好古士也。读书遇有疑义，辄沉潜绅绎，求其至当乃止。平生尤嗜礼家言，而肆力于是经久之，叠出互证，多得前儒所未发。尝取诸家注疏详加择别，间以己意补其缺略，规模一以朱子之书为宗，草创未就而殁。其子裕厚痛先志之未终，而业之不可不卒也，乃招致白下翁丈止园共事讨论。既脱稿，即邮致京师，就正于先师望溪先生。时先生方勤于公，虽心善其书，未遑点定，因指授意旨，属余参校以归之。岁庚午，裕厚携其稿适金陵，将授诸梓……（雷铉）

> （先君曰）此书虽规模宏整、义法精严，而按论之外，其注

疏与经义未合者尚多。吾集诸家之成说，体会子朱子之意，录
吾所心得者若干条，欲以辅前贤而迪后学也……愚合而细参之，
觉注疏与经义固多歧出，又有采取遗漏当补入者，有疏重复当
删者，有考订的确当移易者……入都谒江左方灵皋先生……曰：
仪礼惟敖氏解为最长……过金陵，访翁止园先生，与之详细辩
论，反覆校正，凡三脱稿而此书乃成。（梁开宗）

　　据引文可知，此书系梁万方毕生心血，其去世后由其子梁开宗
继续修订，并与方苞、翁荃等人讨论校勘付梓。乾隆庚午（1750）
"授诸梓"，三年后方刊刻完成。因四库馆臣讥弹在先，后人对其价
值多持贬抑态度，其底本从来无人论及。该本收录了东大本没有的
陈宓等三序，而无王、丁、谢三序，说明其底本为陈、杨三序未失
前刷印的嘉定本，在印刷时间上当与南图本、正德本底本接近。因
工作之便，笔者曾仔细阅读北华大学图书馆藏此书。平心而论，此
书对嘉定本确有增补、修订，如原缺的"卜筮"等部分被臆补，有
些内容也被修改或重新分节，并加了大量按语（主要参考了元人敖
继公《仪礼集说》）。这些改动显然有些多余，历来饱受訾议。

　　但仔细观察，其改动之处都说明原委，且傍有校点和音注，
这都是其他版本所不具备的，应该作为整理时的参校本。此书曾
于咸丰六年（1856）修版再刷，有许多改动之处，影印收入《四
库存目丛书》中的正是修版后本。① 我们认为，此书虽存在一些缺

---

① 《四库全书存目丛书》编纂委员会：《四库全书存目丛书经部》（第112—114册），齐
　鲁书社1996年版。笔者曾将两种乾隆刊本与之比较，显然再版并非重刻而是用原版修
　版刷印。除校勘改正部分文字外，原版诸序跋版心为分别起叶，装订时前后顺序易错
　乱（笔者所见两本顺序不一致）；修版后所有序跋通数叶数（共十四叶）。

点，但其优长也是显而易见的，概括起来有以下三点：

第一，此书全文加以点读，且于多音字的四角用圆圈标明平、上、去、入四音，可为今人点读此书的重要参考，似较王贻梁点读为优。兹举一例，点校本有"醴辞曰：甘醴惟厚，嘉荐令芳（嘉，善也。善荐，谓脯醢芳香也）"[1]，此为《仪礼》郑玄注的原文，整理本点读如上。此处若参考梁本，则小注后段当作"善荐，谓脯醢。芳，香也"。显然整理本点读疏失，且其中类似之处不少。

第二，此书有许多"附按"，或说明其修改之处，或补充《通解》之未备，或商榷朱子之按语，胜义纷出，碎金遍地，这是体现作者心血之处，也就是梁万方说的"（《通解》——引者注）虽规模宏整、义法精严，而按论之外，其注疏与经义未合者尚多。吾集诸家之成说，体会子朱子之意，录吾所心得者若干条，欲以辅前贤而迪后学也"[2]。这些"心得"系经两代人"讨论编次，朱墨咿嘤中，搜罗宏富，决择精严，竭数十年之力，凡三脱稿而后成"[3]，具体在后文还将举例证说明之。

第三，此书统一了全书体例，如补充原缺的目录和章节，重新编排目录和格式，按多数一致原则统一版式，并在版心标注章节目次，颇便检索使用，虽有改变原版面貌之失，其便利亦不当泯灭。

我们知道，《通解》从草创到刊印前后达数十年之久，再加上全书卷帙浩繁，前后矛盾、疏漏之处在所难免。对此，梁氏悉心

---

① 朱熹:《朱子全书》（第 2 册），朱杰人等主编，上海古籍出版社 2002 年版，第 60 页。
② 朱熹:《朱子全书》（第 5 册），朱杰人等主编，上海古籍出版社 2002 年版，第 3428 页。
③ 朱熹:《朱子全书》（第 5 册），朱杰人等主编，上海古籍出版社 2002 年版，第 3426 页。

补充完善，功莫大焉。举一例，《通解》中的《少仪》一章，朱子在《目录》中说是取自《礼记·少仪》，经他"厘其错乱，而别取他篇及诸书以补之"①，但经核查正文，并没有引用《礼记》以外的文字，因此梁氏删去此处的"及诸书"三字并说明缘由，这可能是朱熹在定稿前删去了正文引用他书的文字而未及删改《目录》所致。此下《曲礼》章，朱熹在《目录》中同样说明是对《礼记·曲礼》"离而析之"②，经核查正文，其中却有不少取自他书的资料，梁氏在《目录》处补充了"又别取他篇及诸书补焉"十字，并加附记说明补字缘由。我们推测，这可能是定稿之后朱子增补了正文而未及增补目录留下的痕迹，梁氏对类似之处一一厘正。除此之外，梁氏还增补了原书刊刻时的阙文（如《目录》"践祚第三十一"以下的说明，及仅存目的"书律"等），邓声国称梁氏此书"最为接近朱熹、黄榦等人当年的编纂思考"③，颇为允当。

同样删改《通解》者还有清人李文炤。他认为《通解》的编排并不合理，重新将全书分为嘉礼、宾礼、军礼、凶礼、吉礼、通礼和通乐七部，名为《增删仪礼经传通解》（未刊印）。④如此删改，不仅与经典不符，且无疑是"窜乱经典"了，因其与梁万方工作类似，附带于此说明。

四、朝鲜本

《通解》三十七卷共十七册，《通解续》二十九卷共二十册。

---

① 朱熹：《朱子全书》（第2册），朱杰人等主编，上海古籍出版社2002年版，第36页。
② 朱熹：《朱子全书》（第2册），朱杰人等主编，上海古籍出版社2002年版，第37页。
③ 邓声国：《梁万方：朱熹礼学思想的践行者——〈重刊朱子仪礼经传通解〉浅析》，收入姚进生主编：《朱子与朱子学文献研究》，厦门大学出版社2016年版，第464页。
④ 李文炤：《李文炤集》，岳麓书社2012年版，第5—6页。

四周双边，十行十七字，双行小注同。其刊刻过程下节叙述。北京大学图书馆藏朱熹所撰三十七卷；韩国中央图书馆、首尔大学奎章阁等单位均藏有足本。

此本《乞修三礼札子》后有朱在跋文，有元统修版题记，有《丧服图式》之后的杨复序，此外无其他任何序跋。从版式看是铜活字本（朝鲜铜活字本风格相对固定，很难判断刷印时间），因此一般书目也未著录刊刻年代。其《通解续》的目录后有元统三年（1335）修版记，因此其底本最早为嘉定刊元修本。结合其他资料可知，此本的刊刻时间约在1655年前后。

经校勘，此次刊印所用的底本未经明修。目前存世的宋刊《通解》除单册《中庸》系宋版宋刷外，以南图本为最早，系宋刊元修本；其他均递经明修。经校勘，朝鲜本的底本与南图本相当，刷印时间肯定早于东大本和台北本，略举三例：

a. 南图本目录第十叶右第二、三行作"……白虎通义/说昏礼之义……"，左第二、三行作"……以次于/说苑所说昏礼之义……"，这实际上是早期修版时的一个明显失误，[1] 这一错误在明代（至晚为正德年间）修版时被纠正，即东大本与台北本所作的"……白虎通义/说苑所说昏礼之义……"和"……以次于/昏礼故取……"。因这一错误只在早期刷印本中才可看到，朝鲜本目录与南图本都存在这一错误。

b. 南图本卷四第二十五叶左第一行小注"赐之"，东大

---

① 参见朱熹撰，黄榦编：《仪礼经传通解正续编·影印宋刊元明选修本》，北京大学出版社2012年版，第2625页。

本、台北本在明修时误作"阅之"，国家图书馆藏残本（存卷一——五，二十二——二十七）同误。朝鲜本在第十六叶左第六行，与南图本同，不误。

　　c. 南图本卷六第三十二叶右第二行小注隐约可辨为"凡此言二斗之量者"，东大本、台北本此叶为补版，误作"凡此言二十丈量者"。朝鲜本在第二十叶右第九行，与南图本同，不误。

　　上述三例，朝鲜本无论正误均与南图本一致，且与东大本、台北本不同，表明前二者刷印时间接近。叶纯芳推断南图本为元或明初刷本，结合朝鲜本可进一步推断为元统三年（1335）到正德十六年（1521）之间的宋刊元修本。需要特别指出的是：朝鲜本为足本，而南图本今仅存全书的一小半。

　　综上，朝鲜本的底本为嘉定本，该底本与南图本刷印时代相当，肯定早于东大本和台北本。

五、和刻本

　　笔者所知日本刊本有两种：其一为宽文二年（1662）五伦书屋刊本，此本后经多次重印，如宽文九年（1669）经山本平左卫门重印，宽政八年（1796）经河内屋喜兵卫重印，经比对实际上皆是同一书版更改牌记而成，并未重刻。此三种仅有朱熹撰写的《通解》和《集传集注》部分。其二为黄榦的《通解续》二十九卷，天明二年（1782）景云堂刊印。以下分别介绍：

1. 五伦书屋刊本

　　《通解》三十七卷，共二十册。第二十册的卷末有"宽文二壬寅夏日/刊行五伦书屋"字样。四周双边，半框 21．6 * 16．2 厘米，十行十七字，双行小注同。从目录至卷二十三版心题"仪礼经传通解"，从卷二十四至卷三十七版心题"仪礼集传集注"，与宋本一致。日本筑波大学、御茶水女子大学、早稻田大学等单位有藏本。

2. 山本平左卫门印本

包括《通解》全三十七卷，共十五册（或十七册）。第二十册卷末将五伦书屋本末行的"仪礼集传集注"前移三行，在空下的位置写入"宽文九年己酉初春吉辰/寺町圆福寺前町/山本平左卫门常知"字样，并删去下页五伦书屋的牌记（另有分装成十七册者则保留旧牌记，见图1）。版式及版心题名同上。日本东京大学东洋文化研究所、京都大学文学研究课图书馆、大阪大学图书馆等均有收藏。

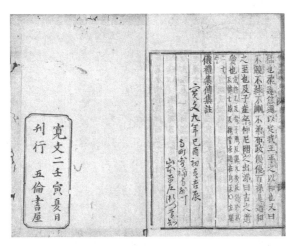

图 1　早稻田大学藏和刻本《通解》牌记

3. 河内屋喜兵卫重印本

包括《通解》全三十七卷，共二十册，此本末有"宽文九年己酉初春吉辰"字样，表明其书版即山本平左卫门所用之版。版式及版心题名同上，但牌记有"浪华河内屋喜兵卫宽政八"字样。现藏于日本京都大学图书馆。

另外，民国时期上海乐善堂曾影印过一种三十七卷的和刻本。牌记题做"上海四马路乐善堂藏版"，卷末有墨笔题记"宽文九年己酉初春吉辰"。此系岸田吟香在日本刊本的基础上删去日文训点影印而成。因未删净尽，常被误以为是和刻本。国内目录诸如《北京图书馆馆藏普通线装书书名目录》等所载以及上海辞书出版社图书馆、天津图书馆、湖南省图书馆、四川大学图书馆、重庆市图书馆等馆所藏和刻本并非日本原刊本，应该是乐善堂的重印本，因牌记页佚失而误著录为和刻本。

4. 景云堂刊黄榦《通解续》二十九卷

包括《通解续》二十九卷，共二十册，天明二年（1782）刊行。四周单边，半框21.6＊16.2厘米，十一行二十字，双行小注同。此本首页牌记作"以及经传通解续/京书林/景云堂/文泉堂/梓"（见图2），卷首目录后有元统三年补版题记，第二十册卷末有"新发田侯藏"，"天明二年壬寅冬十一月/皇都/山本平左卫门/林权兵卫/梓行所"字样。早稻田大学有藏本。

1980年东京汲古书院将两种和刻本合并，影印成六十九卷的《仪礼经传通解·和刻本》，由长泽规矩也、户川芳郎编，共三册，可参看。①

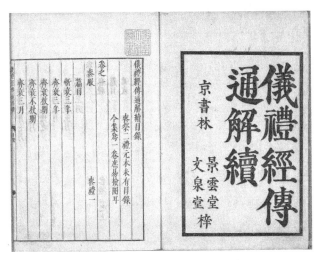

图 2　早稻田大学藏和刻本《通解续》牌记

从版式上看，和刻本均为半叶十行十七字，不同于嘉定本七行十五字，却与朝鲜本一致；从流传情况看，宽文稍前的时期宋本在中国已非常罕见，流入日本的可能性很小，而《李朝实录》曾明确记载日本曾向朝鲜求此书。因此可以断定，上述日本刻本根本不是户川芳郎所怀疑的"影宋本"，其底本就是朝鲜本。

六、其他清刊本、抄本

1. 清光绪十四年（1888）上海点石斋《经学辑要》本

《经学辑要》是由吴颖炎编辑的一部经学丛书，上海点石斋石

---

① 参见长泽规矩也、户川芳郎：《仪礼经传通解：和刻本》《仪礼经传通解续：和刻本》，汲古书院 1980 年版。

印。共三十二册，其中十二—十三册是《通解》，仅有朱熹撰的三十七卷。四周单边，每页二十四行、五十五字。因此本为石印本，且非足本，版本价值不高。

2. 光绪十七年（1891）壬辰贺瑞麟传经堂《西京清麓丛书》本（贺本）

此本牌记作"光绪辛卯三原东里刘氏锓梓"。据贺瑞麟序言："兹刻但为便于讲习，略有增添，或缺文讹字亦皆考据诸本补正，然必著明，不敢疑误后人、僭改前书。当时诸生分校，令各详记卷后，观者其亦谅其用心也哉！"① 可知，此本曾被小幅改动。

需要特别指出的是，在整理《朱子全书》时将此本作为重要的参校本，认为"使用它等于帮助我们作了他校"②，并据此大量改动底本（台北本），这似乎并不合适。清初的学者金曰追等多用《通解》来校勘《仪礼注疏》的误字，这一点已经为阮校所批判"近世校《仪礼》者奉此为准则，然于其佳处不能尽依，而移易删润之处则多据之，是取其糟粕而遗其精华也"③，而实际上贺瑞麟本所进行的"他校"主要就是用《仪礼注疏》等书回校《通解》，这种"他校"极大地泯灭了朱熹对注疏的文字改动，我们将整理本的《校勘记》与《仪礼注疏》阮校记稍作对比即可知。

所幸今日能看到多种不同的《通解》版本，这为我们判定贺本的"校勘"工作价值提供了方便。我们发现，贺本的许多异文与其他诸本都不一致，表明贺瑞麟实际上是使用"他书"进行校

---

① 朱熹：《朱子全书》（第5册），朱杰人等主编，上海古籍出版社2002年版，第3430页。
② 朱熹：《朱子全书》（第2册），朱杰人等主编，上海古籍出版社2002年版，第8页。
③ 《仪礼注疏》，彭林整理，王文锦审定，北京大学出版社1999年版，第4页。

勘，甚至随意改动原文，而绝非利用其他版本的《通解》进行校勘。在《通解续》卷十六后有杨复的一篇《后序》，因无法进行"他校"便可以清楚地看到这一点。朝鲜本、东大本、四库本、梁万方本其中有一句均作"三年通行之礼"，贺本则改为"三年通行之理"，以"理"易"礼"，明显臆改原文。从这个角度讲，贺本并不宜作为整理时的参校本。

　　实际上，从《通解》刻毕之后，用他书校改的现象就一直存在。上文曾据宋版宋刷《通解·中庸》第十七叶左第一行小注"则其为体微矣"一句，在后世所有的《通解》中都脱"其"，显然这是用通行的《中庸章句》校勘《通解》所致，且早在元代修版时已经如此。这正表明在宋版《通解》泐损后，历代补版校勘时，曾有多次因未找到早期刷印的嘉定本而用其他资料代充——毕竟《通解》本身就是一部接近于"类书"的资料集。贺瑞麟本也是沿用这一思路，这无疑会导致后刷印的《通解》与原本产生误差，同时与其他书趋同，这是在研究《通解》版本时应特别注意的。

3. 清光绪二十三年（1897）广雅书局印本

　　上海图书馆藏。

　　因乾隆以后的古籍存世量大，故各藏书单位多疏于著录，笔者所见刊本仅有上述四种，未备之处当俟后补。要而言之，这些版本的底本都不脱梁万方本或宝诰堂本，版本价值自然也等而下之。

4. 明清其他抄本

　　明抄本著录有两种。一为国家图书馆藏本，存九卷（卷六一

八、十一—十二、二十一—二十三）。半页九行，每行二十二字，蓝格，白口，四周双边，共九册。二为天一阁藏明抄本，存五卷（卷一—二，续卷六—八），共二册。上文已述，天一阁曾藏有《通解》共二十三卷和《通解续》共二十九卷，此本即其残本。结合张金吾所记，似可推断天一阁藏抄本的《祭礼》部分就是杨复修订本，今已不存。

清抄本较多，常见者即文渊阁四库全书本，此本影印本和电子版颇便使用，也有一定的参考价值。

通过对上述版本的梳理，我们可以得出以下结论：若今后对《通解》重新整理，底本应选择南图本和东大本，其被判定为明代补版的页面则参校朝鲜本、正德本和宝诰堂本，标点则参照梁万方本。如果条件允许，最好能将杨复《祭礼》附在全书之后，相信这样的本子将会成为后人研究朱熹礼学所不可或缺的善本。

第三节
《仪礼经传通解》在宋代礼学中的位置

关于《通解》编撰的社会背景，多数涉及朱熹经学思想的论著都会提及，概言之包括唐宋之际社会变革、宋代经济和生产力的发展、宋代中央集权的加强、儒家知识人的文化自觉、王安石变法，以及思想层面的因素（如疑经废传、佛老刺激、义理之学等），为节省篇幅，本章就不再赘述了。[1]

---

[1]　相关论著参见章权才：《宋明经学史》，广东人民出版社 1999 年版；蔡方鹿：《朱熹经学与中国经学》，人民出版社 2004 年版，第 211—253 页；向世陵主编：《宋代经学哲学研究儒学复兴卷》，上海科学技术文献出版社 2015 年版；等等。

朱熹理想中的"礼学"不仅是"经部"的三礼之学（古典的、文献层面的三礼注疏之学），还包括史部的"仪注类"的一些实用的、制度层面的礼书，如《大唐开元礼》《通典》等，他一生都致力于打通二者：有时仿行古礼，以礼化俗，如复行冠礼、释奠释菜；有时行权从俗，不韪人情，如不废墓祭、颁行乡约。虽然今天看来这些做法的主旨似乎无大区别，但在南宋礼学背景下，朱子礼学是有浓郁的"复古"色彩的。

本书导论曾指出，若想凸显《通解》的特点，就必须将之放在一个与其相同或相异的背景之上。换言之，《通解》在宋代礼学中的地位是需要与宋代其他礼学论著相比较后才能凸现出来的。本节就通过其与王安石礼学、李如圭礼学、宋代礼制和《朱子家礼》四者的比较，分别凸显出《通解》在学术史上重视《仪礼》、在解经学上不墨守一经、在政治制度上力图复原古礼、在朱熹一生的学术转变中回归经典的四个特点，实际上也就相当于表彰了《通解》在朱子思想乃至宋代礼学中的特殊地位。

一、朱子礼学与王安石礼学——三礼史的视角

在提到朱熹礼学与王安石礼学的差异之前，必须先说明二者有一个基本相同的前提，那就是政—礼关系说，也就是"通经致用说"。此前学者多有谈到，宋代的知识分子有着强烈的担当精神，要求"与君主共治天下"[1]，这是王安石礼学与朱熹礼学的一个共通的认识。王安石曾就儒生与政治的关系发表看法：

---

① 参见余英时：《朱熹的历史世界：宋代士大夫政治文化的研究》，生活·读书·新知三联书店 2004 年版，第 210 页。

所谓文吏者，不徒苟尚文辞而已，必也通古今，习礼法，天文人事，政教更张，然后施之职事，则以详平政体，有大议论使以古今参之是也。所谓诸生者，不独取训习句读而已，必也习典礼，明制度，臣主威仪，时政沿袭，然后施之职事，则以缘饰治道，有大议论，则以经术断之是也。①

王安石要求知识分子"通古今，习礼法"，"习典礼，明制度"，其根本目的是"详平政体"，"缘饰治道"，说穿了就是借助儒家经典（尤其是礼学经典）抢夺政治话语权，客观上达到限制君权的目的。宋儒普遍致力于"言理而求礼、将社会秩序建立在理性与人文的基础上"②，这一点朱、王礼学是一致的，而与清儒徒事考据的礼学表现出迥异的旨趣。

但朱、王还有一个很大的不同，就是对待礼学经典的态度。唐代在《五经正义》中将《礼记》作为礼学的核心，此后"礼义"相对于"礼文"取得了一定的优势，这一点前文已经有所涉及。而王安石将《周礼》作为三礼的核心，表明王安石礼学更倾向于通过经典的制度安排来完成政治变革的意图，正如全祖望所说：

《三经新义》尽出于荆公子元泽所述，而荆公门人辈皆分纂之，独《周礼》则亲出于荆公之笔。盖荆公生平用功，此书最深，所自负以为致君尧、舜者，俱出于此，是固熙、丰

① 王安石：《王安石全集》（下），宁波、刘丽华、张中良校点，吉林人民出版社1996年版，第744页。
② 何俊：《由礼转理抑或以礼合理：唐宋思想转型的一个视角》，《北京大学学报（哲社版）》，2007年第6期，第36—43页。

新法之渊源也，故郑重而为之。①

此语正中王氏礼学之弊：过于强烈的现实关怀。对于王安石礼学独重《周礼》以及唐代以来的义疏学特重《礼记》，朱子持批判态度。他认为《仪礼》才是真正的"经礼"，是礼学的根本：

> 《周官》一书，固为礼之纲领，至其仪法度数，则《仪礼》乃其本经，而《礼记》《郊特牲》、《冠义》等篇，乃其义疏耳。前此犹有《三礼》、通礼、学究诸科，礼虽不行，而士犹得以诵习而知其说。熙宁以来，王安石变乱旧制，废罢《仪礼》，而独存《礼记》之科，弃经任传，遗本宗末，其失已甚。而博士诸生又不过诵其虚文，以供应举。至于其间亦有因仪法度数之实而立文者，则咸幽冥而莫知其源。一有大议，率用耳学臆断而已。②

对于三礼的地位，一方面，朱熹从历史的角度考证了《礼记》和《仪礼》的关系，还原了二者本来的地位，即"《仪礼》乃其本经"而"《礼记》乃其义疏"；另一方面，他也不同意王安石将《周礼》作为三礼的核心，而更倾向于"反本复古"，将已经不大实用的《仪礼》作为三礼的核心。这一点其高足黄榦阐述得更为明确："《周礼》职官之书，《礼记》汉儒所述，乃与《仪礼》并列为三礼，亦大不伦矣。而《仪礼》在唐虽名儒已苦其难读，今乃

① 《全祖望集汇校集注》，朱铸禹校注，上海古籍出版社 2000 年版，第 1176 页。
② 朱熹：《朱子全书》（第 2 册），朱杰人等主编，上海古籍出版社 2002 年版，第 25 页。

不得与二礼列于学官，以设科取士，何耶？礼乐所以正人心、厚风俗，而残缺若此……"① 他对将《仪礼》废黜而高标《礼记》和《周礼》的做法提出批评，并有意将"人心不古"的原因与此相联系。实际上，朱子也深知"《仪礼》难行"，直接将古礼复活是肯定行不通的。他又借鉴王安石用《周官新义》为"治具"的思路，通过改编《仪礼》而成《通解》，以"为圣朝制作"（《乞修三礼札子》）提供参考，可见其在复古的基础上又有隐含的现实关怀。

从学术史或三礼学史的视角看，朱子礼学有两个明显的特色：其一，与王安石礼学相同，朱子礼学重视礼在实践层面的运用，重视礼学的现实关怀，有强烈的"为后王制法"意识；其二，与王安石礼学不同，朱子礼学在"迁就现实"方面更为保守，突出的表现就是尊重历史上三礼的地位，将没有什么实用价值的《仪礼》作为核心，同时为了重新挖掘《仪礼》的实用价值而撰作了《通解》。

二、《通解》与《仪礼集释》——解经学的视角

《仪礼集释》为李如圭（1167—1233?）所撰。李如圭，字宝之，庐陵（今江西吉安）人，曾协助朱熹编撰《通解》祭礼部分。他曾编撰一部《仪礼集释》，我们用此书与《通解》进行比较，以凸显《通解》之特色。

李如圭约比朱子小 38 岁，是朱熹的晚辈后学，但《仪礼集释》的纂修却在《通解》之前。《中兴艺文志》载："《仪礼》既

---

① 黄榦：《勉斋先生黄文肃公文集》，收入北京图书馆古籍出版编辑组编：《北京图书馆古籍珍本丛刊》（第 90 册），书目文献出版社 1988 年版，第 594 页。

废，学者不复诵习，或不知有是书……淳熙中，李如圭为《集释》，出入经传，又为《纲目》以别章句之指，为《释宫》以论宫室之制。朱熹尝与之校定礼书，盖习于礼者。"①表明此书应当成于淳熙后期，此时朱熹尚未全身心投入《通解》。可能正因此书完成在前，有人认为严格意义上李氏并非朱门弟子，如王梓材就指出："先生（指李如圭——引者注）之视朱子盖在师友之间，故朱氏《经义考》数朱子校礼弟子，不数先生。"②正是先有此书，坚定了朱熹后来邀请李如圭负责祭礼部分的编撰。

李如圭的《仪礼集释》特色鲜明，胡培翚说此书"全录郑注，而博采经传为释，以相证明，其异于前人者多有根据，不为臆断。盖注疏以后，释《仪礼》全经者，此为第一书矣"③。本已佚失，四库馆臣（戴震）自《永乐大典》中辑出今本，全书基本完整。"十七篇中，首尾完具者尚十五篇。唯《乡射》《大射》二篇在《永乐大典》阙卷内，其《纲目》一篇亦阙。无从考补，姑仍其旧，然已得其十之九矣。"④从古人题跋中可推知，此书卷首为《纲目》，卷末为《释宫》，中间为对《仪礼》经注的解释。在解释时照录经文和郑注，间有文字校勘，此后"释曰"即李如圭所撰考订训释文字，其重视行礼的方位，以例解经解注，参用近儒训释，这些解经的特色在《通解》中同样有所体现。但二者也有两点明显不同：

其一是对《仪礼》经文的态度，李如圭保持原文顺序，而朱

---

① 转引自马端临：《文献通考·经籍考·礼》。
② 王梓材《宋元学案补遗》按语，转引自陈荣捷：《朱子门人》，华东师范大学出版社2007年版，第75页。廖明飞则持不同意见。
③ 王达津主编：《清代经部序跋选》，天津古籍出版社1991年版，第140页。
④ 戴震研究会等编纂：《戴震全集》（第6册），清华大学出版社1999年版，第3351页。

熹则拆散重编。我们没有看到李如圭对朱熹的评价，但朱熹曾对黄榦表示其不满于李如圭的编修，言李氏"不能尽依此中写去条例。其甚者如《祭法》《祭义》等篇，已送还令其重修，《特牲》等篇亦有未入例处"①。这表明，二人实际上都坚持己见，不曾让步。可能也正是因此，朱熹临终前才转而让黄榦负责祭礼部分。

其二是对贾疏的态度，李如圭完全没有抄录，而朱熹则加以删节改写。在《仪礼集释》中先列经文，次照录郑注，再后为"释曰"，系李如圭对郑注的发挥考订（并非每条后都有释曰）。从篇幅上看，李如圭所撰的"释曰"部分占到全书的五分之一左右，其他部分全部照抄前人。而朱熹的《通解》则首创将经、记、注、疏四者合刊，其中对疏作了大量的删节改写工作，且对有疑问之处酌加"按语"考订，显然朱子的做法更为费时耗神。

与《仪礼集释》相比较，《通解》所体现出的解经学特色就是对经、注、疏、按四者的灵活运用：照录经注，以示对经典和先贤的尊重；删节改写贾疏，以压缩全书的篇幅；对于有疑问、须考订者用按语的形式出之，繁简由己。除此之外，全书标注疑难字读音，分截章句，兼绘礼图。可以说，《通解》的解经方法是当时最精善的礼经注释体例，即使在今天看来仍有一定的价值。

三、《通解》与宋代礼制——政治制度的视角

有宋一代，政府格外重视礼典的编撰，其中最有影响的当属《开宝通礼》《太常因革礼》和《政和五礼新仪》。实际上，从朱熹的礼学实践中也可看出，不仅宋代政府多次颁修礼典，包括朱

---

① 朱熹:《朱子全书25》（第25册），朱杰人等主编，上海古籍出版社2002年版，第4646页。

熹在内的知识分子对礼典的编修也有相当高的热情，统治者和儒家知识人都希望通过礼典的颁布和施行来规范社会秩序，以期达于治世。但需要特别指出的是，此时的"礼仪制度"（礼制）已经与以三礼为代表的"礼经"拉开了较大的距离，相关典籍在后代的四库分类中入"史部·仪注类"而非"经部·礼类"，表明二者同源而异流的本质。

简而言之，二者的区别主要就在"实践"上。礼制的着眼点在于能够施行，其分为吉、凶、军、宾、嘉等类目，以吉礼为例，其中就有郊祀昊天上帝、祭祀祖先等的具体仪节规定。虽然这些仪节最初也是出自《礼经》，但随着时代的发展，已经与礼经有了较大的差距，其着眼点在于"实用"。[①] 与此相对，对三礼经典的研究就纯粹是"发思古之幽情"，其记载的典礼当下是否仍在施行并不重要，学者宁愿从礼经中考释出某些久不施行的仪节，这一究明的过程又不一定是为了"复原古礼"。该工作的意义在于，学者想通过对经典的阅读，来体认经典结集年代的盛事或经典中所蕴藏的永恒的价值。

从朱熹一生的礼学实践来看，显然他一直致力于打通礼制与礼经之间的界限。《文集》所收录的他撰写过的相关文章或榜文有《臣民礼议》《乞颁降礼书状》《乞增修礼书状》《申严昏礼状》《释奠仪图》《增损吕氏乡约》《政和民臣礼略》《晓谕居丧持服遵礼律》《严别籍异财之令》《劝谕榜》《晓谕词讼榜》等，这些文章或榜文都是基于礼经的原则改造礼制，并向民间推行。我们再

---

① 宋代礼制的基本情况，参见惠吉兴：《宋代礼学研究》，河北大学出版社 2011 年版，第90—112 页。

从《语录》中举几处朱子论及礼俗关系的文字：

> 古礼繁缛，后人于礼日益疏略，然居今而欲行古礼，亦恐情文不相称，不若只就今人所行礼中删修，令有节文、制数、等威足矣……今若将孝弟忠信等事撰一文字，或半岁，或三月一次，或于城市，或于乡村聚民而读之，就为解说，令其通晓，及所在立粉壁书写，亦须有益。①

> "礼，时为大。"使圣贤有作，必不一切从古之礼，疑只是以古礼减杀，从今世俗之礼，令稍有防范节文，不至太简而已。观孔子欲从先进，又曰"行夏之时，乘殷之辂"，便是有意于损周之文，从古之朴矣。今所集《礼书》，也只是略存古之制度，使后人自去减杀，求其可行者而已。若必欲一一尽如古人衣服冠屦之纤悉毕备，其势也行不得。②

> 使有圣王复兴，为今日礼，怕必不能悉如古制。今且要得大纲是，若其小处亦难尽用。③

上引三条即可见《通解》与富有实践精神的礼制之不同，最重要的不同就是《通解》所透露出的复古色彩和非实用色彩。朱子也非常清楚《通解》是无法全然落实的，但他仍花费巨大精力从事编纂，表明朱子晚年学风明显出现了向经典回归的意图。

通过上述比较，想必读者已经发现，没有比较的对象而泛泛地谈论"《通解》的特色"是没有意义的。因为与《仪礼集释》

---

① 朱熹：《朱子全书》（第17册），朱杰人等主编，上海古籍出版社2002年版，第2877页。
② 朱熹：《朱子全书》（第17册），朱杰人等主编，上海古籍出版社2002年版，第2886页。
③ 朱熹：《朱子全书》（第17册），朱杰人等主编，上海古籍出版社2002年版，第2886页。

比较，《通解》表现出致用、实践的色彩；而与《政和五礼新仪》比较，它又表现为复古、理想化的色彩。我们若抽离这两个比较对象而单纯谈论这两大色彩，其本身是矛盾的。换句话说，脱离比较对象而单纯谈论《通解》"具有复古的理想色彩"或"富有实践精神"，都是不负责任的。毕竟我们已经无法掌握宋代礼学的所有样本，无法判定《通解》在这个"连续的样本带"上处于什么位置。因此，只有选定一个"基点"，我们才能说《通解》更"右倾"或"左倾"。而一旦"基点"发生了变化，结论可能会发生逆转，这种看似矛盾的结论恰恰更符合历史的真实状态。

四、《通解》与《朱子家礼》——践履的视角

众所周知，除《通解》外，朱子中年还编撰过一部对后世影响更为巨大的礼学著作——《朱子家礼》。在《家礼》中，朱子整理了当时士大夫居家日用的冠、昏、丧、祭礼的基本流程，其就是为实用而创制的，又可体现出朱子礼学中年和晚年不尽相同的学风：在中年的《家礼》中，他更注重"随俗从宜"的践履实行；在晚年的《通解》中，则转向更为纯粹的"存古返本"，同时不再纠结于礼是否能被践履实行。

我们以"冠礼"的节目为例，比较二者仪节的异同。

表2　《通解》与《家礼》的"冠礼"章节异同表

《通解·冠礼》	《家礼·冠礼》
1. 筮日	1. 前期三日主人告于祠堂
2. 戒宾	2. 戒宾
3. 筮宾	2. 戒宾

《通解·冠礼》	《家礼·冠礼》
4. 宿宾	3. 前一日宿宾
5. 为期	4. 陈设
6. 陈器服	5. 厥明夙兴陈冠服
7. 即位	6. 主人以下序立
8. 迎宾	7. 宾至，主人迎入升堂
9. 始加	8. 宾揖将冠者，就席，为加冠巾。冠者适房，服深衣纳履出
10. 再加	9. 再加帽子，服皂衫革带，系鞋
11. 三加	10. 三加襆头，公服革带，纳靴执笏。若襴衫，纳靴
12. 醴冠者	
13. 冠者见母	15. 冠者见于尊长
14. 字冠者	12. 宾字冠者
15. 宾出就次	13. 出就次
16. 冠者见兄弟姑姊	14. 主人以冠者见于祠堂
17. 奠挚于君及乡大夫乡先生	15. 冠者见于尊长/17. 冠者遂出见于乡先生及父之执友
18. 醴宾	16. 乃礼宾
19. 醮	11. 乃醮
20. 杀	
21. 孤子冠	
22. 庶子冠	
23. 母不在	
24. 女子笄	18. 笄

从表中可以看出，《家礼》就是为了实践而撰作的，其章节顺序完全按照行礼之先后排序。二者最典型的区别在于，《通解》中序号20—24均为"变礼"（仪节完成后补叙的特殊情况，这些文字并不一定在仪节中有用），而在可以施行的《家礼》中则将之糅入对应仪节之中插叙或干脆删除，仅保留了仪节差异较大的女子"笄礼"。但整体而言，二者的冠礼分节还是比较接近的，这表明朱子礼学自始至终内在的一致性。

实际上，此时"冠礼"已久不施行，朱子在《家礼》中自然可以从心安排礼节，以求"存古"。而面对已经与古礼面目全非的"昏礼"，朱子的取舍似更显深意。按《仪礼》，昏礼一共包括了17个步骤，分别是：1. 纳采；2. 问名；3. 醴宾；4. 纳吉；5. 纳征；6. 请期；7. 陈器馔；8. 亲迎；9. 妇至；10. 妇见；11. 醴妇；12. 妇馈；13. 飨妇；14. 飨送者；15. 祭行；16. 奠菜；17. 婿见妇之父母。这也是《通解》采用的章句法。但这些在《家礼》中被简化成了6步：上述序号1—4简化为纳采，5—7简化为纳币，8—9为亲迎，10—15为妇见舅姑，16改称庙见，17仍为婿见妇之父母。显然，这种简化是因为现实中的昏礼已然如此。前文已指出，中年朱熹在对待民间"俗礼"问题上不会"以古非今"，重在以"从俗从宜"；而编纂《通解》时的朱熹则更倾向于"存古"，虽然表面上更加关注古典的表述，但本质上还是想要将古礼还原到实践层面，即便他也一再提醒自己"古礼于今不可尽行"。

通过将《通解》与《家礼》相比较，我们发现朱熹礼学一直存在一个内在的张力："存古"抑或"从俗"。朱子晚年较中年体现出强烈的"存古"倾向，但"存古"却不追求全然"行古"，更多表现为对礼经的清晰体认，这与清人迥肖。而朱子中年的

"从俗"之着眼点实在"化俗",其"从俗"的背后含有强烈的伦理意味,即只要符合"礼义"就不妨从俗。"存古"与"化俗"实为一体之两面:一方面要以古化俗,一方面要引俗复古,终究归结于治道,这正是朱子礼学的第一要义。

第四节
《仪礼经传通解》在东亚的流布

上文已述,《通解》虽有宋本存世,但此书在宋元明曾多次修版、补版。在今存的宋本足本中,元明补版的数量可达一半以上,因此找到较早的刷印本无疑有重要的价值。朝鲜王朝奉朱子学为"学问正宗",朱熹的许多著作在朝鲜半岛往往保留了重要的参校本,近年来国内学界先后关注到这些域外资料,其对许多前人的"公论"都产生了颠覆性的影响。[①] 朝鲜刊《通解》所据的底本刷印时代较早,且对朱熹礼学在朝鲜半岛和日本的传播均产生过较大影响,但海内外学界对此尚无探讨,中日学界甚至多不知此本的存在。本节谨就《通解》在朝鲜的刊刻过程及其流布影响进行梳理,希望能对东亚典籍的互动性研究有所帮助。

一、朝鲜重刊《仪礼经传通解》之过程

在朝鲜王朝时期,朱子学作为"学问正宗"受到朝野上下的高度重视。明隆庆元年(1567),朝鲜第十三代国王明宗李峘去

---

① 如徽州本《朱子语类》《家礼》等。关于前者,已有多部专著和博士学位论文的研究成果,后者则改变了自清人王懋竑、四库馆臣以来对《家礼》真伪的判断。

世，其侄李昖即位，是为宣祖。宣祖的亲生父亲本是明宗的弟弟、德兴大院君李岹（宣祖即位时已薨）。就在宣祖刚刚即位、明宗停丧期间，在朝鲜礼官的支持下宣祖派人祭祀了其生父李岹，且在祭文中称为"皇伯父"。这一举动被认为是"失礼"而受到了时任艺文馆应教奇大升①的批评。

《宣祖实录》载：

> 奇大升入侍启曰：古之圣人，以礼为重，后世不明于礼，率情而行，事多苟且。自上方在私丧，入承大统，则大统为重……国君初丧，则宗庙之祭亦且废焉，况于私亲乎？……且祭文亦不考礼。称"伯父"者，虽援濮王故事②程子之论而为之，其实则有大不同焉。彼谓皇伯父者，皇帝之伯父也……至元时，嫌避皇字，以显字通用。今用皇字为祭文，则误矣。祭文又称孤侄，以《家礼》见之，当称侄孤。而以文字之难，今称孤侄，此一字亦关轻重。孔子曰：必也正名乎！宜令礼官更为讲究。③

奇大升主要从两点批评宣祖和礼官的"失礼"：其一，居丧不祭。宣祖于明宗居丧期间祭其生父，不合于礼。其二，祭文称谓不当。称"皇伯父"有僭越之嫌，自称"孤侄"不合于《朱子家礼》。

当时朝鲜王朝盛行的是《家礼》，此书主要对士大夫居家

---

① 奇大升（1527—1572），字明彦，号高峰、存斋，历任艺文馆应教、司宪府执艺、承政院承旨、工曹参议、成均馆大司成等职，是朝鲜王朝初期重要的思想家。

② "濮王故事"指宋英宗祭祀其生父濮王赵允让时，应称后者为"皇伯"（大多官员主张）还是"皇考"（宋英宗主张）的争议，史称"濮议"。

③ 朝鲜科学院、中国科学院编：《李朝实录》（第27册），科学出版社1959年版，第7页。

的冠、婚、丧、祭的礼仪进行规范，并无邦国礼的内容。奇氏
有感于当时朝野上下礼仪知识的缺乏，进一步请求刊印《仪礼
经传通解》：

> 大抵近来礼学不明，礼文亦少。只以《家礼》一书用之
> 于丧葬，而知之者亦鲜。故仓卒临事，不免违礼之讥矣……
> 朱子既为《四书》《三经》集注，末年专意于礼书，故宁宗
> 初有《乞修三礼札字[子]》之论。立朝未久，退作《仪
> 礼经传通解》，未终而卒。门人黄榦终之，是谓《仪礼经传
> 通解续》也。此册人皆欲见，购于中原而不得。只购《仪礼
> 经传》十卷而来，其书无注，汗漫难解。顷日适考弘文馆藏
> 册目录，得所谓《仪礼经传通解》合四十余卷，则杂引诸
> 书，总为一帙。自初丧以下各各条件，甚为明白会通。此书
> 若令校书馆印布，则士之欲为礼学者，皆得参考取法。而自
> 上亦能撮要提领，见一知十也。礼教兴行则风俗丕变，而治
> 化在是矣。①

可见，奇氏早就曾向明朝购求《通解》，但只购得正德刊的无注疏
本，后无意在弘文馆藏书中找到四十余卷②，旋即请以此为底本刊
行流布。

《奇大升神道碑》载："（宣祖丁卯，奇大升——引者注）请印

---

① 民族文化推进会编：《韩国文集丛刊》（第 40 册），景仁文化社 1995 年版，第 146 页。
② 《通解》全书合计六十六卷，题为《仪礼经传通解》计二十二卷，题为《仪礼集传集
注》计十四卷，题为《仪礼经传通解续》计二十九卷，奇氏此时所见仅四十余卷当不
包括《集传集注》十四卷。

布朱子《仪礼经传通解》,使士大夫习知礼学焉。戊辰(1568——
引者注),拜弘文馆直提学,兼校书馆判校。"① 从这两个职名即可
知,奇大升次年曾专门负责此事。因奇氏为人刚直,"大为旧臣搉
路所恶"②,履新数月就被罢职回乡,再未被起用,但刊印《通解》
的工作并未停滞。另一官员的日记记载,隆庆三年(1569)八月
十一日,《仪礼经传通解》印毕上呈;隆庆五年(1571)五月初
十,《仪礼经传通解续》印毕上呈。③ 显然在此次刊印中,正德本
只是参校本,其底本是藏于朝鲜弘文馆的宋本,这是宋嘉定刊印
后《通解》的首次全文重印。

从当时刊印的其他书籍和此书印刷的时间之快来推断,这次
刊印极可能用的是朝鲜古籍常见的活字印刷。但可能与奇大升旋
即被罢黜有关,当时印数极少,数十年后就罕见流传。朝鲜名儒
宋时烈在 1649 年曾提及此次刊行:

> 《仪礼经传通解》……有国者不可一日而无者也。我东绝
> 无此书,知其名目者亦鲜,况望知其说乎?此书湖南、岭南
> 各有一本,先王尝命两道合力刊布,久不奉行。至被推勘,
> 而终始废阁,甚可恨也。④

---

① 任宪晦:《鼓山先生文集·卷 11·赠吏曹判书谥文宪公高峰奇先生神道碑铭并序》,收
   入《韩国文集丛刊》(第 314 册),景仁文化社 1995 年版,第 257 页。
② 《朝鲜宣祖实录》"五年十一月庚寅"条。
③ 隆庆三年八月十一日条下:"闻仪礼经传通解毕印,今日入启"(《韩国文集丛刊》(第
   34 册),第 269 页)。隆庆五年五月初十日条下"仪礼经传通解续,今已毕印云"柳希
   春:《眉岩集·日记》,收入《韩国文集丛刊》(第 34 册),景仁文化社 1995 年版,第
   309 页。
④ 宋时烈:《宋子大全·卷 5·己丑封事》,收入《韩国文集丛刊》(第 108 册),景仁文
   化社 1995 年版,第 190 页。

上文所说的"至被推勘"指的就是主持其事的奇大升被参劾罢黜
一事,"久不奉行"暗示了当时印数稀少,导致宋时烈根本不知道
最终实际上刊印了。1653 年,宋浚吉在建议地方大员金弘郁协助
重刊的信中也述及此事:

> 有一事敢为公诵:曩在先朝,使两南方伯共刊《仪礼经
> 传》,趁不施行。至被推勘,而终始废阁,殊极慨叹。兹者沃
> 川使君(李宣岳),承奉慎斋(金集)函文之意,将以活字印
> 出累百本,以幸公私。第计物役,非一郡之可办。兄须特为
> 留念,多方相助,俾克成就。则不但嘉惠儒林,亦所以追奉
> 先朝之遗教也。虽昌言于众雠之间,谁敢曰不可哉?此书今
> 日只有二本,今若差池,永不可为,岂非千古之大恨哉![①]

宋时烈和宋浚吉是族兄弟,合称"二宋",是朝鲜王朝重要的
思想家。"慎斋"是二人的师长金集,他们师生三人最终促成了此
书在朝鲜的第二次刊印。宋浚吉在上述信中提到:沃川李宣岳承
奉慎斋金集之意,曾试图以活字刊行,最终因力所不及而作罢。
在此次刊印前,朝鲜朝野只有二本《通解》,一旦发生意外则再无
刊刻可能。

另从"二宋"和金集的文集、年谱中可知,他们三人在 1647
年前后都致力于寻找此书的善本,宋浚吉还向金集请教过此书的
版本问题。宋浚吉曾拜托忠清道观察使金庆余组织人员抄录一部

---

① 宋浚吉:《同春堂先生文集·卷 12·与金文叔》,收入《韩国文集丛刊》(第 107 册),
　　景仁文化社 1995 年版,第 29 页。

备存,① 宋时烈也曾拜托 1653 年任"年供使"前往北京的金寿恒看看当地"书肆有与无有，幸使看阅也。或以囊橐余资，买一本而来"②，皆可见当时此书在朝鲜之希贵。

鉴于此书的重要性及流布情形，宋时烈向朝鲜国王上封事，建议有司征调原书重刊之：

> 此书湖南、岭南各有一本……其在湖南者，判书臣元斗杓取藏深处云。乞令所在疾速上送，以付金集。且令自辟儒生之通敏者，俾考其切于今日丧葬者。讫，仍付书馆，不时印行。③

金集也多次向朝鲜国王提起此书的价值。最终，三人的不懈努力促成了此书的第二次刊行。他们还曾搜求不同的版本，据说有一种"《仪礼经传通解》乃古件善本"④，最终由精于礼学的金集具体负责刊印。

关于具体的刊印过程，史料缺载。零星的资料显示，朝鲜国王曾就全书编排征求群臣意见，⑤ 李厚源（迂斋）曾参与刊刻。⑥

---

① 参见宋时烈：《宋子大全·卷 212·同春宋公遗事》，收入《韩国文集丛刊》（第 115 册），景仁文化社 1995 年版，第 130 页。
② 宋时烈：《宋子大全·卷 54·与金久之》，收入《韩国文集丛刊》（第 110 册），景仁文化社 1995 年版，第 4 页。
③ 宋时烈：《宋子大全·卷 5·己丑封事》，收入《韩国文集丛刊》（第 108 册），景仁文化社 1995 年版，第 190 页。
④ 宋浚吉：《同春堂先生文集·卷 10·答慎独斋先生》，收入《韩国文集丛刊》（第 106 册），景仁文化社 1995 年版，第 509 页。
⑤ 参见金益熙：《沧洲先生遗稿·卷 13·仪礼经传通解序及篇目请仍旧启》，收入《韩国文集丛刊》（第 119 册），景仁文化社 1995 年版，第 480 页。
⑥ 参见宋时烈：《宋子大全·卷 204·迂斋李公谥状》，收入《韩国文集丛刊》（第 114 册），景仁文化社 1995 年版，第 552 页。

从实物可以确定，采用的是"甲寅铜活字"刊行，一起刊印的还有杨复的《仪礼图》。① 约在1654年，《仪礼经传通解》刊印完毕，次年《仪礼图》亦刊印完毕。

这次的印本数量较第一次多，且将杨复《仪礼图》和《通解》合为一帙，更加便利于"士之欲为礼学者参考取法"（奇大升语）。印毕之初，此书用于赏赐群臣，受赏的宋浚吉就表示："诚愿殿下因此机会，渐复古制。临筵讲读，以身为教，上下崇礼，敬让兴行。朝廷闾巷日用云为，无不由礼……而今日此书之行，实为之兆也。"②

二、朝鲜刊《通解》对朝鲜朱子学的影响

朝鲜王朝一向奉行《朱子家礼》，但《家礼》主要是家居日常所用，其中没有关于国家层面的礼制规定，这一点宋翼弼已经指出：

> 《家礼》之与《仪礼经传》，其意固不同也。《经传》历集古礼，无一假付己意有所损益，以为为国者制礼之用；《家礼》酌古参今，推以家居已所自用者，为一时当行之礼。朱子于《家礼》，非不知直用古礼之为可，而必取司马氏、程氏、高氏等说者，随时之义，不得不尔也。③

---

① 证据有二：1. 金益熙曾建议将《通解》和《仪礼图》分开，各自保持原样刊行。（《沧洲先生遗稿·卷13·仪礼经传通解序及篇目请仍旧启》，收入《韩国文集丛刊》（第119册），第480页）2. 该书刊毕后曾赐宋浚吉一套，其谢疏说包括《通解》和《图》两部分。

② 宋浚吉：《同春堂先生文集·卷1·谢特赐仪礼经传通解及图疏》，收入《韩国文集丛刊》（第106册），景仁文化社1995年版，第352页。

③ 宋翼弼：《龟峰先生集·卷6·答季涵问》，收入《韩国文集丛刊》（第42册），景仁文化社1995年版，第473页。宋翼弼（1534—1599），字云长，号龟峰、玄绳，砺山人。

因此，无论是奇大升还是二宋，都极力强调《通解》在朝廷礼制建设方面的作用。《通解》刊行后，对东亚的朱子学产生了极大的影响，主要体现在以下两个方面：

第一，朝鲜王朝掀起了深入研习朱熹礼学的高潮。

《通解》刊行前，朝鲜学者特别强调其中邦国礼的价值，但实际上刊行后，学者更多地利用其丧、祭二礼的内容。众所周知，《家礼》在朝鲜王朝时期曾被切实践行，随后还出现了一大批相关著作。而《通解》作为朱子礼学的"晚年定论"，其重要程度显然毋庸置疑。因此在阐释和讨论《家礼》时，学者往往喜引《通解》以坚其说。如宋翼弼《家礼注说》、金正默《礼说辩》、李世弼《礼说》、金集《古今丧礼异同议》、丁若镛《国朝典礼考》、姜硕期《疑礼问解》等，① 都大量引用《通解》的观点。大儒李滉（退溪）认为此书是"礼文所萃"②，"集合古礼、无不该载"③，在与门人弟子往来书信中也多次引用此书。

需要说明的是，在《通解》和《家礼》之间，朝鲜人似乎更重视后者。雍正时期的朝鲜儒者徐宗华曾向其朋友说道：

> 夫古礼繁细，后世行之不得者盖多。故朱子曰：古者之礼，今只是存他一个大概，令勿散失，使人知其意义。要之不可尽行。分命门人稡辑《仪礼经传通解》者，盖要勿散失，使人知其意义而已，非欲尽行之也。若其酌古今之变，成万

---

① 参见庆星大学校韩国学研究所所编：《韩国礼学丛书》，民族文化 2011 年版。
② 李滉：《退溪先生文集·卷 11·答李仲久别纸》，收入《韩国文集丛刊》（第 29 册），景仁文化社 1995 年版，第 307 页。
③ 李滉：《退溪先生文集·卷 25·答郑子中别纸》，收入《韩国文集丛刊》（第 30 册），景仁文化社 1995 年版，第 100 页。

世之法，存乎《家礼》。今舍《家礼》而欲遵古礼之不可尽行者，不已胶戾？况非古礼而汉儒注疏之谬乎？①

道咸时期的朝鲜儒者金平默在给朋友指示礼学门径时也曾说道：

> 礼学……须取《家礼》一书，口诵心惟，精研究熟复，俟其通贯，然后穷源于《仪礼经传》。……若《家礼》则酌古今之宜，适文质之中，该体用、包细大，得三代因革、孔圣删定之意。特为童行窃去，不得再修，故时与晚年定论或有不同处耳。然则后世礼学，正当以《家礼》为主。②

从朱熹一生的礼学实践来看，他实际上是先从当时可实践的近儒（主要是司马光、程颐等人）的家礼入手，致力于以礼化俗，直到晚年才开始穷究"俗式"家礼的"经典"依据。也就是说，朱熹的礼学内部本身有一个"存古"和"从俗"的张力。虽然朱熹晚年致力于对礼学经典的研究，但这却是在早年《家礼》工作基础上的进一步推原复始。可能正是意识到这点，朝鲜人更青睐于富有实践精神的《家礼》，而仅将《通解》视为礼学资料的汇编。

我们如果站在中年朱熹的立场上看其晚年编修《通解》的行为，那么会很自然地认为其晚年是在为早年的说法找"经典依

---

① 徐宗华：《药轩遗集·卷4·与李原明论成服礼第二书》，收入《韩国文集丛刊》（第76册），景仁文化社1995年版，第254页。
② 民族文化推进会编：《韩国文集丛刊》（第319册），景仁文化社1995年版，第516页。

据";但如果转而站在晚年朱熹的立场上，看其毕生学术主张之递变，就会得出其晚年发生了"考据学转向"的结论。前者的潜台词是《家礼》更重要，这是多数朝鲜儒者的观点；而后者则暗含"朱子晚年定论"的意味。关于后者，朝鲜学者南公辙已有所注意：

> 义理当宗朱子，而至于训诂，则古注亦不可偏废。盖汉唐诸儒，虽忽于理气心性之说，而于名物度数为其专门之学，故朱子亦于本注皆节取注疏而参用之。晚年修《仪礼经传通解》时，亦多以古注为主。虽如他经传，义理则至朱子发挥无蕴，而训诂则朱子亦未尝废汉唐诸儒之说，而只略定其未醇处而已。[1]

这一观点与后世钱穆、张舜徽所主张的"朱熹已开考据学之先"的说法不谋而合，其对朱熹晚年学风丕变的认识无疑是深刻的。这得益于从《通解》中所散发出来的与早年不同的重视"训诂之学"的风气。

第二，朝鲜王朝随后出现了多部专门补充、订正《仪礼经传通解》的著作。

在中国，真正补充、订正《仪礼经传通解》的著作只有梁万方的《重修仪礼经传通解》。该书卷帙浩繁，补充了原书缺而未撰的部分，并且完善了目录部分，在正文中用"附按"的形式订正

---

① 南公辙：《金陵集·卷20·日得录》，收入《韩国文集丛刊》（第272册），景仁文化社1995年版，第378页。

了一部分内容。朝鲜王朝时期则出现了多部类似的著作。如乾隆时期金履安的《仪礼经传记疑二卷》，以读书日记的形式记载了对《通解》的各种疑问；顺治时期李端相的《仪礼说一卷》简述了《通解》各章的特点及主旨，可能是一份讲课纲要。最有名的当属韩元震①在乾隆七年（1742）撰写的《仪礼经传通解补》。他在该书的跋文中是这样说其撰作宗旨的：

> 窃观《仪礼》本经所载，只有冠婚丧祭、朝觐聘享、饮射相见之礼。而《通解》所编，本之于为学，则自小学以至大学；措之于为治，则自人君内治；以至表正万邦、经理四海，而天文、地理、律历、兵家之说无不具焉。盖朱子以是继周公而立一王之制，为学者而垂万世之训也。然是书之编，只在于经传古语，而不复及于折衷群言、损益前代，以示其可行者……朱子之虑非不及此，而顾以折衷损益，非圣人得位不可。故谦逊不居，以俟后人……自朱子言之，固不敢以是自居；而自后人尊朱子而言之，则取朱子之说而补朱子之书，以成朱子之志，似亦无人而不可为矣。于是不揆固陋，乃敢悉取朱子之说，随其门目，附入于原书之下。如是而后，是书之指事有断例，言有定论。譬如长短既陈，得尺度而裁之；轻重既列，得权衡而称之。可使后人开卷了然，不迷于所行，而亦以见朱子集大成之业。②

---

① 韩元震，字德昭，号南塘、旸谷，清州人。生于康熙二十一年（1682），卒于乾隆十六年（1751），著有《南塘集》《朱子言论同异考》等。

② 韩元震：《仪礼经传通解补跋》，收入《韩国礼学丛书》（第 43 册），民族文化 2008 年版，第 3 页。

该书共十一卷，是取《通解》的框架，从朱子《文集》中选取相关内容充实入这一框架。以《祭礼·宗庙》为例，其下收录了朱子议祧庙的多篇文书，如《祧庙议状》《面奏祧庙札子》《与赵丞相书》《殿屋夏屋说》等。正如引文所说，他是嫌朱子在《通解》中多存古礼而略有未定之说，特取朱子在他处的"定论"来辅弼《通解》，以究明朱子的真实意图。除朱子外，他还将许慎、柳宗元、胡寅、司马光的个别篇章收入其中。

梁氏和韩氏对《通解》原书有个别存目的篇章都作了补充，从其补充内容之差异可见两国儒者不同的治学旨趣。韩元震所补充的《卜筮》的内容就是朱熹的《易学启蒙》[①] 一种，隐隐透出"惟朱子之说是从"的意味，显然朝鲜学者对颇有异同争议的古礼典籍没有太大兴趣，只关心朱子给出的是非判断而不关心其判断依据；梁万方所补充的就更接近于模仿朱熹的编撰理念，内容包括了"《周礼·春官》、《尚书·洪范》、《周易·系辞传》、《说卦传》及《礼记》、《春秋》内外传、《史记·龟策传》、《汉书·艺文志》、《易学启蒙》、《东莱博议》之言卜筮法数者"[②]，深染明清博引考据的风气。二者之区别，正可作两国朱子学学风不同之注脚。

三、《通解》经由朝鲜半岛在日本的影响

与此书印行时间几乎相同，日本向朝鲜索求此书，其后日本据朝鲜本刊印了和刻本。和刻本于民国时期传入中国，此后成为

---

① 参见韩元震：《仪礼经传通解补·卷7》，收入《韩国礼学丛书》（第44册），民族文化2008年版，第141—270页。

② 《四库全书存目丛书》编纂委员会编：《四库全书存目丛书》（第112册），齐鲁书社1997年版，第560页。

《通解》的重要参校本。

德川幕府时期，朱子学在日本同样被视为具有官方背景的"显学"，因此宽文二年（1662）日本就曾刊刻过《通解》的前三十七卷。在日本的版本学界，如长泽规矩也、户川芳郎、阿部隆一等版本学家都曾以为和刻本的底本是宋嘉定本，甚至认为和刻本就是"影宋本"。这直接造成了后来排印《通解》时误将和刻本作为重要的参校本。

上文已指出，从版式上看，宽文年间的和刻本为半叶十行十七字，不同于嘉定本七行十五字，却与朝鲜本一致；从流传情况看，宽文稍前的时期，嘉定本在中国已非常罕见，流入日本的可能性很小，因此日本刻本的底本是宋本的可能性不大。另《朝鲜王朝实录》上明确记载，日本曾遣使向朝鲜王朝求购此书。1654年11月，日本幕府差遣平成政到朝鲜求书，所开十四种书单中《仪礼经传通解》列于首位：

> 日本遣差倭平成政，求《仪礼经传通解》（中略）《退溪集》，命礼官议之。礼曹启曰：倭差所求十四件书册，经乱之后，或有未及刊行者，请随其所有而赐之。从之。[1]

此时恰值朝鲜第二次刊印《通解》（很可能刚刚刊刻完毕，也可能尚未完全完成，故而这一次只带回去了《通解》正编三十七卷），书被平成政带回日本。数年之后，日本据朝鲜本影刻，因此

---

[1] 朝鲜科学院、中国科学院编：《李朝实录》（第36册），科学出版社1959年版，第330页。

才会出现版式的相似。在朝鲜刻本部分所举的三处校勘例中，和刻本与朝鲜本均保持一致。

有和刻本刊行，必定会有学者阅读，但就笔者所见，多数人并无深刻体会，日本儒者中村兰林、安积艮斋、海保竹径都曾提到该书（俱见《日本儒林丛书》），但均系蜻蜓点水，浅谈辄止。水户学者①会泽正志斋（会泽安）在回忆其师藤田幽谷的《及门遗范》中似稍有深入：

> 先生尝以《仪礼经传通解》授安读之，曰：朱考亭讲究实学，其所以施于事业之志于是书可见其本色焉。野中兼山尝命镂之梓，可谓得紫阳之真面目矣。安谓圣人之道，修己治人，在合外内。考亭之论性理所以修己，编此书所以治人，故见其《戊申封事》等书，亦可观施于事业之志。世称朱学者多言修己而遗治人，其倍圣人之大道固亡论，而于考革之意亦偏举一端而失全旨。使考亭闻之，其谓之何？②

可见水户学者已经注意到朱熹的学问不仅有"内圣"的一面，也有"外王"的一面，且与后者有关的主张集中体现在《仪礼经传通解》之中。他们可能也按照这一理解，参与到了幕末"尊王攘夷"的运动中去，③ 其影响虽巨但已脱离了朱子学的范畴，本书

① 水户学广义上仍属于朱子学范畴，渊源于明末渡日大儒朱舜水在水户藩的讲学，其后期以编撰《大日本史》为主要工作，理论中融入了日本固有的一些观念，与正统朱子学有差异。
② 会泽正志斋：《及门遗范》，浅井吉兵卫 1882 年刻本，第 15 页。
③ 参见李少鹏：《儒家"尊王攘夷"思想在日本的传播与发展——以后期水户学派为中心》，《船山学刊》2019 年第 3 期。

不再涉及。

朝鲜王朝在将朱子学作为学问正宗的同时，大批的朱子著作流入朝鲜半岛，其中就包括《仪礼经传通解》。但长期以来，朝鲜儒生热衷于简洁易行的《朱子家礼》，相对复杂的《通解》则被他们长期搁置。当遇到《家礼》无法解决的王朝礼制问题时，奇大升和宋氏兄弟先后两次向朝鲜国王建议刊刻《通解》。第一次刊刻因奇大升的罢黜最终"废阁"，第二次刊刻印量稍大，旋即流入日本，成为日本宽文刊本的底本。《仪礼经传通解》在中、韩、日三国的流传过程，正可作近代东亚书籍传播及相互影响之例证。此书在三国的不同遭遇，反映了朱子学在近代东亚的差异化样态，其在三国近代的思想嬗变过程中所发挥的不同作用，也值得我们深思。

第五节
《仪礼经传通解》的校勘价值举隅

清代的考据学与校雠学关系密切，而《通解》本身就是杂取先秦两汉各种典籍而成，且尚有宋本存世，故清儒在校勘《仪礼》时将之用作参校本。实际上，《通解》中还保留有《周礼》《礼记》《大戴礼记》等其他经史文献，另外还有《孔子家语》《新书》《孔丛子》等子部文献，学界在整理这些文献时本来皆可将之作为参校。本节举《大戴》《新书》《孔丛》三书概之，以显示其校勘价值。

朱子早在 39 岁时就已经认识到"书坏于校"的辩证道理："校书……但且据旧本为定，若显然谬误，商量改正不妨。其有阙

误可疑，无可依据者，宁且存之，以俟后学，切不可以私意辄有
更改。盖前贤指意深远，容易更改，或失本真以误后来，其罪将
有所归，不可容易。千万千万！"① 在叙述完校书的一般性原则后，
朱子进一步提出这些原则都是源于自己的切身体会："旧来亦好妄
意有所增损，近来或得别本证之，或自思索看破，极有可笑者。
（或得朋友指出。）所幸当时只是附注其傍，不曾全然涂改耳。亦
尝为人校书，误以意改一两处，追之不及，至今以为恨也。"② 可
见，朱子中年时期就已经深刻地认识到"书坏于校"，并极力避免
之。因此，对于朱子所录的原文（特别是经文），除非极个别的笔
误，我们均可将其所引作为该书的"宋本面目"来对待，这对于
错讹较重的子部文献意义更为重大。

一、《通解》所引《大戴礼记》的校勘价值

《大戴礼记》，又名《大戴礼》或《大戴记》，由西汉礼学名
家戴德编纂，选编了先秦至秦汉之际的礼学文献，宋代时一度被
视为"十四经"③。该书因不被两汉经师注释，未入官学，以致后
世篇章残落，亡佚过半，长期以来饱受冷落。④ 自北周卢辩作注，
直到清中期以后才被孔广森、王聘珍等学者关注，但整体而言，
该书始终只是《（小戴）礼记》的附庸，并未受到特别的重视。

据郑玄《六艺论》（《礼记正义》引），《大戴礼记》原有八十
五篇，到唐代就已佚失四十六篇，仅剩三十九篇，与今日所见本

---

① 朱熹:《朱子全书》（第 22 册），朱杰人等主编，上海古籍出版社 2002 年版，第 1749 页。
② 朱熹:《朱子全书》（第 22 册），朱杰人等主编，上海古籍出版社 2002 年版，第 1749 页。
③ 史绳祖:《学斋占毕》，中华书局 1985 年版，第 64 页。
④ 史应勇:《两部儒家礼典的不同命运——论大、小戴〈礼记〉的关系及〈大戴礼记〉
的被冷落》，《学术月刊》2000 年第 4 期。

大体一致。换言之，朱子所见的《大戴礼记》即今日所见之本。

关于《大戴礼记》的真伪及成书过程、成书年代及流传情况，近代以来讨论颇多。① 朱子虽然痛惜于《大戴礼记》不完整，但并没有质疑其作为经典文献的基本属性，也未曾提出这是一本伪书。今天在八角廊西汉墓中出土的《保傅传》、《哀公问五义》和郭店简的部分篇章，已基本证实了《大戴礼记》的主体部分是由先秦和汉初的经师所撰作，朱子的这一基本认识无疑是正确的。2008年，上海博物馆所藏的两种《武王践阼》② 的公布，进一步证实了《大戴礼记》中的《武王践阼》成篇应不晚于战国。学者关于简本与传世本的对比研究表明：从简本到传世本的流传过程中，出现了文字增删、改动、合并等现象，但传世本的基本框架渊源有自。③ 可见，《大戴礼记》并不是一本"伪书"。

除北周卢辩注本外，清儒也有多人校注《大戴礼记》。其中著名者约有：戴震校本（收入《戴氏遗书》）、卢文弨校本、孔广森《大戴礼记补注》、汪中《大戴礼记正误》、王聘珍《大戴礼记解诂》、王树柟《校正孔氏大戴礼记补注》、俞樾《大戴礼记平议》（收入《群经平议》中）、孙诒让《大戴礼记校补》等。这些校注本虽然大多都提到过《通解》中引录的《大戴礼记》，但经笔者覆校，综计诸家所举异文尚不及全部异文的一半。更有很多诸家争讼之异文，各方遍证群经，却极少有人援检《通解》之文以证，显然是由于《通解》的相关内容编排分散。

---

① 参见孙显军：《〈大戴礼记〉诠释史考论》，社会科学文献出版社2011年版。
② 马承源主编：《上海博物馆藏战国楚竹书》（第7册），上海古籍出版社2008年版。
③ 参见晁福林《从上博简〈武王践阼〉看战国时期的古史编撰》，《史学理论研究》2011年第1期；许兆昌、李大鸣：《试论〈武王践阼〉的文本流变》，《古代文明》2015年第2期。

据朱子所言,《大戴礼记》的主要缺陷有三:一是传本、注本均不全。唐以后《大戴礼》仅存三十九篇,卢辩注则仅及二十四篇,即朱子所谓"《大戴礼》无头","或有注、或无注,皆不可晓"。二是其精华已被收入《礼记》,即剩余的多属"药渣子","其好处已被小戴采摘来做《礼记》了,然尚有零碎好处在"。三是没有较好的版本。其"本文多错,注尤舛误"①,说的实际上是版刻的错误,而不是所谓"郑玄注"的不当。

虽然有上述缺陷,但朱子尽力矫正之,通过删节、校勘、加按语、调整章节等手段"妙手回春",重新确立了《大戴礼记》作为除三礼外最重要的礼学经典的地位。整体而言,朱子对《大戴礼记》持肯定态度。

鉴于上述认识,朱子在编纂《通解》时较完整地引用了其中的《保傅》《曾子事父母》《武王践阼》《盛德》《朝事》《投壶》《公冠》等篇,另用了单行本的《夏小正》(与《大戴礼记·夏小正》参校)。② 黄榦在继续朱子未竟的事业时,也完整引用了《诸侯迁庙》《诸侯衅庙》等篇章,这显然也出自朱子的构想。而且可以明显地感觉到,朱子在有其他资料可供选择之时,一般不选用流传情况并不清晰的《大戴礼记》为底本。

这里对《夏小正》再略作说明。《夏小正》是农事之书,分经、传两部分,经传并列混排,未有明显区分。其虽被收入《大戴礼记》中,但《隋志》已单独著录,说明唐时已另有单行本。旧说《小

---

① 以上均见于朱熹:《朱子全书》(第17册),朱杰人等主编,上海古籍出版社2002年版,第2995页。
② 参见孙显军:《〈大戴礼记〉诠释史考论》,社会科学文献出版社2011年版,第140—149页。

正》的"经"就是孔子所得的《夏时》。据于省吾先生考证,"《小正》经文的撰述时期,要比《逸周书·时训》《礼记·月令》早得多,至于《小正》之传……其为西汉人的撰述则是无疑的"[①]。

　　《通解》有《夏小正》一章,底本是单行本(即朱熹所谓"傅本"),又以《大戴礼记·夏小正》(即"《大戴》本")校勘。朱子在收录时对傅本做了较大的改动,主要有两个方面:一是在章节方面将经单列出来。实际上,朱子是按月份将"经文"单独提出来,在剩下的"传文"前加"传曰"二字,这样《夏小正》的眉目便十分清晰。朱子对此整理颇为自得,曾向余正甫提道:"又《小正》《月令》校得颇详。(《小正》恐须如此写,方见经传分明,不可以其非古而合之也)。"[②] 二是在文本方面,有意识地将傅本与《大戴》本比勘异同并出校语。朱子晚年已经清晰地认识到"凡文字,有一两本参对,则义理自明"[③]。其在注解《通解》时只要条件允许,就仿照郑玄注不专守今、古文的先例,在注中明言"某本作某",以表明自己所据为另一本。朱子在编排时,不仅对"单行本"和"大戴本"的异文进行校勘,在注文中提示了二者文字的异同,还对有些异文的正误进行了判断:

　　　　时有养日(朱注:《大戴》"日"作"白"。以"十月养夜"考之,作"日"近是)。
　　　　罴貊貉鼬鼪则穴(朱注:《大戴》"穴"作"大",非)。

① 于省吾:《夏小正五事质疑》,收入《文史》(第4辑),中华书局1965年版,第145页。
② 朱熹:《朱子全书》(第23册),朱杰人等主编,上海古籍出版社2002年版,第3080页。
③ 朱熹:《朱子全书》(第17册),朱杰人等主编,上海古籍出版社2002年版,第2967页。

如同调整《大学》经传一样，朱子还对《夏小正》的经传顺序做了一些调整，同时在注文中也进行了说明。但这些调整还是引发了清儒的批评，如朱子将传文"何以谓之小正以著名也"移到篇题《夏小正》下，以为此句系解释"小正"篇名，即读作："何以谓之《小正》？以著名也。"但戴震指出，这是朱子未深究文意所导致的错误。此句当作"何以谓之？《小正》以著名也"。这是《夏小正》传文特有的自问自答形式，即解释《夏小正》经文体例的句子，与篇名无涉。① 需要指出的是，朱熹一生对传世文献的态度十分谨慎，即使如清人深诟其对《大学》"移经补传"，在注文中他已经对《夏小正》经文的调整全部作出了说明。从朱熹一生纂修图书的实践中可知，他经常将传世文本划分经、传两部分，甚至不惜为此移易、增改文本，此背后的缘由值得我们进一步关注。

今日所见《大戴礼记》的较好版本有黄怀信的《大戴礼记汇校集注》② 和方向东的《大戴礼记汇校集解》③ 两种。鉴于前者所录卢辩注亦出校，故下文所引以黄校本为主，以该本与朱子本的异同文字为例，说明《通解》引《小正》的特殊价值。

《大戴·保傅》：上有双④衡，下有双璜、冲牙（衡，平也。半璧曰璜。冲在中、牙在旁）。玭珠以纳其间（纳于衡、璜之间）。⑤

《通解·保傅》：上有葱衡，下有双璜、冲牙（衡，平也。

---

① 　参见张岱年主编：《戴震全书》（第6册），黄山书社1995年版，第283页。
② 　黄怀信：《大戴礼记汇校集注》，三秦出版社2005年版。
③ 　方向东：《大戴礼记汇校集解》，中华书局2008年版。
④ 　下划线用以标示异文。下同。
⑤ 　黄怀信：《大戴礼记汇校集注》，三秦出版社2005年版，第411—413页。

半璧曰璜。<u>璜在旁、冲牙在中</u>）。玭珠以纳其间（纳于衡璜冲
<u>牙</u>之间）。①

按：此句异文，戴震疑为朱子所改，笔者并不赞同。"衡"在经典
中又作"珩"，"双衡"易解，"葱衡"难解。据孔广森说，"葱，
玉青色者"，并指出系出自郑注《周礼》。戴礼进一步补充说《新
书》即作"葱"。孙诒让则认为作"双"无误，并从玉制的角度进
行了详细考证。关于"冲牙"的两处异文则尚未有定论。依卢注，
冲、牙为二物，并参皇侃"冲居中央，牙是外畔两边之璜"可知，
此玉形制当是：两个衡上下并列，其下悬三股，冲居中央，璜居
两旁，璜就是牙，中间那一股是不穿"玭珠"的。但若据朱子，
"冲（衝）牙"即文献中的"衡牙"，此玉形制当是：一个衡在
上，其下悬三股，冲牙居中，璜居两旁，三股玉之间均穿"玭
珠"。朱子之说与郑玄注合。从前述朱子对待文献的态度看，其直
接改动文献的可能性不大。另外，参照近年来的考古与金文研究
成果，均可知朱子所录的异文有重要的参考价值。②

　　特别是在《通解续》中涉及较多的《大戴礼记》文字，也可
窥见宋本《大戴礼记》之一斑，尤其对屡经篡改的卢辩注意义
重大。

---

① 朱熹：《朱子全书》（第 2 册），朱杰人等主编，上海古籍出版社 2002 年版，第 601 页。
② 《毛公鼎》和《番生簋》中记载周王册命曾用到"朱芾葱黄"，其中的"葱黄"即朱
　子所录的"葱衡"，另外朱子也不太可能把易于理解的"双衡"改为难于理解的"葱
　衡"。而卢辩将"冲""牙"视为二物，孔颖达已有批评，不赘。朱子所录"玭珠以纳
　衡、璜、冲牙之间"与郑注合，也接近考古所见的周代用玉事实。至于周代具体的用
　玉制度，请参见孙庆伟：《周代用玉制度研究》第三章，上海古籍出版社 2008 年版。

《大戴·诸侯迁庙》：从者皆斋（《春秋谷梁传》曰：作主坏庙，有时日于练焉。坏庙之道，易檐可也，改涂可也。范宁云：纳新神，故示有所加焉）。①

《通解续·诸侯迁庙》：……从者皆斋（《春秋谷梁传》曰：作主坏庙有时日，于练焉<u>坏庙</u>。坏庙之道，易檐可也，改涂可也。范宁云：<u>将</u>纳新神，故示有所加）。②

按：经查，《通解续》所引《谷梁传》符合原文。若无《通解》比勘，我们当然可以认为是卢辩节引《谷梁传》，可一旦将二者进行比较，则可发现这是今本《大戴》注文脱误，黄榦所引系宋本原貌。历来校者唯王树枏《补注》于"于练焉坏庙"下云"各本脱庙字"。据此可推断其讹误情形可能是："坏庙坏庙"四字，先脱"庙"字，成"坏坏庙"，义不可解，故再删"坏"字，成"坏庙"二字。"将"字亦同属今本脱字。

《大戴·诸侯迁庙》：脯醢陈于房中（房，<u>旦</u>房也。诸侯左右房也）。设洗当东荣，南北以堂深（记因卿士，当言<u>弃</u>）。③

《通解续·诸侯迁庙》：脯醢陈于房中（房，<u>西</u>房也。诸侯左右房也）。设洗当东荣，南北以堂深（记因卿士，当言<u>东</u>）。④

按：此二处今本肯定有误，今作"曰""弃"于义不可解，清儒对

---

① 黄怀信：《大戴礼记汇校集注》，三秦出版社 2005 年版，第 1153 页。
② 朱熹：《朱子全书4》（第 4 册），朱杰人等主编，上海古籍出版社 2002 年版，第 2344 页。
③ 黄怀信：《大戴礼记汇校集注》，三秦出版社 2005 年版，第 1162—1163 页。
④ 朱熹：《朱子全书》（第 4 册），朱杰人等主编，上海古籍出版社 2002 年版，第 2346 页。

此早就聚讼不已。戴氏校订"曰"或作"西""由"等，并提出据《仪礼》，当作"东"，汪中从之径改。俞樾则以为当作"西"。他指出："卢氏（指卢辩——引者注）以此经言诸侯之礼，故以房为'西房'，又申说之曰'诸侯左右房也'，正见其与他经（指《仪礼》——引者注）言士大夫之礼不同。若作'东房'，则无庸申说矣。《荀子·正论篇》曰：'执荐者百人，侍西房。'杨注曰：'荐，谓荐陈之物，笾豆之属也。'然则脯醢当在西房，古书自有明文，足证戴氏、汪氏改'西'为'东'之谬。"[1] 戴、汪、俞三家均未见《通解续》此字正作"西"。清儒徒事考据而不注意《通解》所引，此例可为俞说添一力证。另，"弃"字戴氏校订当作"东"，指"东溜"，据《通解续》可知戴说不谬。

　　《大戴·诸侯衅庙》：成庙，衅之以羊（……祭器名者成，则衅之以豭豚）。[2]

　　《通解续·诸侯迁庙》：成庙，衅之以羊（……祭器名者成，则衅之以豭也）。[3]

按：卢文弨校本、戴震校本所见《大戴记》本作"也"，其据《礼记·杂记》"凡宗庙之器，其名者成，则衅之以豭豚"改作"豚"，黄怀信校本从之。豭，或作"猳"，意为牡猪，即公猪。《说文·豕部》：豭，牡豕也。《广雅·释兽》："豭，雄也。"古今养猪史表明，在母猪、肉猪（阉猪）、公猪之中，最可宝贵的就是公猪，因

① 俞樾：《群经平议》（卷18），清光绪二十五年刊春在堂全书本，第14a页。
② 黄怀信：《大戴礼记汇校集注》，三秦出版社2005年版，第1168页。
③ 朱熹：《朱子全书》（第4册），朱杰人等主编，上海古籍出版社2002年版，第2346页。

其被选作交配的种猪，又被视作财富的代表（"家"字即得声于"豭"），因此经常被用来"衅"（血祭）。从这个意义上讲，"豭豚"的含义即偏指"豭"，不必改从《杂记》。

我们也应客观地指出，《通解》所引的《大戴礼记》也有一些明显的抄写错误。仅以朱子校勘颇为自得的《夏小正》部分为例，就有如"鸡桴粥"误作"鸡抒粥"、"柳稊"误作"柳梯"等误字（这可能是刻工手误）。然而瑕不掩瑜，这些错误并不足以掩盖《通解》所引《大戴》的价值。

二、《通解》所引《新书》的校勘价值

《新书》又名《贾子》《贾子新书》《贾谊书》，贾谊撰。贾谊的文章在其生前并未汇编成册，更不曾有《新书》之名。在《史记》中，司马迁就曾收录或节录了《过秦论》（见《始皇本纪》《陈涉世家》）、《鹏鸟赋》和《吊屈原赋》（见《屈原贾生列传》）等散篇著作。刘向领校秘书时，将贾谊的文章汇编成册，定名为《贾子新书》。到班固撰写《汉书》时，在《食货志》《礼乐志》和《贾谊传》中引用了大量《新书》中的材料，并将其收入《艺文志》（疑此前《七略》已收，《汉志》照录）①。

到宋代，陈振孙首先提出："（《新书》）非《汉书》所有者，辄浅驳不足观，决非谊本书也。"② 即对其真伪提出质疑。朱熹对《新书》的态度基本同于陈振孙的意见，他认为"贾谊《新书》，除了《汉书》所载，余亦难得粹者，看来只是贾谊一杂记稿耳"，

---

① 参见余嘉锡：《四库提要辨证》，中华书局1980年版，第538页。
② 陈振孙：《直斋书录解题》，上海古籍出版社1987年版，第270页。引文括注为引者注。

"此谊平日记录稿草也。其中细碎俱有，《治安策》中所言亦多在焉"。① 认为《新书》中除了曾被引用的部分外都不太可信。鉴于上述认识，朱子并没有大量引用该书的内容，在《通解》中重点收录了《新书》中曾被《大戴礼记》《汉书》引用的篇章。

这里需要对《保傅篇》作特别说明，通过近年出土文献可以基本断定，其出自贾谊之手。② 该篇同时见于《大戴礼记》和《新书》中，但二者底本谁先谁后，自古意见不一。朱子主张大戴抄自贾谊"文集"：

> 安卿问："《大戴·保傅篇》，多与贾谊《策》同，如何？"
>
> （朱子）曰："《保傅》中说'秦无道之暴'，此等语必非古书，乃后人采贾谊《策》为之。"③

《通解》有一处本是引用《大戴礼记·保傅》的内容，起初标明"贾子曰"④，正是朱熹为说明《保傅》的作者而加。在《通解》的《目录》部分，朱子详细说明了《通解·保傅传》与《大戴礼记·保傅》及《新书》中相关篇章的关系：

> ……通《保傅传》，文颖以为贾谊所作，即此篇也。今在《大戴礼》中为第四十八篇，其词与谊本传疏语正合。其言教

① 朱熹:《朱子全书》（第18册），朱杰人等主编，上海古籍出版社2002年版，第4200页。
② 参见葛兆光主编:《清华汉学研究》（第1辑），清华大学出版社1994年版，第15页。
③ 朱熹:《朱子全书》（第17册），朱杰人等主编，上海古籍出版社2002年版，第2996页。
④ 朱熹:《朱子全书》（第2册），朱杰人等主编，上海古籍出版社2002年版，第599—601页。这段文字文末明标"《大戴》"，文内双行夹注也是卢辩注，但起初却标记"贾子曰"，说明朱子以为《大戴》这段内容是贾谊所撰。

大子、辅少主之道至详悉而极恳切矣，故自当时即以列于
《孝经》《论语》《尚书》之等而进之于君，盖已有识其言之
要者矣。①

从此可知，朱子确信《大戴礼记·保傅》是出自贾谊之手。但毕
竟二者均非经部文献，因此《通解》在引用《保傅》时对二者异
文直接选取较合理者，并加校语：

> 《通解》引《大戴礼记·保傅》：古者胎教之道，王后腹
> 之七月，而就宴室（……贾谊《新书》"七月"作"十月"，
> "宴室"作"蒌室"）。……太宰荷升不敢煎调，而曰："不敢
> 以待王太子"（《新书》"升"作"斗"，"荷"作"倚"，
> "待"作"侍"）。②

上文朱子以《大戴》为底本。在选择底本时，朱子选用文意更合
理而非看起来时代更早的《新书》，可见朱子对待文献的基本态度
与清儒不同。上文"七月"还是"十月"，可据下文"比三月者"
推知《大戴礼记》不误。"蒌室"于意不可解，据《说文》："蒌，
草也，可以烹鱼。"而"宴室"据卢辩注就是《礼记·内则》提到
的"侧室"。正是因这两处异文的合理性，《通解》在引用这段文
字时选用《大戴礼记》为底本，并列出了《新书》的异文。

关于二者间难以取舍的异文，朱子多在"今按"中本着"多

---

① 朱熹：《朱子全书》（第 2 册），朱杰人等主编，上海古籍出版社 2002 年版，第 39 页。
② 朱熹：《朱子全书》（第 2 册），朱杰人等主编，上海古籍出版社 2002 年版，第 190 页。

闻阙疑"的态度加以说明：

> 《通解》引《大戴礼记·保傅》：素诚繁成（今按：四字
> 未详，恐有阙误。贾谊《新书》无诚繁二字），谨为子孙娶妇
> （贾谊《新书》作婚娶嫁女），必择孝悌世世有行义者。①

上文朱子以《新书》校勘《大戴礼记》，虽然对"素诚繁成"的
含义表示不解，但并没有因此径改，而是以校记的形式保存异文，
说明朱子对校勘的慎重态度。按：关于"素诚繁成"的确切含义，
孔广森认为"《新书》无诚、繁二字"，并提出"诚繁"二字当
衍。王聘珍则认为并没有错误，"素，犹始也……《广雅》曰：诚，
敬也。繁，多也，谓子孙繁盛也。成，犹终也。素诚繁成者，言昏
礼于始能诚敬，必繁衍其终也"，并认为这是在衔接下文。汪照则
进一步提出"素成"系下文"故曰素成"错简误植于此所致。②
可见清儒对此也未能统一意见。以上为散见于《通解》多处的
《保傅篇》。

贾谊的《新书》今日所见较好的版本有吴云、李春台校注的
《贾谊集校注》③和中华书局"新编诸子集成"中所收的由阎振
益、钟夏校注的《新书校注》，但后者更为详瞻，下文即据此本移
录。该本以明正德十年吉府本为底本，吸收了卢文弨、王耕心等
人的校勘成果，参校了明以后的六种版本并详出校记，可谓集前

---

① 朱熹：《朱子全书》（第2册），朱杰人等主编，上海古籍出版社2002年版，第182页。
② 《新书校注》，阎振益、钟夏校注，中华书局2000年版，第394页。
③ 《贾谊集校注（增订版）》，吴云、李春台校注，天津古籍出版社2010年版。

人之大成，下文所引《新书》即此本。① 因《新书校注》的底本系明本，《新书》又无宋本存世，因此《通解》中所引《新书》部分的内容可作为重要的参校本，有着重要的版本意义。以下列举数则证明之。

《新书》：太子生而立。②

《通解》引《新书》：太子生而泣。③

按：《新书校注》据吉府本为"立"，并据朱骏声"立，假借为泣"。但出校记云"李空同本"作"泣"。李本系宋本"程漕使本"系统的覆刻本。据朱子所引可知，宋本确实作"泣"。文献中的通假的"立"多数为后起的"位"或"莅"字，而"泣"字在《诗经》中已出现（"鼠思泣血"），文献所见二者相通极罕。吉府本的"立"应是"泣"泐去"氵"所致，当据改。

《新书》：帝自朝服升自阼阶上，西乡于妃。妃抱世子自房出，东乡。④

《通解》引《新书》：帝自朝服升自阼阶上，西乡。妃抱世子自房出，东乡。⑤

---

① 关于《新书》的版本，除上述两书的序言部分外，另可参：李书玮：《贾谊〈新书〉版本流变述略》，《图书馆工作与研究》，2007 年第 2 期；鲁纳：《贾谊〈新书〉之传世辨解》，《文献》2000 年第 2 期。

② 《新书校注》，阎振益、钟夏校注，中华书局 2000 年版，第 391 页。

③ 朱熹：《朱子全书》（第 2 册），朱杰人等主编，上海古籍出版社 2002 年版，第 190 页。

④ 《新书校注》，阎振益、钟夏校注，中华书局 2000 年版，第 408 页。

⑤ 朱熹：《朱子全书》（第 2 册），朱杰人等主编，上海古籍出版社 2002 年版，第 193 页。

按：《新书》衍"于妃"二字。刘师培在《新书校补》中提出"于妃二字疑衍"①，但没有提出任何证据。《新书校注》在注文中也根据上下文意怀疑"于妃"二字为衍文，但苦于没有文献证据而未改正底本。《通解》所引正无"于妃"二字，可为明证。

  《新书》：度大祖、大宗与社稷于子者参。②

  《通解》引《新书》：授太祖、太宗与社稷于子者三。③

按："参"与"三"可通。"大"与"太"虽可通，但下文有"太祝以告太祖、太宗与社稷"，可知"大"当为"太"之误。另，"度"与"授"亦需甄别，虽"度"可通"渡"，"渡"义可解作"授"，但辗转过甚，不甚恰当。而《通解》所引直接作"授"，明程荣《汉魏丛书》本也作"授"，④ 可参校改。

  《新书》：言敬以和，朝廷之言也。⑤

  《通解》引《新书》：言敬以固，朝廷之言也。⑥

按："和"或"固"各本分歧较大。《新书校注》所据吉府本原缺此字，据李空同本补"和"字。而台北本《通解》作"国"，朝鲜本《通解》则作"固"。简言之，此字有"和""固""国"三

---

① 刘师培：《刘申叔遗书上》，江苏古籍出版社 1997 年版，第 1003 页。
② 阎振益、钟夏校注：《新书校注》，中华书局 2000 年版，第 408 页。
③ 朱熹：《朱子全书》（第 2 册），朱杰人等主编，上海古籍出版社 2002 年版，第 193 页。
④ 参见程荣纂辑：《汉魏丛书》，吉林大学出版社 1992 年版，第 497 页。
⑤ 《新书校注》，阎振益、钟夏校注，中华书局 2000 年版，第 227 页。
⑥ 朱熹：《朱子全书》（第 2 册），朱杰人等主编，上海古籍出版社 2002 年版，第 432 页。

种可能。笔者认为当作"固"。文献依据有：1.《汉魏丛书》所收《新书》作"固"；① 2. 朝鲜本《通解》底本为元刷本，底本较台北本早；3. 清光绪贺瑞麟刊《通解》作"固"；4. 明·湛若水《格物通·卷二十五》、清·马啸《绎史·卷一百五十九》所引《新书》均作"固"。训诂依据有：《诗·天保》"亦孔之固"，《毛传》曰"固，坚也"；《论语·子罕》"毋固"，皇侃义疏"固，谓执守坚固也"。可知"固"本有"坚持、固守"之意，即坚守原则，符合在朝廷的言语规范。若作"言敬以和"则有失去原则之嫌，即孔子所谓的"乡愿"，于义未安；而作"国"则与上下文义未安。

《新书》：脪不差而足不跌。②

《通解》引《新书》：肘不差而足不跌。③

按：《说文》"脪，胫耑也"，段注"胫近膝者曰脪"。据此"脪不差"谓（坐时）小腿不交叉，即不盘腿乖足坐。"肘不差"则意谓双臂不叉手。均可通，作"脪"义稍长。

《新书》：欲顾，顾不过毂……立车之容。④

《通解》引《新书》：欲无顾，顾不过毂……立车之容也。⑤

---

① 参见程荣纂辑：《汉魏丛书》，吉林大学出版社1992年版，第484页。

② 《新书校注》，阎振益、钟夏校注，中华书局2000年版，第227页。

③ 朱熹：《朱子全书》（第2册），朱杰人等主编，上海古籍出版社2002年版，第432页。

④ 《新书校注》，阎振益、钟夏校注，中华书局2000年版，第228页。

⑤ 朱熹：《朱子全书》（第2册），朱杰人等主编，上海古籍出版社2002年版，第432页。

按：此二者含义一致，都是为了尊重后车乘客的隐私。《新书》意为"（在车中）想要向后看时，视线不宜高过车毂"；《通解》意为"（在车中）最好不要往后看，（若不得已往后看时）视线不宜高过车毂"。二者相比，《通解》似义长。《新书》所据吉府本脱"无"字，《汉魏丛书》所收《新书》则未脱，与《通解》所引一致。另，《新书校注》上文也有"欲无顾，顾不过毂"，注者却认为此处"无字疑衍"，并引《礼记疏》为证，盖校注者未解上下文意。

《新书》：若夫立而<u>技</u>，坐而蹁……①

《通解》引《新书》：若夫立而<u>跂</u>，坐而蹁……②

按：《新书校注》据吉府本作"技"，以为"技"可通"伎"，"伎"又可通"跂"，而"跂"意为"举足"，即踮起脚尖站立，并引卢文弨说为据。此解过于穿凿。《汉魏丛书》所收《新书》与《通解》同，正作"跂"字，意为单脚站立，本不用穿凿为说。《礼记·曲礼》"立毋跂"，孔疏："跂，偏也。谓挈举一足，一足踏地。"《新书》与《礼记》渊源甚深，可做旁证。

三、《通解》所引《孔丛子》的校勘价值

《孔丛子》是古代儒家文献中继《论语》之后的又一部以记述孔门言行的重要文献。主要记述孔子及其后人子思、子高、子顺、子鱼的言行，具有明显的孔氏家学特点。近年出土的文献证明该

---

① 《新书校注》，阎振益、钟夏校注，中华书局 2000 年版，第 228 页。
② 朱熹：《朱子全书》（第 2 册），朱杰人等主编，上海古籍出版社 2002 年版，第 433 页。

书与《孔子家语》类似，并非传统意义上的伪书。①

　　该书早在魏晋时期已经被征引（王肃《圣证论》和皇甫谧《帝王世纪》）。最早著录于《隋书·经籍志》，题"陈胜博士孔鲋撰"。但由于书中出现了孔鲋殁后之事，自南宋洪迈以后，尤其是民国以来，很多人怀疑为伪书，此说甚至一度成为"铁案"。随着近年来相关出土文献的问世，李学勤、黄怀信、李零等先生均撰文表示应该重新考虑其真伪问题。② 此书的注者为北宋学者宋咸，注本即"嘉祐本"，今存。傅亚庶先生整理点校的《孔丛子校释》③ 即以此为底本，下文所引亦出自该书。

　　朱熹也是较早怀疑《孔丛子》是伪书的学者之一。他曾经多次向弟子提到此书"鄙陋之甚，理既无足取，而词亦不足观"④。但实际上，朱子对此书的评价有一个变化过程。

　　在成书于淳熙十三年（1186）的《孝经刊误》后的跋语中，朱子一度提出《孔丛子》是东汉以后的伪作：

　　　　《孔丛子》亦伪书而多用《左氏》语者……《孔丛子》叙事至东汉，然其词气甚卑近，亦非东汉人作。所载孔臧兄弟往还书疏，正类《西京杂记》中伪造汉人文章，皆甚可笑。所言不肯为三公等事，以《前书》考之，亦无其实。而《通鉴》皆误信之，其他此类不一。欲作一书论之，而未暇也，

---

① 参见李学勤：《竹简〈家语〉与汉魏孔氏家学》，《孔子研究》1987 年第 2 期。此文后被收入《李学勤文集》，上海辞书出版社 2005 年版，第 508 页。
② 参见孙少华：《试论〈孔丛子〉研究的五个分期》，收入王志民主编：《齐鲁文化研究》，山东文艺出版社 2007 年版。
③ 傅亚庶：《孔丛子校释》，中华书局 2011 年版。
④ 朱熹：《朱子全书》（第 18 册），朱杰人等主编，上海古籍出版社 2002 年版，第 4233 页。

姑记于此云。[①]

　　朱子从文风和史实两个角度进行分析，对司马光的《资治通鉴》误信《孔丛子》为史实的做法提出批评，并且计划以此为题详加论述。结合朱子对《西京杂记》的判断可知，他推测《孔丛子》是魏晋六朝人伪作，后来又进一步指出："《孔丛子》乃其所注之人伪作。读其首几章，皆法《左传》句，已疑之。及读其后序，乃谓渠好《左传》便可见。"[②] 鉴于朱子从未提过宋咸注《孔丛子》一事，说明他毕生都不清楚注者为北宋的宋咸。[③]

　　到了晚年，朱子的上述观念可能发生了变化。朱子一改中年所推定的"东汉以后伪造说"，提出"东汉伪造说"：

> 　　广云："《通鉴》中载孔子顺与公孙龙辩说数语，似好。"
> 　　（朱子）曰："此出在《孔丛子》，其他说话又不如此。此书必是后汉时人撰者。若是古书，前汉时又都不见说是如何。其中所载孔安国书之类，其气象萎蕤，都不似西京时文章。"[④]

这说明朱子依旧怀疑此书不是秦汉之际的孔鲋所撰，因为西汉时

---

① 朱熹：《朱子全书》（第23册），朱杰人等主编，上海古籍出版社2002年版，第3212—3213页。

② 朱熹：《朱子全书》（第18册），朱杰人等主编，上海古籍出版社2002年版，第4233页。

③ 孙少华据此引文提出：朱子曾经认为《孔丛子》是由北宋宋咸伪作（上揭文），实际上只说对了一半。朱子很清楚司马光的《资治通鉴》（编撰于1066—1084年）已经引用了《孔丛子》的内容，说明朱子明知《孔丛子》的伪造时间当在《通鉴》之前。朱子此处提出是"作注之人伪作"（宋咸注成书于1058年，刊行于1063年），意味着朱子并不知道本书注者是北宋的宋咸，而以为是在司马光之前（汉晋时期）的某不知名学者，因此才推测是"作注之人"伪造的此书。

④ 朱熹：《朱子全书》（第18册），朱杰人等主编，上海古籍出版社2002年版，第3902页。

无人引用,加之一些篇章不像西汉时人的口吻,故而推断是东汉
人所撰。

正是有了上述观念的变化,所以朱子在晚年所著的书中也渐
渐引用《孔丛子》来佐证其主张(如《中庸章句》中就曾引用),
最典型的就是在《通解》中的引用。

朱子在《通解》中先后十余次引用《孔丛子》,主要引用了
《刑论》《杂训》《问君礼》等篇章。上文已述,朱子看到的《孔
丛子》注本并未标注注者姓名,且在书末的"后序"中提到"渠
好《左传》",这些特征与现存的"嘉祐本"并不一致,与宋
"巾箱本"也不尽一致。① 这说明,朱子引用的《孔丛子》是今人
不曾见过的一个注本系统,有极高的版本价值。

　　　《孔丛子》:公曰,昔文王舍適而立其次(文王舍其娇长
　　　伯邑考……)。②

　　　《通解》引《孔丛子》:公曰,昔文王舍適而立其次(文
　　　王舍其嫡长伯邑考……)。③

按:嘉祐本宋咸注显然为误字,《通解》所引本不误。

　　　《孔丛子》:微子舍孙而立其弟(微子舍其孙腯,而立其

---

① 关于《孔丛子》的诸版本问题,参见傅亚庶:《孔丛子校释》,中华书局 2011 年版,第
632—650 页。
② "娇"字傅校已据明刊本改,参见傅亚庶:《孔丛子校释》,中华书局 2011 年版,第
125 页。
③ 朱熹:《朱子全书》(第 2 册),朱杰人等主编,上海古籍出版社 2002 年版,第 194 页。

弟<u>愆</u>防仲）。①

　　《通解》引《孔丛子》：微子舍孙而立其弟（微子舍其孙
脂，而立其弟<u>衍</u>防仲）。②

按：《史记·宋微子世家》正作"衍"（"微子开卒，立其弟衍"），
《礼记》《家语》均如此，文献从未有作"愆"者，嘉祐本显误。

　　《孔丛子》：……舍適立<u>其</u>次，权也。③
　　《通解》引《孔丛子》：……舍適立次，权也。④

按：嘉祐本本无"其"字，傅校据诸明清刊本校补。参《通解》
所引，可知宋本本无，系傅失校，不当补。

　　《孔丛子》：……圣人不以权教（<u>言</u>权者，见机而作，非
可为常教）。⑤
　　《通解》引《孔丛子》：……圣人不以权教（权者，见机
而作，非可为常教）。⑥

按：嘉祐本本无"言"字，傅校据诸明清刊本校补。参《通解》
所引，可知宋本本无，系傅失校，不当补。

---

①　傅亚庶：《孔丛子校释》，中华书局 2011 年版，第 125 页。
②　朱熹：《朱子全书》（第 2 册），朱杰人等主编，上海古籍出版社 2002 年版，第 194 页。
③　傅亚庶：《孔丛子校释》，中华书局 2011 年版，第 126 页。
④　朱熹：《朱子全书》（第 2 册），朱杰人等主编，上海古籍出版社 2002 年版，第 194 页。
⑤　傅亚庶：《孔丛子校释》，中华书局 2011 年版，第 126 页。
⑥　朱熹：《朱子全书》（第 2 册），朱杰人等主编，上海古籍出版社 2002 年版，第 194 页。

《孔丛子》：故立制垂法，顺之为贵，若必欲犯，何有于异（言不顺其法，违而犯之，亦何有异于用权）。①

《通解》引《孔丛子》：故立制垂法，顺之为贵，若必欲犯，何有于异（脱：不顺其法，违而犯之，亦何有异于用权?）。②

按：嘉祐本同《通解》本作"脱"，傅校据诸明清刊本校改，并加按语曰"与注文文例一贯"。类似改动还有多处。笔者以为不当据改，因"脱"与"言"两字音形俱不相近。宋咸《孔丛子注序》中明言："士大夫号藏书者所得本，皆豕亥鱼鲁，不堪其读。臣凡百购求，以损益补窜，近始完集。"③ 说明宋咸是对原文作过校勘的，此即校勘其脱文。嘉祐本和《通解》本一致，正是宋本如此的证明。从上下文意上看，注文作脱文亦可通，不当校改。

《孔丛子》：夫子曰："行夏之时"，若是，殷、周异正为非乎?④

《通解》引《孔丛子》：夫子曰："行夏之时若时，殷、周异正为非乎?"⑤

按：两可，《通解》本义长。二字古通，标点当从《孔丛子》为是。

---

① 傅亚庶：《孔丛子校释》，中华书局 2011 年版，第 127 页。
② 朱熹：《朱子全书》（第 2 册），朱杰人等主编，上海古籍出版社 2002 年版，第 194 页。
③ 傅亚庶：《孔丛子校释》，中华书局 2011 年版，第 534 页。
④ 傅亚庶：《孔丛子校释》，中华书局 2011 年版，第 113 页。
⑤ 朱熹：《朱子全书》（第 3 册），朱杰人等主编，上海古籍出版社 2002 年版，第 917 页。

190 朱熹晚年礼学思想研究

《孔丛子》：羊客问子思曰（羊客，未详何许人）："古之帝王，中分天下，使二公治之，谓之二伯。周自后稷封为王者，后子孙据国，至大王、王季、文王，此固世为诸侯矣，焉得为西伯乎？"子思曰："吾闻诸子夏，殷王帝乙之时（帝乙，纣之父），王季以功，九命作伯……，受珪瓒［秬］鬯之赐……，故文王因之，得专征伐。此以诸侯为伯，犹周、召之君为伯也（文王行化，而雍、梁、荆、豫、徐、杨之人咸被其德而从之，故语曰：三分天下有其二，由服事殷，惟冀、青、兖一分属纣矣……）。"①

《通解》引《孔丛子》：羊客问子思曰："周自后稷封为王者，后子孙据国至大王、王季、文王，此固世为诸侯矣，焉得为西伯乎？"子思曰："吾闻诸子夏，古之帝王，中分天下，使二公治之，谓之二伯。殷王帝乙之时，王季以功，九命作伯……，受珪瓒鬯之赐……。故文王因之，得专征伐，此以诸侯为伯，犹周召之君为伯也（文王行化，而雍、梁、荆、豫、徐、扬之人咸被其德而从之，故语曰：三分天下有其二，以服事殷，惟冀、青、兖一分属纣矣……）。②

按：此段二者异文主要为一处错简及两处注文的删节。错简问题，从上下文意上看，显然《通解》所引更符合逻辑。"古之帝王"一句，当承"闻诸子夏"而来，若羊客劈头问此一句，颇显突兀。朱子引文凡有所调整，往往自加按语说明，表明朱子所见《孔丛

① 傅亚庶：《孔丛子校释》，中华书局 2011 年版，第 131、144—146 页。
② 朱熹：《朱子全书》（第 3 册），朱杰人等主编，上海古籍出版社 2002 年版，第 1014 页。

子》与嘉祐本不同，与宋巾箱本也不同。

《孔丛子》：礼乐征伐自天子出，自天子出必以岁之孟秋，赏军，师武人于朝。[1]

《通解》引《孔丛子》：礼乐征伐自天子出，必以岁之孟秋，赏军，帅武人于朝。[2]

按：嘉祐本盖衍“自天子出”四字。《礼记·月令》“（孟秋之月）赏军，帅武人于朝”，当从《通解》本作“帅”。

《孔丛子》：司徒执扑。[3]

《通解》引《孔丛子》：司徒搢扑。[4]

按：《通解》所引与《礼记·月令》及《吕氏春秋·季秋纪》合，当从《通解》本。

《孔丛子》：［注］弗用命则戮与祉。[5]

《通解》引《孔丛子》：［注］弗用命则戮于社。[6]

按：嘉祐本显误，傅校已改。

---

① 傅亚庶：《孔丛子校释》，中华书局2011年版，第420页。
② 朱熹：《朱子全书》（第3册），朱杰人等主编，上海古籍出版社2002年版，第1163页。
③ 傅亚庶：《孔丛子校释》，中华书局2011年版，第420页。
④ 朱熹：《朱子全书》（第3册），朱杰人等主编，上海古籍出版社2002年版，第1163页。
⑤ 傅亚庶：《孔丛子校释》，中华书局2011年版，第426页。
⑥ 朱熹：《朱子全书》（第3册），朱杰人等主编，上海古籍出版社2002年版，第1164页。

　　《孔丛子》：天子当阶，南面，命受之节钺，大将受。①

　　《通解》引《孔丛子》：天子当阶，南面，命<u>授</u>之节钺，大将受。②

按：嘉祐本上"受"字显误，《通解》本与宋巾箱本同作"授"，当据改。"受""授"二字虽可通，但对举之时必当有所区别，《孟子》有"男女授受不亲"可为证。

　　《孔丛子》：天子乃东<u>回</u>西面而揖之。③

　　《通解》引《孔丛子》：天子乃东<u>向</u>西面而揖之。④

按：嘉祐本"回"字显误，《通解》本与宋巾箱本同作"向"，当据改。

　　《孔丛子》：亦弗御也。⑤

　　《通解》引《孔丛子》：<u>示</u>弗御也。⑥

按：嘉祐本"亦"字显误，《通解》本即作"示"，傅校已据别本改。

─────────────

① 傅亚庶：《孔丛子校释》，中华书局 2011 年版，第 421 页。
② 朱熹：《朱子全书》（第 3 册），朱杰人等主编，上海古籍出版社 2002 年版，第 1165 页。
③ 傅亚庶：《孔丛子校释》，中华书局 2011 年版，第 421 页。
④ 朱熹：《朱子全书》（第 3 册），朱杰人等主编，上海古籍出版社 2002 年版，第 1165 页。
⑤ 傅亚庶：《孔丛子校释》，中华书局 2011 年版，第 421 页。
⑥ 朱熹：《朱子全书》（第 3 册），朱杰人等主编，上海古籍出版社 2002 年版，第 1166 页。

《孔丛子》：[注]《左传》云："戎有受服"。服，祭社之肉，盛以蜃器。①

《通解》引《孔丛子》：[注]《左传》云："戎有受脤"。脤，祭社之肉，盛以蜃器。②

按：参《左传》《国语》可知嘉祐本"服"字显误，傅校已据别本改。

《孔丛子》：将帅稽手再拜受命。③

《通解》引《孔丛子》：将帅稽首再拜受命。④

按："稽手"显误。疑嘉祐本作"稽首"，傅校本排印错误。

《孔丛子》：《书》曰：伯夷降典，折民维刑……谓下礼以教之，然后维以刑折之也。⑤

《通解》引《孔丛子》：《书》曰：伯夷降典，折民惟刑……谓先礼以教之，然后继以刑折之也。⑥

按：三处异文依次述之。《尚书·吕刑》与《通解》同，作"惟"。《孔丛子》下"维"字显系"继"字形讹所致。宋嘉定刊《通解》

---

①　傅亚庶：《孔丛子校释》，中华书局 2011 年版，第 429 页。
②　朱熹：《朱子全书》（第 3 册），朱杰人等主编，上海古籍出版社 2002 年版，第 1165 页。
③　傅亚庶：《孔丛子校释》，中华书局 2011 年版，第 298 页。
④　朱熹：《朱子全书》（第 3 册），朱杰人等主编，上海古籍出版社 2002 年版，第 1166 页。
⑤　傅亚庶：《孔丛子校释》，中华书局 2011 年版，第 78 页。
⑥　朱熹：《朱子全书》（第 3 册），朱杰人等主编，上海古籍出版社 2002 年版，第 1198 页。

与嘉祐本《孔丛子》俱作"下"，明清以后及日本刊《通解》与《孔丛子》多有作"先"者（王贻梁校点本《通解》即据改）。据王蘭淳熙戊申刊本《孔丛子》（今佚）跋语可知，王氏曾取"蜀本"与"贰卿林公"本互校，"凡勘误几六百字"。此异文盖出自王蘭校改。

又按：此类校改尚有多处。略举三处：下"若先而行之"，宋本《通解》与《孔丛子》均作"先"，明清诸本作"老"，两校点本均据改。下"其状自反"，两宋本同作"状"，明清诸本作"将"，傅校本据改。下"臣人而叛"，两宋本同作"臣人"，明清诸本作"人臣"，傅校本据改。

《孔丛子》：男女无别，同川而浴，民相轻犯。①

《通解》引《孔丛子》：男女无别，同川而浴，民轻相犯。②

按：疑嘉祐本与《通解》同，傅校本"相轻"误倒。

《孔丛子》：率过以小罪，谓之枳（枳，一作疻，犹伤也。夫过则宣宥……）。③

《通解》引《孔丛子》：率过以小罪，谓之枳（枳，音纸，一作疻。……枳，犹伤也。夫过则宣宥……）。④

---

① 傅亚庶：《孔丛子校释》，中华书局 2011 年版，第 78 页。
② 朱熹：《朱子全书》（第 3 册），朱杰人等主编，上海古籍出版社 2002 年版，第 1198 页。
③ 傅亚庶：《孔丛子校释》，中华书局 2011 年版，第 78、92 页。
④ 朱熹：《朱子全书》（第 3 册），朱杰人等主编，上海古籍出版社 2002 年版，第 1200 页。

按：《通解》全书注释体例，先列音，后释义。三礼音义取自陆德明《释文》，分附于各句之后、郑注之前，与阮刻本顺序略有不同。宋咸注《孔丛子》时亦附有《释文》一卷，朱子引宋咸注时，为统一全书体例而将《释文》分附于宋注之前，并不一定意味着《通解》所引《孔丛子》的《释文》本来就在宋注内。因此，傅亚庶先生据此判断《通解》所引与嘉祐本不同，证据尚不足。

　　《孔丛子》：令之听讼者。

　　《通解》引《孔丛子》：今之听讼者。

按：嘉祐本"令"字显误。从上文所列《通解》所引《孔丛子》与嘉祐本勘出的异文可知，嘉祐本存在极多类似明显的讹误，反不如朱子所见本精善。鉴于朱子对《孔丛子》的评价较低，他本人不可能对之进行深入校勘或改正误字。因此笔者推断，朱子所据可能是宋人在嘉祐本基础上的精校本，该本在王蘭刊本前，可能就是王蘭所提到的"蜀本"或"贰卿林公刊本"。[①]

　　朱熹生前编撰《通解》时正值庆元党禁，非常担心书稿被政敌构陷销毁，因而在其易箦前特别叮咛黄榦继续完成。不久之后因党禁渐弛，嘉定年间由南康道院分两次将全书刊行，书版直到明初尚有修版刊印，但此时经过补修的板片比例已占到全书的七八成，这种嘉定刊宋元明递修本《通解》在今天尚有完整的两部存世，分别藏于东京大学和北京、台北三地。到明正德年间，《通

_____

① 参见傅亚庶：《孔丛子校释》，中华书局 2011 年版，第 632—650 页。

解》第一次被部分翻刻（仅有经文而无注文），稍晚时期朝鲜用铜活字也翻印出了朝鲜本，其底本是嘉定刊元修本，朝鲜本后传入日本形成了和刻本。到清初康熙年间，吕留良的宝诰堂翻刻了全部《通解》，乾隆年间梁万方修订了全本《通解》并在聚锦堂重刊，到清末光绪年间另有数种印本。

关于《通解》的特色，从三礼学史的视角看，其特尊《仪礼》，振起唐初以来不绝如缕的《仪礼》之学；从解经学的视角看，《通解》对经、注、疏、按四者灵活搭配组合，不拘常理；从政治制度的视角看，《通解》有打通礼制与礼经之间的界限的倾向，略有以古化俗、为后王法的意味；在朱子学内部，此书却透出明显的理想主义倾向，与可以施行的《乡约》《家礼》判若两途，与朱子早年的学风也不尽相同，表明朱熹晚年学风已渐向考据学转变。因《通解》的编撰体例接近于类书，是杂取先秦两汉各种典籍而成，且有宋本存世，故《通解》的校勘价值不仅体现在《仪礼》方面，而且还体现在《周礼》《礼记》《大戴礼记》等其他经部文献以及《孔子家语》《新书》《孔丛子》等子部文献的校勘整理过程中，若将之作为参校，往往能收到意想不到的效果。

第四章
《仪礼经传通解》对三礼注疏的吸收与修正

对《通解》所透露出的与朱熹中年并不完全一致的解经旨趣，陈澧在《东塾读书记》中就曾谈及："朱子《通解》之书，纯是汉唐注疏之学……（书中）有补疏者，有驳疏者，有校勘者，有似绘图者，与近儒考订之书无异。近儒之经学考订，正是朱子家法也。"① 其立论或有意调和汉宋。近人张富祥先生也说："（朱熹）多方面文献工作和学术活动即到处都渗透了精严博肆的考证功夫，而且造诣之深，虽清代朴学大师亦未必能够驾其上。"② 业师孙赫男教授也曾指出："我国具有悠久的文献整理传统，自南宋朱子以来，由于文献发展的客观需要，这个传统不断发展，与文献整理相关的训诂、考证等学术事业本身也不断获得进步，加之清初提倡实学，对明代空疏学风的反思，几代学者的种种努力才促成了清代考据训诂之学的大盛。"③ 这些论说都对朱子的考据工作给予了相当高的评价，表明一直以来就有学者清醒地认识到，在宋代学者中朱熹是精于考据的。如果我们进入《通解》的解经体系内部，就会发现清代考据学者使用的所有方法几乎在其中都可以找

---

① 陈澧:《陈澧集》，上海古籍出版社 2008 年版，第 151—152 页。
② 张富祥:《宋代文献学研究》，上海古籍出版社 2006 年版，第 400—401 页。
③ 孙赫男:《〈左氏会笺〉研究》，光明日报出版社 2011 年版，第 132 页。

到。笔者认为，若说清代的考据学是从程朱理学中直接生发出来的，可能缺乏直接的证据，但从朱子一生的治学轨迹看，心性义理之学发展到末期所出现的重新回向经典的思潮，似乎是一种逻辑（或内在理路）上的必然。

本章就以朱子和黄榦在《通解》中所下"按语"为主，来探究《通解》对汉唐礼学的吸收与修正。文中所引《十三经注疏》文字不另出注，仅随文标注篇名，所引经记注疏均依照《通解》移录。

<h1 style="text-align:center">第一节
尝试以"例"贯通三礼</h1>

自古以来，习礼经者皆极重凡例。陈澧《东塾读书记》就明言"《仪礼》有凡例，作记者已发之矣"①。此后郑注三礼时又发凡数十条，贾疏不仅发凡，且对经文分节（朱子《通解》分节就参考了贾疏的分节），这都是礼家口传心授的不二法门。诚如马楠所言：

> 若《乡饮酒》一篇，有乡射礼与之主宾尊卑适等，升降一献之节，次第相照；而《乡饮酒》重于《乡射》，《乡射礼》先行饮酒；《乡饮酒》略同《燕礼》，又卑于燕礼，二篇之间，自可参证。小戴之《记》，有《乡饮酒义》分而析之，一一解说：则布席之位，可据《乡射》以明，仪节释义，可

---

① 陈澧:《东塾读书记》，上海古籍出版社 2012 年版，第 113 页。

本《乡饮酒义》而言，升歌笙奏、间歌合乐之文，又可与《燕礼》相证。本篇之内，后有《记》文明经；《经》文之内，更有主宾献酢、主介献酢二段自为隆杀差次；即主宾一献中，复有主人酬宾、宾酢主人、主人献宾之节前后相照。而经文先后相续，行文绵密，实该诸例。①

此法至清大备，诸儒据经明例，就例通经，取得了突破性成果，凌廷堪《礼经释例》可谓集大成者。

朱子在编撰《通解》时，同样重视发凡起例，其不仅保留了郑注贾疏中的凡例内容，对于经传的正例、变例及《通解》编撰的凡例，乃至《仪礼》中常有的"省文互辞"都有按语说明。以下略举数例说明之。

一、发经传之正例

《冠·醮》："冠者升筵坐，左执爵，右祭脯醢，祭酒，兴。筵末坐，啐酒，降筵拜。宾答拜。冠者奠爵于荐东，立于筵西。"

朱按："此正醮礼也。下两醮及后章三醮，凡言如初者，皆谓如此礼也。"②

首先说一下本章引文通例。上引"《冠·醮》"指的是在《通解》中的章节名，此后引号内部分所引为《通解》正文，再后括

---

① 马楠编：《比经推例》，新世界出版社2012年版，第110—111页。
② 朱熹：《朱子全书》（第2册），朱杰人等主编，上海古籍出版社2002年版，第65页。

号内（本条引文无）为原文的双行小注，小注内容一般包括：篇名（若与《通解》章节名相同则略去）、郑注、贾疏（或孔疏，指《礼记正义》），此下另起一行"朱按"为朱子所撰的按语，"黄按"为黄榦所撰的按语。具体引文容有删节，文本据排印本并参校东大本，若有校则改并详于脚注。

在《仪礼》中经常会出现重复的仪节内容，为省文杀繁，经文经常详略不等，一般而言在第一次出现时详述，再次出现时简言"如初"。读者在首次出现时因易掉以轻心，故朱子于此处特申明之，这实际上是礼家注疏常用的办法。朱子类似按语尚多，不赘举。

> 《冠·醮》："加皮弁，如初仪，再醮，摄酒，其他皆如初。"
> 朱按："此'如初仪'者，如前再加一章之仪也。下条放此。'再醮摄酒其他皆如初'，言唯摄酒异于始醮，其他皆如之也。"①

> 《冠·醮》："再醮，两豆：葵菹、蠃醢，两笾：栗、脯。"
> 朱按："再醮唯摄酒加笾豆为异，不言如初者可知也。"②

对于此二条，朱子实际上是在提示《仪礼》经文中"省文互见"的体例。从经例中可以推知，再醮、三醮均摄酒，但此言彼不言，系省文。正如胡培翚说："此经再醮言摄酒，三醮不言摄，下若杀章，再醮不言摄，三醮言摄酒，皆省文互见。"③"省文互见"本身

---

① 朱熹：《朱子全书》（第2册），朱杰人等主编，上海古籍出版社2002年版，第65页。
② 朱熹：《朱子全书》（第2册），朱杰人等主编，上海古籍出版社2002年版，第65页。
③ 胡培翚：《仪礼正义》，段熙仲点校，江苏古籍出版社1993年版，第107页。

就是礼经的正例，对此下文还会详述。

> 《燕·公与客燕》："'寡君固曰不腆，使某固以请。''寡
> 君，君之私也，君无所辱赐于使臣，臣敢固辞。"
> 朱按："'寡君君之私也'以下是客对辞。"①

> 《燕·公与客燕》："'寡君固曰不腆，使某固以请。''某
> 固辞不得命，敢不从。'"
> 朱按："'某固辞'以下是客对辞。"②

> 《燕·公与客燕》："君贶寡君多矣，又辱赐于使臣，臣敢
> 拜赐命。"
> 朱按："'君贶寡君多矣'以下是客对辞。"③

因古文并无引号，在引用时往往不知起止，明清时往往于引文前
加"曰"、末加"云云"二字以示起止。但在《仪礼》中并无类
似标志，有时主客双方辞联排而下，往往不分彼此。尤其是在注
疏皆未明言时，易生淆乱，朱子上三例即因此而发。类似方法在
杨复《仪礼图》中得到进一步发挥，凡有可能混淆之处均另行注
明。这种方法也多为后儒所从，如敖继公、张尔岐都曾在朱子说
的基础上进一步疏解。④

---

① 朱熹：《朱子全书》（第2册），朱杰人等主编，上海古籍出版社2002年版，第656页。
② 朱熹：《朱子全书》（第2册），朱杰人等主编，上海古籍出版社2002年版，第656页。
③ 朱熹：《朱子全书》（第2册），朱杰人等主编，上海古籍出版社2002年版，第656页。
④ 参见张尔岐《仪礼郑注句读·卷6》，另参见胡培翚《仪礼正义·卷12》。

　　《冠·醴宾》：右醴宾。

　　朱按："此章以上，正礼已具，以下皆礼之变。"①

《仪礼》在正礼结束以后，往往会记叙一些附属的内容，包括礼意、礼变等内容，前人往往称之为"仪礼记"或"礼记"，一般集中出现在篇末。在个别情况下，在行礼过程中也会夹叙"礼记"，朱子上述按语即提示经文的这一体例，不赘举。

二、释经传之变例

　　经书中一方面有一整套礼制的记载，另一方面在史实和礼制方面又存在一些矛盾（如《左传》和三礼不合处）、三礼之间存在一些矛盾（如《周礼》和《礼记》颇有不合），甚至某些礼经自身（如《礼记》）也存在一些矛盾。这些矛盾有时是十分明显的，而有时又比较隐晦，比如说只是与"比经推例"的"例"之间的矛盾。在先儒眼中，一般经文本身都是正确的，为了实现礼制的逻辑自洽，就有必要将这些矛盾作为"变例"处理，用"经权说"来解释。朱子虽然个别时候也会怀疑经文有误，但更多时候也是通过"视为变例"来化解这些形式上的矛盾。

　　　　《内则·生子》："○士之妻自养其子……""○凡接子择日……"

　　　　朱按："此与上章不同，或别记异闻也。"②

———————————

① 朱熹：《朱子全书》（第2册），朱杰人等主编，上海古籍出版社2002年版，第63页。
② 朱熹：《朱子全书》（第2册），朱杰人等主编，上海古籍出版社2002年版，第169页。

《记》文前一章说应该自己抚养子女，另外又说从保姆家接子女的日期应该选择吉日，显然二者相矛盾。朱子认为后者是别记异文，另上文"旬而见"（见本章第三节），朱子也以"别记异文"释之。

> 《内则·教子·记》："妇人吉事，虽有君赐，肃拜。为尸坐，则不手拜、肃拜。为丧主，则不手拜。"（《少仪》。郑注：肃拜，拜低头也。手拜，手至地也。妇人以肃拜为正，凶事乃手拜耳。为尸，为祖姑之尸也。《士虞礼》曰，'男，男尸。女，女尸。''为丧主不手拜'者，为夫与长子当稽颡也，其余亦手拜而已。）
>
> 朱按："《昏礼》'奠菜扱地'与此说不同。"①

这一条就是礼学中争执已久的九拜问题，详细的争议参见孙诒让《周礼正义》。② 郑注此处提出"肃拜，拜低头也"，参照经文可知，只要是吉事都是肃拜，但在《昏·庙见》处有"拜，扱地"，郑注曰"扱地，手至地也"，说明在婚礼（吉事）中女人已有手拜，这是《仪礼》与《礼记》之间的矛盾。因郑注随经作注，才出现了上述矛盾。朱子在此处只是指出二者不同，另著有《跪坐拜说》《周礼太祝九拜辩》详细阐发这一问题，在《语录》中也有专门的讨论。③ 简而言之，朱子认为两膝跪地，手下垂至地，但不需低头为"肃拜"，这与郑玄此处的"肃拜低头"相矛盾。后世诸

---

① 朱熹：《朱子全书》（第2册），朱杰人等主编，上海古籍出版社2002年版，第175页。点校本有误字，据东大本改正。
② 参见孙诒让：《周礼正义》，中华书局2013年版，第2007—2020页。
③ 参见朱熹：《朱子全书》（第17册），朱杰人等主编，上海古籍出版社2002年版，第3072—3073页。

儒如黄以周、孙诒让、孙希旦①、段玉裁②、陈寿祺③都在朱熹考证的基础上有进一步的评述。

　　《曲礼》："○礼闻取于人，不闻取人。（……）○礼闻来学，不闻往教。"

　　朱按："此虽两节，其实互明一事也。取于人者，童蒙求我、朋自远来也。取人者，好为人师、我求童蒙也。礼有取于人，所以彼有来学；无取人，所以我无往教也。"④

　　《内则》："……不有敬事，不敢袒裼。"（朱按：此言必有敬事，乃敢袒裼，无故而然，则反为不敬，故不敢也，与下句为一例。）"○不涉不撅……"⑤

以上两例在传统的《礼记》章句中，正文两句通常被单独对待，花开两朵、各表一枝，从未被视为一体。朱子则喜将上下句视作互文见义，在《论语集注》中也曾用过类似贯通上下的方法，往往收到良好的效果，使原句更立体且具有思辨色彩。二例都可以视为朱子所创的解经变例，上例按语在下句之后，下例按语在上句之后，不赘释。

---

① 孙希旦：《礼记集解》，中华书局 1989 年版，第 936 页。
② 段玉裁：《释拜》，收入钟敬华校点：《经韵楼集》，上海古籍出版社 2008 年版，第 135 页。
③ 陈寿祺：《九拜考》，收入《续修四库全书》（第 175 册），上海古籍出版社 1996 年版，第 376 页。
④ 朱熹：《朱子全书》（第 2 册），朱杰人等主编，上海古籍出版社 2002 年版，第 425 页。
⑤ 朱熹：《朱子全书》（第 2 册），朱杰人等主编，上海古籍出版社 2002 年版，第 143 页。

三、发《通解》之凡例

关于《通解》编撰的凡例，实际上朱子在目录和其他书信中都曾提及，前文也多次提到，下文略举朱子于按语中所发凡例，不再赘举。

> 黄按："经文之后附入传记者，其例有三：其一，有诸书重出者，但载其一。有大同小异者，削其同，载其异，有同异相杂不可削者，并存之。二，所载传记全文已见别篇，则全文并注疏皆已详载有于全文之下，节略重出者，即云详见某篇，读者当于详见之处考之。三，所附传记之文有本经只一事而传记旁及数事者，虽与经文不相关，然亦须先载全文，后重出者，只节其与本文相关者，仍注云详见某条。"①

这条按语为黄榦所撰，可能出自朱熹对所有编撰者所立的编撰"条例"，讲的是"内传"的选取原则和工作规程，概括起来就是：在保证异文都被吸收的前提下，尽量用按语提示互见，以求不重复引用，这一点下文还会述及。

> 《目录·乡射礼第十四》末
> 朱按："此篇与上篇戒宿饮燕之节略同，它经之注似此者多不重出，而郑于此注各详具之，是后诸篇亦复放此，盖恐后人

---

① 朱熹：《朱子全书》（第 3 册），朱杰人等主编，上海古籍出版社 2002 年版，第 1216—1217 页。

因事检阅者，不能一一通贯，故不惮其繁复耳。至于疏家复详言之，则为冗长，故今独存注文。而疏无异义者，不复载也。"①

以上是朱熹提示省疏文之按语。

《冠义》："所以自卑而尊先祖也。"

朱按："此篇所引礼文皆见于前篇，注疏已具，今不复出，后篇放此。"②

以上是朱熹提示省注文之按语。

《冠·筮宾》："主人曰：'某犹愿吾子之终教之也。'宾对曰：'吾子重有命，某敢不从。'"

朱按："诸辞本总见经后，故疏云耳。今悉分附本章之左，以从简便。"③

以上是朱熹移经文"辞"之按语。

《昏·纳采·记》："右纳采"下。

朱按："记文本附全经之后，今依辞例，分以附于本章之左。"④

---

① 朱熹：《朱子全书》（第2册），朱杰人等主编，上海古籍出版社2002年版，第35页。
② 朱熹：《朱子全书》（第2册），朱杰人等主编，上海古籍出版社2002年版，第72页。
③ 朱熹：《朱子全书》（第2册），朱杰人等主编，上海古籍出版社2002年版，第46页。
④ 朱熹：《朱子全书》（第2册），朱杰人等主编，上海古籍出版社2002年版，第85页。

以上是朱熹移经文"记"之按语。

　　《夏小正》："周月。维一月既南至……是谓周月，以纪于
政。"（《逸周书·周月解》）

　　朱按："以上见《汲冢周书》，虽出近世所伪作，然其所
论亦会集经传之文，无悖理者，今姑存之。"①

以上是朱熹以《逸周书·周月》来解《夏小正》之按语。朱子早
年并未想引诸子或史书来编纂《通解》，用朱子的说法，他的书是
"据周《礼》，分经传，不多取《国语》杂书、迂僻蔓衍之说"②。
但真正编纂《通解》时，朱子"以《仪礼》为经，而取《礼记》
及诸经史、杂书所载有及于礼者，皆以附于本经之下"③，我们可
以看到，其确实取了《国语》《逸周书》等他曾怀疑是伪书、杂书
的诸多材料，这可能是受余正甫的影响。

四、提示相参互见

　　上文已述，省文互见本是《仪礼》的一个编撰手段（即正
例），因其特别重要，故单独拈出举例。要而言之，朱子所提示的
相参互见有两种，一种是提示经文关联内容的相参，即礼经本身
之间的关联；另一种是朱子在编撰时的互见，即为省文计，《通
解》摘录时详彼略此（主要是注疏部分），并加按语说明之。

---

① 朱熹:《朱子全书》（第3册），朱杰人等主编，上海古籍出版社2002年版，第914页。
② 朱熹:《朱子全书》（第24册），朱杰人等主编，上海古籍出版社2002年版，第3423页。
③ 朱熹:《朱子全书》（第2册），朱杰人等主编，上海古籍出版社2002年版，第25页。

　　《冠·迎宾》："赞者盥于洗西，升，立于房中，西面，
南上。"

　　朱按："赞者西面，则负东墉，而在将冠者之东矣。"①

此为相参经文而推知经文所未备，详见下节"补经"例中，不赘。

　　《冠·女子笄》："右女子笄"下。

　　朱按："此篇之末本有《记》一章，今考之，皆见于《家
语·邾隐公篇》而彼详此略，故今于此删去，而取彼文修润
以附《冠义》记，说见《昏》礼篇。"②

　　《臣礼·侍坐赐食》："大夫则辞，退下，比及门，三辞。"

　　朱按："此出《士相见礼》，与前章《玉藻》所记互有详
略，故并列之，不敢删去，读者宜参考之。"③

《礼记》中有相当部分内容与《大戴礼记》《孔子家语》《荀子》
等重复，朱子有时会择优而用，上例择《家语》以代《冠义》；有
时会并存，即如下例《士相见》与《玉藻》两存。但这种情况下，
朱子往往会校勘文字异同，后将专节阐述。此二例均为提示传世
经典之间的相参互见。

　　《内则·生子》："冢子未食而见，必执其右手；适子、庶

---

① 朱熹：《朱子全书》（第 2 册），朱杰人等主编，上海古籍出版社 2002 年版，第 56 页。
② 朱熹：《朱子全书》（第 2 册），朱杰人等主编，上海古籍出版社 2002 年版，第 70 页。
③ 朱熹：《朱子全书》（第 2 册），朱杰人等主编，上海古籍出版社 2002 年版，第 469 页。

子已食而见，必循其首。"

朱按："此承上文记大夫礼，而又别其冢适、庶子之异同也。冢子之礼仍与前章同，唯適子、庶子为异耳。"①

上述为提示一章之内经文关联内容相参。

《燕·射》："若射，则大射正为司射，如乡射之礼。"

朱按："'君国中射，则皮树中，以翻旌获，白羽与朱羽糅'已入此下《记》；'于郊，则闾中以旌获'已入《大射》记，'于竟，则虎中、龙旜'亦是《燕射》，并附此《记》。"②

上述为朱子提示《通解》对经文的调整，也意味着读者当互参。

《士相见·请见》："主人请见，宾反见，退，主人送于门外，再拜。"

朱按："注云广说反燕义者凡四章，本皆在此篇后。一，燕见于君，今入《臣礼篇》。二，凡言，三，凡视，今在本处。侍坐于君子，今入《少仪篇》。"③

上述为朱子提示对注文的调整，使读者自相参阅。

《乡饮酒·一人举觯·记》："乐作，大夫不入。"

---

① 朱熹：《朱子全书》（第2册），朱杰人等主编，上海古籍出版社2002年版，第173页。
② 朱熹：《朱子全书》（第2册），朱杰人等主编，上海古籍出版社2002年版，第649—650页。
③ 朱熹：《朱子全书》（第2册），朱杰人等主编，上海古籍出版社2002年版，第237页。

　　朱按："宾若有遵者，其礼详见篇末及《乡射礼》一人举觯之后。"①

上述为朱子提示乡饮酒与乡射仪节经文内容的相参。

　　除以上朱子按语外，黄榦更坚决地贯彻了"互参"这一原则，下章末节将单独分析。

第二节
补充或申发注疏

　　朱熹在撰写礼书之时，对经（记）、注、疏均作出一些补充。前文已述，受其早年践履礼典的影响，朱熹致力于将停留在书面上的"礼经"落实为尽量可供操作的"礼制"，因此他补充的绝大多数都是经书本身的阙略（特别是在实践中比较明显的阙略），少量是补充文意或当时的时代背景。

一、补经

　　《仪礼》虽号繁密，但"威仪三千"之中难免有阙疏未备之文。尤其在具体的行礼过程中，繁缛且多次重复的仪节很容易出现记载的疏失或未备，实际上对经文的补充在记、注、疏中都可以发现。至朱熹时代，《仪礼》的正文和后面的《记》（非《礼记》）都已经成为"经"的内容，故本节将经和记视为一类，将朱熹对经和记的直接补充举例如下。

---

① 朱熹：《朱子全书》（第 2 册），朱杰人等主编，上海古籍出版社 2002 年版，第 280 页。

《冠·筮日》：宰自右少退，赞命（郑注：宰，有司主政教者也。自，由也。赞，佐也。命，告也）。

朱按："所赞之辞未闻。下疏云文不具也，盖当云：某有子某，将以来日某加冠于其首，庶几从之。"①

上例为朱子补经所阙赞辞。类似补"辞"注疏中本间有之，此条为注疏未补者。在《仪礼》中，"辞"随仪节一并记载，但朱子将之单独移至相应礼节之后，庶便施行，此系《通解》体例。

《冠·筮宾》："前期三日，筮宾，如求日之仪。"

朱按："前已广戒众宾，此又择其贤者筮之，吉则宿之以为正宾，不吉则仍为众宾，不嫌于预戒也。"②

以上为补经未明言之事：冠时所请众宾均已先通告（戒），经文但说"筮"，未明言筮之结果吉或不吉当如何处置，朱子据上下文意补充之。类似之例还有多处，再举一例：

《冠·宿宾》："宿赞冠者一人亦如之。"

朱按："佐宾虽轻，亦必择其贤而习礼者为之，不来则亦有阙，故并宿之使必来也。"③

依礼，参与冠礼之宾有正宾、有佐宾，行冠礼时正宾必须到场，

① 朱熹：《朱子全书》（第2册），朱杰人等主编，上海古籍出版社2002年版，第44页。
② 朱熹：《朱子全书》（第2册），朱杰人等主编，上海古籍出版社2002年版，第47页。
③ 朱熹：《朱子全书》（第2册），朱杰人等主编，上海古籍出版社2002年版，第48页。

佐宾中为首者亦必须到场，然此为首之佐宾亦须特别告知（宿），但不须筮。此按语为补经文之未备。

　　《冠·醮》："始加，醮用脯醢；宾降，取爵于篚，辞降如初。卒洗，升酌。"
　　朱按："'始加'二字，乃叠见前始加缁布冠一章之礼。醮用脯醢，乃题下事，其实宾答拜后乃荐之也。宾升酌时，冠者犹在出房南面之位。"①

以上为朱子补充并贯通上下经文关系。

　　《冠·即位》："将冠者采衣，紒，在房中，南面。"（郑注：紒，结发。）
　　朱按："《汉书》'髻'亦作'结'。又以上下章考之，则房户宜当南壁东西之中，而将冠者宜在所陈器服之东，当户而立也。"②

以上为朱子补充经文行礼位置，所引《汉书》为郑注而发。朱子曾用礼图详考行礼过程中的方位，订正不少经文的误字，此为补充经文未备者。

　　《冠·即位》："摈者玄端，负东塾。"

---

① 朱熹:《朱子全书》（第 2 册），朱杰人等主编，上海古籍出版社 2002 年版，第 64—65 页。
② 朱熹:《朱子全书》（第 2 册），朱杰人等主编，上海古籍出版社 2002 年版，第 55 页。

朱按："三者玄端一也，主人玄裳爵韠，兄弟玄裳缁韠，摈者黄裳或杂裳而同用爵韠也。"①

以上为朱子补充经文未备。行冠礼前各就各位，关于主人、兄弟、摈者的冠服要求，经文并未明确交代。朱子认为摈者玄端、杂裳、爵韠，主人玄端、玄裳、爵韠，兄弟玄端、玄裳、缁韠，这一点古人有争议（参胡培翚《仪礼正义》）。上文所举皆为补充《仪礼》，再举一条补充《礼记》之例：

《内治·生子》："世子，则君沐浴朝服，夫人亦如之。皆立于阼阶西向，世妇抱子升自西阶，君名之，乃降。"

朱按："人君见世子之时，其名子入食之礼，应亦略与大夫士同，但记文不具也。"②

以上就是朱子对《礼记·内则》的补充。今存的十三经中的礼多为"士礼"或"大夫礼"，大夫以上的礼只能据士礼加隆上推，这是经师自古相沿的办法。朱子有心制作上下一贯之礼，且于天子之礼也曾谋议成文③，此条就是用推知的办法补记文未备。

二、补注

郑玄可谓汉末的礼学宗师，其三礼注集前代之大成，开后世

---

① 朱熹：《朱子全书》（第2册），朱杰人等主编，上海古籍出版社2002年版，第55页。
② 朱熹：《朱子全书》（第2册），朱杰人等主编，上海古籍出版社2002年版，第191—192页。
③ 朱子曾作《天子之礼》，最终未收入《通解》。有按语曰："如此者数段，先生初欲以入《礼书》，后又谓若如此却是自己著书也，遂除去不用。"（《朱子全书》第23册，第3364页）

之门径，朱熹在《通解》中几乎全部照录，但对于其中言而未尽者也作出补充，举例如下。

> 《内则·事亲事长》："妇事舅姑如事父母，鸡初鸣，咸盥漱，栉縰笄总，衣绅。"（郑注：笄，今簪也。）
> 朱按："妇人不冠，则所谓吉笄即为固髻之用，亦名为簪，而非如二弁之簪矣。"①

郑注"笄"在汉末称"簪"，但此物至宋又名为"吉笄"，朱子此语即补注所未能言及者。

> 《昏·纳采·记》："宗子无父，母命之；亲皆没，己躬命之。"（郑注：言宗子无父，是有有父者。《礼》：七十老而传，八十齐丧之事不及。若是者，子代其父为宗子，其取也，父命之。）
> 朱按："言宗子无父，则是有有父之宗子，如老而传、齐丧不及者，其子虽代父主家，至于遣使定昏，则犹父命之。无父然后母命之也。"②

郑注侧重于强调父在七八十岁时以后子代其出任"宗子"的制度，对经文"宗子无父"的解释并不清晰。朱熹在肯定郑注的基础上进一步指出，虽然子代父出任"宗子"，在任期间的遣使订婚诸事

---

① 朱熹：《朱子全书》（第2册），朱杰人等主编，上海古籍出版社2002年版，第139页。
② 朱熹：《朱子全书》（第2册），朱杰人等主编，上海古籍出版社2002年版，第86页。

仍须承其父之命，只有在父殁后才能承"母命"，以回归经典的形式补充郑注。

> 《乡饮酒·献宾》："主人坐取爵于篚降洗，宾降。"
>
> 朱按："下文云宾复位，当西序东面。注云，言复位者，明始降时位在此。"

此处经文郑玄原无注，朱子按语系移下文郑注于此处，以便于深入理解此处经文，可视为"以注补注"。

> 《冠·醮》：若不醴则醮用酒（郑注：若不醴，谓国有旧俗可行，圣人用焉不改者也……酌而无酬酢曰醮。醴，亦当为礼。贾疏：此不醴而醮用酒者，夏、殷法也）。
>
> 朱按："不醴而醮，乃当时国俗不同，有如此者，如鲁、卫之幕有缫布、袥有离合，皆周礼自不同，未必夏、殷法也。记注所云若以杞、宋二代之后及它远国未能纯用周礼者言之，则或可通，然亦未有明文可考也。"①

上文所引经文系变礼。郑注明言"不醴而醮"的缘由及特点，并指出"醴"就是"礼"的借字。贾疏在郑注的基础上认为"不醴而醮"是夏、殷遗礼，因此与周礼不同。朱子不同意贾疏的教条式理解，从姬姓诸侯中找出了与周礼不同的规定，一方面驳疏，一方面申注。

---

① 朱熹：《朱子全书》（第 2 册），朱杰人等主编，上海古籍出版社 2002 年版，第 64 页。

　　《内则》："男女未冠笄者，鸡初鸣，咸盥漱，栉縰，拂
髦，緫角，衿缨，皆佩容臭。"（郑注：容臭，香物也，以缨佩
之，为迫尊者给小使也。）

　　朱按："注言佩容臭'为迫尊者'，盖为恐身有秽气触尊
者，故佩香物也。"①

上文郑注仅言"迫尊者"，朱子进一步补充"恐身有秽气触尊者"，
补郑注所未明言。

三、补疏

　　朱熹在编撰《通解》之时一般照录郑注，但于贾疏则多删节
改易，也就是阮元《校勘记》所说的"全载郑注，节录贾疏"②
（实际上郑注也不是全载，个别条目也有删节）。用朱子的话说
是："郑于此注各详具之……恐后人因事检阅者不能一一通贯，故
不惮其繁复耳。至于疏家复详言之，则为冗长，故今独存注文，
而疏无异义者不复载也。"③从这个意义上讲，朱子对贾疏几乎每
条都有删节改写，但补充的内容则多单写按语。本节据朱子按语
中明显补疏者列举如下（下文所引疏系朱子删节本，与原疏多有
区别）：

　　《冠·始加》："将冠者出房，南面。"（郑注：南面立于房
外之西，待宾命。贾疏：知在房外之西者，以房外之东南当

---

①　朱熹:《朱子全书》（第2册），朱杰人等主编，上海古籍出版社2002年版，第141页。
②　《仪礼注疏》，彭林整理，王文锦审定，北京大学出版社1999年版，第4页。
③　朱熹:《朱子全书》（第2册），朱杰人等主编，上海古籍出版社2002年版，第35页。

阼阶故也。")

朱按:"此疏则阼阶切近东序之西,正当房户之东壁矣。"①

行礼的位置、朝向向来为郑注贾疏之要点,朱熹据礼图以说方位,于此多有发明。上文即补贾疏方位。

《乡饮酒·乐宾·记》:"磬,阶间缩溜,北面鼓之。"(郑注:大夫而特县,方宾乡人之贤者,从士礼也。疏曰:郑知此是诸侯之卿大夫者,按《春官·小胥》掌乐县之法,而云"凡县钟磬,半为堵,全为肆"。注云"钟磬者,编县二八十六枚而在一虡,谓之堵。钟一堵,磬一堵,谓之肆。半之者,谓诸侯之卿大夫士也"。诸侯之卿大夫半天子之卿大夫,西县钟,东县磬。士半天子之士,县磬而已。今此下唯县磬而无钟,盖宾乡人之贤者又从士礼也。若天子乡大夫宾贤,虽从士礼,亦钟磬俱有矣。)

朱按:"此所引《春官》注文,则全为肆者,天子之卿大夫判县二肆,钟磬各二堵也;士特县一肆,钟磬各一堵也。半之者,诸侯之卿大夫半天子之卿大夫,判县一肆,西钟东磬,各一堵也,士则县磬一堵而已。"②

贾疏照引《周礼·春官》郑注,解释郑玄何以知记文是据诸

---

① 朱熹:《朱子全书》(第2册),朱杰人等主编,上海古籍出版社2002年版,第56—57页。
② 朱熹:《朱子全书》(第2册),朱杰人等主编,上海古籍出版社2002年版,第286页。

侯之大夫而言，而非据天子之大夫而言。但贾疏文字颠顿支离，朱熹在按语中据贾疏而用自己的语言复述之，较贾疏更易理解。需要说明的是，朱子在很多地方都对贾疏有所改写，早期清儒（如金曰追《仪礼正讹》等）多据《通解》以校贾疏，且以理校决定去取，自然多有所得。但正如阮元所批评的那样，"近世校《仪礼》者奉此为准则，然于其佳处不能尽依，而移易删润之处则多据之，是取其糟粕而遗其精华也"①。此正中金氏之病，可谓切中肯綮。

> 《乡饮酒义》："工入升歌三终，主人献之。笙入三终，主人献之。间歌三终，合乐三终，工告乐备遂出。"（孔疏：合乐三终者，谓堂上下歌瑟及笙并作也。若工歌《关雎》，则笙吹《鹊巢》合之；若工歌《葛覃》，则笙吹《采蘩》合之；若工歌《卷耳》，则笙吹《采苹》合之。）
>
> 朱按："合乐，孔疏非是，当从上篇贾疏之说。谓堂上歌瑟，堂下笙磬合奏此六诗也。言三终者，二《南》各三终也。"②

此为朱子厘正孔疏《礼记》、贾疏《仪礼》之别。简而言之，贾疏认为"合乐三终"指的是堂上先歌，结束后堂下笙才开始和。换言之，堂上堂下合计六诗为"六终"。孔疏认为，堂上堂下系同时演奏，故有"三终"。关于孔贾之别，本身各有短长。万斯大曾剖

---

① 《仪礼注疏》，彭林整理，王文锦审定，北京大学出版社 1999 年版，第 4 页。
② 朱熹：《朱子全书》（第 2 册），朱杰人等主编，上海古籍出版社 2002 年版，第 298—299 页。

析说："二说不同，如贾疏于'合乐'则是矣，以上文升歌、笙入、间歌之三终例之，则六诗当为六终，而非三终也；如孔疏于'三终'则是矣，而《关雎》与《鹊巢》、《葛覃》与《采蘩》、《卷耳》与《采苹》，言乎文词则多寡殊，言乎音节则长短别，且《鹊巢》《采蘩》《采苹》皆有词，非笙诗比，虽欲合之，其何以合之？"① 朱子主贾说，此条相当于驳孔疏并补贾疏。

　　《乡射·再请射》："后者遂取诱射之矢。"（贾疏：上耦已取矢，复云三耦者，三耦之中除上耦外实二耦也。"挟五个"者，以前拾取矢皆揥三挟一个，乃反位，此则先取四矢亦揥三挟一个，乃并取诱射四矢兼挟之，故五个也。有司，即弟子纳射器者，因留主授受于堂西西方，今见下耦将司射矢来向位，仍西面，弟子即往逆受之，讫，下射乃反向东面之位。是以郑亦云弟子逆受于东面位之后也。）

　　朱按："后者兼取诱射之矢，则是下耦之下射也。此疏文不备，又东面位，盖在司马之西南。"②

上文贾疏着眼于解释郑注之具体次序、数量，但言辞琐碎，未能从大处着眼。朱熹据行礼之实践补充疏文之未备。

　　《乡射·再请射》："下射进，坐，横弓，覆手自弓上取一个，兴，其他如上射。"（贾疏：上射在西云南踣弓，此在东而

---

① 万斯大：《仪礼商》，收入《万斯大集》，曾攀点校，浙江古籍出版社2016年版，第142—143页。
② 朱熹：《朱子全书》（第2册），朱杰人等主编，上海古籍出版社2002年版，第346页。

不言踣弓，但云覆手，自弓上取矢，则却左手向上执弓而南
踣可知。）

　　朱按："上文东向覆手南踣弓，则弦向身。此云西向却手
南踣弓，则弦向外。"①

贾疏枝蔓，朱熹与贾疏一致，但朱说明弦之内外，为贾疏所未
明言。

四、补行礼心境

　　如果说补注疏是补前人训诂所未备，补行礼心境则更接近于
抛却前人之说而直接作解，且其解不拘泥于训释文字，而是着眼
于经文贯通，也可称为"补意"。所谓"补意"与上述"补经"
相似，唯补经多针对仪节操作的层面，而补意则多是心性体验层
面。此例甚多，约举如下：

　　　　《乡饮酒·戒宾介》："主人戒宾，宾拜辱，主人答拜。乃
请宾，宾礼辞，许。主人再拜，宾答拜。"
　　　　朱按："学成行修，进仕于朝，上以致君，下以泽民，此
士之素所有志也。"②

乡饮酒、乡射的本意都有为国进材的含义，朱熹于此处特别拈出。

　　　　《乡射义》："孔子曰：'君子无所争，必也射乎！揖让而

---

① 朱熹：《朱子全书》（第2册），朱杰人等主编，上海古籍出版社2002年版，第345页。
② 朱熹：《朱子全书》（第2册），朱杰人等主编，上海古籍出版社2002年版，第265页。

升，下而饮，其争也君子。'"（《八佾》）

朱按："此言君子恭逊，不与人争，惟于射而后有争。然其争也雍容揖逊乃如此，则其争也君子，而非若小人之争矣。"①

《通解》的《大学》《中庸》两篇照录《四书集注》相关的内容，其注释大抵可属"补意"之类，本处就不再赘举了。其引《论语》《孟子》则散见全书之中，多数也是照录《四书集注》之注释，与汉唐注疏相比，其注释更具宋儒重视心性体验色彩。我们从上例中可明显感受到朱熹补充行射礼心境的意图。

《内则·事亲事长》："凡为人子之礼，冬温而夏凊，昏定而晨省。"

朱按："此二句虽有四时、一日之异，然一日之间正当随时安处省察，其或温或凊之宜也。"②

《内则·事亲事长》："子妇孝者敬者，父母舅姑之命勿逆勿怠。"

朱按："此谓不可变节，以伤尊者平日慈爱之心也。"③

《学记》："发虑宪，求善良，足以謏闻，不足以动众（朱按：动众，谓耸动众听。盖守常法，用中材，其效不足以致

---

① 朱熹：《朱子全书》（第2册），朱杰人等主编，上海古籍出版社2002年版，第371页。
② 朱熹：《朱子全书》（第2册），朱杰人等主编，上海古籍出版社2002年版，第145页。
③ 朱熹：《朱子全书》（第2册），朱杰人等主编，上海古籍出版社2002年版，第143页。

大誉）。就贤体远，足以动众，未足以化民（朱按：远，谓疏
远之士。下贤亲远，足以耸动众听，使知贵德而尊士，然未
有开导诱掖之方也，故未足以化民）。君子如欲化民成俗，其
必由学乎（朱按：此言唯教学可以化民，使成美俗）。"①

朱熹毕生精力尽在《四书集注》，其中多用"补意"的方法
解四书。但在《通解》中的《学礼》部分，他也常用此法。窃
以为朱熹在《通解》中对《内则》《学记》等（主要见于"学
礼"部分）的注释也当被视为朱子思想研究的重要材料，不容
轻忽。

五、补充变礼背景

自孔孟之时起，论礼学都会有"经权"之分，《公羊传》就对
"权"作出了这样的说明："权者反于经，然后有善者也。"礼经中
出现的许多"变礼"实际上也可以视为一时权宜，在解释这些内
容之时必须将特定背景交代清楚，这样才能既不违背经文本意，
又说明为何出现如此异常。

《冠义·传》："礼之所尊，尊其义也。失其义，陈其数，
祝史之事也。故其数可陈也，其义难知也。知其义而敬守之，
天子之所以治天下也。"

朱按："此盖秦火之前，典籍具备之时之语，固为至论。
然非得其数，则其义亦不可得而知矣。况今亡逸之余，数之

---

① 朱熹：《朱子全书》（第 2 册），朱杰人等主编，上海古籍出版社 2002 年版，第 536 页。

存者不能什一，则尤不可以为祝史之事而忽之也。"①

上文若据经文而言，不可避免会出现"重礼义而轻礼仪"的倾向，与之对应的《礼记》和《仪礼》的从主位置也会陵替。朱子礼学极重《仪礼》，因此必须在解释通经文的基础上突出仪节的重要性，其补充此语的时代背景是"典籍具备"时，言外之意即当后世典籍亡佚之后，其仪节度数同样不容轻忽。②

> 《世子之记·传》："文王之为世子，朝于王季日三。鸡初鸣而衣服，至于寝门外，问内竖之御者曰：'今日安否何如？'内竖曰：'安。'文王乃喜。及日中又至，亦如之。"
>
> 朱按："此文王之为，非礼之制。"③

依礼，命士以上，早晚各朝一次，即日二朝。经文中文王于日中亦朝，与《内则》不合，朱子特指出此为特例，亦"权"之意，故入"传"内。

> 《燕·主人酬宾》："主人坐祭，遂饮，宾辞。卒爵，拜，宾答拜。"
>
> 朱按："正主之酬，皆坐卒爵，此代君酬，当降礼而立饮。

---

① 朱熹：《朱子全书》（第 2 册），朱杰人等主编，上海古籍出版社 2002 年版，第 71 页。
② 相关内容可参见殷慧：《朱熹礼学思想研究》，湖南大学 2009 年博士学位论文，第 245—249 页。
③ 朱熹：《朱子全书》（第 2 册），朱杰人等主编，上海古籍出版社 2002 年版，第 195 页。

今不立而坐，则是不降，故辞不敢当也。"①

以上为朱子解释变礼缘由。

《冠·筮日》："筮人执筴，抽上韇，兼执之，进受命于主人。"

朱按："《少牢》云，史'左执筮，右抽上韇，兼与筮执之，东面受命于主人'，与此同也。又云今时'谓之韇丸'者，见以皮为之也。言'上韇'者，其制有上下，下者从下向上承之，上者从上向下韬之也。"②

至宋时"韇"制已渺远，朱子特加按语申述之，以补充经文中特定动词的本意。据马叙伦考证，"韇"与"箙"为同一物，皆为"函"的转注字，本意为藏矢之具，以革或竹制成。③

《乡射·再请射》："上射东面，下射西面。上射揖进，坐，横弓，却手自弓下取一个，兼诸弣，顺羽且兴，执弦而左还，退反位，东面揖。"

朱按："《燕礼》云'司正右还'，疏云以右手向外者，以奠觯处为内而言也。《乡射》云'三耦左还'，疏云以左手向外者，以所立处为内而言也。《大射》云毋周者，既以左手向外，绕其所立之处，及至将匜之时，乃复以右手向外而转身

① 朱熹：《朱子全书》（第2册），朱杰人等主编，上海古籍出版社2002年版，第632页。
② 朱熹：《朱子全书》（第2册），朱杰人等主编，上海古籍出版社2002年版，第44页。
③ 参见马叙伦：《说文解字六书疏证》（第2册），上海书店出版社1985年版，第23页。

也。《乡射》注云'周，可也'则以左手向外绕其立处，以至
于匜，乃不复以右手向外，而即便转身也。《燕礼》则右还而
未至于匜，故不言周与不周也。"①

　　《乡饮酒·旅酬》："主人西阶上酬介，介降席自南方，立
于主人之西，如宾酬主人之礼。主人揖，复席。"
　　朱按："宾主介相酬初皆北面，但实觯之后、授觯之时，
宾介则东南面授主人，主人则西南面授介。已受之后，即授
者又还北面之位，宾介则拜送于主人之西，主人则拜送于介
之东，皆北面也。故下文受介酬者得由其东，亦既受乃还北
面拜送也。"②

在上述两例中朱子均加按语贯通前后经文，详细解释了行礼的次
序、方位等仪节问题。实际上，除昏、丧、祭礼还略存梗概外，
《仪礼》中的燕、乡射、乡饮酒等礼至宋时已久不行于民间，朱熹
对其仪节的补充可以视为补充行礼时代背景，类似之处还有很多，
不赘。

第三节
纠驳三礼郑注

　　相对于贾公彦、孔颖达疏而言，郑玄的三礼注在礼学史上无

---

①　朱熹：《朱子全书》（第 2 册），朱杰人等主编，上海古籍出版社 2002 年版，第 344—
　　345 页。点校本有误字，据东大本校正。
②　朱熹：《朱子全书》（第 2 册），朱杰人等主编，上海古籍出版社 2002 年版，第 289 页。

疑具有极高的权威性，也就是所谓的"礼是郑学"（孔颖达语），晦涩的礼经正是依赖郑注才变得可能被理解。正如王鸣盛所云："郑学尤精者三礼，《周礼》《礼记》注，妄庸人群起嗤点之。独《仪礼》为孤学，能发挥者固绝无，而谬加指摘者亦尚少。"① 此基本可以代表后世礼家的看法。这里所谓的"尚少"大概主要指的就是元人敖继公的《礼记集说》对郑注的商榷。至清代，礼家几乎一边倒地批判敖继公的攻注改经，大有唯郑玄是尊的趋势。正所谓"汉代经师家法不同而莫纯于高密郑君，宋代礼学宗派不同而莫正于新安朱子，其说礼一皆以郑义为宗，学无旁骛，沉研钻极，专久而美"②。可见，郑玄与朱熹作为《仪礼》学史上的"双峰"并峙，但随着清儒对礼学研究的深入，卢文弨等人开始客观地意识到"郑注是者固多，然亦不能全是"③，乃可谓公允之见。

朱子对郑注的基本态度是十分尊重的，他曾说"郑康成是个好人，考《礼》名教大有功，事事都理会得。如《汉律令》，亦皆有注，尽有许多精力⋯⋯康成也可谓大儒"④。但与此同时，朱子早于清儒数百年就已开始对郑注的个别内容失当处提出质疑。不同于攻贾疏，朱熹对郑注的态度十分谨慎。对于贾疏，朱熹一般直接把不赞同的内容删削（少量直接改写），再加按语提出其认为正确的观点，有时仅说"不取"却并不交代删削的原因；对于郑注，他却极少泛泛地说"不取"，虽也有个别删削郑注处，但往往

① 王鸣盛：《仪礼管见序》，收入《续修四库全书》（第 88 册），上海古籍出版社 1996 年版，第 373 页。
② 清儒张锡恭语，转引自上海人民出版社编：《古典文学论丛》，上海人民出版社 1980 年版，第 251 页。
③ 卢文弨：《仪礼注疏详校》，林庆彰校订，"中央研究院"中国文哲研究所 2012 年版，第 13 页。
④ 朱熹：《朱子全书》（第 17 册），朱杰人等主编，上海古籍出版社 2002 年版，第 2942 页。

加按语进行交代，其怀疑和匡正都显得异常谨慎。

一、疑注有讹

> 《内则·生子》："由命士以上及大夫之子，旬而见。"（郑
> 注：旬，当为均，声之误也。有时適、妾同时生子，子均而
> 见者，以生先后见之。既见乃食，亦辟人君也。《易·说卦》
> "坤为均"，今亦或作"旬"也。）

> 朱按："此说疑郑失之。旬如字，谓十日也。别记异闻，
> 或不待三月也。"①

此解自古有异。依郑玄之意，"旬"为均字，即自命士至大夫的妻
妾若约同时生子，依其出生之前后（在子出生三月后）依次相见。
此解细品颇迂曲，一般而言，在士大夫之家妻妾同时生子的情况
比较特殊，即以旬为均，略显牵强。故朱子发疑，以为"旬"不
当通假，即指十日。王引之曾就此批评郑玄牵合《说卦》与《内
则》："旬而见，旬，十日也，此不可强合者也。而解者欲合为一，
则读旬为均，以为適、妾同时生子，子均而见矣。"② 在清代的
《日讲礼记解义》《礼记训纂》③ 等书中，均同时保留郑、朱二说，
以肯定朱子之疑。

---

① 朱熹：《朱子全书》（第 2 册），朱杰人等主编，上海古籍出版社 2002 年版，第 172—
173 页。
② 王引之：《经义述闻》，收入朱维铮主编：《中国经学史基本丛书 6》，上海书店出版社
2012 年版，第 326 页。
③ 朱彬：《礼记训纂》，饶钦农点校，中华书局 1996 年版，第 439 页。

《内则·事亲事长》:"舅姑使冢妇,毋怠,不友无礼于介妇。"(郑注:众妇无礼冢妇,不友之也。善兄弟为友,娣姒犹兄弟也。)

朱按:"此句之义未详,注说恐未然也。或疑'友'当作'敢'。"①

此句经文若按郑、朱断句,则其意均不可解。若依郑说,则嫡长妻可以对其认为无礼的介妇(非嫡长妻之统称,又称众妇)不友善,显然不利于家庭团结,朱子即指出其"恐未然"。若依朱子改字,实亦未尽然,意为:公婆对嫡长妻严苛而不让其休息,对介妇则宽厚有礼,亦不合常理。因无证据,后儒较少接受朱改字说。项安世将经文断句为"舅姑使冢妇,毋怠、不友、无礼于介妇",即将"毋"字冒下"怠、不友、无礼"三者,意为不要对待介妇不友和无礼,也不要让他们懈怠,义略可通。② 殆得之。

《聘·记》:"《周礼》大行人:凡诸侯之邦交,岁相问也,殷相聘也,世相朝也。"(郑注:小聘曰问。殷,中也。久无事,又于殷朝者及而相聘也。父死子立曰世。凡君即位,大国朝焉,小国聘焉。郑司农云:《春秋传》:孟僖子如齐殷聘。)

朱按:"《春官》:'殷见曰同',郑注云:'殷犹众也,十二岁王如不巡守,则六服尽朝。《大行人》所谓殷同、殷国是也。'此亦郑注,乃训'殷'为'中',与'众'义异。其云

① 朱熹:《朱子全书》(第2册),朱杰人等主编,上海古籍出版社2002年版,第144—145页。
② 参见郑元庆:《礼记集说·卷12》,收入王德毅主编:《丛书集成续编》(第63册),新文丰出版公司1989年版,第515页。

'于殷朝者及而相聘'则又与'众'义同，盖以为一二年而一大聘也。疏既以为中，又云盛聘，则与'众'义略同，盖如丧礼殷奠之类，今未详其孰是也。"①

经文之意，诸侯之间每年相互"问"，不定期的"殷"则相互"聘"，新君立则相互"朝"。其中对于"殷"，郑注为"中"，意为在"岁"和"朝"之间的无事之时。但在《春官》郑注"殷犹众也"，与此不同。朱子指出其差异，认为"未详其孰是"。后世多有牵合二说者，如秦蕙田曰："殷有众义，亦有中义……小聘，礼轻而人数少；大聘，礼盛而人数多，则众义亦可兼之。彼殷见、殷国，本非朝聘常期，则亦兼有中义，固无不可通也。"② 虽未明言，实际上是在释朱子之疑。

《聘·归饔饩》："东面北上，上当碑……"（郑注：宫必有碑，所以识日景、引阴阳也。凡碑……其材宫庙以石，窆用木。)

朱按："注内'景'下'引'字疑当作'别'。又今禹墓窆石尚存，高五六尺，广二尺，厚一尺许，其中有窍，以受绋引棺者也。然则，窆亦用石矣。《檀弓》云：'公室视丰碑，三家视桓楹。'岂天子诸侯以石，故谓之碑，大夫以下用木，故谓之楹欤？庙中同谓之碑，则固皆谓石也。"③

① 朱熹：《朱子全书》（第 2 册），朱杰人等主编，上海古籍出版社 2002 年版，第 721 页。点校本有误字，据东大本校正。
② 秦蕙田：《五礼通考·卷 231》，北华大学图书馆藏味经窝刻本。
③ 朱熹：《朱子全书》（第 2 册），朱杰人等主编，上海古籍出版社 2002 年版，第 769—770 页。

朱子上引所疑有二：第一，疑注内"识日景、引阴阳"之"引"应为"别"。此说并无多少根据，后世多不从。第二，对碑材"宫庙以石，窆用木"提出质疑。朱熹的根据即是其曾亲见的"禹墓窆石"（此石今尚存，位于浙江会稽山大禹陵，鲁迅作《会稽禹庙窆石考》，认为此石是秦始皇时之物①），怀疑"窆用木"的古制本身并不存在。他结合《檀弓》提出"碑"皆石质，而墓地引棺入圹的木质立柱的名称应当为"楹"。从考古发掘来看，1986年陕西凤翔秦公大墓发掘时就发现四周有数根有穿的大木痕迹，表明在先秦确实存在木质的"碑"。但此物名为"碑"还是"楹"，当以材质别之。据《檀弓》"楹"字，郑注曰"斫之形如大楹也"，显然秦公（诸侯）用木质之"楹"。所以朱子的第二个疑问"天子诸侯以石"可能也并不成立。

　　《通解续·丧服传·齐衰杖期》："何以期也？贵终也。"（郑注：尝为母子，贵终其恩。）

　　黄按："《通典》宋崔凯云：父卒，继母嫁，从为之服报。郑玄云：尝为母子，贵终其恩也。王肃云：从乎继母而寄育则为服，不从则不服。凯以为，出妻之子为母及父卒继母嫁从为之服报，皆为庶子耳，为父后者，皆不服也。传云：与尊者为一体，不敢服其私亲也。庾蔚之谓：王顺经文，郑附传说。王即情易安，于传亦无碍。继母嫁则与宗庙绝，为父后者安可以废祖祀而服之乎？"②

---

① 参见鲁迅：《鲁迅全集》（第8册），人民文学出版社2005年版，第65页。
② 朱熹：《朱子全书》（第3册），朱杰人等主编，上海古籍出版社2002年版，第1245页。原文个别点读有误。

上述为礼家"继母改嫁服制"问题，早在郑玄、王肃之间就已不同。郑玄以为，父卒继母改嫁后卒时亦当有服，以其有恩；王肃以为当视情况而定，若此时随继母一同改嫁则有服，否则无服。崔凯说源自郑注，庾蔚之说倾向王肃，黄榦也倾向于王肃说。概括而言，后儒多从王肃说，如盛世佐曰："盖继母本非属毛离里之亲，又改嫁，与父绝族。乃令前妻之子之自居其室者，亦皆舍其宗庙祭祀而为之服，此于情为不称，而揆之于理亦有所未顺者矣。唯从继母而嫁者则为之服，以其有抚育之恩故也。"①此即与黄榦所见略同。这是典型的"缘情说礼"，这种做法有时会因时代发生较大变化（如家族形态的改变）而古今异情，因此有时未必可靠。

　　《乡射·取矢》："立于所设楅之南，命弟子设楅。"（郑注：楅，犹幅也。所以承笴齐矢者。）
　　朱按："注脱'齐'字，据疏文补之。"②

"所以承笴齐矢者"，朱子所见郑注作"所以承笴矢者"，因贾疏有"故云所以承笴齐矢"句，依贾疏例，此句当系引自郑注原文，朱子据此订正宋本郑注脱"齐"字。据阮校记，聂氏、杨氏、毛本注均有"齐"字，但徐本与朱子所见本无，阮刻也未据增。③郑注此处是否脱文并不妨碍文义理解，需要注意的是朱熹在这里改注特加按语的作法。

---

① 盛世佐：《仪礼集编·卷23》，文渊阁四库全书本。
② 朱熹：《朱子全书》（第2册），朱杰人等主编，上海古籍出版社2002年版，第341页。
③ 参见《仪礼注疏》，彭林整理，王文锦审定，北京大学出版社1999年版，第201页。

　　《五宗》："昔周公吊二叔之不咸，故封建亲戚以藩屏周。"
（《左传·僖二十四》，杜注：周公伤夏、殷之叔世疏其亲戚，
以至灭亡，故广封其兄弟。孔疏：郑众、贾逵皆以二叔为管
叔、蔡叔，伤其不和睦而流言作乱，故封建亲戚。郑玄诗笺
亦然。独马融、杜预以为夏、殷叔世。）

　　朱按："郑众、贾逵义是。"①

上述为质疑《左传》杜预注，权列于此。据《左传》，周公封建的
原因系"吊二叔之不咸"，其中"二叔"指的是此前的夏、殷二代
（杜注），还是管叔、蔡叔（郑贾），存在争议。此语为郑富辰进谏
之语，宋林尧叟倾向于杜注："或以二叔为管蔡者，非。盖下文方
列管蔡为文昭，故不得以二叔为管蔡。又，管叔、蔡叔、霍叔三
叔，不得称二叔。"② 但杜以"二叔"为夏殷二朝，于典籍中仅此
一见。因此郑、贾等人都认为"二叔不咸"指的就是三监之乱，
朱熹也倾向于此。崔述还专门考证了霍叔未尝监殷，③ 故管、蔡可
称"二叔"，以援朱说。

二、从疏匡郑

　　一般而言，贾疏（孔疏）严守"疏不破注"的原则，对郑注
较少有商榷之处。同时朱子本人也并非同王肃、敖继公那样喜欢
与郑注为难，因此通常情况下贾疏对郑注委婉补充时，朱熹多扬

---

① 朱熹：《朱子全书》（第2册），朱杰人等主编，上海古籍出版社2002年版，第223页。
② 林尧叟：《左传杜林合注·卷12》，文渊阁四库全书本。另，洪迈《容斋随笔》有"二
　　叔不咸"条，亦同此意。
③ 参见崔述：《丰镐考信录》，中华书局1985年版，第328页。

郑斥贾。但在个别情况下郑注确实迁曲难解，此时朱子才略作匡正，且往往语气有所保留，权举数例。

　　《聘·致馆·记》："卿馆于大夫，大夫馆于士，士馆于工商。"（郑注：馆者必于庙，不馆于敌者之庙，为大尊也。贾疏：《曾子问》云"公馆与公所为曰公馆"。郑注云："公馆，若今县官宫也。"彼是正客馆。彼此两言之者，若朝聘使少则皆于正客馆，若使多则有在大夫庙。）

　　　朱按："疏引《曾子问》之文如此，而下经还玉，宾负右房而立，是不必于庙也明矣。郑注不通，当从疏说。"①

郑玄以为"馆必于庙"，且是地位不相敌等之庙。贾疏则据《曾子问》郑注，提出不一定馆于庙的说法，认为一般应馆于"正客馆"（即招待所）。朱子认为贾疏质疑有理，并引聘礼下文"宾负右房而立"为证。聘礼为大夫礼，据郑玄说（见《大射》《公食大夫》注）大夫以下庙无西房（即右房），因此"宾负右房"说明宾应在"正客馆"而非"庙"。盛世佐曾指出贾疏"失注意"，也认为此说"未为不合"。② 后儒多不从，阎若璩③、辛绍业④等都认为大夫庙也有西房，此处贾疏与朱子实际上是在"弥合郑说"。

　　《冠·目录》："主人玄冠朝服，则是仕于诸侯。天子之

① 朱熹：《朱子全书》（第2册），朱杰人等主编，上海古籍出版社2002年版，第743页。
② 盛世佐：《仪礼集编·卷18》，文渊阁四库全书本。
③ 阎若璩：《尚书古文疏证：附古文尚书冤词》，黄怀信等校点，上海古籍出版社2013年版，第646—647页。
④ 辛绍业：《敬堂文稿》，中华书局1991年版，第18页。

士，朝服皮弁素积。"

朱按："诸侯朝服以日视朝，天子皮弁以日视朝，皆君臣同服，故言此篇言'主人玄冠朝服'，则是仕于诸侯而为士者。若天子之士，则其朝服当用皮弁素积，不得言玄冠朝服也。郑氏本文如此，今见疏义。而《释文》乃以'天子'二字加于诸侯之上，则舛谬而无文理矣。温本亦误，今定从疏。"①

上引《冠·目录》实为郑玄所撰，此为据贾疏校订郑《目录》误字。朱子所见郑目原作"主人玄冠朝服，则是仕于天子。诸侯之士，朝服皮弁素积"，据疏意可知郑玄"诸侯天子"四字误倒，朱子据更正之。

《学礼·学记》："三王之祭川也，皆先河而后海，或源也，或委也，此之谓务本。"（郑注：源，泉所出也。委，流所聚也。始出一勺，卒成不测。孔疏：源，则河也。委，则海也。申明先河后海之义也。）

朱按："此言，所以先河后海者，以其或是源，故先之；或是委，故后之。疏有二说，此说是也。"②

疏有二说，另一说颇迂曲回护郑注，朱子已截去，引疏实际上与郑注立异。郑注"源"为泉水所出，即"一勺"，而孔疏此处以为

---

① 朱熹：《朱子全书》（第 2 册），朱杰人等主编，上海古籍出版社 2002 年版，第 30 页。
② 朱熹：《朱子全书》（第 2 册），朱杰人等主编，上海古籍出版社 2002 年版，第 544 页。

指的就是"河";郑注"委"是众流汇聚,包括较大的湖泊河海,而孔疏径指为"海"。简而言之,郑注其词之本意,孔疏此记中之特定意,二者虽有不同而大旨不乖。朱子解经重在得经之"本义",因此择疏说解之,实则从疏匡郑也。

> 《内治·后夫人侍君》:"古之为政,爱人为大。不能爱人,则不能有其身;不能有其身,则不能安土;不能安土,则不能乐天;不能乐天,则不能成其身。"(《孔子家语》,王肃注:天,道也。)
>
> 　　朱按:"不能有其身,谓不能持守其身而陷于非僻。安土,谓安其所处之位而无外求。乐天,谓乐循天理,王说近之。"①

此条亦见于《礼记》,文字略有出入,注文出入更甚。朱子所录依王肃《家语》,郑、王大致敌当,姑附于此。《礼记·经解》对应部分如下:"古之为政,爱人为大,不能爱人不能有其身,不能有其身不能安土,不能安土不能乐天,不能乐天不能成其身。"郑注:"有,犹保也。不能保身者,言人将害之也。不能安土,动移失业也。不能乐天,不知己过而怨天也。"从中可以看出,郑、王的关键分歧在"乐天"的解释上,郑玄认为是"安于天命",而王肃认为是"近于天道"。朱子从王肃说,并发挥出"乐循天理"一层,从中隐约可见性理学之端倪。

---

① 朱熹:《朱子全书》(第2册),朱杰人等主编,上海古籍出版社2002年版,第186页。

三、纠注之失

纠误与匡正本为一体之两面，本难区分，因此以下"纠注之失"多可视同朱子另发新解（参第五节）。所特异者，唯此处多明言郑注有误，其着眼点在纠注之错讹，捎带提出自己的见解。

> 《少仪·洒扫进退应对》："乡长者而屦，跪而迁屦，俯而纳屦。"（郑注：谓长者送之也。不得屏迁就近而已。俯，俛也。纳，内也。迁，或为'还'。）
>
> 朱按："注云'长者送之'，恐非是，但谓虽降级出户，犹乡长者，不敢背耳。"①

此段经文说离开长者房间后的穿鞋礼节。郑注以为系对"长者送之"而发，有要求长者亲自送客的嫌疑，故朱子认为郑注非是，提出无论长者是否亲自送客，在穿鞋时都需要保持一颗敬畏之心，面向长者的方向。朱子礼学极重仪节过程中的心境体验，即二程所谓的"敬"，也就是后人所谓的"缘情说礼"，此即为其例。

> 《学制·教学之通法》："凡释奠者必有合也，有国故则否。"（《文王世子》。郑注：国无先圣、先师，则所释奠者当与邻国合也。若唐虞有夔伯夷，周有周公，鲁有孔子，则各自奠之，不合也。）
>
> 朱按："陈祥道云：释奠之礼，有牲币，有合乐，有献酬。

---

① 朱熹：《朱子全书》（第 2 册），朱杰人等主编，上海古籍出版社 2002 年版，第 420 页。

大祝造于庙，宜于社，过大山川则用事，反则释奠，此告祭也。记曰凡告必用牲币，又曰凡释奠者必有合也，此释奠有牲币、合乐之证也。《聘礼》'觞酒陈，席于阶，荐脯醢，三献。一人举爵，从者行酬，乃出'，此释奠有献酬之证也。今以下文考之，有合当为合乐，从陈说。"①

此条朱子舍郑注而用陈祥道说，实际上朱熹的按语仅为最后一句。郑玄以为"合"指的是合祭，而陈祥道认为是合乐。郑注主要依据的是上下文，引文的上文在说诸侯国祭祀先圣先师的事宜，语义一贯而下，因此其释此句意为"释奠一般情况下应该与邻国合祭，若国内有先圣先师则不必合祭"。简而言之，郑注是为照顾上文而作出的解释。若单独看郑玄这一句，确实有觚棱难解之感。据郑注，经文更明确的表达似应为："凡释奠者必有国故，否则合也。"而陈祥道不赞同郑玄的说法，他认为此句与上文无关，意为"释奠一般情况下是要合乐，若有国丧等特殊情况则不合乐"。陈、朱的主要根据是下文"凡大合乐，必遂养老"一句，是将此句系于下文而发。平心而论，郑、陈二人一承上，一启下，都有道理。

　　《学记》："善歌者，使人继其声；善教者，使人继其志。"（郑注：言为之善者，则后人乐仿效。）
　　朱按："注说非是。继声、继志，皆谓微发其端而不究其说，使人有所玩索而自得之也。"②

---

① 朱熹:《朱子全书》（第 2 册），朱杰人等主编，上海古籍出版社 2002 年版，第 398—399 页。
② 朱熹:《朱子全书》（第 2 册），朱杰人等主编，上海古籍出版社 2002 年版，第 542 页。

郑注的着眼点即疏通文意，泛泛地理解为做得好的人自然会引发后人的仿效，似并未深入经文所述的情境。朱注重视对经文的体认，认为此句的核心在指示教学心法，如同孔子"不愤不启，不悱不发"之意，指要成为好的老师关键在于"领进门"，而真正的"继声继志"实际上是学生在老师的引导下自己体认出来的。这种进入情境、自家体贴的解经路径也是宋代经典诠释的一大特点。

　　《学记》："善待问者如撞钟，叩之以小者则小鸣，叩之以大者则大鸣，待其从容，然后尽其声。"（郑注：[从读如春]春容，谓重撞击也。始者一声而已，学者既开其端意，进而复问，乃极说之，如撞钟之成声矣。）

　　　　朱按："注说非是。从容，正谓声之余韵从容而将尽者也，言必答尽所问之意，然后止也。"①

以上为郑、朱关于教育问题思路的不同，在此表现为对"从容"二字解释的差异。郑玄以为，老师在教善于思考的学生时，应等学生开启思路后一边启发、一边鼓励学生就此问题继续发问，一问一答连续如撞钟，直至学生无可问时为止。而朱子以为此时应该像钟声一样悠长、缓慢的结束，即仅只一问一答之间，必尽其余响，所答尽所问之意。清儒孙希旦在朱注的基础上解释道："问者不急迫，从容闲暇，然后尽发其旨意。若急迫问之，则教者有不尽告者矣。"② 显然，朱注更符合教学的情境。

---

① 朱熹：《朱子全书》（第2册），朱杰人等主编，上海古籍出版社2002年版，第543页。
② 孙希旦：《礼记集解》，中华书局1989年版，第970页。

　　《学记》："大德不官。"（郑注：谓君也。）"大信不约。"
（郑注：谓若"胥命于蒲"，无盟约。）

　　朱按："注说非是。但言大德者不但能专一官之事，若
《荀子》所谓'精于道者兼物物也'……注说亦非。此谓如天
地四时不言而信者也。"①

　　郑注"胥命于蒲"指桓公三年（公元前 709 年）齐、卫两国的国
君在蒲地会见之事。因双方互相信任，所以并未进行盟誓而仅以
口头约定。简而言之，郑注以为，真正有大德的应该是君王，他
是不能因德大而被封官的；同理，真正的相互信任是不需要盟誓
的。朱子不同意此解，认为"大德不官"指有大德者不能只任一
官之事，应能者多劳；而真正有信的（如四季之类）也是不用事
先约定的。比较而言，朱注更有理。为君虽不官，但未必有大德，
而有大德者更未必为君。大信二例虽境界有所不同，但可用同一
逻辑解释。

　　《学记》："时观而弗语，存其心也……"（郑注：使之悱
悱愤愤，然后启发也。）

　　朱按："观，示也，谓示以所学之端绪。语，告也。"②

　　《学记》："故隐其学而疾其师，苦其难而不知其益也。"
（郑注：隐，不称扬也。）

---

① 朱熹：《朱子全书》（第 2 册），朱杰人等主编，上海古籍出版社 2002 年版，第 544 页。
② 朱熹：《朱子全书》（第 2 册），朱杰人等主编，上海古籍出版社 2002 年版，第 538 页。

朱按："隐其学，谓以其学为幽隐而难知，如曰'二三子，以我为隐'之意。"①

《学记》"大学之法，禁于未发之谓豫。"（郑注：未发，情欲未生，谓年十五时。）

朱按："此但谓预为之防，其事不一，不必皆谓十五时也。"②

《学记》："相观而善之谓摩。"（郑注：不并问，则教者思专也。摩，相切磋也。）

朱按："此但谓观人之能而于己有益，如以两物相摩而各得其助也。"③

《学记》："师也者，所以学为君也。"（郑注：弟子学于师，学为君。）

朱按："上文，此但谓能为师以教人，则能为君以治人耳。"④

上述五例均为朱子在《学记》中并未明确说明郑注不通的例证，而实际上朱子在委婉地纠正郑注之未备，对上引的郑注与朱按稍作比较即可发现，就不再一一分析了。

---

① 朱熹：《朱子全书》（第2册），朱杰人等主编，上海古籍出版社2002年版，第540页。
② 朱熹：《朱子全书》（第2册），朱杰人等主编，上海古籍出版社2002年版，第541页。
③ 朱熹：《朱子全书》（第2册），朱杰人等主编，上海古籍出版社2002年版，第541页。
④ 朱熹：《朱子全书》（第2册），朱杰人等主编，上海古籍出版社2002年版，第542页。

《五学·传》："昔者有虞氏贵德而尚齿，夏后氏贵爵而尚齿，殷人贵富而尚齿，周人贵亲而尚齿。"（《祭义》，郑注：贵，谓燕赐有加于诸臣也。尚，谓有事尊之于其党也。臣能世禄曰富。舜时多仁圣有德，后德则在小官。）

朱按："注末句文义难通，所谓后德，言后进之有德者不加于前进之有德者。此虽贵德，而犹必尚齿之意也。"①

郑注此句"后德则在小官"难解，唐以前有改作"小德则在小官"，但孔颖达斥为"俗本"。孔疏释作"舜时仁圣者多，人皆有德，其德小先来者已居大官，其德大后来者则在小官"，颇显曲就，欲盖弥彰。朱子解为：后进之年轻的有德者因年轻而居小官，不以德之高低论。若依朱子之解，虽于上下经文可通，但此句与其下三句句型不一致，亦有扞格。清儒亦聚讼不决。②

《学义》："天命有德，五服五章哉。"（《皋陶谟》，孔传：五服，天子、诸侯、卿、大夫、士之服也。尊卑采章各异，所以命有德。）

朱按："五服，恐是衮、鷩、毳、希、玄五等冕服。"③

此条实为据郑注三礼纠驳《尚书》孔传，因孔传之于《尚书》堪比郑注之于三礼，因此附于此节之末。据孔传，五服为自天子至士之服，但朱子以为是五冕之服（出自郑玄《周礼》注），蔡沈

---

① 朱熹：《朱子全书》（第2册），朱杰人等主编，上海古籍出版社2002年版，第619页。
② 清儒聚讼见孙希旦《礼记集解·卷46》，宋儒聚讼见卫湜《礼记集说·卷113》。
③ 朱熹：《朱子全书》（第2册），朱杰人等主编，上海古籍出版社2002年版，第400页。

《书集传》即采用朱说:"五服,五等之服,自九章以至一章是也。"① 此段经文出自《伪古文尚书》,在此书被判定为伪书前,朱子之说在元明时多见从;而判定伪书后清儒多弃此书而不用,因此也无所谓从与不从。

第四节
商榷三礼唐疏

唐人的三礼疏对于经文或注文中许多比较暧昧的内容,会给出相对明确的解释,在这种情况下就不可避免地出现"增字解经"等现象。这也就造成了经文解释的相对开放性(即不确定性)和注疏解释的相对确定性(限定了解释的面向)之间存在一定的空间。换言之,不按照注疏所限定的诠释方向同样可能将经文说清楚,甚至可能会在某些特定的时空比注疏说得更清楚,这就是后人攻注、攻疏的本质。

贾公彦的《仪礼疏》虽然以解释郑玄注为核心,但在十三经注疏中对其评价相对较低。而朱熹在《通解》中虽然参考了贾疏,但对之作出大量修改。正如卢文弨所言:"贾疏本多謇涩,传写弥复滋讹。朱子《通解》一书,细为爬梳,或润色其辞,或增成其义,读者易以通晓,致为有功。"② 从这个角度讲,朱子对贾疏可谓功莫大焉。

---

① 王春林:《〈书集传〉研究与校注》,人民出版社 2012 年版,第 211 页。
② 卢文弨:《仪礼注疏详校》,林庆彰校订,"中央研究院"中国文哲研究所 2012 年版,第 13 页。

朱熹在解释经典之时，一方面较汉唐经师多了一些"心性体认"层面的感受，接受了唐宋诸儒对注疏的研习心得；另一方面他也极为重视训诂文字方面的推求，常从大处着眼辨析经义。再加之宋人因时代风气的播迁，治学路数已与隋唐不同，因此朱熹在《通解》中有大量对贾（孔）疏的商榷、存疑之处：有时仅揭示出疏文错误，有时对疏文的解释提出质疑，有时又明确说明疏文存在何种错误，有时甚至会抬出郑注来是正贾疏。下文将从揭疏之讹、疑疏有误、纠疏之谬和据注纠疏四个角度对此进行说明。

一、揭疏之讹

所谓的"揭疏之讹"，主要指朱子明确揭示贾疏有误，但因之错误比较明显而并未浪费笔墨去申述之。相关内容在清代多被礼学家进一步说明理由，因此本节兼叙后儒对朱子之说的扬弃。

> 《乡射·张侯》："蒲筵，缁布纯。"（贾疏：此与乡人习礼，虽有公卿之尊，无加席，唯此一种。郑注《周礼》云："铺陈曰筵，藉之曰席。"然其言之筵席通，但在地者为筵，取铺陈之义；在上曰席，取相承籍之义耳。）
>
> 朱按："郑注《周礼》筵、席二字，但谓一物而二名耳，疏说非是。"①

据郑注《周礼》有"铺陈曰筵，藉之曰席"，贾氏指出郑玄误以为筵、席二者为一物，而实际上筵、席有别，一般古人跪坐所用的

---

① 朱熹:《朱子全书》（第2册），朱杰人等主编，上海古籍出版社2002年版，第313页。

垫子有多层，"筵"特指最下面的一层，"席"则指在上者。朱熹则以为筵席二字无别，所指为一物。朱子此解也并非空穴来风，孙诒让在《周礼正义》中就兼采两说，分对文、散文两种情况："凡对文，则筵长席短，筵铺陈于下，席在上，为人所坐藉。散文则筵亦为席。"① 孙氏可谓善解人。

> 《燕·戒群臣》："小臣戒与者。"（郑注：戒与者，谓留群臣也。贾疏：留群臣，谓群臣留在国不行者也。）
> 朱按："留群臣，谓群臣朝毕将退，君欲与之燕，故使小臣留之，疏说非是。"②

《仪礼》中燕礼的作用是"诸侯无事，若卿大夫有勤劳之功，与群臣燕饮以乐之"③。据贾疏意，郑注的"留群臣"指的是留在诸侯国内的"群臣"，包括刚刚朝毕退下的和未参加朝觐的群臣。朱子并不同意这一点，他从场景的角度提出"戒群臣"就是在朝会之后、百官退朝之前，向在场群臣说明要举行宴会。朱熹的解释无疑更符合行礼的场景。元人敖继公赞同朱子之说，提出"戒之节于朝，于家则未闻"④。

> 《聘礼·宾介卒》："宾入竟而死，遂也，主人为之具而殡。"（郑注：具，谓始死至殡所当用。贾疏：注文如此，明不

---

① 孙诒让：《周礼正义》，中华书局 2013 年版，第 1253 页。
② 朱熹：《朱子全书》（第 2 册），朱杰人等主编，上海古籍出版社 2002 年版，第 622 页。
③ 郑玄：《三礼目录》，收入阮元：《十三经注疏》，中华书局 1982 年版，第 1014 页。
④ 敖继公：《仪礼集说·卷 6》，文渊阁四库全书本。

殡于馆，但取其至殡为节耳。以其大敛讫即殡，故连言殡。
下文归介复命之时，柩止门外，明敛于馆而已。）

朱按："下记《周礼》注疏云权殡于馆，此疏非是。"①

在朝聘时，若已入所使之国境而使者因故死亡，须由所出使国负
担自死至殡的器用花费。贾疏所理解的"至殡"并不包括"殡"
本身，也就是"至殡为节"。但在《周礼疏》"掌客"下，贾疏明
言"在馆权殡，还日以柩行"，表明殡是在馆内完成的，与此处相
矛盾。朱子以为《仪礼疏》有误。敖继公也认为："即其馆而殡之
也，尸未得归，故权殡于此。"② 实际上贾疏中多有自相矛盾者，
清人卢文弨在校《仪礼》时就曾指出"贾疏宗主郑说，即有参之
前后而不合、证之他经而亦岐者，亦必依违其间，曲为之解"③。
这一问题朱子已经发现，其删改贾疏就是基于上述认识，此条为
明显例证。

《五学》："六十岁制，七十时制，八十月制，九十日修。"
（贾疏：岁制，谓棺……时制，谓衣物难得者。月制，谓衣物
易得者。日修，谓棺衣悉办，但日整修而已。）

朱按："岁制者，岁一展而修之，下时、月、日放此。"④

贾疏认为"时制""月制"的对象是衣物，"日修"为棺木和衣

① 朱熹:《朱子全书》（第2册），朱杰人等主编，上海古籍出版社2002年版，第799页。
② 敖继公:《仪礼集说·卷8下》，文渊阁四库全书本。
③ 卢文弨:《仪礼注疏详校》，林庆彰校订，"中央研究院"中国文哲研究所2012年版，
第13页。
④ 朱熹:《朱子全书》（第2册），朱杰人等主编，上海古籍出版社2002年版，第612页。

服，有增字解经之嫌。朱子则认为四者的对象均包括棺木和衣物。从常理言，贾疏之说限定太过。依朱子说，就是对于送终之具在其人六十岁以后每年检修，七十岁以后每季度检修，八十岁以后每月检修，九十岁以后每天检修，以防不测。显然，朱子之说更合情理。

> 《士相见·请见》："贽，冬用雉，夏用腒，左头奉之，曰：'某也愿见，无由达，某子以命命某见。'"（贾疏：凡执贽之礼，唯有新升为臣，及聘朝，及他国君来、主国之臣见，皆执贽，相见常朝及余会聚，皆执笏，无执贽之礼。）
>
> 朱按："古者笏以记事指画而搢之腰间，故汉、魏以前不见有言执笏者。至晋始言执手版，今疏云朝会执笏，未知何所考也。"[1]

据《玉藻》"执事凡有指画于君前用笏"，郑注"笏，所以记事也"，即朱按"记事指画"所出。另据《内则》"子事父母……绅搢笏"，因此朱熹以为笏版在先秦两汉是别在腰间（搢）而非执在手中的。"至晋始言执手版"指的是《晋书》所载王坦之见桓温"流汗沾衣，倒执手版"[2]之事。此前朱熹未见关于"执笏"的记载，因此对贾疏"朝会执笏"的观点提出质疑。实际上朱熹的指责并不符合事实，今所见汉画像石中多有执笏吏像便是证明，但文献记载确实极罕。此为朱熹认为疏有讹而疏实不讹之例。

---

[1] 朱熹：《朱子全书》（第2册），朱杰人等主编，上海古籍出版社2002年版，第235—236页。

[2] 房玄龄：《晋书·卷79》，中华书局1974年版，第2073页。

二、疑疏有误

所谓"疑疏有误"，主要指朱熹怀疑贾疏有误，但语气尚不能肯定，且多说明缘由，供后人去取。

> 《冠·庶子冠》："若庶子，则冠于房外南面，遂醮焉。"
> （贾疏：适子，周冠一醴，夏、殷三醮。庶子，无文，周当一醮，夏殷当三醮。）
> 　　朱按："疏说恐非。盖一醮以酒者，正也。其用醴与三醮，为适而加耳。庶子则皆一醮以酒足矣。"①

依礼，嫡子与庶子的冠礼是不同的，贾疏认为周礼嫡子冠"一醴以醴"，庶子冠"一醮以酒"，夏殷礼嫡子冠"三醮以酒"，庶子冠同。其中的隆杀并不符合逻辑，因此朱子提出的"一醮以酒"是最基本的礼节，嫡子可以适当加隆。即"以质为贵"，则以醴代酒以示尊；"隆杀以两"，则增一醮为三醮以示贵。李如圭也持类似主张："醮用酒而醴用醴，以质为贵也；醮有折俎醴惟脯醢而已，以少为贵，不尚味也。"② 此可作朱子注脚。

> 《投壶·请投视算》："卒投，司射执余算曰：'左右卒投，请数。'二算为纯，一纯以取，一算为奇，遂以奇算告曰：'某党贤于某党若干纯'，奇则曰奇，钧则曰左右钧。"（孔疏：

---

① 朱熹：《朱子全书》（第 2 册），朱杰人等主编，上海古籍出版社 2002 年版，第 69 页。
② 李如圭：《仪礼集释》，中华书局 1985 年版，第 24 页。

纯，全也，二算合为一全。地上取算之时，一纯则别而取之。一算谓不满纯者，故云奇……胜者若双数，则曰若干纯，只数，则曰若干奇。犹十算则云五纯，九算则云九奇也。)

朱按："此说差胜《乡射》贾疏，然恐或是九算则曰四纯一奇也。"①

关于（乡射和投壶）"视算"的表述方式，前人众说纷纭。此疑源自郑注《乡射礼》中"假如右胜，告曰：右胜于左若干纯若干奇"。此下的贾疏认为下一个"若干"为衍字，即若右胜左九支箭，当曰"四纯一奇"，褚寅亮从之；而上引孔疏则认为当曰"九奇"，黄以周②、胡肇昕、盛世佐③从之。实际上，朱熹在此处只是指出孔疏与贾疏之不同，他先说孔疏"差胜贾疏"，又说"然恐或是……"，表明朱子并未就疏的正误提出明确意见。

《冠义》："无大夫冠礼而有其昏礼，古者五十而后爵，何大夫冠礼之有？"（贾疏：大夫始仕者二十已冠，讫五十乃爵命为大夫，故大夫无冠礼。然按《丧服》，大夫为兄弟之长殇，降服小功，郑云，谓为士若不仕者。明其或亦为大夫，则不为殇而降也。盖《小记》云丈夫冠而不为殇，此兄殇者，既有德行，年未二十而得为大夫，则是大夫亦不以二十而始冠也。)

朱按："疏引《丧服》之文，见'大夫而有兄殇'。又其

---

① 朱熹：《朱子全书》（第2册），朱杰人等主编，上海古籍出版社2002年版，第259页。
② 黄以周：《礼书通故》，中华书局2007年版，第1177页。
③ 所列皆见于胡培翚撰：《仪礼正义》，段熙仲点校，江苏古籍出版社1993年版，第572页。

兄若为大夫，则不降服，则知其身与兄皆未二十矣，是不必五十乃为大夫也。盖其得为大夫之时，已治成人之事，或已因丧而冠，如《家语》所说人君之例，故不待二十而冠也。贾意当是如此，而词不别白，故为删润而发明之。然此亦为继世为大夫者言耳，非谓以贤才而选者也。孔颖达云：天子之子皆早冠，以其有下祭殇五，盖谓若不早冠，则无玄孙之殇矣。诸侯之子则二十而冠，以其有適长殇之文也。与贾说不同，未知孰是。"①

周季有无大夫冠礼，是礼学史上的聚讼问题。据周礼，五十岁以后才能封爵为大夫，而施行冠礼是在二十岁时，因此从年龄看大夫不可能有冠礼。但另据《丧服》有"大夫而有兄殇"的记载，"殇"即十九岁以下死亡者，大夫殇兄尚不满二十岁，则大夫当更年幼，因此"五十而爵"之说只能是一般的原则，未必尽然。既然可以二十岁之前就任大夫，并且已"治成人之事"，则其已经加冠甚显然，而如此年轻则为大夫，其为继承而非选举亦甚明显。因此在继世为大夫的情况下，冠礼不必等到二十岁再施行，此即贾疏之意。但朱子进一步提出，《檀弓》有诸侯之嫡"长殇"（指17—19岁死亡）之说，既然称"殇"则其尚未成人（加冠后方成人），可知诸侯之嫡子似应在二十岁行冠礼。因此朱子不清楚诸侯之子是应据贾疏"不待二十而冠"，还是据孔疏"诸侯之子则二十而冠"，此问题至今仍聚讼未决。②

---

① 朱熹：《朱子全书》（第2册），朱杰人等主编，上海古籍出版社2002年版，第76—77页。
② 参见戴庞海：《先秦冠礼研究》，中州古籍出版社2006年版，第163—170页。

《聘·归飨饩》:"揖入,及庙门,宾揖入"(贾疏:聘时主君揖入,立于庭,尊卑法。此宾与使者幣,故宾在门内,谦也。)

朱按:"疏内'者'下'幣'字疑当作'敌'。"①

朱子所见单疏本作"币",朱子疑当作"敌",却并未径改。至阮元时已据他本改正,出校记曰:"敌,陈本、《通解》俱作币,朱子曰:币疑当作敌。"② 在北大版《仪礼注疏》中,朱子此则校记误作"币疑当作敝"③,查今《通解》诸本中无作"敝"者,当系误字。

《聘·归反命》:"乃入,陈币于朝,西上。上宾之公币私币皆陈,上介公币陈,他介皆否。"(贾疏:宾之公币有八:郊劳币,一也;礼宾币,二也;致飨饩,三也;夫人归礼币,四也;侑食币,五也;再飨币,六也;夕币,七也;赠贿币,八也。此八者皆主君礼赐使者,皆用束锦,故云公币……降于宾者,以其上介无郊赠币,又无礼宾币,又阙一飨币,故宾八上介五也。)

朱按:"经文,主国礼赐无有夕币,疏于'上介公币'云,'无郊赠'及'无礼宾币,又阙一飨币,故宾八,上介五',则前公币中'夕'字当是'飨'字之误,而其次亦当在'再飨'之前。"④

---

① 朱熹:《朱子全书》(第2册),朱杰人等主编,上海古籍出版社2002年版,第774页。
② 阮元:《十三经注疏》,中华书局1982年版,第1065页。
③ 《仪礼注疏》,彭林整理,王文锦审定,北京大学出版社1999年版,第416页。
④ 朱熹:《朱子全书》(第2册),朱杰人等主编,上海古籍出版社2002年版,第792—793页。

将上述贾疏与经文比对就可发现，其可能存在误字：在"宾（之公）币"中，贾氏列举了八种，下文"上介币"中说比照宾币少了"郊赠币""礼宾币"和"飨币"三种，但宾币所列的八种中并无"飨币"，此二者间必定至少有一处误字。朱子认为经文并无"夕币"的记载，推测贾疏宾币中的"夕币"是"飨币"之误，而"飨币"的次序应位于"再飨币"之前，因此还需调整一下顺序。

　　《通解续·丧礼·始死·记》："养者皆齐。彻琴瑟。"（《即夕》。贾疏：君子无大故，琴瑟不离其侧……凡乐器，天子宫县，诸侯轩县，大夫判县，士特县。去琴瑟者，不命之士。亦谓子男之士，不命者也。）

　　黄按："去乐，以病者齐，故去之。非为子去也，疏文可疑。"①

此为黄榦所撰按语。据贾疏之意，君子一般情况下是不能"彻琴瑟"的，因此在亲人病重期间需要撤琴瑟的仅仅是"不命之士"，也就是"子男之士"，子男以上是不能撤的。黄榦认为，所有人都应撤乐以静心祈福，不单指不命之士。这实际上就是聚讼已久的"先秦丧礼是否用乐"的问题，总体而言后儒多从黄说。②

三、纠疏之谬

　　所谓"纠疏之谬"，主要指朱子明确指出贾疏存在的错误并作

---

① 朱熹：《朱子全书》（第3册），朱杰人等主编，上海古籍出版社2002年版，第1317页。
② 参见丘述尧：《挽歌考辨》（下），收入《文史》（第44辑），中华书局1998年版，第213—230页。

出更为合理的解释。

> 《冠·宿宾》："乃宿宾。"（郑注：宿，进也。贾疏：此云"乃宿宾"，谓摈者传主人辞入以告宾也。）
>
> 朱按："此云'宿宾'，言主人往而宿之，以目下事，如篇首言筮日于庙门，后亦多有此例也。主人方往宿时，摈者固当入告。然此言乃为主人发，不为摈者发也。"①

郑注释"宿"为"进"，但"宿"这一动作的施行者为谁，郑玄并未交代。贾疏以为指的由中间人（摈者）进告于宾，冠者主人来宿之事，即摈者宿进。朱子以为贾疏不当，他认为"宿"是以目下而言，应该是主人的动作，即主人往宾家而进告之意，即主人宿宾。显然，朱子之解更符合行礼的情境。

> 《乡饮酒·遵入》："公如大夫入。"（郑注：如，读若今之若。）
>
> 朱按："'如，读若今之若'，但谓如字读之，似今人所用之若字耳，无他义也。疏说迂，今不取。"②

贾疏原作"郑曰，如读若今之若者，前无诸公入，直以大夫与主人为礼是其当，公则非当。故郑读如若今之若，谓大夫之于公更无异礼矣"，被朱子删去。贾疏以为，郑注的"如若今之若"不仅

---

① 朱熹：《朱子全书》（第2册），朱杰人等主编，上海古籍出版社2002年版，第47页。
② 朱熹：《朱子全书》（第2册），朱杰人等主编，上海古籍出版社2002年版，第295页。

仅是标示"如"字的读音字义，还有更深层次的含义，即在礼节层面上有"比照"的含义，并详细解释为何会降级以大夫礼。朱子认为贾疏此说太过迂曲。贾疏所想表达的本意是"公如大夫入，谓公入门礼亦如大夫也"①，但其语言过于枝蔓，被朱熹直接删去。此为贾疏常见之病，一般朱子会直接改写而不加按语说明。

> 《聘义·记》："酒清，人渴而不敢饮也；肉干，人饥而不敢食也。日莫人倦，齐庄正齐而不敢解惰，以成礼节，以正君臣，以亲父子，以和长幼。此众人之所难而君子行之，故谓之有行……"
>
> 朱按："疏云此虽终结聘射，然自酒清、肴干、日莫、成礼、父子、长幼之语，似据射、乡而言，恐射、乡之义失次在此，或相因而言欤？"②

朱熹删去孔疏"此明聘礼而兼及射礼也……"，显然他倾向于这一段是错简。这一段《礼记》文字自古颇有疑问。此段上下文并见于《大戴记》，而引文却不见于《大戴》之中。吕大临就曾怀疑这一段文字上下不相连属，系窜乱于此："射礼，未射之前，先行献酬之节，故有酒清、肉干而不敢饮食者。若聘礼，则受聘、受飨、请觐，然后酌醴、礼宾，无酒清、肉干之事。"③ 他认为这段记文当在《乡射》经文之后。朱熹继承了吕氏的观点，但也没有直接将之移至射、乡处。

---

① 盛世佐：《仪礼集编·卷7》，文渊阁四库全书本。
② 朱熹：《朱子全书》（第2册），朱杰人等主编，上海古籍出版社2002年版，第804页。
③ 吕大临等：《蓝田吕氏遗著辑校》，陈俊民辑校，中华书局1993年版，第417页。

　　笔者认为，朱熹尊重原状的态度是明智的。从郭店、上博简中与《礼记》主题相似的篇章情况来看，《礼记》最初可能是单篇流传且并未与《仪礼》保持严格对应。因此在《聘义》中出现关乎《乡射》的文字是完全有可能的，况且在此记文下所举的其他例证都是在聘礼和乡射礼中都会出现的礼节，并不属于严格意义上的"窜乱"，因此不移动是明智的。

　　　　《聘义·记》："……吴子使太宰嚭劳，且辞曰：'以水潦之不时，无乃廇然陨大夫之尸，以重寡君之忧，寡君敢辞。'上介芊尹盖对曰：'寡君闻楚为不道……'"（《左传·哀公十五年》）
　　　　朱按："'上介'二字属下句，《释文》云属上句，误也。"①

此为朱子纠正陆德明《经典释文》的例证，《释文》大致相当于疏，姑附于此。时楚侵吴，陈国君主派遣使臣公孙贞子前往吴国慰问军队，但进入吴国不久贞子病死。此时据礼，吴国应接待陈国使团（以贞子的灵柩代替贞子）完成慰问的流程。但吴子觉得不祥，派遣太宰嚭婉拒陈国使团入城慰问。显然，这里的"上介"是芊尹盖在陈国使团中所担任的职务（仅次于使臣），最好与下文连读。《释文》于此下曰"上介绝句"，实际上也并非不可，"寡君敢辞上介"亦勉强可通，但属下句更合文理。

---

① 朱熹：《朱子全书》（第2册），朱杰人等主编，上海古籍出版社2002年版，第810页。

四、据注纠疏

严格意义上讲，"据注纠疏"仍是"纠疏之谬"的一部分，只不过其依据主要源自注文，而不是朱子自己的考订。之所以单独列出，原因有二：一是此类按语甚多，足成一类；二是可体现朱子对注疏二者之可靠性认识实有不同，此类例证正可说明之。

> 《冠·宿宾》："乃宿宾，宾如主人服，出门左，西面再拜，主人东面答拜。"（郑注：宿者必先戒，戒不必宿。其不宿者为众宾，或悉来或否。主人朝服。贾疏："宿者必先戒"，若上文已戒宾，今又宿之也。"戒不必宿"，即所戒之宾除正宾及赞冠者外，但戒使知之而已，后更不宿也。云"不宿者为众宾或来或否"者，此决正宾与赞冠者戒而又宿，不得不来也。）
>
> 朱按："'不宿者为众宾或悉来或否'，郑注本谓正宾或时不来，则将不得成礼，故虽已戒之而又宿之，欲其必来。其非正宾则不更宿，盖但使为众宾，虽不悉来，亦无阙事也。疏与音皆非是，为只合作如字读，宾字句绝。"①

前人曾指出，朱子喜"缘情说礼"，这主要是针对侧重于"礼义"的《礼记》。笔者更进一步说，朱子在解释《仪礼》时更喜"缘境说礼"，即从场景出发解释仪节之缘由，此条朱熹之解更贴近经文。依贾疏之意，正宾和赞冠者二人是因为戒而又宿所以不得不

① 朱熹：《朱子全书》（第 2 册），朱杰人等主编，上海古籍出版社 2002 年版，第 47 页。

来，而其他的众宾因为戒而不宿所以可来可不来。其所述虽符合事实，但因果关系不对。朱子认为戒而又宿的原因是主人希望其"必来"，而对于众宾则允许其有事缺席。贾疏依文解意，多淡漠玩忽行礼的具体心境与场景。细玩二者之区别，可知朱子对仪节与心情之间的精到把握。

　　《乡射·诱射》："及物揖，左足履物，不方足，还，视侯中，俯正足。"（郑注：方，犹并也。志在于射，左足至，右足还，并足则是立也。南面视侯之中，乃俯视并正其足。贾疏：云"志在于射"者，解足未正先视侯中之意。言"左足至"者，解左足履物也。"左足还并足则是立也"者，解经不方足还及正足之言也。若然，还时兼视侯中也。）

　　朱按："此疏解注文不可晓，恐有脱误。盖注意若曰：左足履物，而右足不并，便还足南面视侯之中也。若便并右足，则是立矣。以志在相射，故未暇立而先视侯，既视侯而后俯并其足也。"①

经文系射箭前一连串的动作，郑玄对此的解释为：至射位，揖，左脚踏着地上画的线，两脚不并拢，即右脚在后面的位置并无要求，瞄准后再摆正右脚的位置。贾疏并未搞清楚这串动作的先后，仅就文字加以解释，导致在说明这段动作的先后顺序上出现混乱。由于郑注文意并不难解，朱熹遂怀疑疏文之拖沓可能缘于脱误。

---

① 　朱熹：《朱子全书》（第2册），朱杰人等主编，上海古籍出版社2002年版，第337页。

《乡射·再请射·记》："取诱射之矢者，既拾取矢，而后兼诱射之乘矢而取之。"（郑注：谓反位已礼成，乃更进取之，不相因也。贾疏：云"不相因"者，既自拾取已之乘矢，反位东西望讫，上射乃更向前兼取诱射之矢，礼以变为敬也。）

朱按："上经云后者遂取诱射之矢，此注乃云反位礼成乃更进取之，似相矛盾。其上射字亦与后者二字不相应，当作下耦之下射。"①

朱子此处同时质疑注疏。此记本是解释经的，郑注解记时已与经矛盾，贾疏继续沿郑说进行解释，朱熹于郑注尚委婉云"似相矛盾"，于疏则直指"当作下耦之下射"。盛世佐即认为："此注显与经背，当以朱子及敖说为正。"②

《通解续·士丧·室中位·记》："室中唯主人、主妇坐，兄弟有命夫命妇在焉亦坐。"（郑注：别尊卑也。贾疏：云"兄弟有命夫命妇在焉亦坐"者，若无命夫命妇，则皆立可知。此士丧礼，故郑云"别尊卑也"，尊谓命夫命妇。按《大记》：君之丧，主人主妇坐，以外皆立；若大夫丧，主人主妇、命夫命妇皆坐，以外皆立也；士之丧，主人父兄、主妇姑姊妹皆坐。郑云：士贱，同宗尊卑皆坐。此命夫命妇之外立而不坐者，此谓有命夫命妇来，兄弟为士者则立。若无命夫命妇，则同宗皆坐也。）

---

① 朱熹：《朱子全书》（第 2 册），朱杰人等主编，上海古籍出版社 2002 年版，第 346—347 页。
② 盛世佐：《仪礼集编·卷10》，文渊阁四库全书本。

黄按："疏文前后抵牾，未详。"①

这一条系黄榦《通解续》中例证，疏文就是卢文弨所说典型的
"贾疏宗主郑说，即有参之前后而不合、证之他经而亦岐者，亦必
依违其间，曲为之解"②。《丧大记》："有士丧后，其主人父兄、主
妇姑姊妹皆坐。"郑注云："士贱，同宗尊卑皆坐。"但此处为士丧
礼，记的含义显然说当场若无命夫命妇，其他人则皆立，郑注又
云"别尊卑"，显然与《丧大记》矛盾，贾疏无奈只好随注作解。
因此，黄榦指出贾疏前后矛盾，实际上也是委婉指出郑注的错误，
实为贾疏过于依赖郑注，无法为之弥缝而导致抵牾。对于这种情
况，朱熹一般在指出矛盾后提出自己的观点。

第五节
不从注疏而另创新解

朱子在训释经典时固然极重注疏，但随着时代和语言的发展，
注疏有时难使后人心服。在中唐以后"独抱遗经究终始"的时代
风气下，朱熹偶尔也会大胆放弃注疏的说法而自创新解，这一点
在《四书》《学记》的朱注中已有多端，且上文已略有涉及。需要
强调的是，相较于其他宋儒，朱熹领创新解的比例还是比较低的。

本节从依据的角度将朱子领创新解的情况区分为四种，即依

---

① 朱熹：《朱子全书》（第3册），朱杰人等主编，上海古籍出版社2002年版，第1331—
1332页。
② 卢文弨：《仪礼注疏详校》，林庆彰校订，"中央研究院"中国文哲研究所2012年版，
第13页。

据其他经传立说、依据常识经验立说、依据训诂校勘立说和依据本经传上下文矛盾立说，重点阐述朱子在经典解释时的"创意"。

一、依其他经传立说

　　《冠·字冠者·辞》："……曰伯某甫，仲叔季唯其所当。"（郑注：伯、仲、叔、季，长幼之称。甫，是丈夫之美称。贾疏："某甫"者，若云尼甫、嘉甫也，伯、仲、叔、季，若兄弟四人，则依次称之。夏、殷质，则积仲；周文，则积叔，若管叔、蔡叔是也。殷质，二十造字之时，便兼伯、仲、叔、季称之。周文，造字时未呼伯仲，至五十乃加而呼之，故《檀弓》云"幼名、冠字、五十以伯仲，周道也"。）

　　朱按："《檀弓》孔疏云，人年二十冠而加字，如曰伯某甫者。年至五十，耆艾转尊，则又舍其某字而直以伯仲别之，与此贾疏不同，疑孔说是。"[1]

关于古代加"字"时的称谓，贾公彦和孔颖达存在不同说法。贾公彦认为，殷周两代制度不同，殷代从起字时就按大小用伯、仲、叔、季，至老不变。而周代在起字时仅用叔、季，至五十岁以后才能用伯、仲。孔颖达则认为，殷代生死同名，周代生而命名，直呼其名；冠而加字，讳名称字；五十岁以后讳直称其字，以姓氏加伯仲称之；死而加谥。经典中加冠时有"伯（仲、季、叔）

---

① 朱熹：《朱子全书》（第 2 册），朱杰人等主编，上海古籍出版社 2002 年版，第 61 页。原文贾疏"夏、殷质"上排印本据贺本补"逾其数者"四字，经核东大本，无此四字，今删去。

某甫"的称谓，五十岁以后则去掉"甫"字。朱子赞同孔说。吴
澄进一步举例道："冠而字，少者但称其字，如颜渊、宰我、言游
之类；稍尊则字上加以其次，如伯牛、仲弓、季路之类；耆艾而
益尊，则下去其字，止称其次，如单伯、管仲、孔叔、南季之类，
所谓'五十以伯仲者'，此也。字下又加甫字，如《诗》言仲山
甫，此极其尊敬之称，故祭之祝辞称其皇祖皇考皆曰伯某甫，士
冠礼辞曰伯某甫者，此要其终而言，非谓冠后即如此称之也。"①
此说即与朱子说同。实际上，朱熹此处是依《檀弓》发新解并舍
注疏。

　　《乡射·张侯·记》："凡侯，天子熊侯，白质；诸侯麋
侯，赤质；大夫布侯，画以虎豹；士布侯，画以鹿豕。"（郑
注：此所谓兽侯也。燕射则张之，乡射及宾射，当张采侯二
正。而记此者，天子诸侯之燕射，各以其乡射之礼而张此侯，
由是云焉。白质赤质，皆谓采其地，其地不采者，白布也。
熊麋虎豹鹿豕，皆正面画其头象于正鹄之处耳。君画一，臣
画二，阳阴奇偶之数也。）

　　朱按："《周礼·梓人》有皮侯、采侯、兽侯，其曰'张
皮侯而栖鹄'者，天子大射三侯，用虎、豹、熊皮饰侯之侧，
而画以五采之云气，号曰'皮侯'。而又各以其皮为鹄，缀之
中央，似鸟之栖，故谓之'栖鹄'。其曰'五采之侯'者，宾
射之侯也，正之方外如鹄，亦三分其侯而居一，中二尺画朱，
其外次白、次苍、次黄、次黑，充其尺寸，使大如鹄，而亦

―――――――――――――

① 吴澄：《礼记纂言·卷14·上》，文渊阁四库全书本。

画其侧为五采云气。三正之侯，则去玄黄，二正之侯，则去青、白直以朱、绿也。《射义》注所谓'画布曰正，栖皮曰鹄'是也。其曰兽侯，则燕射之侯，此记所谓'天子熊侯白质，诸侯麋侯赤质，大夫布侯画以虎豹，士布侯画以鹿豕'者是也。盖皆用布，而皆画兽头于正鹄之处，故名兽侯。且天子、诸侯则以白土、赤土涂其布以为质，士则用布而不涂其侧。所画云气采色之数，则亦如采侯之差等也。但天子只云熊侯者，此礼衰。天子以下唯有五十步侯而已，无尊卑之别也。"①

关于"侯制"，郑注此处与《周礼》有别，朱子据《周礼》补全了郑注语义未备之处。《周礼》有三侯，皮侯、采侯、兽侯，此《记》所言乃兽侯之制。郑注关于兽侯之制似有误，孙诒让曾详驳之，②朱子于此实发其端。据孙氏考证，兽侯尊卑皆以布为侯中，天子兽侯以涂抹了赤色的布为正，以熊皮为鹄，以熊皮饰侯中两侧；诸侯兽侯以涂白色布为正，以麋皮为鹄，麋皮饰侯中两侧；大夫以下以涂赤色布为正，鹄为绘在布上的动物，侯中两侧不饰。朱子此处本想据《周礼》详述侯制，却又依违于两处郑注的抵牾，终不为孙诒让所取。此例即朱子依《周礼》发新解以舍弃注疏。

《曲礼·言语之礼》："师役曰罢。"（郑注：罢，之言罢劳也，《春秋传》曰"师还曰罢"。）

---

① 朱熹：《朱子全书》（第2册），朱杰人等主编，上海古籍出版社2002年版，第314—315页。
② 参见孙诒让：《周礼正义》，中华书局2013年版，第3401—3402页。

朱按："《易》曰'或鼓或罢'与《史记》'将军罢休就舍'之'罢'亦同。注引《春秋传》，疏以为用何休注，传无此文也。"①

"罢"与"疲"系古今字，郑玄在注中已经指出"罢劳"即"疲劳"，但郑注以汉末习语解先秦文言，至宋时已渺然难懂，因此朱子又举两例说明之。需要补充的是，郑注所引《春秋传》并不见于三传之内，孔疏以为郑玄用何休说。实际上在何休《羊传注》中也并无此句，朱熹注意到这一点但没有点破此句出自久佚的严、颜二家之传。《乙瑛碑》有"修春秋严氏经"，可知郑玄之时严氏学曾有过类似的称谓，另外郑玄"发墨守"时当研习过何休以前的公羊家说，当时可称为《春秋传》的似乎只有这两家。此例为朱子引《易》《史记》来立说佐助注疏，并订正孔疏"用何休注"一句。

《聘义·记》："吴子使太宰嚭劳……吴人内之。"（《左传·哀公十五年》，杜注：芋尹盖知礼。）

朱按："疏曰，案礼，宾入竟而死，则以尸入殡于馆，而介摄其命；宾至已朝，主人将欲行礼，宾请问之后而宾死，则以柩造朝，以尸将事。今公孙贞子卒于竟内，依礼唯可以尸而入殡于宾馆，芋尹乃欲以柩造朝，以尸将事，而吴人纳之。杜注又以为知礼，皆失之矣。"②

---

① 朱熹：《朱子全书》（第 2 册），朱杰人等主编，上海古籍出版社 2002 年版，第 439 页。
② 朱熹：《朱子全书》（第 2 册），朱杰人等主编，上海古籍出版社 2002 年版，第 810—811 页。"至已"底本据贺本妄改为"已至"，兹据东大本改回。

上文已详述此条历史背景，不赘。杜注以为芋尹为知礼，朱子以为不然。朱子实据《仪礼》以驳杜注。据礼，已经入境的外国使节死亡，若其尚未见该国王，则停尸在宾馆，由介（约相当于副使）完成使命；若已经初次朝见完毕但尚未完全完成使命者，则由使节之"尸"继续完成使命。《左传》所载的情况，依礼应由介（即芋尹）完成使命，而芋尹却要由尸来完成，杜注反而许芋尹为知礼，皆不明周礼故也。据杨伯峻、杨宽等人的研究，《左传》所载与三礼确实有颇多不合之处，但具体是三礼经文有战国时人附会的成分，还是《左传》记载的就是春秋时礼崩乐坏的实际情况，已经很难说清楚，① 而朱子自然是以三礼为正。在这一点上，今人较朱子更为客观。

二、依常理经验立说

《少仪·品节》："胜则洗而以请，客亦如之。"（郑注：若敌射及投壶竟，司射命酌，而胜者弟子酌酒，不胜者饮之。若卑者得胜，则不敢直酌，但当洗爵而请问何所行觯也。客射，若投壶不胜，主人亦洗而请之，如卑侍之法，所以优宾也。）

朱按："此二句皆是卑者与尊者为耦而射及投壶。若己胜而司射命酌，则不敢使它弟子酌酒以罚尊者，必自洗爵而请行觯。若耦胜，则亦不敢烦它弟子酌而饮己，必自洗爵而请

---

① 今人对《左传》礼制的研究可参见景红艳：《〈春秋左传〉所见周代重大礼制问题研究》，中国社会科学出版社 2015 年版；张君蕊：《〈春秋左传〉礼制研究》，郑州大学 2014 年博士学位论文；徐君滨：《春秋左传礼制研究》，上海古籍出版社 2012 年版；等等。

自饮也。注疏说恐非是。"①

礼制尊宾、尊尊。依礼，在射或投壶比赛一次后，输的一方需要饮酒。一般而言是胜者的弟子斟酒，令负者饮。但若负者为尊者或宾客时，胜者须"洗而请之"。注疏认为，若胜者位卑，则在洗爵（斟酒）前先请示尊者，获许后才令弟子酌并请负者饮；言外之意，其他情况则依礼而行。按照此说，其并未完全体现尊尊、尊宾之道。因此朱子认为，当胜者位卑时，胜者须亲自为负者洗爵（斟酒），请负者饮酒；若负者位卑时，应主动自己洗爵饮酒，以示不敢劳烦尊者足下之意。显然朱子之说更合情理，后儒多从之。但如此是否符合周礼则未可知。

> 《乡射·诱射》："豫则钩楹内，堂则由楹外，当左物，北面揖。"（郑注：钩楹，绕楹而东也。序无室，可以深也。周立四代之学于国，而又以有虞氏之庠为乡学，《乡饮酒义》曰"主人迎宾于庠门外"是也。庠之制，有堂有室也。今言豫者，谓州学也，读如成周宣榭灾之榭，《周礼》作"序"。凡屋无室曰榭，宜从榭。州立榭者，下乡也。左物，下物也。今文"豫"为"序"，序乃夏后氏之学，亦非也。）

> 朱按："注疏所言四代之学，未有以见其必然，姑存其大略而已。但豫无室、堂有室则粗可见。盖有室，则四分其堂，去一以为室，故浅。无室，则全得其四分以为堂，故深也。"②

---

① 朱熹：《朱子全书》（第 2 册），朱杰人等主编，上海古籍出版社 2002 年版，第 415 页。
② 朱熹：《朱子全书》（第 2 册），朱杰人等主编，上海古籍出版社 2002 年版，第 336—337 页。

这段注疏有较多古今字，且涉及宫室制度，自郑玄以后诸儒聚讼不已。依郑注，有虞氏时以庠为乡学，有堂有室；周称州学为豫，也写作序或榭，有堂无室。朱熹曾钻研宫室制度，著有《明堂说》，其中详述了为何是"四分其堂去一以为室"，可参。①

> 《曲礼·仆御之礼》："以散绥升，执辔然后步。"（《少
> 仪》。郑注：初升时，执策分辔行车，五步而立，待君至步行
> 也。孔疏："以散绥升"者，谓初升时也。散绥，副绥也。仆
> 登车，既不得执君绥，故执副绥而升也。）
>
> 朱按："此与上条皆非专为君御者之事。盖剑妨左人，自
> 当右带。绥欲授人，自当负之以升。又当升时无人授已，故
> 但取散绥以升，乃仆之通法。注疏皆误。"②

从上引朱子的按语中可以明显感受到他对驾车流程的熟稔。朱子一方面从上下文对郑注"待君至"提出质疑，认为这并不是在专门说"为君御者之事"；另一方面又对孔疏"仆登车不得执君绥"提出质疑，认为正绥因为需要马上给乘客，所以仆才执副绥升车。

> 《通解续·始死·记》："孔子蚤作，负手曳杖，消摇于
> 门……（曰：）'夫明王不兴而天下其孰能宗予？予殆将死
> 也。'"（《檀弓》。郑注：本又作逍遥，欲人之怪已……孰，
> 谁也。宗，尊也。两楹之间南面乡，明人君听治正坐之处。

---

① 参见朱熹：《朱子全书》（第23册），朱杰人等主编，上海古籍出版社2002年版，第3308页。
② 朱熹：《朱子全书》（第2册），朱杰人等主编，上海古籍出版社2002年版，第452页。

今无明王，谁能尊我以为人君乎？是我殷家奠殡之象，以此
自知将死。）

　　黄按："'孰能宗予'，但言无人尊己之道。注言尊为'人
君'，既失之。'曳杖消摇'，郑注又以为欲人怪己，孔疏亦以
为宽纵自放，皆非。所以言圣人曳杖消摇，盖其既病之余，
闲适之际，德容如是，犹所谓'逞颜色申申夭夭'之类，初
非宽纵之谓。若谓将死而不以礼自持，则是不以正而毙，非
所以示训也。"①

此为黄榦所撰按语，从中可见注疏中的孔子形象在汉唐和宋代显
出区别来。郑注将"消摇"理解为孔子用放纵的动作来吸引别人
注意，将"明王不兴"理解为孔子暗示自己想成为垂范后世的素
王，此时的孔子尚具鲜活欲望。而依据宋儒的理解，孔子是万世
师表，举手投足都有深刻的意味，因此黄榦理解的"消摇"便成
了"闲适之际，德容如是"的形容词，而"明王不兴"则成了孔
子对"无人尊己之道"的感慨。孔子只有一个，而汉人想象的孔
子是依据汉代的经验，宋人想象的孔子则是依据宋代的经验，二
者本无所谓对错高下。我们对之作出高下的评议，所依据的又何
尝不是我们这个时代的经验呢？

三、依训诂校勘立说

　　《冠·字冠者·辞》："髦士攸宜，宜之于假。"（郑注：

---

① 朱熹:《朱子全书》（第 3 册），朱杰人等主编，上海古籍出版社 2002 年版，第 1319—
1321 页。

髦，俊也。攸，所也。于，犹为也。假，大也。宜之，是为
大矣。）

　　朱按："'假'恐与'嘏'同，福也，注说非是。"①

在郑注中，"假"字可有两意：一为"大"意，见《中庸》"奏假
无言"注；一为"嘏"意，见《曾子问》"不旅不假"注。郑注
以为此处当作前解，朱熹则以为当作后解。实际上两可。朱子之
说可能更直接些，但郑玄于此句用前者，可能亦有其他未曾明言
之根据。

　　《学记》："大学之教也时，教必有正业，退息必有居，
学。不学操缦，不能安弦……"
　　朱按："上句郑注孔疏读时字、居字句绝，而学字自为一
句，恐非。文意当以也字、学字为句绝。时教，如春夏《礼》
《乐》、秋冬《诗》《书》之类。居学谓居其所学，如《易》
之言居业。盖常时所习，如下文操缦、博依、兴艺、藏修、
息游之类，所以学者能安其学而信其道。"②

依郑玄点读如上引文，句意为：大学阶段的教育应把握时机，
教学应有一定的正规内容，放学后应有固定的居所。学习的内容，
包括操缦……若依朱子的点读，句意则会发生变化。句为"大学
之教也，时教必有正业，退息必有居学"，意为：大学阶段的教育

---

① 朱熹：《朱子全书》（第2册），朱杰人等主编，上海古籍出版社2002年版，第61页。
② 朱熹：《朱子全书》（第2册），朱杰人等主编，上海古籍出版社2002年版，第539页。

规律是，平时的教学必须按照正规内容，放学之后必须在家时常复习功课。具体功课的内容有操缦……简而言之，朱子的点读更为整齐，这可能是受到了陆佃的启发，① 除个别宋元学者外，后儒多不取朱说。

> 《学记》："今之教者，呻其占毕，多其讯，言及于数。"（郑注：其发言出说不首其义，动云有所法象而已。孔疏：诈称有所法象也。）
>
> 朱按："数，谓刑名度数。言及于数，欲以是穷学者之未知，非求其本也，注疏法象之说恐非。"②

郑注以为"数"指的是汉《易》"象数"的"数"，"今之教者言及于数"意为今天的教育者喜谈抽象的数理哲学。朱子认为此"数"是"刑名度数"的"数"，即算术之学，是胥吏的学问，不涉及大义。两说均有理。

> 《乡饮酒义》："月者，三日则成魄，三月则成时。是以礼有三让，建国必立三卿。三宾者，政教之本，礼之大叁也。"（《乡饮酒义》。郑注：言礼者阴也，大数取法于月也。孔疏：魄，谓明生傍有微光也。此谓月明尽之后而生魄，非必月三日也。所以前月大则月二日生魄，前月小则三日乃生魄。乐既为阳，故礼为阴。月是阴精，故礼之数取法于月也。）

---

① 　参见卫湜：《礼记集说·卷89》，文渊阁四库全书本。
② 　朱熹：《朱子全书》（第2册），朱杰人等主编，上海古籍出版社2002年版，第540页。

　　朱按："魄者，月之有体而无光处也，故《书》言哉生
明、旁死魄，皆谓月二三日月初生时也。凡言既生魄，即谓
月十六日，月始阙时也。今此篇两言月三日而成魄，则是汉
儒专门陋学，未尝读《尚书》者之言耳。疏知其缪而曲徇之，
故既有月明尽而生魄之说，又言月二日三日而生魄，何相戾
之甚邪？此其大义，本不足言，而疏于例亦当削去。今特著
之，以明述此义者之缪，不足深究云。"①

　　"生魄死魄"常见于金文甲骨，又作"生霸死霸"，因与夏商周断
代关系密切，一度成为学界争论的焦点，本处不拟讨论。在这里，
朱熹实际上不仅不取郑注孔疏，甚至怀疑经文也是汉人臆造，在
同篇"象四时也"下有按语说："自此以下至'礼以体长幼曰德'
及后章'立宾以象天'以下至篇终，皆牵合傅会、迂滞之说，不
足深究。"② 虽然他将"魄"训为"月之有体而无光处"（与孔疏
同，与伪孔传异），今人对此也不尽赞同，但他指出了郑注贾疏的
内在矛盾则是事实。孔疏先说"月明尽之后而生魄"（与孔疏《尚
书·武成》同），意为每月十五日月圆之后开始为"生魄"时期；
又为弥合经文"三日成魄"而说"月二、三日生魄"，意为每月初
二、三日也是"生魄"时期，明显上下矛盾。朱子认为，"生明"
意同"死魄"，为每月初二、三日；"既生魄"指的是月圆之后的
十六、七日，此时月"魄"逐渐出现。实际上，朱熹晚年曾撰
《武成日月谱》来推算《武成》中的日月与干支的关系，并做《考

① 朱熹：《朱子全书》（第 2 册），朱杰人等主编，上海古籍出版社 2002 年版，第 307 页。
② 朱熹：《朱子全书》（第 2 册），朱杰人等主编，上海古籍出版社 2002 年版，第 302 页。

定武成次序》以订正错简，通过这些研究得出"魄为月之无光处"的结论，其方法与清儒撰作的表、历已经十分接近。

四、依上下文立说

《聘·具赍币·记》："既受行，出，遂见宰，问几月之资。"（郑注：资，行用也。古者君臣谋密草创，未知所之远近，问行用，当知多少而已。）

朱按："上言与卿图事，则固已知所之矣。此但言与宰计度资费之多寡而已，注言未知所之，非是。"①

因经文上已有"图事命使介"一节，郑注于彼已言"图，谋也"，显然在此时使介已经得知要去的地方，因此在"具赍币"时不可能如郑注所言"未知所之远近"，应当是"未知所之远近之费"。后儒著作如《钦定仪礼义疏》等从朱注，将郑注列为"存疑"。②

《冠·杀》："三醮，摄酒如再醮，加俎，哜之，皆如初，哜肺。"（郑注：摄酒如再醮，则再醮亦摄之矣。加俎哜之，"哜"当为"祭"字之误也。祭俎如初，如祭脯醢。）

朱按："初谓上章之始醮也。上章及此三醮两节，但皆摄酒哜俎为异，而其它皆如初，则祭已在其中矣，故注于上章三醮初不改字，于此盖误改之，疏又妄为之说，皆非也。但上章之俎无肺，而此有肺，故又特言所哜者肺，而不嫌于复

---

① 朱熹：《朱子全书》（第2册），朱杰人等主编，上海古籍出版社2002年版，第724页。
② 参见《钦定仪礼义疏·卷18》，文渊阁四库全书本。

出，则此哜字当从本文为是。陆氏亦云哜读如字，哜肺，释
上哜之为哜肺也，凡言之法多此类。"①

郑注以为"哜之"当为"祭之"之误字，据贾疏解释："祭先之法
祭乃哜之，又不宜有二哜，故注破加俎之'哜'为'祭'也。"按
此说，在"三醮"时与"再醮"一致，都须摄酒；其他自荐脯醢
至祭酒的仪节"三醮"都与"始醮"相同。②朱子从陆佃之说，
认为经文并无误字。其理由是最后的"哜肺"是在解释前面"哜"
的内容，也是在提示上文之"俎"无肺而"三醮"有肺，并认为
这是口语中的常见现象，即补语后缀现象。此二说均有理，胡培
翚两存之。③

　　《聘·致馆》："宾迎再拜，卿致命，宾再拜稽首，卿退，
　　宾送再拜。"（郑注：卿不俟设殡之毕，以不用束帛致故也。不
　　用束帛致之者，明为新至，非大礼也。）

　　朱按："此'致'止谓致馆耳，章首目其事而下详其节
　　也。上无'殡'字而但云'致命'，注疏何以见其为致殡耶？
　　详又见下章。"④

　　《聘·致馆·记》："诸公之臣，相为国客。致馆如初之
　　仪。"（《司仪》）。郑注：如郊劳也，不俟耳。侯伯之臣，致馆

---

①　朱熹：《朱子全书》（第2册），朱杰人等主编，上海古籍出版社2002年版，第68—
　　69页。
②　此据胡培翚说，敖继公说略有不同。
③　参见胡培翚：《仪礼正义》，段熙仲点校，江苏古籍出版社1993年版，第112页。
④　朱熹：《朱子全书》（第2册），朱杰人等主编，上海古籍出版社2002年版，第742页。

于庭。不言致殡者，君于聘大夫不致殡也。下记曰：殡不致，
宾不拜。）

　　朱按："注云无傧，未知其何以知之。若谓上经致馆不言
束帛，亦不言宾傧之事，此亦当然，则当并与无束帛言之，
不当只言无傧也。且郊劳有币，此礼既如郊劳，则亦有币。
而郑注《司仪》诸公致馆亦云：'凡云致者，皆有币以致之。'
此亦言致，不得独无币也。疏于上经亦云以上卿礼明有束帛
致，而于此乃迁就其说，自相抵牾，览者详之。"①

上述二章连属，可并而参之。前一条郑注认为"卿致命"为"致
馆兼致殡"，朱子认为仅仅是"致馆"，敖继公、盛世佐、胡培翚
等后儒多从朱子说，并进一步指出此系郑玄误将此章连属下章
"设殡"所导致的误读（胡氏分节与贾疏不同），如胡培翚就明确
提出郑注误以为二者为一事，实际上二者不是同一人。② 朱子说的
核心依据就是《周礼·司仪》中的记载，即上引的下一条，明确
说明是"致馆如初"。关于致馆的具体仪节，郑玄认为"不用束
帛""不傧"，朱子不赞同。郑注在此已明确说致馆与郊劳礼同，
郊劳有币与帛，且凡"致"必有币，因此郑注《周礼·司仪》与
《仪礼·聘礼》本身矛盾，自相抵牾，秦蕙田等赞同朱子说。③

　　本章以《通解》中的"按语"为核心探究《通解》对三礼注

① 朱熹：《朱子全书》（第 2 册），朱杰人等主编，上海古籍出版社 2002 年版，第 742—
743 页。
② 参见胡培翚：《仪礼正义》，段熙仲点校，江苏古籍出版社 1993 年版，第 991 页。
③ 秦蕙田：《五礼通考·卷230》，北华大学图书馆藏味经窝刻本。

疏的态度。概而言之，约有数端。其一为发凡起例，贯通三礼。习礼经者自古极重凡例，是礼家口传心授的不二法门，《通解》对于经传的正例、变例及《通解》编撰的凡例，乃至《仪礼》中常有的"省文互辞"都有说明。其二为申补注疏，详举《通解》中对经（记）、注、疏均作出的一些补充例证，细分为补经、补注、补疏、补意和补充变礼背景。其三为对郑注的态度。《通解》对郑注的态度十分慎重，虽有个别删削郑注处，但怀疑和匡正都显得非常谨慎，细分为疑注有讹、从疏匡郑和纠注之失。其四为商榷唐疏，摘其瑕谬。朱熹在《通解》中虽然参考了贾公彦的《仪礼疏》，但对其作出大量修改和订正，可以细分为揭疏之讹、疑疏有误、纠疏之谬、据注纠疏四种。其五为皆不从注疏而另发新解。随着时代和语言的发展，注疏有时难使宋人心服，《通解》偶尔也会大胆放弃注疏的说法而自创新解，从其依据的角度可分为四类：依据其他经传立说、依据常识经验立说、依据训诂校勘立说和依据上下文立说。

　　总结朱熹对三礼注疏的态度，我们应注意到他虽对三礼注疏有不少订正，但与同时期的其他学者相比，还是更为重视汉唐注疏，这与其早年重视唐宋俗礼是不同的。

第五章
《仪礼经传通解》所见朱熹的解经策略

关于"宋学",自清中期以来有学者提出:"宋初承唐之弊,而邪说诡言,乱经非圣,殆有甚焉……濂、洛、关、闽之学,不究礼乐之源,独标性命之旨。义疏诸书,束置高阁;视同糟粕,弃等弁髦。盖率履则有余,考镜则不足也。"① 其间虽有高标"折衷汉宋"者,但总体而言"宋学"仍被等同于"义理之学",而与"考据之学"相对立。从前文可知,说朱子学"不究礼乐之源"实属以偏概全,这固然是汉学家的意气之言。然而直到民国,梁启超对朱子编撰《通解》的认识也没有多深入:"宋学兴起,把这些繁言缛语(指三礼注疏——引者注)摆脱不谈……中间虽经朱子晚年刻意提倡,但他自己既没有成书,门生所做又不对,提倡只成一句空话。"② 虽然此说比前说接近史实,但也不免错讹:姑且不论宋儒是否将三礼注疏"摆脱不谈",只说《通解》"门生所做又不对"一句,肯定为想当然之语,朱子及其后学对礼学的提倡也绝非一句空话。实际上长期以来,学界并不关注《通解》的特色及朱子晚年学风的丕变。

叶纯芳、邓声国、王志阳都曾撰文指出,当前学界研究朱子

---

① 江藩:《国朝汉学师承记》,钟哲整理,中华书局 1983 年版,第 4 页。
② 梁启超:《中国近三百年学术史》,上海古籍出版社 2014 年版,第 188 页。

礼学时，虽然异口同声地认为《通解》是朱熹礼学思想的代表作，但对《通解》的研究却并不依赖《通解》本身，而是从《语录》《文集》中搜集和编撰与《通解》相关的书信和言谈来立论，这无异于隔靴搔痒。笔者非常赞同这一观点。平心而论，使用从语录和书信中搜得的材料来说明《通解》的编撰理念、编撰过程、时人评骘等方面内容，未尝不可；但若具体讨论朱子礼学的解经特色时，我们就必须回到《通解》本身。换言之，不进入《通解》内部，就无法深入把握朱熹晚年礼学思想。

第一节
不薄今人爱古人：参考唐宋诸贤观点

朱子治经较清代学者通达，除特别重视汉唐注疏之外，并不废近代诸贤的经说，从其多部以《集解》（主要为收集唐宋诸近贤的经解）命名的解经著作中就可看出一二。他曾向朝廷上书表达这一理念：

> 讨论诸经之说，各立家法，而皆以注疏为主。如《易》则兼取胡瑗、石介、欧阳修、王安石、邵雍、程颐、张载、吕大临、杨时，《书》则兼取刘敞、王安石、苏轼、程颐、杨时、晁说之、叶梦得、吴棫、薛季宣、吕祖谦，《诗》则兼取欧阳修、苏轼、程颐、张载、王安石、吕大临、杨时、吕祖谦，《周礼》则刘敞、王安石、杨时，《仪礼》则刘敞、二戴《礼记》则刘敞、程颐、张载、吕大临，《春秋》则啖助、赵

匡、陆淳、孙明复、刘敞、程颐、胡安国，《大学》《论语》《中庸》《孟子》则又皆有《集解》等书，而苏轼、王雱、吴械、胡寅等说亦可采。（以上诸家更加考订增损，如刘彝等说恐亦可取。）①

这一理念在《通解》的编撰中也得到了体现。上文已指出，从框架上看，《通解》卷十四《诗乐》用《开元十二诗谱》，一般认为其是唐代作品；卷六《乡饮酒义》和卷二十三《公食大夫义》用刘敞所补经文；卷十三《钟律义》用蔡元定《律吕新书》，这四卷全卷都用近贤所说，下文就不再详举了。除此之外，在正文中用近贤之说处也不一而足。本节以人名为目，择其经说各举一二例来说明朱子解经"不薄今人爱古人"。②

一、刘敞

刘敞（1019—1068），字原父，号公是，临江新喻（今江西新余）人。长于经学，尤擅《春秋》及三礼之学。

> 《卷首·目录》："《礼》古经者，出于鲁淹中及孔氏，与十七篇文相似，多三十九篇。"（《汉书·艺文志》）
> 朱按："'与'本作'学'，'十七'本作'七十'。刘敞云，学当作与，七十当作十七。五十六卷除十七，正多三十九，其说是也。盖上文经七十篇本注，后氏、戴氏又言高堂

---

① 朱熹：《朱子全书》（第23册），朱杰人等主编，上海古籍出版社2002年版，第3360页。
② 本部分另可参见孙致文：《〈仪礼经传通解〉研究》，台北"中央"大学2003年博士学位论文，第63—74页。

生传《士礼》十七篇，后仓、二戴皆其弟子。则彼所谓后、戴之礼，即是传此高堂生之所得，而今号《仪礼》者也。况刘氏所考，于所增多篇数适合，而上文经目又别无高堂生十七篇之《礼》，其证甚明。贾公彦疏亦云'古文十七篇，与高堂生所传相似'，是唐初时《汉志》犹未误也。故知此误错三字，皆当从刘氏说。"

朱子取刘敞说最明显者就是此处的古礼篇数，这直接关系到《仪礼》的地位问题，可谓朱子晚年尊崇《仪礼》的关键文献依据。刘敞的说法经朱子宣传之后几乎成为不刊之论。简而言之，刘敞提出两条理由，一是根据上下文意，二是改正后数目正合，而朱子在其基础上另增加贾公彦疏一条证据。在《语类》中，朱子还曾进一步对亡佚的礼古经内容进行猜测，认为"今《仪礼》多是士礼。河间献王得古礼五十六篇，乃孔壁所藏之书，其中却有天子、诸侯礼……郑康成亦及见之，今注、疏中有援引处，不知甚时失了"①，即认为亡佚的三十九篇中包括天子、诸侯礼。王应麟根据朱子的提示进一步考证了这些佚礼的名称，"《天子巡狩礼》，见《周官·内宰》注；《朝贡礼》，见《聘礼》注；《朝事仪》，见《觐礼》注；《禘尝礼》，见《射人》疏；《中溜礼》，见《月令》注及《诗·泉水》疏；《王居明堂礼》，见《月令》《礼器》注"②等，这显然是对朱熹礼学思想的继承和发展。

① 朱熹：《朱子全书》（第17册），朱杰人等主编，上海古籍出版社2002年版，第2898页。
② 王应麟：《汉艺文志考证》，收入《二十五史补编》，中华书局1955年版，第1397页。

《乡饮酒·乐宾》:"乃间歌《鱼丽》,笙《由庚》,歌《南有嘉鱼》,笙《崇丘》,歌《南山有台》,笙《由仪》。"

朱按:"刘敞云:此三篇皆笙诗也。《小序》云:有其义而亡其辞。亡谓本无,非亡逸之亡也。《乡饮酒礼》鼓瑟而歌《鹿鸣》《四牡》《皇皇者华》,然后笙入堂下磬南,北面,立乐《南陔》《白华》《华黍》。《燕礼》亦鼓瑟,歌《鹿鸣》《四牡》《皇皇者华》,然后笙入立于县中,奏《南陔》《白华》《华黍》。《南陔》以下,今无以考其名篇之义。然曰笙、曰乐、曰奏,而不言歌,则有声而无词明矣,下《由庚》《崇丘》《由仪》放此。"①

朱子的笙诗说大致认为"曰笙、曰乐、曰奏,而不言歌,则有声而无辞明矣",是为首创"笙诗无辞"说。清儒姚际恒就曾弥缝朱熹"笙诗无辞"和《毛序》"笙诗存义",指出《毛序》的"义"系据篇名附会想象而来,有一定的道理。当代诗经研究在提及"笙诗无辞说"时都将朱子列为代表,② 实际上朱子此说是发扬了刘敞的观点。

二、张载

张载(1020—1077),字子厚,凤翔郿县(今陕西眉县)横渠镇人,世称横渠先生,其开创的学派世称"关学"。朱子在《学

---

① 朱熹:《朱子全书》(第 2 册),朱杰人等主编,上海古籍出版社 2002 年版,第 283—284 页。
② 参见韩明安编:《诗经研究概观》,黑龙江教育出版社 1988 年版,第 44 页;洪湛侯:《诗经学史》,中华书局 2002 年版,第 46 页;等等。

记》中直接引用张载之说达十余次，在《目录》中，朱子多次明言对郑注的不满："旧注多失其指，今考横渠张氏之说，并附己意，以补其注。"①

> 《五宗·传》："庶子不祭，明其宗也。"（《大传》）
> 　朱按："张子曰：宗子既祭其祖祢，支子不得别祭，所以严宗庙合族属，故曰庶子不祭祖祢明其宗也。"②

此条涉及宗法制度，所引张载语意甚明。大意为，宗子（一般为嫡长子）得祭宗子、支子之共祖，但支子（包括庶子和嫡次子）不得单独祭（大宗之）祖，支子本人为支子子孙（小宗）所祭之始祖。在此，朱子有一条按语专门说郑注之矛盾，指出"郑氏曲为之说，于'不祭祢'则曰，谓宗子、庶子俱为下士，得立祢庙也，虽庶人亦然。明其尊宗以为本也。于'不祭祖'则云，祢则不祭矣，言不祭祖者，主谓宗子、庶子俱为适士，得立祖祢庙者也"③。此下揭张载说立论，表明其用张驳郑之意。

> 《学记》："教人不尽其材"（郑注：材，道也，谓师有所隐也。《易》曰："兼三材而两之。"谓天地人之道。）
> 　朱按："张子曰：人未安之又进之，未喻之又告之，徒使人生此节目，不尽其材，不顾安，不由诚，皆是施之妄也。教人至难，必尽人之材，乃不误人。观可及处，然后告之圣

---

①　朱熹：《朱子全书》（第2册），朱杰人等主编，上海古籍出版社2002年版，第38页。
②　朱熹：《朱子全书》（第2册），朱杰人等主编，上海古籍出版社2002年版，第203页。
③　朱熹：《朱子全书》（第2册），朱杰人等主编，上海古籍出版社2002年版，第203页。

人之明。直若庖丁之解牛，皆知其隙，刃投余地，无全牛矣。故使人必由其诚，教人必尽其材。人之材足以有为，但以其不由于诚，则不尽其材。若曰勉率而为之，则岂有由其诚者哉？"①

用今天的话讲，"教人尽其材"就是使人的潜能得到充分发挥。"材"即木材之意，大木为梁柱，小木为椽桷，各得其用，是为尽其材。郑注以"道"释"材"，失之迂曲，张注简洁得体，朱子取之以破郑注之曲。

三、程颐

程颐（1033—1107）字正叔，河南伊川人，世称伊川先生。朱子自谓私淑二程，尤其是程颐。

《少仪》："人生十岁曰幼，学。"（郑注：名曰幼时，始可学也。《冠礼》云："弃尔幼志"，是未冠前为幼。《内则》曰："十年出就外傅，居宿于外，学书计。"）

朱按："程子曰：古人生子，能食能言而教之。大学之法，以豫为先。人之幼也，知思未有所主，便当以格言至论日陈于前，虽未晓知，且当熏聒，盈耳充腹，久自安习，若固有之。虽以他言惑之，不能入也。若为之不豫，及乎稍长，私意偏好生于内，众口辩言烁于外，欲其纯完，不可得也。"②

---

① 朱熹：《朱子全书》（第2册），朱杰人等主编，上海古籍出版社2002年版，第540页。
② 朱熹：《朱子全书》（第2册），朱杰人等主编，上海古籍出版社2002年版，第411—412页。

汉唐诸儒注经多守训诂，一般不作发挥，郑注即如此。宋儒注经多重视心性层面的体认，也更注重经文仪节的实践，从上述郑注和程注的侧重点即可看到这一差异，斯可谓汉宋解经之异，前文已多次述及。

> 《乡饮酒·乐宾》："乃合乐《周南》:《关雎》《葛覃》《卷耳》;《召南》:《鹊巢》《采蘩》《采苹》。"
>
> 　　朱按:"二《南》之分，注、疏说皆未安，唯程子曰:以周公主内治，故以畿内之诗言文王、太姒之化者，属之《周南》。以召公掌诸侯，故以畿外之诗言列国诸侯大夫之室家被文王、太姒之化而成德者，属之召南。此为得之。谓之南者，言其化自岐、雍之间，被于江、汉之域，自北而南也。《诗》曰'以雅以南'，即谓此也。"①

关于"二南"之本意，诸儒众说纷纭。金景芳先生提出"周南""召南"意为"周公所任之国"和"召公所任之国"，颇有创见。②朱子此说虽出自程颐，但实际上胎胎于《毛序》"王化自北而南"而来。朱子在《诗集传》中作了更深入的解释:"（文王——引者注）徙都于丰，而分岐周故地以为周公旦、召公奭之采邑，且使周公为政于国中，而召公宣布于诸侯。于是德化大成于内，而南方诸侯之国，江、沱、汝、汉之间，莫不从化，盖三分天下而有其二焉。至子武王发，又迁于镐，遂克商而有天下。武王崩，子

---

① 朱熹:《朱子全书》（第2册），朱杰人等主编，上海古籍出版社2002年版，第285页。
② 参见金景芳:《释"二南""初吉""三澣""麟止"》，收入《文史》（第3辑），中华书局1963年版，第245—251页。

成王诵立。周公相之，制作礼乐，乃采文王之世风化所及民俗之诗，被之管弦，以为房中之乐，而又推之以及于乡党邦国。所以著明先王风俗之盛，而使天下后世之修身、齐家、治国、平天下者，皆得以取法焉。盖其得之国中者，杂以南国之诗，而谓之《周南》。言自天子之国而被于诸侯，不但国中而已也。其得之南国者，则直谓之《召南》。言自方伯之国被于南方，而不敢以系于天子也。"① 简而言之，朱熹认为周公主畿内，召公掌诸侯，文王之化自北而南至于江汉流域，与南方文化结合产生诗篇，其中出自周公所掌的畿内者为"周南"，出自召公所掌诸侯者为"召南"。从中可见朱子对"二南"的认识。

四、陈祥道

陈祥道（1053—1093）字用之，长乐（今福建省福州市）人，长于礼学。

《聘·遂行·记》："执玉，其有藉者则裼，无藉者则袭。"（《曲礼》）。郑注：藉，藻也。裼、袭，文质相变耳。有藻为文，裼见美亦文；无藻为质，袭充美亦质。圭璋特而袭，璧琮加束帛而裼，亦是也。孔疏：藉者，藉玉之藻也……裼袭者，凡衣近体有袍襗之属，其外有裘，夏月则衣葛，其上有裼衣，裼衣上有袭衣，袭衣之上有常着之服，则皮弁之属也。掩而不开则谓之为袭。若开此皮弁及中衣，左袒出其裼衣，谓之为裼。皇氏云……熊氏则云……陈祥道云：玉有以缫为

---

① 朱熹：《朱子全书》（第 1 册），朱杰人等主编，上海古籍出版社 2002 年版，第 401—402 页。

之藉，有以束帛为之藉。有藉则裼，无藉则袭，特施于束帛而已。聘，宾袭执圭，公袭受玉。及享，则宾裼奉束帛加璧，盖聘特用玉而其礼严，享藉以帛而其礼杀。此袭裼所以不同。先儒以垂缫为有藉，屈缫为无藉，此说非也。陆佃曰……)

朱按："郑说两义词太简略，指不分明。疏家所引皇氏、熊氏，始以垂屈言之……至于圭璋璧琮之义，则皇氏为失而熊氏得之。但《周礼·典瑞》云，璧琮缫皆二采一就，而熊氏亦自谓以韦衣版之藉则皆有，而又引崔灵恩云璧琮既有束帛则不须藻，似亦抵牾。疑璧琮虽有藻而屈之，当为无藉，特以加于束帛，故从有藉之例，而执之者裼耳。陈氏、陆氏则但取郑注后说，而用熊氏之义，似亦有理。然今未敢断其是非，故悉著其说，以俟知者。"①

关于圭璋璧琮裼袭的名义，前人诸说分歧较大。② 朱子在句下引疏的部分已引皇氏、熊氏、陈祥道、陆佃四种说法，虽指出熊氏、皇氏的不足，但并未在四者中作出明确抉择，云"以俟知者"。至朱子后学杨复时其已明确赞同陈祥道之说，提出："所谓无藉，谓圭璋特达，不加束帛。当执圭璋之时，其人则袭。有藉者，谓璧琮加于束帛之上，当执璧琮时，其人则裼……陈氏……之言，足以破先儒千百载之惑矣。"③ 此后盛世佐、胡培翚等多从杨复之

①　朱熹:《朱子全书》(第2册)，朱杰人等主编，上海古籍出版社2002年版，第731—733页。

②　诸说参见孙希旦:《礼记集解》，中华书局1989年版，第106—109页；王文清《裼袭考略》，收入《王文清集》，岳麓书社2013年版，第630—632页；胡培翚:《仪礼正义》，段熙仲点校，江苏古籍出版社1993年版，第1158—1159页。

③　文甚长，详见盛世佐:《仪礼集编·卷18》，文渊阁四库全书本。

说。详绎杨说，可知其脱胎于朱子的上述按语，而朱子按语实倾向于使用陈祥道、陆佃之新解。

　　《冠·醮》："加爵弁，如初仪。三醮，有干肉折俎，唷之，其他如初。"

　　朱按："豚解之义，陈说得之。二十一体，则折脊为三：曰正脊，曰脡脊，曰横脊；两胁各三：曰代胁，曰长胁，曰短胁，凡六；两肱各三：曰肩，曰臂，曰臑，凡六；两股各三：曰髀、曰肫、曰胳，凡六；通为二十一体。凡牲与腊，方解割时皆是如此，但牲则两髀以贱而不升于正俎耳。故《少牢礼》具列自髀以下凡二十一体，但髀不升耳，而郑氏注云'凡牲体之数备于此'。初不及他体也，况此言腊则又不殊贱也。而《周礼·内饔》及此经《昏礼》两疏皆言二十一体，乃不数两髀，而不计其数之不足，盖其疏略。至《少牢》疏及陈祥道乃去髀而以两觳足之，盖见此经后篇犹有胆及两觳可以充数，然欲尽取之，则又衍其一，故独取两觳而谓胆非正体。若果如此，则觳亦非正体，又何为而取之耶？此其为说虽巧而近于穿凿，不可承用。"①

此条为朱子驳陈祥道之说。关于牲体，陈祥道说对后世影响很大，但朱子敏锐地发现陈说与三礼疏的矛盾。关于这一问题，王文清曾做过详细考证曰："前胫骨三，肩、臂、臑也。后胫骨二，膊、

---

①　朱熹：《朱子全书》（第 2 册），朱杰人等主编，上海古籍出版社 2002 年版，第 66—67 页。

胳也（见《乡饮酒》注）。肩、臂、臑，肱骨也。膊、胳，股骨也（见《少牢》注）。后有髀、骰折。骰，后足也（见《特牲记》注）。脊有三分，一分为正脊，次中为脡脊，后分为横脊。胁亦为三分：前分为代胁，次中为长胁，后分为短胁。体解者析脊为三。肩二，臂二，臑二，代胁二，长胁二，短胁二，髀二，肫（膊同）二，胳二，通为二十一体也。凡体，前贵于后，骰贱于臑，故骰不升于鼎，而二十一体中，数臑不数骰也。"① 实际上，王文清的这一说法正是对朱子上述按语的发展。

五、吕大临

吕大临（1040—1092），字与叔，京兆蓝田人，时称芸阁先生。初学于张载，卒业于程颐，为"程门四先生"之一，精于礼学。其礼学特点一为重实践，二为重《礼记》，有浓郁的"理学"色彩。朱子曾刻印吕大临的《芸阁礼记解》②，表明朱熹曾研究其训释《礼记》的文字，而实际上《通解》中引用吕大临的说法亦全部采自该书。

> 《乡射义》："孔子射于矍相之圃……旄期称道不乱者，不在此位也。"（郑注：道，犹行也。言行也者，不言有此行，不可以在此宾位也。吕大临曰：孔子温良恭让，其于乡党似不能言，未闻拒人如是之甚，故矍相之事，疑不出于圣人，特

---

① 王文清：《牲体考》，收入《王文清集》（第 2 册），黄守红校点，岳麓书社 2013 年版，第 676 页。

② 陈振孙说："此（指《芸阁礼记解十六卷》——引者注）晦庵朱氏所传本，刻之临漳射垛书坊，称芸阁吕氏解者，即其书也。"（《直斋书录解题·卷2》）

门人弟子逆料圣人之意而为此说，将以推尊圣人，而不知非圣人之所当言。如记称孔子我战则克，祭则受福。孔子固优为之，而谓孔子言之则非也……贲军之将，亡国之大夫，与为人后者，皆有负于世，非贤能者也……幼壮孝弟、耆耋好礼，不从流俗，修身以俟死者，德有立矣。好学不倦，好礼不变，旄期称道不乱者，德有成矣。盖士之立于世，无恶者寡矣。无恶者有之，有立者寡矣。有立者有之，成德者寡矣。"不在此位也"者，疑词也，盖言在此位也。众之所会聚，简别贤不肖人所难言也，故以疑词示之。犹言"文不在兹乎"，盖言在兹也。不曰"乎"而曰"也"者，盖深示其不斥言也。)

　　朱按："郑注、陆音'者不'二字，文义不通，《家语》两处并无'不'字，亦非，是当从吕说为长云。"①

"不在此位"一句无论句读还是解释，古人说法不尽相同。陆德明《释文》以"'者不'此二字一句。下及注皆同"，《家语》中干脆将"不"字删去，吕大临则提出"不字反问说"，都表明这句在逻辑上存在矛盾。吕氏提出的"其于乡党似不能言，未闻拒人如是之甚"，实际上是指出这句话的问题所在，而他所创造性地提出的"否定助词反问说"成为解释这句话的关键，也为朱子所继承。②

———————

① 朱熹:《朱子全书》（第 2 册），朱杰人等主编，上海古籍出版社 2002 年版，第 372—374 页。

② 这种"否定助词反问说"的解经方法在后世多有使用。如《论语》中"伤人乎不问马"的解释，唐以前多从字面解释，宋元以后人们认为"圣人仁及万物，不遗刍狗"，而将其中的"不"字属上读，作反问解。笔者认为，造成后世对前人解释不满的原因并不一定是前人解释的错误，在后世学者观念中，孔子形象的逐步神圣化也是一个重要的因素。换言之，后世学者在用后世"圣人"的标准来"反求"孔子，认为孔子不可能主张愚民（民可使由之章）、主张大男子主义（唯女子与小人章），于是就出现了"仁及刍狗"的孔子。

《曲礼·通言·传》："是故圣人作，为礼以教人，使人以有礼知自别于禽兽。"

朱按："吕大临曰：夫人之血气、嗜欲、视听、食息与禽兽异者几希，特禽兽之言与人异尔，然猩猩、鹦鹉亦或能之。是则所以贵于万物者，盖有理义存焉。圣人因理义之同然而制为之礼，然后父子有亲，君臣有义，男女有别，人道所以立而与天地参也。纵恣怠放，灭天理而穷人欲，将与马牛犬彘之无辨，是果于自暴自弃而不欲齿于人类者乎！"①

上引吕大临说具有明显的"理学"色彩，"灭天理而穷人欲"之化语在近代更是人尽皆知，褒贬不一。从礼学的角度来看，吕大临的《礼记解》和《乡约》曾对早年的朱子礼学产生过重要的影响。② 朱子不止一次向他的弟子提出程门四子应以吕氏为首，并且考证了《乡约》《中庸解》的著者就是吕氏，另还刊刻《芸阁礼记解》，仿照《吕氏乡约》组织乡村社会并在民间推行"乡约"，使"礼"在乡民的践履中得到恢复。若说朱子礼学脱胎于吕大临的礼学也不为过。但朱子晚年表现出比吕氏更为恢宏的礼学野心，他甚至难以抑制心中的冲动为后世的天子"制礼"，这都表明朱子晚年对礼学的整体把握已经突破了吕氏的格局，形成了自己的礼学脉络。

---

① 朱熹：《朱子全书》（第2册），朱杰人等主编，上海古籍出版社2002年版，第427—428页。
② 近年出版的专著有陈海红：《吕大临评传》，西北大学出版2015年版；陈海红：《吕大临理学思想研究——兼论浙东学派的学术进程》，浙江工商大学出版社2013年版；文碧方：《关洛之间——以吕大临思想为中心》，中华书局2011年版；等等。

六、陆佃

陆佃（1042—1102），字农师，越州山阴（今浙江绍兴）人，曾问学于王安石，尤精古礼制度，为诗人陆游之祖。朱熹本对陆佃之说并不感兴趣，《语录》中有"本朝陆农师之徒，大抵说礼都要先求其义。岂知古人所以讲明其义者，盖缘其仪皆在……"① 但其后来对陆佃的态度似乎有所改观："借得黄先之数册陆农师说，初意全是穿凿，细看亦有以订郑注之失者，信开卷之有益……"② 可见其曾研读过陆佃的礼学。《通解》中明确用陆佃说并不多，举两例。

　　《昏·纳采》："下达，纳采用雁。"（郑注：达，通达也。将欲与彼合昏姻，必先使媒氏下通其言，女氏许之，乃后使人纳其采择之礼……纳采而用雁为挚者，取其顺阴阳往来。贾疏："下达"者，男为上，女为下，取阳唱阴和之义，谓以言辞下通于女氏也。"纳采"，言始相采择也。《周礼》六挚，大夫执雁，士执雉。此昏礼无问尊卑，皆用雁者，取其木落南翔、冰泮北徂，能顺阴阳往来，以明妇人从夫之义也。陆佃曰：若逆女之类，自天子达是也。大夫有昏礼而无冠礼，则冠礼不下达矣。）

　　朱按："'下达'之说，注、疏迂滞不通，陆氏说为近是。盖大夫执雁、士执雉，而士昏下达纳采用雁，如大夫乘墨车、

---

① 朱熹:《朱子全书》（第 17 册），朱杰人等主编，上海古籍出版社 2002 年版，第 2877 页。
② 朱熹:《朱子全书》（第 25 册），朱杰人等主编，上海古籍出版社 2002 年版，第 4663 页。

士乘栈车，而士昏亲迎乘墨车也。注、疏知乘墨车为摄盛，而不知'下达'二字本为用雁一事而发，言自士以下至于庶人皆得用雁，亦摄盛之意也。盖既许摄盛，则虽庶人不得用四。又昏礼挚不用死，故不得不越雉而用雁尔。今注、疏既失其指，陆于下达之义虽近得之，然不知其与用雁通为一义，则亦未为尽善也。"①

关于经文的"下达"二字，郑玄以为是"使媒氏下通其言"，贾公彦释为"以言辞下通于女氏"，陆佃认为是自天子至士通达上下之意。朱子在陆说的基础上进一步限定，认为仅仅"用雁"是自天子至士通用之。此后学者多在郑、贾和陆、朱之间徘徊，如敖继公即从朱子说。沈彤则从郑玄说，进一步提出"使媒氏下达，乃婿父自下之始也"。褚寅亮也批判朱子之说，认为："朱子谓下达二字为用雁而发，言士庶皆得用雁，摄盛之意也。如此，则宜云'纳采用雁下达'，文义与'三年之丧自天子达'同，方顺。今无上事，而启口即云下达，古人立言，恐不若是。"② 多数清儒不敢质疑郑注，而从注疏之说，与陆、朱迥异。

《士相见·请见·记》："执玉者则唯舒武，举前曳踵。"（郑注：唯舒者，重玉器，尤慎也。武，迹也。）

朱按："注疏以'舒'字绝句，陆佃曰：容弥蹙同，唯武

---

① 朱熹：《朱子全书》（第2册），朱杰人等主编，上海古籍出版社2002年版，第83—84页。
② 沈彤、褚寅亮说参见胡培翚：《仪礼正义》，段熙仲点校，江苏古籍出版社1993年版，第150页。

则舒，然则读'武'字绝句矣。其说近是。"①

关于这一段，朱子认为，注疏于"舒"下绝句有误，并引陆佃的说法于"武"下绝句。但据清儒考证，注虽然摘"唯舒"两字解释，但并不意味着在"舒"下绝句，胡培翚就说注疏"非以'武'字属下读也"②。用今天的观点来看，无论是胡培翚还是朱熹，在理解经文文意方面是没有异议的；所不同者，朱子认为郑注在"舒"字下绝句，胡氏则认为朱子此说误读郑注，郑玄并未明言在"舒"下绝句。可见，二者争议实为细枝末节，对文意的理解则无分歧。

七、叶梦得

叶梦得（1077—1148），字少蕴，号石林居士，苏州吴县（今江苏苏州）人。长于《春秋》之学，有多种笔记存世。③

　　《目录》："礼经三百，威仪三千。"
　　朱按："'礼经''威仪'，《礼记》作'经礼''曲礼'，而《中庸》以'礼经'为'礼仪'。郑玄等皆曰：'经礼即《周礼》三百六十官，曲礼即今《仪礼》冠、昏、吉、凶，其中事仪三千，以其有委曲威仪，故有二名也。'臣瓒曰：'《周礼》三百，特官名耳。经礼，谓冠、昏、吉、凶。'盖以《仪礼》为经礼也。而近世括苍叶梦得曰：'经礼，制之凡也，曲

---

① 朱熹:《朱子全书》（第 2 册），朱杰人等主编，上海古籍出版社 2002 年版，第 238 页。
② 胡培翚:《仪礼正义》，段熙仲点校，江苏古籍出版社 1993 年版，第 270 页。
③ 叶氏著述详参潘殊闲:《叶梦得研究》，巴蜀书社 2007 年版，第 356—381 页。

礼，文之目也……'诸儒之说，瓒、叶为长。"①

朱子一再强调礼学以《仪礼》为经，《礼记》为记，既改变了王安石以来独重《周礼》的近习，又不遵唐代以来重"礼义"而轻"礼仪"（"知其义而敬守之，天子之所以治天下也。"《郊特牲》）的传统，此变革本身就体现出朱子对经典的态度。这一讨论的核心是"经礼三百，曲礼三千"的问题，叶梦得和臣瓒都曾反对郑玄"经礼为《周礼》，曲礼为《仪礼》"的说法，朱子继承叶、臣的这一认识，并进一步指出《仪礼》为经礼，《礼记》等"记"为曲礼，而《周礼》为设官分职之书，非礼书。朱子此说直接重振了唐初以来极尽衰微的《仪礼》学。

八、张淳

张淳（生卒年不详），南宋永嘉（今浙江温州）人，字忠甫，长朱熹九岁，属永嘉学派。著有《仪礼勘误》，朱子评其"号为精密，然亦不能无舛谬"②。

> 《目录》："及《明堂阴阳》《王史氏记》所见，多天子、诸侯、卿大夫之制，虽不能备，犹愈仓等推《士礼》而致于天子之说。"
> 朱按："……张淳云：'如歆所言，则高堂生所得独为《士礼》。而今《仪礼》乃有天子、诸侯、大夫之礼居其大半，疑

① 朱熹：《朱子全书》（第2册），朱杰人等主编，上海古籍出版社2002年版，第28页。
② 朱熹：《朱子全书》（第23册），朱杰人等主编，上海古籍出版社2002年版，第3990页。

今《仪礼》非高堂生之书，但篇数偶同耳。'此则不深考于刘
说所订之误，又不察其所谓《士礼》者，特略举首篇以名之。
其曰推而致于天子者，盖专指冠、昏、丧、祭而言，若燕、
射、朝、聘，则士岂有是礼而可推耶？"①

　　朱子本对永嘉学派并不完全赞同，在《通解》中引用张淳的
说法也很有限，此条意在批判张淳对《仪礼》的质疑。张淳据刘
歆说"高堂生所得独为士礼"，怀疑今本《仪礼》并非高堂生所传
旧本，然而这种怀疑只是猜测而没有依据，② 显然无法被极重《仪
礼》的朱子所接受。朱子对张淳的反驳也得到了多数后儒尤其是
清儒的认可。

第二节
详校异同：朱熹的校勘学

　　朱子很早就曾注意到三礼与《大戴礼记》《新语》《荀子》及
汉唐注疏引用中有重复的内容，这些相同的内容为朱子的校勘提
供了可能。此前学界多关注朱子在《韩文考异》《程氏遗书》和
《朱子语类》中所体现出来的校勘思想，③ 《通解》的校勘原则则
尚无人关注。实际上，朱熹在编纂《通解》时所体现出的校勘学

---

① 朱熹：《朱子全书》（第 2 册），朱杰人等主编，上海古籍出版社 2002 年版，第 29 页。
② 关于宋人对《仪礼》的怀疑，参见杨世文：《走出汉学——宋代经典辨疑思潮研究》，四川大学出版社 2008 年版，第十二章。
③ 参见钱穆：《朱子新学案》（第 5 册），联经出版事业公司 1998 年版，第 213—296 页；另参戴从喜：《朱子与文献整理》，华东师范大学 2006 年博士学位论文，第 75—83 页。

思想更值得注意。段玉裁曾将校勘分为"底本之是非"和"立说之是非"二事，强调校书应在搞清楚"底本之是非"的基础上方可论"立说之是非"，这是校雠学史上的一大创见。事实上，朱熹在编纂《通解》时已经涉及这两者，并且采取了基本相同的校勘方法。

朱子曾以《韩文考异》的校勘为例，提出"校勘记"的撰写原则："《韩文考异》大字以国子监版本为主，而注其同异（如云'某本某作某'），辨其是非（如云'今按云云'），断其取舍（从监本者，已定则云'某本非是'；诸别本各异，则云'皆非是'。未定，则各加'疑'字。别本者已定，则云'定当从某本'，未定，则云'且当从某本'。或监本、别本皆可疑，则云'当阙'，或云'未详'）。其不足辨者略注而已，不必辨而断也。"① 实际上此虽据《韩文考异》而发，但此时朱子正在编修《通解》，同样贯彻了上述校勘原则，在精选底本、不轻易改动的基础上从事校勘工作。下文据讹、脱、衍、倒和版本评骘五项来看朱子在《通解》中所反映的校勘原则。

一、校讹文

《冠·杀》："若杀，则特豚，载合升，离肺实于鼎，设扃鼏。"（贾疏：祭肺之中，复有三称，一者谓之祭肺，为祭先而有之；二者谓之忖肺，切之使断；三者谓之切肺，名虽与忖肺异，实则同也，三者皆为祭而有。）

---

① 朱熹：《朱子全书》（第22册），朱杰人等主编，上海古籍出版社2002年版，第2020页。

　　朱按：“‘忖’亦作‘刌’，疑即‘切’字，写误为二耳。”①

朱子按语指的是贾疏中的“二者谓之忖肺”一句，此句下阮校曰：“刌，诸本俱作忖，下并同。卢文弨云，忖古与刌通。”可见此二字久已讹误。朱子进而怀疑本当作“切”字，因讹误成“刌”，再误成“忖”。此说后儒多不从。

　　《冠·醴宾》：“赞者皆与，赞冠者为介。”（郑注：赞者，众宾也。）
　　朱按：“赞者谓主人之赞者也，恐字误作‘众宾’耳。”②

朱子认为，注中的“众宾”系笔误，实际上指的是“主人之赞者”。阮校记对此也不知所从：“朱子云，赞者，谓主人之赞者也，恐字误作众宾耳。按，如朱子说，则疏中两众宾亦当改为主人之赞者。”他一方面认为朱子的怀疑有道理，另一方面又觉得朱子说没有文献依据。需要说明的是，朱子在《通解》中的校勘语如果没有文献依据的话，阮校一般不加引用，而于此条，阮记却破例引用，又委婉道出若从此说则有改动过大之嫌，在阮记中属于异类。

　　《冠义》：“既醴，降自阼。诸侯非公而自为主者，其所以

①　朱熹：《朱子全书》（第 2 册），朱杰人等主编，上海古籍出版社 2002 年版，第 68 页。
②　朱熹：《朱子全书》（第 2 册），朱杰人等主编，上海古籍出版社 2002 年版，第 63 页。

异，皆降自西阶。"（《孔子家语》）

朱按："《大戴》作'其余自为主者，其降也自西阶以异，其余皆公同也'，但为主而降西阶，未详其义。"①

《冠义》："玄端与皮弁。"
朱按："《大戴》作'公玄端与皮弁皆韠。'"②

《冠义》："异朝服素韠。"
朱按："《大戴》无'异'字，疑或是'皆'字。"③

上引朱子据《孔子家语》文本为底本，而按《大戴礼记》校之，有不同皆出按语说明去取缘由，从按语中亦可见其选用《家语》为正之缘由。

《昏义》："孔子遂言曰，女有五不取……丧父长子也。"（《哀公问》）
朱按："何休作丧父长女。"④

从上下文看，"丧父长子"原文可能确实作"子"，因为在此语境下，"子"并非仅指男子而言，而是"孩子"之意，在此特指女孩子。何休注引时，为符合汉人的用语习惯而改用"女"。朱子可能

---

① 朱熹：《朱子全书》（第2册），朱杰人等主编，上海古籍出版社2002年版，第74页。
② 朱熹：《朱子全书》（第2册），朱杰人等主编，上海古籍出版社2002年版，第74页。
③ 朱熹：《朱子全书》（第2册），朱杰人等主编，上海古籍出版社2002年版，第74页。
④ 朱熹：《朱子全书》（第2册），朱杰人等主编，上海古籍出版社2002年版，第121页。

意识到了上述问题，故仅在按语中提示经文存在异文，而未改动原文。

　　《内治·生子》："择于诸母与可者，必求其宽裕慈惠……"（《内则》。郑注：可者，傅御之属也。）

　　朱按："《列女传》'可'作'阿'，即所谓阿保也，《后汉书》有阿母。详此经文，郑作注时，字犹未误也。"①

　　《臣礼·死节·传》："吾闻事君者竭力以役事，不闻违命。"（《国语》。韦注：役，为也。）

　　朱按："'役'疑当作'从'。"②

上条朱子以为"可"字为"阿"字之讹写，下条"役"当作"从"，二说在经典中皆未有类似例证。笔者认为，若经典原字可通，似不必用通假来解释，此为宋儒疑古过勇之通病。

　　《乡射·取矢·记》："楅棽，横而奉之，南面坐而奠之，南北当洗。"

　　朱按："'拳'当作'奉'，字之误也。陆氏音拳，亦非是，今删去。"③

---

① 朱熹：《朱子全书》（第 2 册），朱杰人等主编，上海古籍出版社 2002 年版，第 191 页。
② 朱熹：《朱子全书》（第 2 册），朱杰人等主编，上海古籍出版社 2002 年版，第 477 页。
③ 朱熹：《朱子全书》（第 2 册），朱杰人等主编，上海古籍出版社 2002 年版，第 342—343 页。

按照朱熹《通解》按语的通例和其对经典的态度，按语中明言
"'拳'当作'奉'"，说明朱子所录经文应作"横而拳之"且并
未改正之，但笔者核对嘉定本确实作"奉"，可能是刻工误刻或朱
子笔误。阮校已发现这一问题："朱子曰拳当作奉，则未尝改经也。
毛本、《通解》经文竟作奉，却于疏末缀'楅横而拳之'五字，疑
非朱子原文。"阮本经文作"拳"，校曰："拳，《释文》、唐石经、
徐本俱作拳，《通解》、杨氏、敖氏、毛本俱作奉……《石经考文
提要》云，拳训曲，言制楅之法，漆而横曲之……《释文》明注
拳音权，《通解》但云拳当作奉，而注仍作拳，不改字。"这表明，
阮元与朱熹一样，倾向于不改经文疑误之字。

　　《聘·郊劳》："宾再拜稽首送币。"（贾疏：归饔饩宾傧大
　　夫时，宾楹间北面授币，大夫西面受，此宾宜与彼同。）
　　朱按："'西面'当作'南面'。"[1]

朱子据行礼时的面向，授受应相对而立，宾若北面授，大夫应南
面受，因此提出贾疏存在讹误。阮校记即吸收朱子之说。需要说
明的是，古籍中的西、南二字经常存在形讹，这尤其出现在仪礼
类和地理类的图书中。

　　二、校脱文

　　《五宗》："公素服不举，为之变。如其伦之丧，无服，亲

_____

① 　朱熹:《朱子全书》（第 2 册），朱杰人等主编，上海古籍出版社 2002 年版，第 739—
　　740 页。

哭之。"(《文王世子》)

　　朱按:"传文此'素服'下脱'居外不听乐'五字。……
传文此('亲哭'之下——引者注)亦脱'于异姓之庙'五
字,当补之。"①

朱子这两处所补脱文的依据是下文有解释此语的文字。关于朱子
所云此处脱文,后人多认为不脱。如王引之曾说:"襄二十六年
《左传》:古之治民者,将刑,为之不举。不举则彻乐。是不举盛
馔,则亦不听乐,二者相因。但言不举,而不听乐已在其中。且
不举下尚有为之变三字,则所包者众矣(居外亦在其中)。庄二十
年《左传》:今王子颓歌舞不倦,乐祸也。夫司寇行戮,君为之不
举,而况敢乐祸乎?上言歌舞而不言盛馔,下言不举而不言彻乐,
互文也。此文上言不举,下言不听乐,亦互文也。然则公素服下
本无脱文明矣。"② 此可谓朱子之诤友。简而言之,清儒与宋儒对
待经文的基本态度不同,清儒喜欢为经典的疑误处找借口以弥缝
(最典型的就是俞樾《古书疑义举例》③),宋儒则径直怀疑经典
存在纰缪,从中可见清儒与宋儒对经文"神圣性"认知的不同。

　　《聘·受命于朝》:"贾人西面坐启椟,取圭,垂缫,不起
而授宰。"(郑注:贾人,在官知物贾[价]者。)

_____

① 朱熹:《朱子全书》(第2册),朱杰人等主编,上海古籍出版社2002年版,第220页。
② 王引之:《经义述闻》,收入朱维铮主编:《中国经学史基本丛书》(第6册),上海书店
　　出版社2012年版,第357页。
③ 另有后人补充四种,均收入俞樾等著:《古书疑义举例五种》,中华书局2005年版。其
　　中在不改动经典原文的前提下,对经典中难以理解之处用"举例"的方法进行定义,
　　为古人的特殊习惯。不论是否确实如此,仅就对经典之基本态度而言,这已与朱子及
　　多数宋儒截然相反。

朱按:"'在官'上疑有'庶人'二字。"①

朱子补此二字并无文献依据,后人多不取。

> 《聘·介私觌》:"摈者执上币,士执众币,有司二人举皮,从其币,出请受。"(贾疏:扃,长三尺。七个则二丈一尺。阑东,明不得并出也。)
> 朱按:"'阑东'下当有脱字。"②

朱子此说疑为阮校所取,但所脱何字已不可晓。

> 《聘·遂行》:"缫三采六等,朱白苍。"
> 朱按:"上记只有'朱白苍'三字,而《杂记》疏所引乃重有之,不知何时传写之误,失此三字。"③

这一段确实存在脱文,据今天所见唐以前的文献实物推断,此处最初可能写作省文符号"=",后人不明而刊落之导致脱字。阮校记即发挥朱子之说曰:"《杂记》疏'三采六等,以朱白苍画之,再行也'者,案《聘礼》记云'朝天子圭与缫皆九寸,缫三采六等,朱白苍朱白苍'是也,既重云朱白苍,是一采为二等,相间而为六等也。朱子曰,记只有朱白苍三字,而杂记疏所引乃重有之,不知何时传写之误,失此三字。"

---

① 朱熹:《朱子全书》(第2册),朱杰人等主编,上海古籍出版社2002年版,第727页。
② 朱熹:《朱子全书》(第2册),朱杰人等主编,上海古籍出版社2002年版,第764页。
③ 朱熹:《朱子全书》(第2册),朱杰人等主编,上海古籍出版社2002年版,第730页。

《学记》："古之学者，比物丑类。"

朱按："今详文意，此句合属上章，仍有阙文。"①

朱子怀疑此处存在阙文，却并无文献依据，主要即根据文意所推测，后世多不从。

三、校衍文

《冠义》："子曰，其礼如世子之冠……"（《家语》）

朱按："此下本有'冠于阼'以下四句，与上章同而有误字，又与上下文无所属，疑记者妄附益之，今删去。"②

《家语》原文作"礼如世子之冠。冠于阼者以著代也，醮于客位加其有成，三加弥尊道喻其志，冠而字之敬其名也。虽天子之元子"，朱子删去其间四句，主要依据是上下文的逻辑关系，采用本校和理校的方法。

《冠义》："公冠，则以卿为宾，公自为主迎宾，揖，升自阼，立于席北。其醴也则如士，飨之以三献之礼……"（《家语》）

朱按："《大戴》无'北'字……《大戴礼》无'其醴也'三字。"③

---

① 朱熹：《朱子全书》（第2册），朱杰人等主编，上海古籍出版社2002年版，第544页。
② 朱熹：《朱子全书》（第2册），朱杰人等主编，上海古籍出版社2002年版，第72页。
③ 朱熹：《朱子全书》（第2册），朱杰人等主编，上海古籍出版社2002年版，第74页。

《家语》中有些内容与二戴《记》重合，其中可资校勘者朱子多注出异文，上文二处可能为《家语》衍字，亦可能为《大戴》脱字。要而言之，朱子校语系因衍文而发。从这两个例证可见，朱子对所引的《家语》等"杂书"的信赖程度远不如三礼经注。他虽经常改动"杂书"，但对三礼经文的改动则显得更为慎重。

> 《乡饮酒·拜礼》："明日，宾乡服以拜赐。"（郑注：拜赐，谢恩惠。乡服，昨日与乡大夫饮酒之朝服也。不言朝服，未服以朝也。今文曰"宾服乡服"。）
> 　　朱按："注云'今文曰宾服乡服'，明古经文无'服'，今有之，衍文也，今删去。"①

原文"宾乡服"作"宾服乡服"，朱子删去上"服"字，理由即郑注中的"今文曰宾服乡服"。按郑注之例，明言"今文作某"者，其经文从古文；明言"古文作某"者，经文从今文；有此类注者，今古文之间必定存在不同。按照郑注体例，显然经文与郑注不合，故朱子有破例改经之举。阮校则未敢改动，出校曰："《通解》敖氏俱无上'服'字。朱子曰，注云今文曰宾服乡服，明古经文无服，今有之，衍文也。"可见清儒对改经文较宋儒更为慎重。

> 《乡饮酒·献宾·记》："介俎，脊、胁、胳、肺。"
> 　　朱按："介俎脊胁胳肺，印本'胳'上有'肫'字，然《释文》无音，疏又云有臑肫，而介不用，明本无此字也。成

---

① 朱熹:《朱子全书》（第 2 册），朱杰人等主编，上海古籍出版社 2002 年版，第 296 页。

都石经亦误，今据音疏删去。"①

这一条为《仪礼》中著名的脱文例，朱子实导其源。阮出校曰：
"胳上唐石经、徐本、《集释》、杨氏俱有肫字，毛本、《通解》、敖
氏无。朱子曰，印本胳上有肫字，然《释文》无，《音疏》又云有
臑肫而介不用，明本无此字也。成都石经亦误，今据《音疏》删
去。敖氏曰，疏云，或有肫胳两言者云云，则是作疏之时或本已
有两言肫胳二字者矣，是盖后人妄增之，而当时无有是正之者，
故二本并行。其后石经与印本但以或本为据，所以皆误。"此后加
断语曰"贾云肫胳两见，亦是也。又前疏云，下有介俎脊胁肫胳，
仍有肫字，则贾氏所据之本，虽无肫字，亦不以有肫为非"，则终
落骑墙。

　　　《乡射·再请射》："三耦拾取矢，皆袒决遂，执弓，进立
于司马之西南。"
　　　朱按："此'拾取矢'字疑衍。"②

朱子上述怀疑亦从上下文而发，纯为理校，后儒鲜有从者。

　　四、校倒文、错简

　　　《冠义》："故适子冠于阼，以着代也。醮于客位，加有成

也。三加弥尊，喻其志也。冠而字之，敬其名也。"

朱按："此本无'適子'字，'加有成也'在'弥尊'字下，'冠而'上有'已'字，'敬其名'作'成人之道'，盖传诵之讹也。《家语》以为孔子之言，亦有误字。今以后记、《郊特牲》文更定，后因不复重出。"①

上条为朱子校《家语》与《礼记》之脱文错简。

《冠义》："古者生无爵，死无谥。"（贾疏：今，谓周衰，记之时也。古，谓殷，殷士生不为爵，死不为谥。周制以士为爵，死犹不为谥耳，下大夫也。今记之时，士死则谥之，非也。谥之，由鲁庄公始也。）

朱按："此于《冠义》无所当，疑错简也。然疏义亦非是。此盖《老子》'不尚贤''贵因任'之意。言上古之时，民各推其贤者奉以为君，没则复奉其子以继之。其后遂以为诸侯。然其子之立也，但象似其贤而已，非故择贤而立之也。至于中古，乃在上者择人任官而为之爵等，此则德之衰杀，不及上古之时矣。又至于周而有谥法，则生而有爵者，死又加谥，此则又其杀也。上古民自立君，故生无爵。中古未有谥法，故须有爵而无谥。又以申言古今之变也。"②

上条为朱子提示错简按语，并对疏意有所驳正。注疏之中多有言

---

① 朱熹：《朱子全书》（第2册），朱杰人等主编，上海古籍出版社2002年版，第71—72页。
② 朱熹：《朱子全书》（第2册），朱杰人等主编，上海古籍出版社2002年版，第77页。

及三代制度者，与今日考古发掘之情形不尽吻合。今人多认为文献中的三代制度异同说只是后儒的推想，并没有实际的意义。

> 《冠义》："虽天子之元子，犹士也，其礼无变，天下无生而贵者故也。"
>
> 朱按："此明世子之冠犹士礼也。然疑句上有懿子问世子之冠如何一节及'子曰'字，今亡。句下有'无大夫冠礼'一节，今错在后记及《郊特牲》篇中。然亦有阙文，此下旧有'行冠事必于祖庙以祼享之礼将之，以金石之乐节之'，系《左传》文。又有'所以自卑而尊先祖，示不敢擅'一节，已见上文。皆与此上下文不相属，亦《记》者妄附。必损益之，然后下文意乃相属。"①

上条为朱子调整文字顺序（即错简）之说明文字，主要从文势推断，具体可参《通解》原文。

> 《五学》："七十不俟朝。"（《檀弓》。郑注：大夫士之老者，揖君则退。）
>
> 朱按："注'揖君'当作'君揖'。"②

此条朱子据贾疏反推郑注，疑郑注二字误倒。阮校曰："闽、监、毛本同，岳本同，嘉靖本同，卫氏《集说》同。惠栋校宋本'揖

---

① 朱熹：《朱子全书》（第2册），朱杰人等主编，上海古籍出版社2002年版，第72—73页。
② 朱熹：《朱子全书》（第2册），朱杰人等主编，上海古籍出版社2002年版，第612页。

君'作'君揖'。案，《正义》云，君出揖之，是君揖老者，非老
者揖君也。朱子云，注'揖君'当作'君揖'，是南宋人所见本已
误倒也。"可见此倒文在北宋时已经发生。

五、评版本优劣

　　《内治》："不闭而能久，是天道也。"（《家语》）
　　朱按："此亦依《家语》。'而能'二字，戴《记》作
'其'，非是。王肃云，不闭常通而能久，言无极……《戴》
本、郑说皆误，今不取。"①

《礼记》《大戴礼记》《孔子家语》三书均有此句，《大戴》作"不
闭其久也，是天道也"②，《礼记》作"不闭其久，是天道也"，郑
注作"不闭其久，通其政教，不可以倦"。朱子下有按语"戴本、
郑说皆误，今不取"，表明朱子以为当据《家语》为正。清儒王树
枏认为当据《大戴》为正，与上下文一律，且文意更恰；戴礼则
认为当据《礼记》为正。三者文本虽异，文意区别却并不大。清
儒多嫌"《家语》文句窜乱，不可从"，笔者推测朱熹此处选用
《家语》为底本，关键在于王肃注与郑玄注之区别。此句上有"不
能乐天，不能成其身"，郑玄注"不能乐天，不知己过而怨天也"，
细玩郑注，其"天"似万物主宰的天。《大戴礼记》无注，而王肃
《家语》注曰"（天），天道也"。朱子特别加按语："天，谓乐循天
理，王说近之。"可见朱子认为此句的"天"指天理，与王肃所说

---

① 朱熹：《朱子全书》（第2册），朱杰人等主编，上海古籍出版社2002年版，第187页。
② 黄怀信：《大戴礼记汇校集注》，三秦出版社2005年版，第93页。

的"天道"大致接近。显然朱子是比较郑、王注后才决定采用《家语》本的，为求稳妥，又在注中保存了异文。从此例可见，朱子的版本优劣认知是以"立说之是非"为基础，同时又以尽量保持经典的原貌为原则。

　　《冠义》："……飨食宾也皆同。"

　　朱按："此一节见于《大戴记》者，与此文小异，今从其长者。'无介'乃飨时事，本篇在'卿为宾'之下，又无'无乐皆玄端'五字及注'又天子以下'至'冠皆'十二字，本篇作'王太子庶子之冠拟焉皆天子'，今悉从《大戴》。盖如此即略与上文天子之冠相应，但亦非懿子所问为可疑耳。"①

　　《冠义》："……夏后氏之道也。"（《家语·冠颂》）

　　朱按："此章与《仪礼》后记、《郊特牲》、《公冠篇》多同，今从其长者。"②

上引两条按语系针对整段经文而发，为省文计，经文只引按语所在最后一句。《冠义》中的一些文字，朱子以《家语》为主，参照了《仪礼·冠·记》《大戴·公冠》《礼记·郊特牲》等版本，取其长者从之。

　　《内治》："君之及此言，是臣之福也。"（《哀公问》）

① 朱熹：《朱子全书》（第2册），朱杰人等主编，上海古籍出版社2002年版，第75页。
② 朱熹：《朱子全书》（第2册），朱杰人等主编，上海古籍出版社2002年版，第76页。

朱按："此一章与《家语》小异，今从其长者。"①

上条为朱熹将《礼记》与《家语》校勘例，取其长者从之。

> 《夏小正》："獭祭鱼（傅本"獭"下有"兽"字）。其必与
> 之献。（"与"，疑作"谓"。"献"，傅作"兽"。）何也？曰：
> 非其类也。……獭祭鱼谓之献（傅作"兽祭"）。何也？……
> 獭祭非其类，故谓之献（傅作"兽"），大之也。"②

上引括号内为朱子所加注文，可见其所见单行本《夏小正》（即所
谓"傅本"）与通行的《大戴》本已不同。注中明言"傅本作
某"，则正文系据《大戴》本所录，但保留了二者的异文。在注
中，朱子怀疑传文的第一句当作："獭祭鱼，其必谓之献，何也？"
若传文如此，则传之上必缺经文，且经文当作"獭献鱼"，但朱子
并未直接补经。这段文字今本《大戴礼记·夏小正》作"獭祭鱼。
其必与之献。何也？曰：非其类也。……獭祭鱼谓之献。何
也？……獭祭非其类，故谓之献，大之也"③。《夏小正》有经有
传，但无论是《大戴》还是《通解》，皆无经文"獭献鱼"。自戴
震校《大戴礼记》始据传文例，于起首"獭祭鱼"上增补"獭献
鱼"三字作经文，王聘珍、汪照校注本亦从之增补此三字。戴震
此举实由朱子此条注文而来。戴震所见《大戴》"与之"旁有注文
"'与'，疑作'谓'"，却不知此四字出自朱子，径指为古时"校

---

① 朱熹：《朱子全书》（第2册），朱杰人等主编，上海古籍出版社2002年版，第187页。
② 朱熹：《朱子全书》（第3册），朱杰人等主编，上海古籍出版社2002年版，第906页。
③ 黄怀信：《大戴礼记汇校集注》，三秦出版社2005年版，第171—172页。

书者所加"。既然校书者所见必有版本依据，因此据此补经"獭献
鱼"三字。可惜戴震、孔广森、汪照、王树枏、孙诒让、刘宝楠、
秦蕙田、黄怀信①等人都未见《通解》此注文，所解一如猜谜射
覆，穿凿为说，治丝而棼也。实际上，若据朱子所见单行本和大
戴本的校记，可推知其讹误过程盖如下："獭献鱼。獭祭鱼，其必
与之献，何也？"讹作"獭兽鱼。獭祭鱼，其必与之兽，何也？"，
脱二字作"獭兽祭鱼，其必与之兽，何也？"，此即朱子所见"傅
本"，再脱一字作"獭祭鱼其必与之献，何也？"，即朱子所用《大
戴》本。《通解》完整保留了此句讹误过程的中间形态。

　　《聘·行聘礼》："介皆入门左，北面西上，三揖。"（贾
疏：前云公揖入，立于中庭。三分庭一在南，宾后独入，得
云'入门将曲揖'者，谓公先在庭南面，宾入门将曲之时，
既曲北面之时，主君皆向宾揖之，再揖，讫，主君乃东面向
堂涂，北行当碑，乃得宾主相向之揖，是以得君行一，臣行
二。非谓宾入门时，主君更向内溜，相近而揖也。）

　　朱按："疏说盖印本差误，今以文义考之，更定如此。"②

此处原疏作"前云公揖入，立于中庭，三分庭一在南，宾后独入。
得云入门将曲揖者，谓公先在庭南面，宾既入门，至碑曲，揖。
宾既曲北面，宾又揖，主君揖。主君二者，皆向宾揖之，再揖讫，
亦主君东面向堂涂，北行当碑，乃得宾主相向而揖。是以得君行

---

① 　诸家说参黄怀信：《大戴礼记汇校集注》，三秦出版社 2005 年版，第 171 页。
② 　朱熹：《朱子全书》（第 2 册），朱杰人等主编，上海古籍出版社 2002 年版，第 752 页。

一、臣行二，非谓宾入门时，主君更向内溜相近而揖。若然，何得云君行一、臣行二也"。疏文淆乱难通，自古已多疑窦。《仪礼注疏考证》就说："《司仪职》及庙门，惟君相入，与此介皆入者自是不同。疏家欲强通之，故说多支凿。"① 胡培翚《仪礼正义》此下断语"贾疏印本差误，朱子更加考定"②，下全引上述朱子修订按语。因按语将错误推诿给印本，并未明确系贾疏本身有误，权作朱子评骘版本优劣语，附于此。

第三节
阙而存疑：朱熹的考据理念

朱子在解经过程中，一贯秉持孔子以来的"多闻阙疑"的传统。一方面，对文字的训释阙则存疑，如其自述"书中某等处自不可晓，只合阙疑"。此前学者多关注朱子在《尚书》《周易》中阙疑的解经理念，③ 如四库馆臣就称"朱子之说《尚书》，主于通所可通，而阙其所不可通"④，实际上其在《通解》中同样贯彻了这一方法。另一方面，朱熹即使在怀疑原文有误时也不会轻易改动原文，而主要通过加按语说明"疑当作某"，令后人自行采择。其实，礼经之中的矛盾和缺漏数量较《周易》《尚书》更多，这就决定了在治礼学时必须客观地对待这些问题。后儒公认最为合理

① 《仪礼注疏·卷8考证》引周学健说，四库全书本。
② 胡培翚：《仪礼正义》，段熙仲点校，苏古籍出版社1993年版，第1014页。
③ 参见陈良中：《朱子〈尚书〉学研究》，人民出版社2013年版，第135—136页；王春林：《〈书集传〉研究与校注》，人民出版社2012年版，第87—88页；张善文：《〈周易本义〉阙疑衍论》，收入《国际易学研究·第六辑》，华夏出版社2000年版，第22—50页。
④ 永瑢等：《四库全书总目》，中华书局1965年版，第93页。

的方法是：在有多种说法时（即矛盾处），择善而从或备举诸说；在礼文或记、注本身的缺漏处，不要强作解人。朱子在训诂礼经的过程中就践行了这一理念，对于自己有能力订正的经注自相矛盾之处，以按语的形式发明之、申述之，对于无能力订正的异文则阙疑。后者又可以具体分为三种：揭示经传注有阙义，但其义已不可知；提出经传注有阙义，列举诸儒之说以俟后贤采择；怀疑经传文字有误。这种考据理念与清儒不谋而合，以下依次说明之。

一、揭经传注有阙义

　　《冠·陈器服》："不屦穗屦。"
　　朱按："此三屦以下，本在辞后记前，今移附此。然经既不言屦所陈处，注疏亦无明文，疑亦在房中，故既加冠而适房改服，即得并易屦而出也。但不知的在何处，疑服既北上，则或各在其裳之南也。"①

礼经虽号细密，礼器陈设经文多有未备，注疏或补之，或未补，于施行时则可见之。一般而言，经所不具者后儒多认为是不重要的内容，随宜即可。《通解》中，朱子于冠、昏特重礼器陈设，故于此补礼经之阙载，他处经文则间有不补者。

　　《乡饮酒·主人献众宾》："主人西南面，三拜众宾，众宾

皆答壹拜。"（郑注：三拜、一拜，示遍，不备礼也。不升拜，
贱也。贾疏：众宾各得主人一拜，主人亦遍得一拜，是不备
礼。《乡射》《少牢》《有司彻》皆有此文，大夫尊故也。士
则答再拜，故《特牲》云："主人三拜众宾，众宾答，再拜。"
郑云："众宾再拜者，士贱，旅之得备礼。"是也。）

　　朱按："此疏云：众宾各得主人一拜，主人亦遍得一拜。
《乡射》疏又云：'众宾无问多少，止为三拜，是示遍也。'然
则主人之拜众宾，不能一一拜之，但为三拜以示遍，而众宾
之长者三人各答一拜也。然经及注疏但言众宾一拜，而无三
人之文，未详其说。《乡射》放此。"①

礼不责众，因此在献众宾时用旅拜之法。但关于旅拜时宾如何答
拜的问题，贾疏此处不备。此处说主人遍得众宾一拜，但在《乡
射》时贾疏又说主人仅得众宾之三长各一拜，二者不同，朱子疑
贾疏此处阙"三长"之文。关于朱子的疑问，盛世佐曾予以解释：
"礼成于三，故旅拜之法，无论众宾多少，但为三拜以示遍，初不
为宾长三人而设也。经云众宾皆答一拜，亦统指众宾而言，不专
谓三宾也。疏欠分明。"② 正应朱子所发之疑。

　　《乡射·三射用乐》："上射揖，司射退反位，乐正东面命
大师曰：'奏《驺虞》，间若一。'"（郑注：东面者，进还乡
大师也。《驺虞》，《国风·召南》之诗篇也。《射义》曰：

---

① 朱熹：《朱子全书》（第 2 册），朱杰人等主编，上海古籍出版社 2002 年版，第 277—
278 页。
② 胡培翚：《仪礼正义》，段熙仲点校，江苏古籍出版社 1993 年版，第 343 页。

"《驺虞》者，乐官备也。"其诗有"一发五豝五豵，于嗟驺虞"① 之言，乐得贤者众多，叹思至仁之人以充其官，此天子之射节也。而用之者，方有乐贤之志，取其宜也。)

朱按："据《诗》但取'一发五豝'之义耳。驺虞则为仁兽之名，以庶类蕃殖，美国君之仁如之也。'乐官备'云者，诸儒有以驺为文王之囿，虞为主囿之官，故立此义，而郑注因之。与其《诗笺》自相违异，今姑存之。"②

此处朱子揭郑笺与郑注之差异：郑注用"官备说"，以为"驺为文王之囿，虞为主囿之官"，官得其所、人得其用；诗笺则用"仁兽说"，以为"驺虞则为仁兽之名"。详玩朱熹按语，其倾向于二说并录，即以郑笺补此处郑注之阙，并未明确去取倾向。

　　《学制·教民之法》："退而以乡射之礼五物询众庶：一曰和，二曰容，三曰主皮，四曰和容，五曰兴舞。"
　　朱按："五物之说未详，当阙。"③

朱子认为此处"物"指物品，故云未详。后儒多以五物即下列五项标准，以王应麟《玉海·周乡射五物》为代表，另凌廷堪《周礼乡射五物考》最为详瞻，可从。④ 类似的"九拜"也是礼制史上

---

① 原诗作"彼茁者葭，壹发五豝，于嗟乎驺虞。彼茁者蓬，壹发五豵，于嗟乎驺虞。"此处郑玄如此引用，系互文缺省，疑原文有省文符号"＝"，后传抄时丢失。
② 朱熹：《朱子全书》（第 2 册），朱杰人等主编，上海古籍出版社 2002 年版，第 360 页。原文点读有误。
③ 朱熹：《朱子全书》（第 2 册），朱杰人等主编，上海古籍出版社 2002 年版，第 386 页。
④ 参见凌廷堪：《凌廷堪全集》（第 3 册），纪健生校点，黄山书社 2009 年版，第 123 页。

聚讼已久的问题，朱子于其下按曰："九拜之说，以注疏通修如此，但振动、奇拜、褒拜之义未详是否耳。"① 这种阙疑的态度无疑是明智的。"九拜"的名义直到清儒段玉裁、凌廷堪、孙诒让等人都未曾给出令人信服的解释，至今仍有学者结合新发现的资料对之进行探讨。② 可见对于礼经缺失的此类名物还是阙疑为宜。

> 《五学》："周人养国老于东胶，养庶老于虞庠，虞庠在国之西郊。"
>
> 朱按："诸儒皆以养国老者为大学，养庶老者为小学。盖亦因《王制》之言而意之耳。陈氏说其位置又与郑氏诸儒之说不同，皆无所考，阙之可也。"③

此按语前引陈祥道说："周之学，成均居中，其左东序，其右瞽宗，此大学也；虞庠在国之西郊，则小学也。"朱子此语实际上是在批评陈祥道强作解人，不知阙疑之意。

> 《聘·行聘礼》："介皆入门左，北面，西上。"（郑注：随宾入也。介无事，止于此。贾疏：按《司仪》云，诸公之臣，相为国客。及将币，"每门止一相。及庙，唯君相入"。注云："唯君相入，客臣也，相不入矣。"此介皆入不同者，彼云每门止一相，郑云绝行在后耳，非是全不入庙。又云唯君相入

---

① 朱熹:《朱子全书》（第 2 册），朱杰人等主编，上海古籍出版社 2002 年版，第 431 页。
② 黄益飞:《金文所见拜礼与〈周礼〉九拜》，《南方文物》，2016 年第 3 期。
③ 朱熹:《朱子全书》（第 2 册），朱杰人等主编，上海古籍出版社 2002 年版，第 608—609 页。

者，谓前相君礼须入，故言之。臣相不前相礼，故不言入，
其实皆入，与此同也。）

朱按："疏说与此不通，当阙。"①

此条同上，贾疏强作解人，朱子直批不通。

二、列异同而无所取

《冠・即位》："兄弟毕袗玄，立于洗东，西面，北上。"
（郑注：古文"袗"为"均"也。）

朱按："袗，古文作'均'，而郑注训同。《汉书》字亦作
'袀'，则是当从均、袀为是矣。但疏乃云：当读如《左传》
'均服振振'一也，则未知其以'袗'字为均耶，抑以'袗'
音为振也？《集韵》又释'袀'为戎衣偏裻，今亦未详其义，
姑记此以俟知者。"②

此处若据郑注，"袗"即"均"字，意为"相同"，经文意为兄弟
皆同着玄服。另有一种写法，将均写作"袀"，指的是一种特殊的
军服（《广韵》解作"戎衣"），颜色为黑色（《后汉书・舆服志
下》）。"袗"字在经典中也与"均"通假，意为相同者。实际
上，朱熹在此指出了经文的"袗"可从郑玄训为同，亦也可从
《后汉书》视为一种服装专名，二者无法择取。

---

① 朱熹：《朱子全书》（第 2 册），朱杰人等主编，上海古籍出版社 2002 年版，第 752 页。
② 朱熹：《朱子全书》（第 2 册），朱杰人等主编，上海古籍出版社 2002 年版，第 54—
55 页。

《昏义》："昏礼，纳采、问名、纳吉、纳征、请期……"
（孔疏：问名者，问其女之所生母之姓名，故《昏礼》云"为
谁氏"，言女之母何姓氏也。）

朱按："此说与《仪礼》疏义不同，未详孰是。"①

昏礼中的"问名"，据贾公彦《仪礼疏》是"问女之姓氏"，即女
之父的姓氏，以避免同姓婚媾违礼；但据孔颖达《礼记正义》，是
问"女之母何姓氏"，因为妇人不以名通。朱子并未对二者之是非
作出决断。后儒如孙希旦等多从贾疏，② 以为在问女之名字，尚待
辨析。

《昏义》："郑公子忽如陈逆妇妫，陈针子送女，先配而后
祖。针子曰：'是不为夫妇。诬其祖矣，非礼也，何以能
育？'"（《左传·隐八》。杜注：针子，陈大夫。礼：逆妇必
先告祖庙而后行……郑忽先逆妇而后告庙，故曰先配而
后祖。）

朱按："此说与《仪礼》及《白虎通义》不同，疑《左
氏》不足信，或所据者当时之俗礼而言，非先王之正法也。"③

《左传》礼制多有不合礼经者，加之杜预注时往往不明礼制而妄加
论断，因此朱子不知当从何人之说。此句分歧在"先配后祖"之

---

① 朱熹：《朱子全书》（第2册），朱杰人等主编，上海古籍出版社2002年版，第117页。
② 参见孙希旦：《礼记集解》，中华书局1989年版，第1417页。
③ 朱熹：《朱子全书》（第2册），朱杰人等主编，上海古籍出版社2002年版，第127—
128页。

含义：杜预以为指的是先行昏礼，后告妇至于祖庙；贾逵以为是先同居而后告祖庙；郑众以为是先同牢食而后告祖庙；郑玄以为是先行昏礼而后行祓道之祭礼。杨伯峻从贾逵说，① 但仍与《仪礼》不合，唯竹添光鸿在杜预说的基础上提出："娶女凡再告庙，一是告迎，二是告至……公子忽娶于陈，归不告至，则针子讥之。"② 此大致解决了朱子的疑问，可备一说。

> 《内则·事亲事长·记》："夫为人子者，三赐不及车马。"（《曲礼》）
>
> 朱按："《左氏传》鲁叔孙豹聘于王，王赐之路，豹以上卿无路而不敢乘。疑此'不及车马'，亦谓受之而不敢用耳。若天子之赐，又爵秩所当得，岂容独辞而不受耶？"③

今人的研究已基本否认了"三赐不及车马"的说法。④ 朱子并没有看到记载赏赐的金文，仅依靠《左传》就对《曲礼》的说法提出质疑，可见其远见卓识。需要注意的是，朱熹早在清儒之前已拈出多处《左传》不合三礼之处，足见其绝非江藩所谓"不究礼乐之源，独标性命之旨。义疏诸书，束置高阁；视同糟粕，弃等弁髦。盖率履则有余，考镜则不足"⑤ 的腐儒，其对经典所下的功夫在宋儒中也是颇具代表性的。

---

① 参见杨伯峻：《春秋左传注》（修订本），中华书局 2009 年版，第 59 页。
② 竹添光鸿：《左氏会笺》（第 1 册），巴蜀书社 2008 年版，第 92 页。
③ 朱熹：《朱子全书》（第 2 册），朱杰人等主编，上海古籍出版社 2002 年版，第 146 页。
④ 参见冯好：《先秦车马制度研究》，南开大学 2003 年博士学位论文。
⑤ 江藩：《国朝汉学师承记》，钟哲整理，中华书局 1983 年版，第 4 页。

《内则·御妻妾·传》:"霜降逆女,冰泮杀内,十日一御。"(《荀子》。杨倞注:此盖误耳。当为"冰泮逆女,霜降杀内"……冰泮逆女,谓发生之时合男女也。霜降杀内,谓闭藏之时禁嗜欲也。)

朱按:"《荀子》本文与上篇孔子对哀公语同,杨氏之说恐未必然。然其言霜降闭藏、十日一御者,似亦有理,故特存之。"①

从自然界的角度讲,冰雪融化后动物开始准备繁育,而冬天开始后则伏藏冬眠,因此"霜降逆女,冰泮杀内"从自然界经验上看可能是误倒。朱子首先从文本的角度认为杨倞对正文的怀疑没有充分的文献依据,但又从经验的角度对其说法表示部分肯定,认为这符合自然规律。可见朱子谨于文字之特点于晚年弥甚,非有充分依据,不轻改经典。

《五宗·传》:"召穆公思周德之不类,故纠合宗族于成周而作诗。"(《左传》。杜注:周厉王之时,周德衰微,兄弟道缺,召穆公于东都收会宗族,特作此……)

朱按:"按《诗》家言正《雅》为周公所作,富辰亦尝引之,以为周公之诗。今此说乃不同,必有一误。杜氏盖强说也。"②

---

① 朱熹:《朱子全书》(第 2 册),朱杰人等主编,上海古籍出版社 2002 年版,第 164 页。
② 朱熹:《朱子全书》(第 2 册),朱杰人等主编,上海古籍出版社 2002 年版,第 224 页。

关于《诗经·常棣》的作者，历来说法不一，分歧较大。朱子在《诗集传》中主张周公作正雅，因此主此诗为周公所作，这是据《毛序》所说周公伤管叔、蔡叔所作而来；但《左传》提出其为周厉王时召穆公所作。朱子不敢轻忽此说，故列之以示疑。

> 《聘礼·行聘礼》："公揖入，每门每曲揖……"（贾疏：诸侯三门，皋、应、路，则应门为中门，左宗庙，右社稷。入大门东行即至庙门，其间得有每门者，诸侯有五庙，大祖之庙居中，二昭居东，二穆居西，庙皆别门，门外两边皆有南北隔墙，隔墙中夹通门。若然，祖庙已西隔墙有三，则合门亦有三。东行经三门乃至大祖庙，门中则相逼，入门则相远，是以每门皆有曲，即相揖，故每曲揖也……云"门中门之正也"者，谓两阑之间。）

> 朱按："《江都集礼》：'庙制：诸侯立庙，宜在中门外之左。古者宗庙之制，外为都官，内各有寝庙，别有门垣，太祖在北，左昭右穆，以次而南。'与此疏之说不同，未知孰是。门阑之说，与《玉藻》注疏亦不同……（《玉藻》孔疏）云门只有一阑，唯上经贾疏独云门有二阑，故中门之处及君与宾介行之次第皆有不同，未知孰是，当更考之。"①

关于先秦的太庙制度，贾疏以为"大祖之庙居中，二昭居东，二穆居西"，隋时的《江都集礼》以为"太祖在北，左昭右穆，以次

---

① 朱熹：《朱子全书》（第2册），朱杰人等主编，上海古籍出版社2002年版，第749—750、754页。

布南"，各庙具体的门垣位置也不尽相同，今人根据考古发掘已有阐发①，但很难与礼典记载完全对应。另，关于门阑（当门树立的小木桩），孔疏以为有一，贾疏以为有二，朱子则并存两说。钱玄据经典中有"东阑""西阑""中门"而断定有两阑，② 失之颟顸。据今日之考古，尚未见两阑之门，可见朱子阙疑之明智。

三、疑经传文字有误

朱子在《通解》的按语中多有校勘文字者，但在根据尚不充分时他往往不会轻改经文，而是在按语中提示经文可能存在文字错误，以下列举数例。

> 《冠义》："天子冠者……此周公之制也。"
>
> 朱按："'天子冠者'至此一节，懿子不问而夫子自言，疑非本文。"③

今《仪礼》所见的冠礼主要是"士"冠礼，关于"天子"的冠礼，文献中的记载仅有上述一节，朱子从上下文怀疑系后人添入。宋儒疑经多如此，并没有太多文献依据。如果将宋儒的疑经与清儒的疑经作比较，二者只是结果上的相似，其动机完全不同。宋儒疑经是继承中唐以后打破繁缛的注疏之学、废传解经的传统而发的，其发论往往轻率，所疑也主要凭感觉。近代疑古学派的疑

---

① 参见陕西省考古研究所编：《镐京西周宫室》，西北大学出版社 1995 年版；刘庆柱：《古代都城与帝陵考古学研究》，科学出版社 2000 年版；杨鸿勋：《宫殿考古通论》，紫禁城出版社 2001 年版；等等。
② 参见钱玄、钱兴奇编著：《三礼辞典》，江苏古籍出版社 1998 年版，第 1220 页。
③ 朱熹：《朱子全书》（第 2 册），朱杰人等主编，上海古籍出版社 2002 年版，第 74 页。

经则是在考据学兴起后，出于对"唯古是从"的考据风气的反拨，其利用考据的方法来解构考据学的价值体系，论证的科学性较强。

> 《冠·陈器服》："水在洗东。"（郑注：水器，尊卑皆用金罍，及大小异。）
> 朱按："注文'罍'下'及'字恐误。"①

对朱子之疑，阮校记曰："《疏》云'及其大小异'，盖谓论其质则尊卑皆用金罍，及论其形制之大小，则仍有异耳。"不取朱子所疑。

> 《冠义》："成人之者，将责成人礼焉也……"
> 朱按："首句'之'字疑衍。"②

阮校未出校语，后人对朱子此疑多漫视之。

> 《昏·纳征·记》："主人受币，士受皮者，自东出于后……"
> 朱按："此疏引经文'皮者'下有'取皮'二字，今本无之。未详孰是。"③

朱子校勘，多有据注疏以勘经文之错讹者，此法亦为清儒所常用，阮校记此处照录朱子校语。

---

① 朱熹：《朱子全书》（第2册），朱杰人等主编，上海古籍出版社2002年版，第49页。
② 朱熹：《朱子全书》（第2册），朱杰人等主编，上海古籍出版社2002年版，第72页。
③ 朱熹：《朱子全书》（第2册），朱杰人等主编，上海古籍出版社2002年版，第92页。

《五宗·传》:"百世不迁者,别子之后也。宗其继别子之所自出者,百世不迁者也。"

朱按:"'之所自出'四字疑衍,注中亦无其文,至作疏时方误尔。今不取。"①

对于朱子的这一意见,阮校记曰:"闽、监、毛本同,石经同,岳本同,嘉靖本同,卫氏《集说》同。朱子云,之所自出四字疑衍,注中亦无其文,至作疏时方误耳。"显然阮元认为即使并没有足够的文献依据,朱子的怀疑仍然有价值。

《曲礼·从宜》:"受立授立不坐,性之直者则有之矣。"(《少仪》。郑注:有之,有跪者也。谓受授于尊者,而尊者短则跪,不敢以长临之。)

朱按:"此句文义皆未通,恐是记失礼耳。性之直,犹所谓直情而径行者欤?"②

郑注增字解经,将"有之"解为"有跪之",意为尊者矮小而授时卑者跪受而不立,如此则"性之直者"不知何谓,迂曲难通。朱子认为下句可能意在记下失礼的行为,即经文意为:接受礼物和赠送礼物的人本应都站着,性情直爽的人可能会偶尔有不站起身的情况。虽然更通达,但仍显迂曲,故朱子用反问以示疑。

---

① 朱熹:《朱子全书》(第2册),朱杰人等主编,上海古籍出版社2002年版,第202页。
② 朱熹:《朱子全书》(第2册),朱杰人等主编,上海古籍出版社2002年版,第453页。

《燕·陈馔器》："膳宰具官馔于寝东。"（贾疏：下记云："燕，朝服于寝。"正处在路寝，不在燕寝可知。）

朱按："（贾疏）'于寝'下疑脱'既朝服则宜于'六字。"①

朱子此语系比勘引文而知，阮校记即照录朱子此语。

《聘·行聘礼·记》："宗人授次，次以帷，少退于君之次。"

朱按："《周礼·幕人》掌相会共'帷幕'；《掌次》掌'张幕'，此'宗人'字恐误。"②

《周礼》与《仪礼》多有不同，《仪礼》上述"宗人"可能并非特指《周礼》中的"宗人"一职，朱子提示二者存在差别，但不知何从。

第四节
朱熹的训诂方法

朱熹在撰写《通解》之时，一方面尽量遵照郑玄、贾公彦等前人的注疏进行删节或改写，但当注疏不尽令其满意的情况下，朱子也会自行训释文字，类似的按语可以体现出朱子的训诂思想。

---

① 朱熹：《朱子全书》（第 2 册），朱杰人等主编，上海古籍出版社 2002 年版，第 622—623 页。
② 朱熹：《朱子全书》（第 2 册），朱杰人等主编，上海古籍出版社 2002 年版，第 754 页。

前人很早就注意到其中的声训内容，指出朱子在《通解》《诗集传》中大量使用的音注为中古音。①

下文分为形训与声训、义训、考训和因上下文而训四部分内容，对朱熹的训诂方法略作探讨。

一、形训与声训

《通解》在解释经文之前首先会标出经文生僻字的读音，李红对此已经进行了开创性的研究，本处不再详述，以下仅略作说明。形训与声训是早期训诂中的常用办法。所谓形训，就是用字形来说字义，如"止戈为武""人言为信"之类。所谓声训，具体可分为以同音字为训、以音近字为训两种，如"以人训仁""以养训庠"等。需要指出的是，由于汉字后起字多用形声字为构字原则，因此很多时候往往难以厘清二者的界限，如"以弟解悌""以正解政"等，因此笔者将二者综而述之。

> 《冠·始加·辞》："令月吉日，始加元服。"
> 朱按："诸辞皆当以古音读之，其韵乃叶。"②

关于朱子的"叶韵说"，学界讨论已多。③ 朱子上述按语的意义在于，他已经意识到这些用中古音读起来不太叶韵的"辞"原本应该是叶韵的，换言之，他已经认识到了古今音的不同。清人正是

---

① 王力的中古音研究主要依据的就是《通解》中的叶音文字（参见《朱熹反切考》，1982年），可参见李红：《朱熹〈仪礼经传通解〉语音研究》，厦门大学出版社2011年版。
② 朱熹：《朱子全书》（第2册），朱杰人等主编，上海古籍出版社2002年版，第58页。
③ 参见陈鸿儒：《朱熹〈诗〉韵研究》，社会科学文献出版社2012年版。

在这一认识的基础上才开始进行音韵学研究。

> 《冠·始加·辞》:"弃尔幼志,顺尔成德。"
> 　朱按:"'顺'古与'慎'通用。"①

关于以"慎"释"顺",在朱子之前并非未曾出现。如《易传》"君子以顺德",陆德明《释文》"顺,本有作慎";《庄子·列御寇》"有顺懁而达",陆德明《释文》"顺,王作慎";《诗经·大武》"应侯顺德",孔疏"顺德,定本作慎德"。但此句不改字本属可通,如此训释,朱子当为首创。

> 《内则·事亲事长·记》:"亨孰膻芗,尝而荐之。"
> 　朱按:"亨,即亨煮之字,俗加火作'烹',非是。"②

"烹"为"亨"的后起字,"熟"为"孰"的后起字,这在今天几乎是常识,但在朱熹的时代确是实实在在的训诂,即以今字训古字。

> 《乡饮酒义》:"……知其能弟长而无遗矣。"
> 　朱按:"弟,悌也,敬顺之意。言能使少者皆承顺以事长者,而无所遗弃也。"③

---

① 朱熹:《朱子全书》(第2册),朱杰人等主编,上海古籍出版社2002年版,第58页。
② 朱熹:《朱子全书》(第2册),朱杰人等主编,上海古籍出版社2002年版,第150页。
③ 朱熹:《朱子全书》(第2册),朱杰人等主编,上海古籍出版社2002年版,第299页。

以上朱子以"悌"训"弟"，并训释文句。

　　《乡射义》："旄期称道不乱者……"
　　朱按："期当音基。"①

　　《弟子职·差等》："百年曰期，颐。"（《曲礼》）
　　朱按："期，当音居宜反，《论语》'期可已矣'，与'朞'字同，周匝之义也。期谓百年已周，颐谓当养而已。"②

"期"字常见者为"会"（《说文》）之意，音读如"妻"。但朱熹解"期"时常取"周匝"之意，音读如"基"。如《阳货》"期已久矣"，朱子曰"周年也"，读音同上，盖朱子欲标新立异者。

　　《学制·明礼乐之意》："礼乐不可斯须去身，致乐以治心，则易直子谅之心油然生矣。易直子谅之心生则乐，乐则安，安则久，久则天，天则神。天则不言而信，神则不怒而威，致乐以治心者也。"（《乐记》）
　　朱按："《韩诗外传》'子谅'作'慈良'，近是。天谓体性自然，神谓神妙不测。"③

朱子先以《韩诗外传》校《乐记》之误字，这段文字不见于今本

---

① 朱熹：《朱子全书》（第2册），朱杰人等主编，上海古籍出版社2002年版，第373页。
② 朱熹：《朱子全书》（第2册），朱杰人等主编，上海古籍出版社2002年版，第412页。
③ 朱熹：《朱子全书》（第2册），朱杰人等主编，上海古籍出版社2002年版，第403—404页。

《韩诗外传》，可为《韩诗外传》辑佚之用。此段文字在《祭义》和《史记·乐书》中都曾出现，皆作"子谅"，朱子以音近而训"慈良"，并没有坚实的依据。因后世未见《韩诗外传》的这段佚失文字，朱子的这则按语也渐为人们所忘却。

> 《曲礼·言语之礼》："适有丧者曰'比'。"（《少仪》。郑注：适，之也，往也。曰"某愿比于将命者"。比，犹比方俱给事。孔疏：丧不主相见，凡往皆是助事，故云比，比方其年力以给共事也。）
>
> 朱按："'比'恐当音必寐反，为比附之义。"①

此处须作特别解释。在今天的普通话中，"比附"和"比方"中的"比"，读音同作 bǐ。然而在中古音中，意为"比附"时可读为"卑履切"，或"毗至切"，或"必至切"，或"毗必切"，或"房脂切"（俱见《广韵》），等等；但意为"比方"时只能读作"卑履切"。朱子实际上是想通过限定读音来限定其解释，即用读音来限定其字义。孙希旦也说"愚谓'比于将命'，谓来与将命者同执事尔，孔氏'比方年力'之说非是"②，虽未明确提到朱子之说，但显然与朱说殊途而同归。

二、义训

义训的特点在于不依赖字形字音而仅通过字义来进行训诂，

---

① 朱熹：《朱子全书》（第 2 册），朱杰人等主编，上海古籍出版社 2002 年版，第 436 页。上引孔疏朱子删去，据《十三经注疏》补入。
② 孙希旦：《礼记集解》，中华书局 1989 年版，第 921 页。

一般有"犹""谓""也"等训诂用语。因汉字一般义项较多，有时也会对为何选择这一义项作进一步说明。

> 《内则·事亲长记》："曾子曰：夫孝……推而放诸东海而准……"（《祭义》。郑注：放，犹至也。准，犹平也。）
> 朱按："准，犹齐也，言无不同也。"[1]

> 《内则·教子》："四十始仕，方物出谋发虑……"（《内则》。郑注：方，犹常也。物，犹事也。）
> 朱按："方，犹比也。"[2]

上例郑训"准"为"平"，朱转训为"齐"，并申之为"无不同"，基本上与郑训同义。下例朱注与郑注稍异，郑喜训"方"为"常"，在郑注中同训者还有"游必有方"（《里仁》）、"博学无方"（《内则》），意译为日常应做（之事）。朱熹训"方"为"比"，同训还有"子贡方人"（《宪问》），意译为比类（事物）。朱、郑略有差异。

> 《内则·教子》："观于祭祀，纳酒浆……"（《内则》）
> 朱按："纳，谓奉而入之。"[3]

"纳"，古人多训为"入""进"，朱子增字训为"奉而入"，系据

[1] 朱熹：《朱子全书》（第2册），朱杰人等主编，上海古籍出版社2002年版，第150页。
[2] 朱熹：《朱子全书》（第2册），朱杰人等主编，上海古籍出版社2002年版，第175页。
[3] 朱熹：《朱子全书》（第2册），朱杰人等主编，上海古籍出版社2002年版，第175页。

上下文意而发。

> 《内治·谨始传》："公曰：寡人固，不固安得闻此言乎？寡人欲问不得其辞，请少进。"（《孔子家语》）
>
> 朱按："固，鄙固也。言由其鄙固，故有'不已重乎'之问。然向使不固，则不发此问而不得闻此言矣。请少进，欲其详言以晓己。"①

上引出自《家语》，王肃在"固"下训为"鄙陋也"，朱子转训为"鄙固"，本为同义，朱子另据训释疏通上下文。

> 《五宗·传》"《诗》云：'不显不承，无斁于人斯。'此之谓也。"（《尚书大传》。郑注：言文王之德不显乎，不承成先人之业乎，言其显且承之，人乐之无厌也。）
>
> 朱按："承，尊奉也。斯，语辞。言文王之德岂不显乎，岂不承乎信乎，其无有厌斁于人也。"②

上引《诗》今见《清庙》，据郑注"承"为"承成先人之业"，朱子转训为"尊奉"，并据此疏通上下文。

> 《弟子职·洒扫进退应对》："长者不及，毋儳言。"（《曲礼》。郑注：儳，犹暂也，非类杂。）

---

① 朱熹：《朱子全书》（第2册），朱杰人等主编，上海古籍出版社2002年版，第185页。
② 朱熹：《朱子全书》（第2册），朱杰人等主编，上海古籍出版社2002年版，第216页。

朱按："《说文》：'傪互，不齐也。'傪言，傪长者之先而言也。"①

郑训"傪"为"暂"，据《广韵》当读为"仕陷切"；同字另可读为"士咸切"，意为类杂。郑注明显不从后读。据郑注，"傪言"即突然插话转移话题。而朱子据《说文》"不齐"立论，实际上是转从"类杂"之音义，据朱子之训，"傪言"即抢话。二者互有短长。朱子引《说文》以驳郑玄，已有清儒考据色彩。

《曲礼·通言》："不訾重器。"（《少仪》。郑注：訾，思也。重，犹宝也。）

朱按："訾，犹计度也。下'无訾金玉成器'字义同此。《国语》云'訾相其质'，《汉书》云'为无訾者'，又云'不訾之身'皆此义。此言'不訾重器'者，谓不欲量物之贵贱，亦避不审也。"②

郑训"訾"为"思"，朱训为"计度"，二者大同小异，其义也各有长短。区分而言，据郑意为不贪图重器，据朱意为不估算重器之价值。但朱熹举出了《国语》《汉书》的字例来佐证己说，其方法颇类清儒考据作风。

《学制·教子弟之法》："以三德教国子：一曰至德，以为

---

① 朱熹：《朱子全书》（第2册），朱杰人等主编，上海古籍出版社2002年版，第417页。
② 朱熹：《朱子全书》（第2册），朱杰人等主编，上海古籍出版社2002年版，第426页。

道本；二曰敏德，以为行本；三曰孝德，以知逆恶。教三行，
一曰孝行，以亲父母；二曰友行，以尊贤良；三曰顺行，以
事师长。"（《师氏》。郑注：德行，内外之称，在心为德，施
之为行。孝在三德之下，三行之上，德有广于孝，而行莫
尊焉。）

　　朱按："'至德'者，诚意正心，端本清原之事。道，则
天人性命之理，事物当然之则，修身齐家治国平天下之术也。
'敏德'者，强志力行，蓄德广业之事。行，则理之所当为，
日可见之迹也。'孝德'者，尊祖爱亲，不忘其所由生之事。
'知逆恶'，则以得于己者笃实深固，有以真知彼之逆恶，而
自不忍为者也。"①

此条颇能体现朱熹"以理说礼"的特点。郑注将"三德"和"三
行"滚作一片，重点解释"孝"为何在"三德"中排最末而在
"三行"中排最前。朱注抛却"三行"，只解释形而上的"三德"
层面，认为"三德"在层次上有高下之别，以突出其赋予"至德"
的内涵，相关的更详细论述见《周礼三德说》②。朱子的这一训诂
方法多被清代的考据学者所鄙夷。

三、考训

　　考训与上述训释方法均不同，其重点在对经文的名物制度进
行考证的基础上进一步训诂。虽然有时看起来不太像典型的"训

---

① 朱熹：《朱子全书》（第 2 册），朱杰人等主编，上海古籍出版社 2002 年版，第 389 页。
　　原本个别点读有误。
② 朱熹：《朱子全书》（第 23 册），朱杰人等主编，上海古籍出版社 2002 年版，第 3261 页。

诂"，但这种训释形式颇接近于清人读书考据的风气，朱子的相关考据文字也往往成为单篇文章（类似《日知录》《十驾斋养新录》之类），今仍可见于《朱子全书》。

《内治》："是故男教不修，阳事不得，适见于天，日为之食；妇顺不修，阴事不得，适见于天，月为之食。"（《昏义》）

朱按："历法，周天三百六十五度四分度之一，左旋于地，一昼一夜则其行一周而又过一度，日月皆右行于天，一昼一夜则日行一度，月行十三度十九分度之七，故日一岁而一周天，月二十九日有奇而一周天。又逐及于日而与之会，一岁凡十二会，会则月光都尽而为晦，已会则月光复苏而为朔，朔后晦前各十五日。日月相对，则月光正满而为望，晦朔而日月之合东西同度、南北同道，则月揜日而日为之食，望而日月之对同度同道，则月亢日而月为之食，是皆有常度矣。然王者修德行政，用贤去奸，能使阳盛足以胜阴，阴衰不能侵阳，则日月之行虽或当食而月常避日，故其迟速高下必有参差，而不正相合、不正相对者，所以当食而不食也。若国无政，不用善，使臣子背君父，妾妇乘其夫，小人陵君子，夷狄侵中国，则阴盛阳微，当食必食，虽日行有常度，而实为非常之变矣。"[1]

上述文字为考证日月食之起因，基本符合近代的科学认知，重点

---

[1] 朱熹：《朱子全书》（第2册），朱杰人等主编，上海古籍出版社2002年版，第180—181页。

说明"当食不食"和"当食必食"的原因。这段文字原样收入《诗集传·十月》注内。

《投壶礼·请投记》："壶颈修七寸，腹修五寸，口径二寸半，容斗五升。"（《投壶》。郑注：腹容斗五升，三分益一，则为二斗，得圜囷之象，积三百二十四寸也。以腹修五寸约之，所得求其圜周二尺七寸有奇，是为腹径九寸有余也。）

朱按："经文不言壶之围径，而但言其高之度、容之量，以为相求互见之巧。且经言其所容止于斗有五升，而注乃以二斗释之，则经之所言者圆壶之实数，而注之所言乃借以方体言之，而算法所谓虚加之数也。盖壶为圜形，斗五升为奇数，皆繁曲而难计，故算家之术必先借方形虚加整数以定其法，然后四分去一以得圆形之实。此郑氏所以舍斗五升之经文，而直以二斗为说也。然其言知借而不知还，知加而不知减，乃于下文遂并方体之所虚加以为实数，又皆必取全寸不计分厘，定为圆壶腹径九寸而围二尺七寸，则为失之。疏家虽知其失，而不知其所以失，顾乃依违其间讫无定说，是以读者不能无疑。今以算法求之，凡此定二斗之量者，计其积实当为三百二十四寸，而以其高五寸者分之，则每高一寸为广六十四寸八分。此六十四寸者，自为正方。又取其八分者割裂而加于正方之外，则四面各得二厘五毫之数，乃复合。此六十四寸八分者，五为一方壶，则其高五寸，其广八寸五厘，而外方三尺二寸二分，中受二斗，如注之初说矣。然此方形者，算术所借以为虚加之数尔，若欲得圆壶之实数，则当就此方形规而圆之，去其四角虚加之数四分之一，使六十四寸八分者但为四十八寸六分，三百二十四寸者但为二百四十三寸，则壶腹之高虽不减于五寸，其广虽不减于八寸五厘，而其外围则仅为二尺四寸一分五厘，其中所受仅为十有五升，如经之云，无不谐会矣。"①

这条考训后拟名为《壶说》②，收入《朱子文集》，可见是朱子颇为得意的考证文字。投壶的形制是古代一道著名的算数题，曾入《五经算术》③。此后，黄宗羲曾专门就朱子的算法进行过考证。简而言之，时代愈后算法愈密，黄宗羲就用更为精密的算法指出朱子"有廉而无隅，零星补凑，愈密而愈疏矣"④，可见学无止境，后来居上。

《学制·明教学之序》："兴于诗，立于礼，成于乐。"（《泰伯》）

朱按："《内则》十岁学幼仪，十三学乐诵《诗》，二十而后学《礼》。则此三者，非小学传授之次，乃大学终身所得之难易、先后、浅深也。程子曰：天下之英才不为少矣，特以道学不明，故不得有所成就。夫古人之诗，如今之歌曲，虽闾里童稚皆习闻之而知其说，故能兴起。今虽老师宿儒，尚不能晓其义，况学者乎？是不得兴于《诗》也。古人自洒扫应对，以至冠、昏、丧、祭，莫不有礼。今皆废坏，是以人伦

① 朱熹：《朱子全书》（第2册），朱杰人等主编，上海古籍出版社2002年版，第254—255页。
② 朱熹：《朱子全书》（第23册），朱杰人等主编，上海古籍出版社2002年版，第3295—3296页。
③ 《算经十书》，钱宝琮校点，中华书局1963年版，第473—474页。
④ 陈乃乾编：《黄梨洲文集》，中华书局1959年版，第433—434页。

不明、治家无法，是不得立于礼也。古人之乐，声音所以养其耳，采色所以养其目，歌咏所以养其性情，舞蹈所以养其血脉。今皆无之，是不得成于乐也。是以古之成材也易，今之成材也难。"①

这一段文字本出朱子《论语集注》。《通解》所引经文若出自《四书》，朱子一般不用古注而用自己的《集注》。引文考古今诗礼乐之变迁，并抒发古今异质的感慨。类似的考证在《通解》对于《四书》的引用中常见，这里仅举此例以概全。

四、因上下文而训

因上下文而训是指不胶滞于某个文字的本义或引申义，而是着眼于经文的上下贯通而进行的疏通说明，可以算作广义的"训诂"。这是朱子在《四书集注》中最常用的训诂方法。下文举《四书集注》之外的例证以说明之。

> 《弟子职·洒扫应对进退》："毋践履，毋踏席，抠衣趋隅，必慎唯诺。"（《曲礼》。郑注：趋隅升席，必由下也。慎唯诺者，不先举见，问乃应。）
>
> 朱按："此是众人共坐一席。既云当已位上，即须立于席后，乃得当已位上。盖以前为上，后为下也，正与《玉藻》义同。《乡饮》乃是特设宾席一人之坐，故以西为下，而自席下之中升而即席，与此异也。"②

---

① 朱熹：《朱子全书》（第2册），朱杰人等主编，上海古籍出版社2002年版，第404—405页。
② 朱熹：《朱子全书》（第2册），朱杰人等主编，上海古籍出版社2002年版，第418页。

朱子此则按语实为释郑注"下"字。郑注"升席必由下"可以有两种解释。一种是按照《乡饮酒》中所说的"以西为下",即从西侧入座,这显然这不合于某些场景:设想两人一东一西坐于一席之上,东侧宾离席后再入席,若须依经从西侧入,显然不妥。因此,朱子将此"下"作第二种解释"以后为下",即与《玉藻》经文同义,更合经意。

> 《内则·生子》:"始负子,男射女否。"(《内则》。郑注:始,有事也。负之,谓抱之而使向前也。)
>
> 朱按:"射,谓以桑弧蓬矢六射天地四方。郑云:桑弧蓬矢,本大古也。天地四方,男子之所有事也。"[1]

此条为朱子引《射义》以释《内则》,兼引《射义》郑注,以释"射"字。

> 《弟子职·侍食》:"瓜祭上环,食中,弃所操。"(《玉藻》。郑注:上环,头忖也。)
>
> 朱按:"头忖,谓蔑头所切一环也。以其所生之本味最甘美,又先断而不汙,故以为祭。中者,中环也,亦甘且洁,故以奉尊者。所操下环为手所持处,以其味薄而不洁,故弃之而不食也。"[2]

---

[1]　朱熹:《朱子全书》(第2册),朱杰人等主编,上海古籍出版社2002年版,第169页。
[2]　朱熹:《朱子全书》(第2册),朱杰人等主编,上海古籍出版社2002年版,第421页。原文个别标点有误。

此条为朱子释郑注"头忖"兼疏通经文。"甍"今作"蒂",为瓜蔓相连之处,瓜的这一部分用于祭,就是经文说的"上环",中间的部分是吃的部分,另一端(即残花所在的一端)为切瓜时手持的部分,应丢弃不食。关于经文"上环"的郑注"头忖"和孔疏"甍间",在宋代都已不用,宋人称为"蒂头",此条可视为朱熹在解释古今异语,类似例证前文已述。

> 《曲礼·饮食之礼》:"馂余不祭。父不祭子,夫不祭妻。"
> (《曲礼》)
>
> 朱按:"礼:君赐腥,则孰而荐之以为荣。若赐孰食,则恐是馂余,故不以祭。妻子虽卑于己,然既没,则以神道接之,故亦不以祭也。"[1]

此条朱子用《论语·乡党》解《曲礼》"馂余"。此下本有郑注,朱子未录,郑注作:"食人之余曰馂,馂而不祭,唯此类也。食尊者之余则祭,盛之。"细玩郑玄之意为:尊者以吃剩下的食物相赐,应先用以祭祀,让受赐者家族之先祖共同享用这一荣耀,是为"馂祭"。只有父对子(子殇)、夫对妻(妻亡)不用馂祭,因为子、妻本身就是父、夫的"附属",这份生者的荣耀是已经将他们包含在内的。显然,郑注如此解释是冒上文而发,倾向于将这三句理解为一体。朱子并不认同此说,认为"馂余不祭"是对祖先的尊重,单独成文。而"父不祭子,夫不祭妻"的原因是他们死后应以"神道接之",因此不受祭祀。朱子在一定程度上摆脱了

---

[1]　朱熹:《朱子全书》(第2册),朱杰人等主编,上海古籍出版社2002年版,第442页。

郑玄的桎梏。至顾炎武所解则完全摆脱郑说，"父不祭子，夫不祭
妻，不但名分有所不当，而以尊临卑，则死者之神亦必不安"①，
此处已完全将这两句分开理解，多被后儒所从。

> 《曲礼·问遗之礼》："尊卑垂悦。"（《曲礼》。郑注：悦，
> 佩巾也。磬折则佩垂。授受之仪，尊卑一。）
> 朱按："此谓宾主虽或一尊一卑，然皆当磬折垂悦也。"②

郑注未明，朱子以按语疏通之。

> 《学义·名礼乐之义》："……是故先王之制礼乐，人为之
> 节。"（《乐记》。郑注：言为作法度以遏其欲。孔疏：人为，
> 犹为人也。）
> 朱按："人为之节，言人人皆为之节也。"③

朱注与孔疏所训"人为"之意相左。以孔疏意，"人为"二字可互
倒，即"作为人的节制"；朱注以为"人为"意为"人人为"，即
"所有人均受此节制"，缘情境而作解。

> 《曲礼·从宜》："介者不拜，为其拜而蓑拜。"（《曲礼》。
> 郑注：蓑则失容节。蓑，犹诈也。孔疏：蓑，挫也。戎容暨
> 暨，著甲而屈拜，则挫损其戎威之容也。一云著铠而拜，形

---

① 顾炎武：《日知录集释》，上海古籍出版社 2014 年版，第 135 页。
② 朱熹：《朱子全书》（第 2 册），朱杰人等主编，上海古籍出版社 2002 年版，第 445 页。
③ 朱熹：《朱子全书》（第 2 册），朱杰人等主编，上海古籍出版社 2002 年版，第 403 页。

容不足，似诈也。）

　　朱按："蔮，犹言有所枝柱，不利屈伸也。"①

关于"蔮"字，郑注因使用了"犹"字似训诂用字，因此前人有将"蔮"训为"诈"者（陆德明），实则不然。细绎郑注之义，"蔮犹诈也"意为"蔮拜犹诈也"，非训诂用语，孔疏已模棱两可。朱子舍去郑注直指经文"蔮"训作"有所枝柱，不利屈伸"，虽不胶于字面，实得其正解。

第五节
黄榦对朱熹解经理念的继承

　　黄榦的《通解续》（即《通解》的丧、祭礼部分）与朱子撰修的部分（前五礼）在篇幅上大约相当，不相统属。从朱子对礼的分类上看，朱子所撰的家、乡、学、邦国、王朝部分是按照行礼场合进行的区分，而丧、祭部分是按照礼的内容进行的区分，两者使用了不一致的分类方法。故此前学者多将黄榦的《通解续》与朱子的《通解》割裂开来，另将杨复所续的《祭礼》与黄榦《通解续》中的祭礼区别开来，突出强调了三者之间相互区别的部分。实际上，上述拆分至少有三方面的疏失：其一，这忽略了黄榦、杨复作为朱子礼学继承人的问题，其编纂礼书本身是同一圈子的共同事业；其二，前文已述，朱子治礼是从考订丧、祭礼入手的，他不可能对这一部分不熟悉或完全放手由他人代劳；其三，

————————

① 朱熹：《朱子全书》（第2册），朱杰人等主编，上海古籍出版社2002年版，第453页。

从朱子晚年的书信看，对于丧（黄榦负责）、祭（李如圭负责）部分的编撰，朱子一直给予切实的指导，甚至某一注疏应作如何删节，都与对方书信往还沟通。所以权且不论杨复的《祭礼》部分，仅就黄榦主持定稿的丧、祭部分而言，其绝大多数内容仍可视为朱子晚年的思想，这一点上文已经多次说明。

在上述"大同"的基础上，我们继而才能注意二者间的"小异"。所谓"大同"，也就意味着黄榦同样曾使用以上九节解经方法（上文已有例证），而所谓"小异"，也就在于黄榦以下自言：

> 余创二礼粗就，奉而质之先师。先师喜谓余曰：君所立丧、祭礼规模甚善，他日取吾所编家、乡、邦国、王朝礼，其悉用此规模更定之。①

这表明，朱熹与黄榦所撰部分还是有一些细微区别的，概括有三。第一，黄榦撰写的部分体例更加完备，也就是上引朱熹说的"丧祭礼规模甚善"。经对比可以发现，《通解续》将经典拆得更为琐碎，一切以便于使用为准，基本不考虑三礼原来的篇章结构。第二，黄榦所续部分出自《四书》《诗经》的内容，注疏均未用朱子《集注》和《诗集传》，而直接用旧注疏。第三，黄榦所引的疏文多是全文引用，不加删节修改，且有个别重复引用者，这与朱熹所撰部分几乎每条疏文都加以改写、一般不重复引用的原则不同。

第一条可能是有意为之，因为朱熹曾向黄榦指出其所纂的丧

---

① 杨复：《续仪礼经传通解序》，收入朱熹：《朱子全书》（第4册），朱杰人等主编，上海古籍出版社2002年版，第2186页。

礼"王侯之礼杂于士礼之中，不相干涉，此为大病"①，在这一原则的指导下，黄榦最终做了一些调整。后两条可能是黄榦没有最终定稿的缘故，因为杨复在《祭礼》定稿中对二者都有一定程度的纠正。

整体而言，黄榦所纂部分之特点可有如下三端：一为体例更为谨严；二为重视朱熹在其他文字中的礼学思想；三为特重践履施行。

一、重体例，通经传

上文已经提及朱子在撰作时非常重视"发凡起例"，黄榦有一条按语专门说明其体例问题：

> 经文之后附入传记者，其例有三：其一，有诸书重出者，但载其一。有大同小异者，削其同，载其异，有同异相杂不可削者，并存之。二，所载传记全文已见别篇，则全文并注疏皆已详载有于全文之下，节略重出者，即云详见某篇，读者当于详见之处考之；三，所附传记之文有本经只一事而传记旁及数事者，虽与经文不相关，然亦须先载全文，后重出者，只节其与本文相关者，仍注云详见某条。②

引文为朱熹给所有参编者立下的"条例"，讲的是"内传"的编纂原则，黄榦实际上就是在这种原则下从事编纂。除上述针对全书

---

① 朱熹：《朱子全书》（第 25 册），朱杰人等主编，上海古籍出版社 2002 年版，第 4649 页。
② 朱熹：《朱子全书》（第 3 册），朱杰人等主编，上海古籍出版社 2002 年版，第 1216—1217 页。

的体例外，黄榦还对某些具体的丧礼仪节撰写了诸多按语，例如对"嗣君即位之礼"就有如下说明：

> 嗣君即位之礼，以传记考之，其别有四：有正嗣子之位，始死是也；有正继体之位，殡后是也；有正改元之位，踰年是也；有正践阼之位，三年之丧毕是也。今成王初崩，迎子钊入翼室，恤宅宗，正嗣子之位也。其余并见《殡》章，而记其大略于此。①

这条按语于引《顾命》文后，并非为经文而发，重在阐述"嗣君即位之礼"在经典中的例证：旧王始死，嗣君先"正嗣子之位"，以显示继承王位的依据；殡后乃"正继体之位"，强调继承的合法性；次年改元，为"正改元之位"；三年除丧，新王正式"正践阼之位"。通过这四次"正位"，"嗣君即位"方完成。可见，这条说明文字显然系黄榦"通经传"而总结出的。

因黄榦所撰部分为上下通行之礼，因此其在按语中经常须贯通经传，详列各处互见。如在"补服"标题下，他有如此按语：

> 补服有五：有见本经传记者，如父卒，为祖后者服斩之类是也；有见它记者，如"祖父卒，而后为祖母后者三年"是也；有见注疏者，如天子诸侯父在，为祖斩衰无期是也；又有心丧；有吊服。悉类而分之，以补经文之缺。②

① 朱熹：《朱子全书》（第 3 册），朱杰人等主编，上海古籍出版社 2002 年版，第 1527—1528 页。
② 朱熹：《朱子全书》（第 4 册），朱杰人等主编，上海古籍出版社 2002 年版，第 1725 页。

另摘一条类似者，位于"卒哭祔练祥禫记"标题下：

> 丧礼但至虞礼而止。卒哭祔练祥禫之礼经无文，今取其
> 散见于传记者衰集成编，以补丧礼之缺。《丧大记》补篇亦但
> 止于虞礼，若卒哭以后之礼，亦此篇通载，故列于《丧大记》
> 之后。①

上述两条按语不仅贯通经传，还牢笼注疏，并提示读者其编撰思路。上条是欲将五种补服"类而分之，以补经文之缺"，可见其对体例之重视。下条说明此章是取"散见于传记者"，表明其为了切近实用，不得不从《仪礼》之外的资料中"衰集成编"。

再录一条《通解续》中黄榦考证《左传》与《仪礼》不同的文字：

> 杜预"天子诸侯既葬除丧服，谅闇以居心丧终制，不与
> 士庶同礼"之议，见《晋书》本传，于《左氏传》注遂有
> "既葬反虞则免丧"之说。司马公尝言其失矣，然其言乃曰衰
> 麻主于哀戚，然庸人无衰麻，则哀戚不可得而勉。又谓：杜
> 预辨则辨矣，不若陈逵之言质略而敦实也。愚谓衰麻之制，
> 乃古先圣人沿孝子之情，为之制服，盖天理人心之所不容已
> 者，岂专为庸人而设，以勉其哀戚哉？杜预违经悖礼，沦斁
> 纲常，当为万世之罪人，坐以不孝莫大之法。而特言其不若
> 陈逵之言质略而敦实，非所以明世教也。先师朱文公曰：《左

---

① 朱熹：《朱子全书》（第3册），朱杰人等主编，上海古籍出版社2002年版，第1686页。

氏》所传"祔而作主",则与礼家虞而作主者不合;"烝尝禘
于庙",则与《王制》丧三年不祭者不合。杜氏因《左氏》之
失,遂有国君卒哭除之说。①

上述考证正可作黄榦继承朱熹晚年经典考据学风的体现,他
们师徒二人已经注意到《左传》与《仪礼》的多处不合,并从考
据或情理的角度在二者间作出抉择,这已与清人的考据十分类似。
类似这种说明其编撰方法(体例)以及意在贯通"自天子至庶人"
的按语,在《通解续》中数量较多,此为黄榦编撰的一大特色。
这与丧、祭礼本身与前五礼采取了不尽一致的分类方式密切相关。

二、尊朱说,明家法

上文已多次说明,黄榦的《通解续》基本可与朱熹撰作的部
分视同一体。其中一个表现就是黄榦的按语中除引用郑注贾疏外,
经常直接引用朱子的说法,并且大著其名,以示尊隆师说。

黄榦在《年谱》中曾特别提到朱子对《丧礼》部分的笔削:
"(朱熹)读《丧礼》十一章终篇,注疏有繁冗之文,悉皆亲笔删
削,于《不杖》《大功》章有亲批五条,其他商榷发明,不一而
足。"②朱子亲批的这五条按语如下:

《丧服·齐衰不杖期》:"夫为人后者,其妻为舅姑大功。"
(《丧服小记》)。孔疏曰:贺云,此谓子出时已昏,故此妇还服

---

① 朱熹:《朱子全书》(第 3 册),朱杰人等主编,上海古籍出版社 2002 年版,第 1678—
1679 页。
② 吴洪泽编:《宋人年谱集目·宋编宋人年谱选刊》,巴蜀书社 1995 年版,第 286 页。

本舅姑大功。若子出时未昏，至所为后家方昏者，不服本舅姑。以妇本是路人，来又恩义不相接，犹臣从君而服，不从而税，又生不及祖之徒而皆不责非时之恩也。）

朱按："熊氏则云：夫为本生父母期，故期妻降一等服，大功是从夫而服，不论识前舅姑与否。假令夫之伯叔在它国而死，其妇虽不识，岂不从夫服也？贺义非是。"①

上述按语实际是在说黄榦节疏去取不当。孔疏本有两说，一为贺说，即为黄榦所节取；另为熊说，为黄榦所舍。但朱子倾向于熊说，并于按语中批评贺说"非是"。

《丧服·大功正服九月》："谓弟之妻妇者，是嫂亦可谓之母乎？"（《大传》）

朱按："传意本谓弟妻不得为妇，兄妻不得为母，故反言以诘之曰：若谓弟妻为妇，则是兄妻亦可谓之母矣，而可乎？言其不可尔。非谓卑远弟妻而正谓之妇也。注疏皆误，故今论于此而颇刊定其疏云。"②

上述按语也是在指出黄榦去取不当。朱子皆不从注疏，而从传文上下解释，较注疏简洁明快。这仅有两条的商榷性按语实际上间接表明朱熹对黄榦的编撰工作总体上是满意的，也即意味着《通

---

① 朱熹：《朱子全书》（第3册），朱杰人等主编，上海古籍出版社2002年版，第1253—1254页。

② 朱熹：《朱子全书》（第3册），朱杰人等主编，上海古籍出版社2002年版，第1280—1281页。

解续》除个别之处外皆可视同师徒合作，反映了朱熹晚年的礼学思想。

> 《丧服·大功正服九月》："……何以大功也，妾为君之党服，得与女君同。下言'为世父母、叔父母、姑、姊妹'者，谓妾自服其私亲也。"（《丧服传》）。郑注：传所云'何以大功也？妾为君之党服，得与女君同'文烂在下尔。孔疏：云'何以大功也，妾为君之党服，得与女君同'此传当在上'大夫之妾为君之庶子'下，烂脱误在此。但'下言'二字及'者谓妾自服其私亲也'九字，总十一字，既非子夏自著，又非旧读者自安，必是郑君置之。郑君欲分别旧读者如此意趣，然后以注破之。）
>
> 朱按："传先解嫁者、未嫁者，而后通以上文'君之庶子'并以妾与女君同释之，乃云下言'为世父母'以下，而以自服私亲释之，文势似不误也。"
>
> 朱又按："此一条旧读正得传意，但于经例不合，郑注与经例合，但所改传文似亦牵强，又未见妾为己之私亲本当服期者合着何服。疏言十一字是郑所置，今详此十一字中，包'为世'至'姊妹'十字，若无上下文，即无所属，未详其说，可更考之。"①

这一段经文是否存在错简（阑入），自古以来争议颇大。据今出土

---

① 朱熹：《朱子全书》（第3册），朱杰人等主编，上海古籍出版社2002年版，第1283—1285页。

的《服传》本，可能并不存在郑玄所说的"文烂在下"① 的问题。朱子先从文势疑传文并无错简，后从礼例的角度认为尚难定论，可见其谨于治学。

> 《丧服·大功正服九月》："是故始封之君，不臣诸父昆弟；封君之子，不臣诸父而臣昆弟；封君之孙，尽臣诸父昆弟。故君之所为服，子亦不敢不服也；君之所不服，子亦不敢服也。"（《丧服传》）
>
> 朱按："疏义有未明者，窃详始封之君所以不臣诸父昆弟者，以始封君之父未尝臣之，故始封之君不敢臣也。封君之子所以不臣诸父而臣昆弟者，以封君之子所谓诸父者，即始封君谓之昆弟，而未尝臣之者也，故封君之子亦不敢臣之。封君之子所谓昆弟者，即始封君之子，始封君尝臣之者也，故今为封君之子者亦臣之。封君之孙，所谓诸父昆弟者，即封君之子所臣之昆弟及其子也，故封君之孙亦臣之。故下文继之以君之所不服，子亦不敢服也。君之所为服，子亦不敢不服也。"②

此条黄榦所录的贾疏极冗长，朱熹略作改写。所引概括总结贾疏，约言出之，较贾疏为净。上述五例均为朱子指出黄榦"去取失当"者，黄榦宁可在定本中"自揭其短"，实际上也是在提醒后人，朱子在《通解》中对前人成说的去取本身，也应该作为朱

---

① 沈文倬：《汉简服传考》（下），收入《文史》（第 25 辑），中华书局 1985 年版，第 49 页。
② 朱熹：《朱子全书》（第 3 册），朱杰人等主编，上海古籍出版社 2002 年版，第 1286—1287 页。

子礼学的重要内容。毕竟朱子对绝大多数注疏都有过删节改写，而这部分内容往往比较隐晦，且没有"今按""今详"等提示词，此前只有敖继公、胡培翚等人注意到这一点。

黄榦一方面大力提倡朱子礼学，动辄引"朱文公先生曰"以显示其学派归属；另一方面也引用张载、程颐等朱熹的前辈学者的观点，最终以朱子之说折中之：

> 张子曰：祔葬祔祭极至理而论，只合祔一人。夫妇之道，当其初婚未尝约再配。是夫只合一娶，妇只是合一嫁。今妇人夫死而不可再嫁，如天地之大义，夫岂得而再娶。然以重者计之，养亲承家，祭祀继续不可无也，故有再娶之理。然其葬其祔虽为同穴同筵几，然譬之人情，一室中岂容二妻。以义断之，须祔以首娶，继室别为一所可也。○或问朱先生曰：顷看程氏《祭仪》，谓凡配止用正妻一人，或奉祀之人是再娶所生，即以所生配。谓凡配止用正妻一人是也，若再娶者无子，或祔祭别位亦可也。若奉祀者是再娶之子，乃许用所生配。而正妻无子，遂不得配享可乎？先生曰：程先生此说恐误。《唐会要》中有论凡为适母无先后皆当并祔合祭，与古者诸侯之礼不同。○又曰：夫妇之义如乾大坤至，自有差等。故方其生存，夫得有妻有妾，而妻之所夫不容有二，况于死而配祔，又非生存之比，横渠之说似亦言之有太过也，只合从唐人所议为允。况又有前妻无子，后妻有子之碍，其势将有所杌陧而不安者。唯葬则今人夫妇未必皆合葬，继室别营兆域宜亦可矣。○今按：《丧服小记》云：妇祔于祖姑，祖姑有三人，则祔于亲者。祖姑有三人，皆得祔于庙，则其

中必有再娶者，则再娶之妻自可祔庙。程子、张子特考之不详耳，朱先生所辨正合礼经也。①

这则资料显示出黄榦继承了朱熹的考据手段，对再娶时应"祔"前妻后妻的问题进行讨论。黄氏先列张载观点，认为无论何时都需"祔以首娶，继室别为一所"，后列程颐观点，当"奉祀之人是再娶所生"时，则祔以所生之母，这就有可能导致无子的前妻不得配享。朱熹认为程颐的说法有误，张载的说法也太过宽泛，应当依照《唐会要》诸母"无先后皆当并祔合祭"。当时朱子显然娴于唐宋之人的丧、祭礼典籍，而于礼经尚稍生疏。黄榦在朱子去世后从《丧服小记》中找到了支持朱子说法的证据，得出"朱先生所辨正合礼经"的结论。此举一方面传承了朱熹考据明礼的家法，另一方面也证明了其对朱熹晚年回归礼经的认同。

除上述直接使用或补充朱子的生前撰作外，黄榦多数从"语录"（今本《语类》当时尚未结集）或"文集"中爬梳资料，以守师说。略举一例：

或问丧三年不祭，朱先生曰：程先生谓今人居丧都不能如古礼，却于祭祀祖先独以古礼不行，恐不得。横渠曰：如此则是不以礼祀其亲也。又曰：丧祭之礼，程、张二先生所论自不同。论正礼则当从横渠，论人情则伊川之说亦权宜之。不能已者，但家间顷年居丧于四时正祭三献受胙非居丧所可

---

① 朱熹：《朱子全书》（第3册），朱杰人等主编，上海古籍出版社2002年版，第1703页。原文个别标点及文字有误，据东大本改正。

行，而俗节则唯普同一献不读祝不受胙也。如此，则于远祖不必别议称呼矣。○居丧不祭，伊川、横渠各有说。若论今日人家所行，则不合礼处自多，难以一概论。若用韩魏公法，则有时祭，有节祠。时祭礼繁，非居丧者所能行。节祠则其礼甚简，虽以墨缞行事，亦无不可也。①

这则引文现可见于《语类》和《文集》中，分作三条依次如下：

> 问"丧，三年不祭"。曰："程先生谓，今人居丧，都不能如古礼，却于祭祀祖先独以古礼不行，恐不得。"横渠曰："如此则是不以礼祀其亲也。某尝谓……②"（辅广录）
>
> 所询丧祭之礼，程、张二先生所论自不同。论正礼则当从横渠，论人情则伊川之说亦权宜之不能已者。但家间顷年居丧，于四时正祭则不敢举，而俗节荐享则以墨衰行之。盖正祭，三献受胙，非居丧所可行。而俗节则唯普同一献，不读祝，不受胙也。（如此则于远祖不必别议称呼矣。）……③（《答曾光祖》）
>
> 居丧不祭，伊川、横渠各有说。若论今日人家所行，则不合礼处自多，难以一概论。若用韩魏公法，则有时祭有节祀。时祭礼繁，非居丧者所能行。节祀则其礼甚简，虽以墨

---

① 朱熹：《朱子全书》（第4册），朱杰人等主编，上海古籍出版社2002年版，第1967页。原文个别标点有误，今改正。
② 朱熹：《朱子全书》（第17册），朱杰人等主编，上海古籍出版社2002年版，第3010页。
③ 朱熹：《朱子全书》（第23册），朱杰人等主编，上海古籍出版社2002年版，第2972页。

缞行事亦无不可也。[①]（《答严时亨》）

将上述引文对比即可见，黄榦对朱熹晚年的礼学基本观点十分熟稔。由此，黄榦礼学固守师说，毋庸赘语。

三、可操作，重践履

在朱熹《通解》所设定的礼七分法中，丧、祭礼的划分角度与前五礼不同，是按照礼的类别进行划分，因此须包括上自天子、下至庶人的礼节内容。关于这一点，朱熹曾多次向负责这部分的吴必大、李如圭、黄榦等人强调。

实际上，将丧、祭二礼自天子至庶人贯通起来并不容易。因为《仪礼》中的丧礼（《士丧》《士虞》《既夕》《丧服》）主要针对"士"阶层制订，没有大夫以上的丧礼内容；而祭礼（《特牲馈食》《少牢馈食》）则主要为大夫以上所使用，没有士阶层的祭礼。因此若使用《仪礼》为主体来纂修《通解续》，必然会出现因缺载而无法践履的问题，这是经典本身的缺失所造成的。关于这一点，朱熹显然十分清楚，但他仍要求吴必大、李如圭、黄榦等在编纂丧、祭礼时须努力全面涵盖自天子至庶人的各阶层情况，实际上也就相当于在《通解》的编纂过程中将可操作、可践履作为第一优位条件，保持经典的相对完整性则为次要条件，这应该是丧、祭礼部分的文献被拆得比较碎的主要原因。

在这一编纂原则之下，丧、祭礼部分的经典被拆分得更为琐碎几乎已成必然，在黄榦所下的按语中即可看出：

---

① 朱熹：《朱子全书》（第23册），朱杰人等主编，上海古籍出版社2002年版，第2969页。

复而后行死事，则幠用敛衾当在《复章》之后。然复楔
齿、缀足、设饰、帷堂并作，则亦初无先后之别。今依经文
及凡传记言始死之事，虽在复后者，皆列于此章之下。①

按照《礼记》等详细文献的记载，从始死到小敛（死亡后次日早
晨）之间的仪节按时间顺序为：属纩、复、迁尸、楔齿、缀足、
沐浴、饭含、设饰、帷堂、设铭旌、始死奠、命讣、致隧、哭位、
陈服器等。但在《仪礼》中，这部分仅用一句话概括："死于适
室，幠用敛衾。复者一人，以爵弁服簪……"按照实践，"幠用敛
衾"显然应在"复"（叫魂）之后。若纯依《仪礼》则不便实行，
但又不便于直接调整《仪礼》经文的次序，因此黄榦加上述按语
以明己意，实际上是在委婉批评经文错乱，不便实行。

经文除不便实践外，更大的问题是《仪礼》本身记载的仪节
有所缺失，而在实践时又必须补充经文没有记载的部分（主要根
据《礼记》）。因此在《通解续》中就出现了大量的"……经文
不具，以记附见于下"的补充内容。仅就"始死"至"小敛"之
间所补列举如下：

始死之前有有疾、疾病等事，经文不具，今以记附见
于下。②

复与楔齿、缀足之间，有迁尸一节，经文不具，今以记
附见于下。③

---

① 朱熹：《朱子全书》（第3册），朱杰人等主编，上海古籍出版社2002年版，第1317页。
② 朱熹：《朱子全书》（第3册），朱杰人等主编，上海古籍出版社2002年版，第1317页。
③ 朱熹：《朱子全书》（第3册），朱杰人等主编，上海古籍出版社2002年版，第1327页。

既袭后有为燎一节，经文不具，今以记附见于下。①

从上可见黄榦在编纂时所下的补证工夫。

除上述对仪节的补充外，为便于进一步的实践，黄榦还需要从生者身份及死者身份等角度分开讲论。如在《通解续》中就出现了大量旨在指导实际应用的"……通用，当互考"的按语：

> 本章为人后者，《齐衰三年》章父卒为母通用。②
>
> 《不杖期》章为夫之君，《齐衰三月》章，庶人为国君通用。③
>
> 《斩衰》章父母之丧无贵贱一也、父条致丧三年、大夫为其父母，并此条通用，当互考。④
>
> 以下凡大夫吊并通用。凡主人之出，已见君使人吊条，当互考。⑤

上述第一、三例对应仪节"父"和"母"通用，是从死者角度进行的区分。第二、四例是从生者角度进行的区分，指出相应的生者不分贵贱，通用此礼。从三、四例按语中也可推知，黄榦基本上是将《仪礼》经文拆成"条"来撰写的，在第一次出现的条下附有《礼记》及其他杂书、注疏的考证，此后出现时就直接说

---

① 朱熹：《朱子全书》（第3册），朱杰人等主编，上海古籍出版社2002年版，第1354页。
② 朱熹：《朱子全书》（第3册），朱杰人等主编，上海古籍出版社2002年版，第1218页。
③ 朱熹：《朱子全书》（第3册），朱杰人等主编，上海古籍出版社2002年版，第1223页。
④ 朱熹：《朱子全书》（第3册），朱杰人等主编，上海古籍出版社2002年版，第1226页。
⑤ 朱熹：《朱子全书》（第3册），朱杰人等主编，上海古籍出版社2002年版，第1335页。

"见某某条，当互考"。类似按语在《通解续》中不下百条，或就死者身份不同而论，或就生者身份不同而论，总之都是为便于践履而发。

但朱熹和黄榦都十分清楚，一旦在"践履"层面深谈下去，就不得不面对"俗礼"和"古礼"之间的差异这一问题。上文已述，朱熹中年以前倾向于"徇俗"，晚年愈发倾向于"存古"，这种矛盾心情在《通解》的按语中也可见到：

> 古礼固难行，然近世一二名公所定之礼及朝廷五礼新书之类，人家傥能相与讲习时举而行之，不为无补。又云，周礼太繁细，亦自难行。今所编礼书，只欲使人知之而已。观孔子欲从先进与宁俭宁戚之意，往往得时得位，亦必不尽循周礼。必须参酌古今，别自制为礼以行之。所以告颜子者，可见世固有人便欲行古礼者，然终是情文不相称。〇今所以集礼书也，只是略存古之制度，使后之人自去减杀，求其可行者而已。若必欲一一尽如古人衣服冠屦之纤悉具备，其势也行不得。①

此为黄榦引用朱子之说，从中还能感受到朱熹（同样包括引用此语的黄榦）在"存古"和"徇俗"之间的矛盾心情。显然，他们深知古礼是"其势也行不得"的，但他们仍矻矻于"纤悉具备"地考订古礼，并且尽可能地将古礼细化到可资施行的程度，

---

① 朱熹：《朱子全书》（第4册），朱杰人等主编，上海古籍出版社2002年版，第2158—2159页。这一内容单独又收入《朱子语类·论修礼书》，参见朱熹：《朱子全书》（第17册），朱杰人等主编，上海古籍出版社2002年版，第2886页。

其中所蕴含的"知其不可而为之"的态度颇堪玩味。朱熹晚年的礼学考据到底是想要最大限度地"复行周礼",为后代制法,还是仅仅"略存古意",以供后人进行书面研究,可能只有朱熹本人才清楚。

本章继续以朱子和黄榦在《通解》中所下按语为主,探究《通解》的解经特色。概而言之,朱子治经较清代学者通达,除重视汉唐注疏之外,并不废近代诸贤的经说,在《通解》中就广泛引用了宋儒的解经成果。而《通解》所体现的朱熹校勘学思想是非常有代表性的。朱子很早就曾注意到三礼可与《大戴礼记》《新语》《荀子》及汉唐注疏进行校勘,《通解》在尊重原文的基础上,从讹脱衍倒和版本评骘等方面进行了校勘。而朱熹的考据学除前文所述的种种方法外,还十分注意阙而存疑,以俟后贤。《通解》在解经过程中,一贯秉持孔子以来的"多闻阙疑"的传统,不强释经典。或揭示经传注有阙义,但其义已不可知;或提出经传注有阙义,列举诸儒之说而俟后贤采择;或怀疑经传文字有误。此外,朱熹在《通解》中的训诂一般尽量遵照郑玄、贾公彦等前人的注疏进行改写或删节,但在注疏不尽令其满意的情况下,朱子也会自行训释文字,包括形训与声训、义训、考训和因上下文而训四种训释类型。黄榦所纂《通解续》的特点除前述外,还可寻绎出其体例更为谨严、重视朱熹在其他文字中的礼学思想以及特重践履实行三个方面。

第六章
《仪礼经传通解》在经学史上的地位及影响

如果说上章对《通解》解经方法的探讨，更多的是深入《通解》内部对朱熹经典诠释方法进行梳理的话，本章则倾向于将《通解》作为一个已经存在的整体，视之为朱子晚年的学术成果，并挖掘其价值。笔者试图在前一章的基础上，以《通解》为例，重新审视清儒陈澧、朱一新等人提出的"朱子考据"问题。我们认为，关于"汉学家"批评宋学的"不究礼乐之源，独标性命之旨。义疏诸书，束置高阁；视同糟粕，弃等弁髦。盖率履则有余，考镜则不足"①等缺点，朱熹于晚年已有所注意，并且在《通解》中已经开始向经典回归，也就是所谓的"考据学转向"。

实际上，清儒三礼考据的诸多方法在《通解》中都有发端，已如前文所述。本章将进一步关注清儒对朱子考据工作的评述，揭示清代礼学大师对《通解》的态度，进而阐明清儒与朱子的考礼在方法上一致，在事实上继承，在性质上接近，二者之间的承递关系不言自明。

---

① 江藩:《国朝汉学师承记》，钟哲整理，中华书局1983年版，第4页。

第一节
重审朱熹晚年的"考据学转向"

自清中叶以来，郑玄、许慎之学大兴，江藩作《汉学师承记》以扬其流，方东树作《汉学商兑》以击其波，汉宋两家几不可两立。至陈澧、曾国藩诸家又开始调停汉宋，特别强调朱子之考据学，提出朱子晚年曾有"考据学转向"。此后民国钱基博、吕思勉及后来的钱穆、张舜徽等均持此说，但应者绝少。究其原因，其论证"考据学转向"之例证多从《语录》和《文集》的书信中拣择，而此类文献虽出朱子亲笔，但往往应机而发，据对方资质及设问而方便引导，叩之以大者则大鸣，叩之以小者则小鸣。正如孔子说仁，或因材施教，或随机应答，处处不同。因此，朱子在书信和语录中往往有前后矛盾之处，仅仅据一时言语立论，往往很容易找出反例。

比如朱子曾言"不先就切身处理会得道理，便教考究得些礼文制度，又干自家身己甚事"[1]，也曾表示礼文（《仪礼》）不如礼义（《礼记》）重要，并不赞同汪应辰考礼。有人据此指出朱子不主张学者"考礼"，因而应该将朱子学的重点放在"性理学"上。但从朱子晚年的所作所为来看，他自己反而沉浸于"考究礼文制度"的《通解》编撰。在《通解》中，他也一再说明礼的"仪数"的重要性："非得其数，则其义亦不可得而知矣……尤不

---

[1] 朱熹：《朱子全书》（第14册），朱杰人等主编，上海古籍出版社2002年版，第269页。"干"底本误作"于"，今改正。

可以为祝史之事而忽之也"①。因此前述类似的话只宜视为"应机而发",我们应该从朱子的所作所为中来触摸其晚年的真正想法。

一、"义理之学"与"考据之学"的对立与容摄

在中国的学术史上,关于"考据之学"与"义理之学"的学术分歧被通称为"汉宋之争",尤其是在江藩与方东树分别撰写《国朝汉学师承记》和《汉学商兑》并展开针锋相对的论辩后,"汉宋之争"几乎成为清代学术思想史的一个标志性问题,备受学界关注。

一般认为,所谓"考据之学"指的是汉唐诸儒所擅长的考据训诂之学,这种学问发展到清代后逐渐成为学界主流,并被尊奉者称为"汉学"。所谓"义理之学"指的是宋元明时期占儒学主流地位的程、朱、陆、王之学,他们关注心性理气、四端七情等范畴,在与"汉学"对举时又特指宋明理学中性理学的部分,因此也被称为"宋学"。上文已重点阐述了朱子的"考据学",因此我们并不赞同将"朱子学"与"义理之学"画等号。

当江藩和方东树就汉宋之学争论得不可开交之时,很多学者提出了"调和汉宋"的主张,几乎所有的调和论者都注意到了朱熹晚年以《通解》贯通义理考据的做法。如作为方东树上司的阮元就曾说:

> 朱子中年讲理,晚年讲礼,诚有见于理必出于礼也。如殷尚白,周尚赤,礼也。使居周而有尚白者,以非礼折之,

① 朱熹:《朱子全书》(第2册),朱杰人等主编,上海古籍出版社2002年版,第71页。

则人不能争；以非理折之，则不能无争矣。故理必附于礼以行。空言理，则可彼可此之邪说矣。然则《三礼注疏》，学者不可不读。①

前文已经阐明，将"礼"作为朱熹晚年的学术归宿，其实并不是"汉宋之争"发生后持"调和汉宋"论者的调停之言，而是朱子后学一直以来坚持的学术立场。这一点许多清人已经认识到：

乾嘉以来，士大夫为训诂之学者，薄宋儒为空疏，为性理之学者，又薄汉儒为支离。鄙意由博乃能返约，格物乃能正心，必从事于《礼经》考核，于三千三百之详，博稽乎一名一物之细，然后本末兼该，源流毕贯……江氏《礼书纲目》秦氏《五礼通考》可以通汉宋二家之结，而息顿渐诸说之争。②（曾国藩《复夏弢甫》）

曾国藩正是意识到朱熹晚年所从事的"考礼"与早年的"讲理"学风不同，才发此论。凌廷堪提出的"以礼代理"③ 也是这一逻辑的自然展开。类似的观点还有：

礼犹体，理即脉。人具体而脉不调，则病；人衰礼而理不析，则诬。汉儒精言礼，宋儒承之，而特揭理字，导人以从入之径，持循之端。犹之医者切脉，以审人气血偏滞之由，

---

① 阮元：《揅经室集》（下），中华书局 1993 年版，第 1062 页。
② 殷绍基等整理：《曾国藩全集·书信（一）》，岳麓书社 1990 年版，第 1576 页。
③ 张寿安：《以礼代理：凌廷堪与清中叶儒学思想之转变》，河北教育出版社 2001 年版。

而后方以治之，其体始可无恙也。学者不察，自判汉宋各执门户，为一家言，亦日勤止，而制礼之初意果如是乎？[①]（高均儒《礼理篇跋》）

这些都是对汉学家"在不了解宋学的前提下批评宋学"的做法提出批评。实际上，朱子将"礼"与"理"作为其学术之两翼，并未一偏，即使在早年高标"理学"时，也同样特重"文字训诂"的功夫。在《论语训蒙口义序》中，朱熹明言其治经的方法"本之《注疏》以通其训诂，参之《释文》以正其音读，然后会之诸老先生之说以发其精微"[②]，在《语孟集义序》中更进一步对汉魏考据之学进行肯定："汉、魏诸儒正音读，通训诂，考制度，辨名物，其功博矣。学者苟不先涉其流，则亦何以用力于此？"[③] 这在宋儒中已属特出。

朱子晚年被政敌攻击"自标道学，妄自推尊"之时，对早年理论的缺陷有了更深刻的认识，故而转向"考礼"，最终成就了其"义理与考证兼之"的大格局。关于这一点，陈澧认识得非常深刻：

朱子好考证之学，而又极言考证之病……盖读书玩理与考证，自是两种工夫。朱子立大规模，故能兼之。学者不能兼，则不若专意于其近者也。（朱子时为考证之学甚难，今则诸儒考证之书略备，几于见成物事矣。学者取见成之书而观

---

① 转引自史革新：《晚清学术文化新论》，北京师范大学出版社 2010 年版，第 135 页。
② 朱熹：《朱子全书》（第 24 册），朱杰人等主编，上海古籍出版社 2002 年版，第 3614 页。
③ 朱熹：《朱子全书》（第 24 册），朱杰人等主编，上海古籍出版社 2002 年版，第 3631 页。

之，不甚费力，不至于困矣。至专意于其近者，则尤为切要
之学，而近百年来，为考证之学者多，专意于近者反少，则
风气之偏也。)①

陈澧将朱子的考据学拈出，对其价值予以充分肯定，笔者亦
十分赞同。平心而论，就笔者所见资料，即使在汉宋之争讨论正
盛的乾嘉以后，多数学者还是持"汉宋兼采"的观点。我们并不
认同将本属一二人的"激进"主张作为清代学术史的重点，反而
忽略了绝大多数学者似乎"温和且平庸"的观点。换言之，我们
认为清代的主流学者一直清晰地意识到且践行着"汉宋兼采"的
学术理念。正如王鸣盛所说："学者若能识得康成深处，方知程、
朱义理之学，汉儒已见及。程、朱研精义理，仍即汉儒意趣，两
家本一家。"② 他的"两家本是一家"是从"郑（玄）学深处俨然
是宋学"的角度阐发的。而本书实际上是从另一个角度阐述"朱
（熹）学深处俨然是汉学"的观点。皮锡瑞曾就这一点如此谈道：

朱子在宋儒中学最笃实，元、明崇尚朱学，未尽得朱子
之旨。朱子常教人看注疏，不可轻议汉儒。又云："汉、魏诸
儒，正音读，通训诂，考制度，辨名物，其功博矣。"后以宋
孝宗崩，宁宗应承重，而无明据，未能折服异议。及读《仪
礼疏》郑答赵商问父有废疾而为其祖服制三年斩，乃大佩服，
谓："《礼经》之文，诚有阙略，不无待于后人。向使无郑康

---

① 陈澧：《东塾读书记》，上海古籍出版社 2012 年版，第 244—245 页。
② 王鸣盛：《十七史商榷》（中），黄曙辉点校，上海古籍出版社 2013 年版，第 845 页。

成，则此事诚未有断决。"朱子晚年修《仪礼经传通解》，盖因乎此，惜书未成而殁。元、明乃专取其中年未定之说取士，士子乐其简易。而元本不重儒，科举不常行；明亦不尊经，科举法甚陋。慕宗朱之名，而不究其实，非朱子之过也。朱子能遵古义，故从朱学者如黄震、许谦、金履祥、王应麟诸儒，皆有根柢。[①]

皮锡瑞所谓的"笃实""有根底"，即本书所一再强调的朱子晚年出现的"考据学"转向。

通观清代学术史上的汉宋之争，当前学界已无江藩、方东树那样的意气用事，多能平和而论，持论通达，这似乎应导源于如阮元、陈澧、曾国藩等所持有的"调和汉宋"论。分而言之，"调和汉宋"实际上存在两个路径：一为汉学的路径，即用汉学的方法解构"汉学"，让汉学接近宋学；二为宋学的路径，即用宋学的例证还原"宋学"，让宋学接近汉学。

前一路径强调，义理之学是考据之学的最终目的，即汉学的最终指向或内在理路必定归于宋学。他们往往用汉学的方法来说服考据学者，如王鸣盛强调的"学者若能识得康成深处，方知程朱义理之学，汉儒已见及"[②]，抑或方东树在《汉学商兑》中所采取的用考据学的方法瓦解汉学的森壁，可谓"张汉学以就宋学"。

后一路径强调，考据之学是义理之学的基础，即宋学的实现途径之一或主要依据必得在汉学中寻求。他们往往用朱熹重视考

---

① 皮锡瑞:《皮锡瑞集》，岳麓书社 2012 年版，第 1197—1198 页。
② 王鸣盛:《十七史商榷》(中)，黄曙辉点校，上海古籍出版社 2013 年版，第 845 页。

据的例证来强调义理之学中所蕴含的考据学元素，并倾向于用"礼学"来消弭汉宋之间的壁垒。如阮元所说"朱子中年讲理，固已精实，晚年讲礼，尤耐繁难，诚有见于理必出于礼也"[1]，曾国藩所极力提倡的"以礼调和汉宋"和凌廷堪"以礼代理"也都可被视为同一思路，可谓"扩宋学以容汉学"，本书即延续这一思路展开。

二、《通解》所见朱子晚年的治学旨趣

常言道"真理愈辩愈明"，笔者认为，学者学术观点的变化是在与学术对手的论辩中逐渐发生的。朱子早年喜谈心性理气之学，至晚年学风转变，这同样与对手的攻击关系密切。细数朱熹生前遭受的政治攻击，主要有：

> 近世士大夫有所谓"道学"者，欺世盗名，不宜信用。（吏部尚书郑丙）
>
> 道学之徒，假名以济其伪，乞摈斥不用。（监察御史陈贾）
>
> 熹本无学术，徒窃张载、程颐之余绪，为浮诞宗主，谓之道学，妄自推尊。所至辄携门生十数人，习为春秋、战国之态，妄希孔、孟历聘之风，绳以治世之法，则乱人之首也。（兵部侍郎林栗）
>
> （真道学者）践履可观而不为伪行，其学术有用而不为空言，其见于事也正直而不私，廉洁而无玷。既不矫激以为异，亦不诡随以为同，则真圣贤之道学也……（假道学者）其学

---

[1]　阮元:《揅经室续集》，中华书局1985年版，第124页。

术之空虚，而假此以盖其短拙，践履之不笃，而借此以文其
奸诈……（御史中丞何澹）①

这些言论或不点名地批评"伪道学"，或直接点名批评朱熹。暂且
不论其背后的非学术因素，我们总结当时人对朱熹的指责，可主
要归为以下三点：一为"浮诞空虚"，即其学术没有经典依据，此
为攻击的核心；二为"聚徒推尊"，即说其形成朋党势力，这是为
臣大忌；三为"伪行盗名"，即其学说无法落实，贪沽令名。平心
而论，朱熹早年的学问确实存在类似的问题，这些指责并非都是
空穴来风。但朱子晚年学风已渐生变化，其中正蕴含了明清考据
之学的种子。下文就将朱子庆元以后在《通解》中所显现出来的
学风转变问题略作分析。

1. 尊经重注，不废子史

《通解》尊经，自毋庸赘言。首先从动机上言，朱子在早年已
经编撰过《家礼》《古今家祭礼》等实用性礼书，至晚年则致力于
贯通三礼，在党禁期间仍投入巨大精力来编修《通解》，这本身就
是向礼学经典的回归。其次，统计全书所收，三礼经文几乎全被
收录。其中，《仪礼》经文以篇章为单位被整体收录，个别经文次
序略有调整（主要是"附记"和"辞"），亦被全文收录；《礼
记》经文则基本上也是以篇章为单位收录，个别篇章有离析（如
《曲礼》等本身就零碎的篇章被打散），基本上被全文收录；《周
礼》则大体被打散收录，因有些职官于《通解》无所归属，故未

---

① 脱脱：《宋史》，中华书局 1977 年版，第 12031、12035 页；李心传：《道命录》，上海古
　籍出版社 2016 年版，第 62 页。

能净收无遗。另从《通解》的体例中可以看出，所录经文严格按所见版本移录，有疑问处或详加校勘，或按语说明，纵偶有改动也必明确说明缘由，以昭慎重，这表明朱熹在编撰全书时持以非常慎重的态度。兹举一例。《通解·内则·生子》："适子庶子见于外寝……"朱子加按语道："下文方说庶子，此'庶子'字宜为衍字。或是适子之次者，名为适子庶子也。"①其据上下文意怀疑经文"庶子"为衍文，但又觉得此"庶子"也可以解释为"嫡次子"，未敢遽改。这表明，朱熹对经文的基本态度与宋儒疑经、改经、废传注的通行做法已明显不同。

《通解》重郑注，于宋人中为特出。清儒曾说"汉代经师家法不同而莫纯于高密郑君，宋代礼学宗派不同而莫正于新安朱子，其说礼一皆以郑义为宗，学无旁骛，沉研钻极，专久而美"②，可见尊崇郑玄的清儒也认同朱熹是郑学功臣。这一点朱熹自己也多次提道："郑康成是个好人，考《礼》名教大有功，事事都理会得。如《汉律令》，亦皆有注，尽有许多精力……康成也可谓大儒。"③基于这一认识，朱熹在编纂《通解》时一般照录郑注，于贾疏则多删节改易，也就是阮元《校勘记》所说的"全载郑注，节录贾疏"（实际上也不是全载，个别条目也有删节）。用朱子的话说就是，在《通解》中"于此（郑）注各详具之……恐后人因事检阅者不能一一通贯，故不惮其繁复耳。至于疏家复详言之，则为冗长，故今独存注文，而疏无异义者不复载也"④。

---

① 朱熹：《朱子全书》（第2册），朱杰人等主编，上海古籍出版社2002年版，第192页。
② 清儒张锡恭语，转引自上海人民出版社编：《古典文学论丛》，上海人民出版社1980年版，第251页。
③ 朱熹：《朱子全书》（第17册），朱杰人等主编，上海古籍出版社2002年版，第2942页。
④ 朱熹：《朱子全书》（第2册），朱杰人等主编，上海古籍出版社2002年版，第35页。

除照录郑注外，朱子"重注"的另一个表现就是尽量回护郑注，举一例以说明。《内则》有"后王命冢宰降德于众兆民"一句，郑注："……天子曰兆民，诸侯曰万民。《周礼》冢宰掌饮食，司徒掌十二教。今一云冢宰，记者据诸侯也。诸侯并六卿为三，或兼职焉。"仔细阅读就会发现，此郑注本身存有漏洞。郑玄先据《左传》"天子兆民"，即认为此句当指天子之礼，又根据《周礼》冢宰不掌教化而提出"记者据诸侯"，显然前后矛盾。从下文来看，《记》中皆有言及天子和诸侯，并非专就诸侯立论，郑注确实不当，王肃等人的攻评至今还保存在孔疏中。但这实际上是由经文自身的矛盾造成的，而郑玄无法解决。孔颖达发现了郑注的问题，故强调郑注系推测之词，他解释说："冢宰"专掌饮食之事，而负责"降德"的应该是司徒。冢宰若兼掌司徒所辖之事，只能出现在诸侯国中的"冢宰"和"司徒"由同一人担任之时。这一解释反而把郑注的矛盾显露了出来。朱熹看孔疏回护不力，加按语道：

> 注疏言，诸侯司徒兼冢宰是也，但此上言后王之命，则冢宰实天子之冢宰耳。盖《周礼》太宰掌建邦之六典，而二曰教典，则教民虽司徒之分职，而冢宰无所不统，故以其重者言之。其在诸侯，则亦天子之宰施典于邦国，而诸侯承之以教其民，自不害于冢宰为司徒之兼官也。①

朱子在肯定郑注"据诸侯"可以解释通的基础上，进一步提出了

_____

① 朱熹：《朱子全书》（第 2 册），朱杰人等主编，上海古籍出版社 2002 年版，第 137 页。

天子的"冢宰无所不统"，因此也可以"据天子"而言。显然，朱子的按语是在维护郑玄的前提下作出的"最优解"。

朱熹在《通解》中对子部和史部经典的态度前后不同。朱子最初曾提出《通解》"不多取《国语》杂书迂僻蔓衍之说"[1]，但在成书的《通解》中我们发现，除经部外，他还使用了《国语》《史记》《两汉书》《列女传》《荀子》《管子》《九章算术》《吕氏春秋》《孔子家语》《孔丛子》《新书》《新语》《说苑》《白虎通义》《春秋繁露》等书，甚至包括唐宋人编撰的《开元十二诗谱》《资治通鉴》《律吕新书》以及刘敞所补的《士相见义》《公食大夫义》等著作。显然，朱子晚年已经有意"以礼学为纲，贯通群经子史"，这与清儒会通"九经四史"的做法已十分接近。但需要指出的是，在《通解》中，这些子史类的条目多数被作为附属资料（《通解》称为"传"）来使用，有时朱子还会特别加按语说明其重要性不强：

> 黄帝之子二十五人，其同姓者二人而已，唯青阳与夷鼓皆为已姓……其得姓者十四人，为十二姓。姬、酉、祁、巳、滕、葳、任、荀、僖、姞、嬛、依是也。唯青阳与苍林氏同于黄帝，故皆为姬姓。[2]（《通解·五宗·传》引《国语·晋语》）

此条下朱熹加按语："上言青阳与夷鼓皆为已（今作"姒"）姓，后又言青阳与苍林皆为姬姓，青阳一人而二姓，殊不可晓。

---

① 朱熹：《朱子全书》（第24册），朱杰人等主编，上海古籍出版社2002年版，第3423页。
② 朱熹：《朱子全书》（第2册），朱杰人等主编，上海古籍出版社2002年版，第228页。

疑苍林即夷鼓，已盖指黄帝，言与黄帝同为姬姓，非下文十二姓中之已氏也。然与其后十四人之数又不同，不知何故抵牾如此。要之，此等传记之言皆难尽信，今存于此，聊广异闻耳。"① 这则按语明确表明"此等传记之言皆难尽信"，但仍"存于此，聊广异闻"，正表明了朱熹对子史著作中所存礼学资料的基本态度。

2. 博收广取，重视版本

关于《通解》中所反映的朱熹的版本学观念，上文已有所涉及，这里重点谈一下朱熹的版本校勘意识。

如今出土的简帛资料表明，先秦时期的一些著作往往以单篇的形式流传，尤其是类似《礼记》这样结集较晚的书，其中有一些篇章在其他书中可能存在类似片段。因此，在没有出土材料之前，利用这些散见的片段进行校勘是比较高明的办法。这种形式的校勘要求作者须特别熟悉传世文献，也代表了朱子已经突破了常规的仅依赖不同版本进行校勘的局限，此为朱熹晚年学术转向考据、融会贯通的一个力证。《大戴礼记》中有相当多的内容与《礼记》《荀子》《新书》《汉书》《史记》中的部分篇章相近或相同，如果不是对这些经典都非常熟悉，则很难直接拈出与其相似的部分。以下就以《通解》所引的《大戴礼记》部分篇章的校勘问题为例来阐述朱熹的版本认识。

《大戴礼记·保傅篇》。此篇曾在八角廊汉墓单独出土，显然其曾单独流传。史载此篇的作者为贾谊。《汉书·贾谊传》和《新书》中都有相似的文字。《大戴礼记·保傅》被分载于《通解》的

———

① 朱熹:《朱子全书》（第 2 册），朱杰人等主编，上海古籍出版社 2002 年版，第 228 页。

《内治》《保傅》《践阼》和《五学》四章中，朱子在引用时多以义理长短确定正文文字，在夹注中列出异文。有从《大戴》者：

> 古者胎教之道，王后腹之七月，而就宴室（贾谊《新书》"七月"作"十月"，"宴室"作"蒌室"）。……太宰荷升不敢煎调，而曰："不敢以待王太子。"（《新书》"升"作"斗"，"荷"作"倚"，"待"作"侍"。）①
>
> 天子春朝朝日（《汉书》无"天子"字，今从《大戴》）。②
>
> 周成王幼在襁褓之中（本篇作"昔者成王"，今从《大戴》）。③

有从《新书》或《汉书》者：

> 夏为天子十有余世，而殷受之（《大戴礼》无此十二字）。④
>
> 左右前后，皆正人也（《大戴》"左""右"下皆有"视"字，"人"下无"也"字）。⑤
>
> 则入于学……（《大戴》作"小学"，又引《学礼》一段，与上下文意不相属，《汉书》亦然。）⑥

仔细分析上文可知，朱子所选用的底本主要依据义理，并在

---

① 朱熹:《朱子全书》（第 2 册），朱杰人等主编，上海古籍出版社 2002 年版，第 190 页。
② 朱熹:《朱子全书》（第 2 册），朱杰人等主编，上海古籍出版社 2002 年版，第 589 页。
③ 朱熹:《朱子全书》（第 2 册），朱杰人等主编，上海古籍出版社 2002 年版，第 587 页。
④ 朱熹:《朱子全书》（第 2 册），朱杰人等主编，上海古籍出版社 2002 年版，第 586 页。
⑤ 朱熹:《朱子全书》（第 2 册），朱杰人等主编，上海古籍出版社 2002 年版，第 587 页。
⑥ 朱熹:《朱子全书》（第 2 册），朱杰人等主编，上海古籍出版社 2002 年版，第 588 页。

按语中标明异文。当二者皆不可索解时则一仍旧本，如其曾用按语指出"此本《大戴礼》，然多阙衍舛误，姑存其旧"①，而不去改动原文，可见其笃实的治学态度。

《大戴礼记·五帝德》。该篇同时见于《大戴记》和《史记·五帝本纪》，在《通解》中收录于《历数》篇，正文用《史记》，并用《大戴》参校：

> 黄帝迎日推策，顺天地之纪，幽明之占，死生之说，存亡之难。时播百谷草木，淳化鸟兽虫蛾，旁罗日月星辰，水波土石金玉，劳勤心力耳目，节用水火材物。有土德之瑞，故号黄帝（《大戴礼》作："黄帝黼黻衣大带，乘龙扆云，以顺天地之纪、幽明之故、死生之说、存亡之难。时播百谷草木，故教化淳鸟兽昆虫，历离日月星辰，极畋土石金玉，劳心力耳目，节用水火材物。"）。②

朱子在夹注中列出二者异文后，又加按语道："迎日推策、淳化、劳勤，当从《史记》。幽明之故、历离，当从《戴礼》。水波、极畋则二书皆失之，而《戴礼》为近，但不知的是何字耳。"③ 从选择用《史记》而不用《大戴记》为底本来看，朱子显然是有相当强的版本意识，他更信赖经过历史验证、流传有序的本子。从按语中也可看出其对文字的修改极其慎重，这也是朱子晚年学风的一大特点。

---

① 朱熹：《朱子全书》（第 2 册），朱杰人等主编，上海古籍出版社 2002 年版，第 190 页。
② 朱熹：《朱子全书》（第 2 册），朱杰人等主编，上海古籍出版社 2002 年版，第 884 页。
③ 朱熹：《朱子全书》（第 2 册），朱杰人等主编，上海古籍出版社 2002 年版，第 884 页。原文个别标点有误，今改正。

《大戴礼记·投壶》。该篇同时见于《大戴》和《礼记》，略有异同。收录于《通解》的《投壶》以《礼记》为底本，将《大戴礼记》作为参校本：

> 司射执余算曰……（《大戴》有"余"字。）①
>
> 命酌曰："请行觞。"酌者曰："诺。"（《大戴》无"命酌"至"行觞"六字。别云"举手曰请诸胜者之弟子为不胜者酌"。）②
>
> 当饮者皆跪，奉觞曰：赐灌。胜者跪曰：敬养。（《大戴》此上有"以酌皆请举酒"六字。）③

朱子认为《礼记》是小戴删节《大戴》所成，有时会删节过甚。因此朱子常会用《大戴》来补《礼记》之"删节"，但一般不改原文，只在按语中说明。极个别情况下朱熹才会直接补入正文，如引《礼记》"乐人及童子使者皆属主党"一句下，就据《大戴》补了"降揖其阼阶及乐事、皆与射同节"④ 一句。

总而言之，朱熹晚年学臻化境，已经开始打通经、史、子之界限，利用散见的资料笃实地进行文字校勘。虽然其校勘尚不如清儒之严密，对底本和文字的选择也多以义理为正，但其能进行"他校""理校"本身就是对其早年"专讲义理"的超越和突破，在宋儒中其考据功夫无疑可谓上乘。

---

①　朱熹：《朱子全书》（第2册），朱杰人等主编，上海古籍出版社2002年版，第259页。
②　朱熹：《朱子全书》（第2册），朱杰人等主编，上海古籍出版社2002年版，第259页。
③　朱熹：《朱子全书》（第2册），朱杰人等主编，上海古籍出版社2002年版，第260页。
④　朱熹：《朱子全书》（第2册），朱杰人等主编，上海古籍出版社2002年版，第254页。

3. 正其音读，通其训诂

"正其音读"即将疑难字标出读音。郑注往往视情况需要而使用，而朱熹在《通解》中则大范围地使用，这一点学者李红已经有相关研究，① 本节不再赘述。"通其训诂"本是郑玄所擅长的，上文已有专门章节述及，这里重点谈一下朱熹与郑玄训诂之差异。朱熹在《四书集注》等书中所使用的训诂方法与郑玄的角度和旨趣均有所不同，此为汉宋训诂之异。《通解》中有更多相关的证据：

> 《学记》："一年视离经辨志，三年视敬业乐群，五年视博习亲师，七年视论学取友，谓之小成。九年知类通达，强立而不反，谓之大成。"（郑注：离经，断句绝也。辨志，谓别其心意所趣向也。知类，知事义之类也。强立，临事不惑也。不反，不违失师道。）
>
> 朱注："辨志者，自能分别其心所趋向，如为善为利、为君子为小人也。敬业者，专心致志以事其业也。乐群者，乐于取益以辅其仁也。博习者，积累精专，次第该遍也。亲师者，道同德合、爱敬兼尽也。论学者，知言而能论学之是非。取友者，知人而能识人之贤否也。知类通达，闻一知十，而触类贯通也。强立不反，知止有定，而物不能移也。盖考较之法，逐节之中，先观其学业之浅深，徐察其志行之虚实，

① 参见李红：《朱熹〈仪礼经传通解〉语音研究》，厦门大学出版社 2011 年版。

读者宜深味之，乃见进学之验。"①

分析上文郑注与朱注之区别，显然可见，朱子用自己的切身体验来补充郑注之简略，这种解经方法在《四书集注》中就经常出现，在《通解》中则集中出现在学礼部分，可谓朱熹"自家体贴"的甘苦之言。仅就此例而言，郑注洁净，为客观之语；而朱补精微，系体贴之言。朱注在郑注的基础上更显体认工夫，这正是宋儒训诂的一大特色。

当从心性体验的角度来深挖经文时，往往会发现郑注的刻板或浅薄，因此朱子也偶有在照录郑注的前提下再撰新注，供读者自选：

> 《曲礼》："贤者狎而敬之，畏而爱之（郑注：狎，习也，近也。谓附而近之，习其所行也。心服曰畏。朱注：人之常情，与人亲狎则敬弛，有所畏敬则爱衰。唯贤者乃能狎而敬之，是以虽亵而不慢，畏而爱之，是以貌恭而情亲也）。爱而知其恶，憎而知其善（郑注：谓凡与人交，不可以己心之爱憎，诬人之善恶。朱注：己之爱憎或出私心，而人之善恶自有公论，唯贤者存心中正，乃能不以此而废彼也）。积而能散（朱注：谓己有蓄积，见贫穷者则当能散以赒救之），安安而能迁迁（朱注：谓己今安此之安图，后有害则当能迁）。"

---

① 朱熹：《朱子全书》（第2册），朱杰人等主编，上海古籍出版社2002年版，第537—538页。

朱按:"此上六句文意大同，皆蒙'贤者'二字为文，言皆众人所不能，唯贤者乃能之耳。旧注非是，今不取。"①

上文括号内的"朱注"即朱子所拟的注文，类似条目还有一些，多出现在郑注未安但也不为无理的情况下，由朱子另行重撰。从郑注和朱注的内容看，主要区别在前四句，另从宋人卫湜的《礼记集说》中可以清楚看到其他宋儒也对郑注多有不满。"狎而敬之，畏而爱之"，郑注以为意指接近而习其所行，心服而能爱其贤德。朱子则将此理解得更为立体，指出贤者即使亲昵而能生敬意，即使畏惧而能生爱意。实际上朱子此解与吕祖谦正同:"须将狎与敬作一字看，畏与爱作一字看，方见得亲近贤者气象。"② 关于爱憎与善恶，郑玄认为都是主观层面之事，而朱子则将爱憎视为主观层面的"私心"，将善恶视为客观层面的"公论"。两相对比，朱说无疑更为高明。在宋儒中还有很多人持此观点，如"爱憎，私情也；善恶，公义也"，"不以一己之爱憎，而易天下之善恶"，"此天理、人欲之所以分也"，等等，③ 皆同朱子之见，表明宋人解经的思维已较汉人更趋严谨和缜密。

宋儒训诂，除了将经文的思想"故作高深"外，另一个特点就是将经文中的仪节进行"现场化"理解，也就是上文一再指出的"缘情说礼、缘境说礼"。再举一例:

---

① 朱熹:《朱子全书》(第2册)，朱杰人等主编，上海古籍出版社2002年版，第425页。原文无郑注，引文据《十三经注疏》补。
② 吕祖谦:《礼记说》，收入《吕东莱文集》，中华书局1985年版，第375页。
③ 以上均见卫湜:《礼记集说·卷1》，文渊阁四库全书本。

　　《士相见·请见记》："毋放饭，毋流歠……毋固获。"
（《曲礼》）

　　朱按："放饭，大饭也。流歠，长歠也。所有不获，不可
固也。"①

　　上例之下本有郑注，朱子未录。其中，"放饭"下郑注"去手余饭
于器中，人秽之"，即将"放"理解为放回去。朱熹删去郑注，这
是《通解》全书中不多的删节郑注的例证，显然系不满其说，并
自训为"大饭"，而据陈澔《礼记集说》、李光坡《礼记述注》，
其被解释为"放肆不节制"之意，显然是沿用朱子的训释。② 与此
对应，"流歠"下的郑注"大歠，嫌欲疾"也被朱熹删去：郑注将
"流"理解为放肆无忌惮之意，朱改训为"长"，即长时间、经常
之意。对比二者，显然朱注更符合当时的情境。"固获"下郑注作
"欲专之曰固，争取曰获"，可知郑玄理解此句意为"毋固毋获"，
为并列用法；朱子不用郑玄训诂，将"固获"理解为"有不获不
可固"。郑注赅括两端，朱注符合上下文例，二者互有短长。

　　朱子训诂，虽然特别重视经文所述情景和环境，但又是建立在
熟稔汉唐训诂基础之上的。如《乡射·张侯·记》一句"凡侯，天
子熊侯，白质；诸侯麋侯，赤质；大夫布侯，画以虎豹；士布侯，
画以鹿豕"，郑注："燕射射熊虎豹，不忘上下相犯。"郑玄将兽侯绘
制熊虎豹为何会释为"不忘上下相犯"，自古聚讼。贾疏将"忘"

_____

① 　朱熹：《朱子全书》（第2册），朱杰人等主编，上海古籍出版社2002年版，第238页。
② 　对于"放饭"，清人多从朱子"放肆"之训，但俞樾提出"放饭"与"流歠"为同义
　　互文，意为"放失、流离"。认为"人或恣情饮食，不知检制，放散流离，狼戾满案，
　　其可厌恶"（《群经平议·卷19》），即训"放"为"散失"，与朱、郑所训均不同，
　　可备一说。

释为"妄"来强说，朱子不满。朱子按语说："以文势考之……或恐射此野兽止是取其服猛除害之义，未必如郑说也。"朱熹直接提出"止是取其服猛除害之义"，实际上这是根据《周礼·司裘》下郑注"用虎熊豹麋之皮，示服猛讨迷惑者"之意，显然意在用郑注《周礼》来纠驳郑注《仪礼》。朱子所言极是。马王堆帛书中有黄帝取蚩尤之皮为"干侯"，赏射中者；殷人（武乙、纣、宋君偃）旧有革囊盛血射之，号"射天"。此二例，疑皆为远古巫术之遗存。兽侯所绘六兽，熊虎豹皆为猛兽，射中意为服猛除害，意极熨帖。

4. 考其制度，辨其名物

"考其制度，辨其名物"为清儒所擅长，观胡培翚、孙诒让考礼文字，绵密详赡，几乎无法卒读。实际上，朱子也很擅长这种细密的考证，只不过其不以之为能。请看以下两例：

> 《学礼·饮食之礼》："尊者以酌者之左为上尊。"（《少仪》）。郑注：尊者，设尊者也。酌者向尊其左，则右尊也。孔疏：人君陈尊在东楹之西，于南北列之。设尊之人在尊西向东，以右为上，则尊以南为上也。酌，谓酌酒人也，酌人在尊东西面，以左为上，亦上南也。二人俱以南为上也。庾云：《燕礼》"司官尊于东楹之西，两方壶，左玄酒，南上"。注：《玉藻》云：唯君面尊，玄酒在南，顺君之面也。下云：公席阼阶上，西向。下又云：执幂者升自西阶，立于尊南，北面东上。按"左玄酒南上"之言，是设尊者东向、酌者西向。设者之右，则酌者之左也。）
>
> 朱按："设尊之法，《乡饮酒》云：'玄酒在西'，《乡射》

云'左玄酒'，而郑注云：设尊者北面，西曰左。即此所谓尊者，以酌者之左为上。尊者，盖言设尊之人。方其设时，即预度酌酒人之左，尊而实以玄酒也。若据《燕》礼，则设尊者西面而左玄酒南上，公乃即位于阼阶上，则酌者不得背公，自当东面以酌而上，尊乃在其右矣。故此经所云以为为《乡饮》《乡射》而言则可，以为为《燕礼》而言则正与之反。今郑注既不分明，庾、孔又皆引《燕礼》，而反谓酌者西面，其辟戾甚矣。惟贾疏以为据君面以左为尊者得之。"①

此记文通言设尊之法。郑注在此以为，凡设尊，酌者左方为尊者，孔疏即承此意而发。据《仪礼》，在乡饮酒和乡射礼中，设尊的位置确是如此，但在燕礼中则恰恰相反：酌者右方为尊者，从礼图中可以清晰看出这一点。孔疏在解释郑注时，并未举乡饮酒或乡射为证，而是举与记文相左的燕礼为证，曲为之说，欲盖弥彰。实际上，这是记文本身的疏忽，郑玄可能并未意识到燕礼的特例，孔疏则意识到了这一点，想为郑玄和记文遮掩一二，反而弄巧成拙。朱熹将礼典具体落实到仪节上，发现根据燕礼的贾疏可以说明此处郑注的错误，实际上也是在委婉指出经文的错误。这种对制度的详细考证正与清儒的考据如出一辙。

再举一例：

　　《聘·归饔饩》："壶东上西陈。"（郑注：亦在北墉下，统于豆。）

---

① 朱熹：《朱子全书》（第2册），朱杰人等主编，上海古籍出版社2002年版，第440—441页。

朱按:"凡言北上者,皆南陈;西上者,皆东陈。此经'西夹六豆设于西墉下,北上',至两簠下结云'皆二以并,南陈',又云'六壶西上,东陈,馔于东方,亦如之。西北上,壶东上,西陈',则是东西之馔,自簠以上皆南陈,惟壶东西陈之。疏于东夹之豆亦云'于东壁下南陈',其布置之次序亦是南陈。下又云'虽东夹,其陈亦与西夹同'。凡此皆与经文合。而布置西夹之豆乃东陈之,又以簠铏簠皆与壶东陈,不惟与经文不合,而亦自相抵牾,殊不可晓,览者详之。"①

关于礼经的方位问题,两汉时期由于礼图之学尚未盛行,多有错讹(如南与西形近致讹等)。至宋代,随着儒生恢复古礼的实践,绘制礼图来研究三礼的方位成为新风尚,朱子上例可能就是据礼图发现的问题,这一抵牾实际上也是经文的疏忽。试问若没有笃实的文献功底,不识礼例、不绘礼图、不通注疏,如此考证文字岂能做得?

宋人不仅喜考礼经中的制度,同样喜考礼经中的名物,今天青铜器的绝大多数名称就是宋人考据得出的,朱子自然也不例外。上文曾举朱子考证"壶"的文字,这里再举两个朱熹考证"绥"和"彗"的例子:

《曲礼·仆御之礼》:"仆者右带剑,负良绥,申之面,拪诸幦。"(《少仪》。郑注:面,前也。幦,覆苓也。良,善。善绥,君绥也。负之由左肩上入右腋下,申之于前,覆苓上也。)

---

① 朱熹:《朱子全书》(第2册),朱杰人等主编,上海古籍出版社2002年版,第772页。

　　朱按："疑绥制当是以索为环，两头相属，故负之者得以如环处自左腋下过前后，各上至背则合而出于右腋之中，以申于前，而自车下掷于輢上。君升则还身向后，复以覆輢如环处授君，使君得以两手执之而升也。"①

朱子据郑注并结合实践推断，"绥"的形制"以索为环，两头相属"，系对名物的考证。需要指出的是，长期以来关于"绥"的形制及位置，古人并不清楚。1980 年秦始皇陵出土了相对完整的铜车马，其中有关"绥"的命名，考古学界也存有争议。汪少华言"车轼的内侧中部有并列的两根末端作流苏状的条带"② 就是"绥"，与朱子所述环状绥制有别，可备一家之说。

　　《曲礼·在车之容》："国中，以策彗恤勿驱，尘不出轨。"（《曲礼》。郑注：入国不驰。彗，竹帚。）
　　朱按："策彗疑谓策之彗，若今时鞭末韦带耳。"③

　　朱注与郑注不同。郑注训"策彗"为二物，前字为马鞭，后字为竹帚。朱注以为这是"策之彗"，即马鞭末尾的那束皮条子，二字为一物。此例可谓"辨"策彗。笔者认为，朱熹的解释更符合驾车入城后的实际情况，较郑注更可取。

---

①　朱熹：《朱子全书》（第 2 册），朱杰人等主编，上海古籍出版社 2002 年版，第 451—452 页。
②　汪少华：《中国古车舆名物考辨》，商务印书馆 2005 年版，第 48 页。
③　朱熹：《朱子全书》（第 2 册），朱杰人等主编，上海古籍出版社 2002 年版，第 456 页。

朱子一生讲学，由博而约，概括出"义理之学"的大厦，而其晚年仿佛又回到了"支离事业"（陆九渊语）中去爬梳礼经，这不免让我们怀疑朱子晚年是否确实如王阳明、李绂所认为的"调和朱陆"。结合黄榦、杨复等朱子后学的表现，笔者认为"调和朱陆"绝非朱子一生的学术终点，朱子学真正的指向绝非停留在思辨层面的"尊德性"还是"道问学"，这显然正坐实了政敌对朱熹"伪道学"的攻击。相反，返回经典，贯通子史，将儒家理想的秩序落实到现实层面，这才是朱熹晚年思想的真正"转向"。

如果我们将朱子的学术经历和朱子学的发展历程对比观察，就会发现其间存在着惊人的同构性：二者在晚期都出现了"回归经典"的倾向。中国晚明的朱子学者就已经开启了考据经典的先河，而清初的顾炎武、黄宗羲无不高扬着"通经史"的大旗，至徐乾学、江永、张尔岐等皆悠游于朱子礼学与考据学之间。而从朝鲜和日本的朱子学发展特征来看，其晚期均出现了重新回到经典本身的思潮，在朝鲜为"汉学派"（朴世堂、丁若镛），在日本为"古学派"（伊藤仁斋、荻生徂徕）。表面上看，这些思潮是"反朱子学"的（毋宁说是"反性理之学"），但这一学术史的流变却与朱子晚年的学术转向异曲同工，此一现象可能并不是简单的巧合。

第二节
《仪礼经传通解》体例对后世的影响

前文已述，《通解》这种体例的著作实际上是"前无古人"的。从某种意义上讲，朱熹是想捏合久已分为两途的"仪注类"

和"三礼总义类"而独创"通礼类",因此其体例对后世礼学特别是清代礼学产生了巨大的影响。就其编撰思路而言,朱子将原本各自单独印行的经(《仪礼》)、记(《礼记》)、注(郑玄三礼注)、疏(贾公彦、孔颖达疏)四者合为一帙,最大限度地弥合了三礼在经、记、注、疏之间的内在矛盾,贯通三礼经注,融汇礼经之外的其他传世经典之说,力求切于实用乃至以礼化俗,这一思路极大地影响了治礼经的清儒。

一、编撰框架和思路的影响

1. 经记注疏,合为一帙

在儒家经典的体系中,"经"是圣人所作,一般认为"礼经"就是《仪礼》的主体部分;"传"和"记"的等级类似,是贤人为解经所作,三礼中可以称为"记"的包括《仪礼》正文后的一些"记"和《礼记》的绝大多数篇章,可以称为"传"的则为《丧服传》;"注"一般为汉人解经所作,三礼中就是郑玄的三礼注;"疏"和"正义"多为唐宋人作,三礼中包括贾公彦疏的《仪礼》《周礼》和孔颖达的《礼记正义》。这些书在最初皆单独出现,所谓的"单疏本""帛书易传"均是与正文相脱离的单行本。大约在汉晋时期出现了"分经附传、随句作注",即经、传、注三者的对照本(最早可能是《左传》),省去了读者的翻检之劳。笔者认为《通解》的真正价值在于经、记、注、疏四者的合刊。约在南宋初,出现了经部文献的经、传、注、疏的合刻本。但具体到《仪礼》,据考证,直到明代正德年间的陈凤梧本才有经、注、疏三者的合刊本,且该本深受朱熹《通解》

编排体例的影响。①

　　俞樾曾说明经、传、注、疏合刊的历史过程和这种体例的缺陷，指出这一体例始于《通解》：

> 古者经自经、传自传，各自成书。孔子赞《易》，即其体例也。三家传《春秋》，毛公传《诗》，无不如此。毛传连合经文，不知何人合并。郑康成作笺，则即在经传之下矣。然西汉经师，实无此例。世传河上公《老子》注，注文即在经文之下，是以知其伪也。马融作《周礼注》，欲省学者两读，具载本文，此以注附经之始。自此以往，学者因陋就简，欲省两读，而（伏）羲、文（王）之《易》，孔子之《春秋》，皆以传文羼入之，无复经传之分矣。至朱子《仪礼经传通解》，并以十三篇之记，割裂其语，分属经文各条之下矣。②

　　俞樾认为，朱熹在《通解》中不仅首创将《仪礼》的经、注、疏合刊，实际上还创造了一个前无古人的经典注释体例，那就是经、记、注、疏四者的合刊。而礼经所谓的"记"早在汉代就已经取得了"经"的地位，且其与"经"的关系并非逐句对应，因此在合刊时一定会出现"拆记配经"的做法。这一点招致了后世学者的一些批判，特别受到了尊经意识较强的学者（尤其是清代学者）诟病。如盛世佐《仪礼集编》说"（《通解》）析诸篇之记，分属经文，盖编纂之初，不得不权立此例，以便寻省"，在

---

① 参见廖明飞：《〈仪礼〉注疏合刻考》，《文史》2014 年第 1 期。
② 俞樾：《论分经分传之失》，收入《九九销夏录》，崔高维点校，中华书局 1995 年版，第 25 页。

"尊朱"的幌子下为此略作回护；姚际恒则尖锐地指出《通解》是以"裁割《礼记》、《周礼》、史传等书附益之为能"[1]，对其割裂经传的做法极其不满。

平心而论，这种经、传、注、疏合刻的方法实际上是汉代以后"以经术为治具"政策的必然结果：读经本为粉饰治具，导致多数读者对经典不求甚解而不得不求解，"合刊"是解决这一问题的最简单的办法，可以说这是"自然选择"的结果。对于礼经而言，除《丧服传》外，本没有"传"，而"记"与"经"（《仪礼》）之间的关系又不是特别密切，甚至在"记"中还有类似于《曲礼》《郊特牲》这样完全无法与"经"一一对应的内容。如何将这些内容整合入一个较大的"礼学框架"内确实是一件棘手的事。朱熹采用四者合刊的办法，只是解决这一棘手问题的一个尝试。

清代学者多认为，应该尊重原典的独立性和完整性，充其量在注疏、正义中提示互见互参，而不宜对经文、记文进行重组。对此，朱熹的态度则更加开明：礼学的核心是用来施行的，经文、记文的最终指向也是如此，毕竟三礼原典具在，而无论是从考礼还是行礼的需要看，均存在拆散经典的必要。平心而论，朱熹的态度更接近当下对礼经的认识，应客观看待清儒对此的批评。

2. 贯通三礼，融汇诸家

虽然清儒中有不少批评《通解》割裂三礼的声音，但在清初却有多部采取类似方式编撰的"通礼"著作，最具代表性的就是江永的《礼书纲目》。据戴震说：

---

[1]　姚际恒：《仪礼通论》，陈祖武点校，中国社会科学出版社 1998 年版，第 8 页。

先生（指江永——引者注）于三礼尤功深。先生以朱子晚年治礼，为《仪礼经传通解》，书未就。虽黄氏、杨氏相继纂续，犹多阙漏，其书非完。乃为之广摭博讨，一从《周官经·大宗伯》吉、凶、军、嘉、宾五礼旧次，使三代礼仪之盛，大纲细目，井然可睹，于今题曰《礼经纲目》，凡数易稿而后定。值朝廷开馆定三礼义疏，纂修诸臣闻先生是书，檄下郡县，录送以备参订，知者亦稍稍传写。①

另据江永自述：

朱子之书修于晚岁，前后体例亦颇不一。王朝礼编自众手，节目阔疏，且未入疏义。黄氏之书，丧礼固详密，亦间有漏落；祭礼未及精专修改，丧礼疏密不伦。信斋杨氏有祭礼通解，议论详赡，而编类亦有未精者。盖纂述若斯之难也。永窃谓是书规模极大，条理极密，当别立门目以统之，更为凡例以定之，盖裒集经传，欲其该备而无遗；厘析篇章，欲其有条而不紊。尊经之意，当以朱子为宗；排纂之法，当以黄氏丧礼为式。②

实际上从《礼书纲目》来看，我们可以发现，江永在"拆散三礼"上比朱熹走得更远：编排根本不顾《仪礼》的框架，而是按照"吉凶军宾嘉"五礼为序，且体例以黄榦的《通解续·丧礼》

---

① 戴震：《戴震文集》，赵玉新点校，中华书局 1980 年版，第 178 页。
② 江永：《礼书纲目》序，文渊阁四库全书本。

为标准，也就是大幅度地拆散三礼经文。类似贯通三礼的著作在清代还有很多，下文将逐一介绍。

　　除贯通三礼外，朱子在《通解》中还大量引用了近贤诸家的观点，前文有专节阐述。这类对诸家观点的考订主要见于朱子撰的"按语"中，在考订上往往十分慎重。顾广誉就曾将清儒的按断与朱熹的按断进行比较，指出：

　　　　昔朱子辑《仪礼经传通解》，必备录注、疏原文，说有未尽，然后为之按断，以归于一是，盖其慎也。李氏（如圭）《（仪礼）释官》、江氏（永）《（仪礼释官）增注》均得斯意。自江（永）以来，论宫室数家，皆以汉学鸣，宜于郑学得其精微者。然尝从事有年，其间不乏创获，而新异之说滋焉。初视之若可喜，及徐察其所以然，非顾此而遗彼，即举一而废百，持择少不慎，其不至如游骑之忘归者几希。①

通过比较朱熹和清人对宫室制度的考订，顾广誉表达了对部分清儒考据刻意求新求异的不满。我们从清人考礼的文字中也可以明显地感到一些不足：有的著作能融汇诸家而不能持平按断，美其名曰"广搜集注"却颇伤于杂芜；有的著作仅能按断而不能融汇诸家，自视为"谨守家法"而难掩其狭隘。实际上，这些都并不可取。直到清末，孙诒让、胡培翚才做到了真正的融汇诸家且持平按断，而这正继承了朱熹《通解》纂修的理念。

────────────

① 顾广誉：《与高伯平书》，收入徐世昌等编著：《清儒学案》，中华书局 2008 年版，第6128 页。引文括注为引者所加。

3. 切于实用，以礼化俗

朱熹在《乞修三礼札子》中就明确指出，宋代礼学自王安石以后，"弃经任传，遗本宗末，其失已甚。而博士诸生又不过诵其虚文，以供应举，至于其间亦有因仪法度数之实而立文者，则咸幽冥而莫知其源，一有大议，率用耳学臆断而已"①，并将之作为纂修《通解》的重要理由，表明《通解》本身就是为实用而编纂的。另外，从朱子一生的礼学实践来看，他外放期间一直致力于"以礼化俗"。正因如此，《宋史·礼志》才说朱熹本拟编撰一部能够囊括三礼经典和唐宋礼制的著作。显然，这是一部面向实用、旨在以礼化俗的通礼性著作，不仅打通了"三礼"的界限，还将贯通经部的"礼经"与史部的"仪注"。最终成书的《通解》中并没有收集唐宋礼制（"仪注"）的内容，但朱子的再传弟子熊禾曾有过将这些内容重编的尝试。这些迹象均表明，《通解》实际上还有一个并未完全展开的现实面向。清儒秦蕙田就曾意识及此，他说：

> 《仪礼经传通解》……原属未成，而朱子之本意正不止是。《宋史·礼志》载，朱子尝欲取《仪礼》、《周官》、二《戴记》为本，复编次朝廷公卿大夫士民之礼，尽取汉、晋而下及唐诸儒之说，考订辨正，以为当代之典志，所言不为无据。蕙何人斯，敢拟此例!②

① 朱熹：《朱子全书》（第2册），朱杰人等主编，上海古籍出版社2002年版，第25页。
② 秦蕙田：《答顾复初司业论五礼通考书》，收入贺长龄辑：《魏源全集16·皇朝经世文编》，岳麓书社2004年版，第41页。

　　为此，秦蕙田编纂了更加切于实用的《五礼通考》，继承的正是朱熹的这一实用主义理念。实际上，关于古礼是"复古"还是"切用"的争议由来已久。从历史上看，"礼经"与"礼典"在很早就已判若两途、分道扬镳："礼经"实际上是对礼学经典的研读，当前的礼俗只是经典的孑遗而非重现；"礼典"则为当前官民所遵行的习惯性规定，与礼经的记载已有了极大的区别。清儒尹会一曾提出"礼—俗"之间的张力说：

　　　　夫礼教之不行久矣。庸人溺于流俗，离经畔道而不顾。其或稍知自好，有志求古者，则群起而非之。以斯须不可去之道，而摇摇莫定于心，何能独立不惧，遁世而无闷乎？且古来议礼聚讼，言人人殊，欲折衷而定所从，亦难矣。故凡自弃于礼者，牵制于非古之浮言固多，阻于泥古之说，而畏其难以推行者，亦复不少。大抵礼之繁缛，已肇于周末……朱子编次《仪礼经传通解》，条理井然，诚得古圣贤遗意。①

　　古代许多大儒都有过调停此种张力的尝试，甚至是以极不切实用的古礼来化俗。正如《清朝续文献通考》如此评价《通解》一书："范围乎国事民事者为最广，家有家礼，乡有乡礼，学有学礼，邦国之际，王朝之上，莫不有礼，通五礼之目，而仍类别为五，所以辨等差至严也，所以画权限至晰也。准诸《大学》之絜矩，其揆有若合符定。"②也就是说，《通解》中不仅保留了朱子以

————————

① 尹会一：《健余先生讲习录·卷1》，收入《四库禁毁书丛刊补编》（第31册），北京出版社2005年版，第265页。
② 刘锦藻：《清朝续文献通考》，浙江古籍出版社2000年版，第8820页。

前的时代及后世有关礼仪与礼义、制度与观念、原典与解说等多方面的礼学资料，更重要的是其内涵有如《大学》的"修、齐、治、平"之道的精神主旨。这种"致君尧舜上，再使风俗淳"的信念不仅在宋儒和清儒中广泛存在，甚至也为当下一些国学研究团体及组织所抱持，后者还曾试图恢复"古礼"，希望通过礼乐教化来实现"万邦入贡，九译来朝"的大同之世。遗憾的是，历史上类似的多数尝试并没有形成社会风气，这种"逆潮流而行"的"再行古礼运动"虽有其"知其不可而为之"的悲壮色彩，但实质上无异于儒家历代守护的"精神乌托邦"：它的实现手段和希望达成的目的之间缺乏经济基础，与时代发展脱节，其本身可能永远也无法实现。

二、清儒的通礼著作

在《通解》上述框架和思路的影响下，清初的朱子学者也开始仿照《通解》的编撰方法来编撰通礼性著作，以下胪举其要者：

徐乾学《读礼通考》。该书仅有丧礼部分。《清儒学案》载："《读礼通考》一百二十卷，为古今言丧礼者最备之书。欲并修五礼，未成。"①《四库提要》载该书："乃其家居读礼时所辑。归田以后又加订定，积十余年，三易稿而后成。于《仪礼》丧服、士丧、既夕、士虞等篇及大小戴《记》，则仿朱子《经传通解》，兼采众说，剖析其义；于历代典制则一本正史，参以《通典》及《开元礼》《政和五礼新仪》……缕析条分，颇为详备。盖乾学传是楼藏书，甲于当代，而一时通经学古之士，如阎若璩等，亦多

---

① 徐世昌等编著：《清儒学案》，中华书局 2008 年版，第 1195 页。

集其门，合众力以为之，故博而有要，独过诸儒。"① 可见，四库馆臣对该书给予了极高的评价。当代学者考证，从徐乾学的书信中看，其并不精于礼学，该书的实际作者应该是万斯同等人，徐乾学只是领衔者。

秦蕙田《五礼通考》。因徐乾学《读礼通考》仅有丧礼一门，"而《周官·大宗伯》所列五礼之目，古经散亡，鲜能寻端竟委，乃因徐氏体例，增辑吉、嘉、宾、军四礼，网罗众说，成《五礼通考》。凡为类七十有五，共二百六十二卷。以乐、律附于吉礼宗庙制度之后；以天文推步、句股割圜、立'观象授时'一题统之，以古今州国、都邑山川地名，立'体国经野'一题统之，并加载嘉礼。盖因周代六官总名曰礼，礼之用，精粗条贯，所赅本博也。每事汇自来诸儒之说，为之疏通解驳，又附历代史志纪传所载，使后来者可以坐言起行"②。此书名义上是继承徐乾学，实际上还继承了朱熹。据秦蕙田《自序》说，其居丧期间"杜门读礼，见昆山徐健庵先生《通考》，规模义例俱得朱子本意，惟吉、嘉、宾、军四礼尚属缺如"③，乃生补编之意。梁启超认为这是一部"中国礼制史的长编"④，应给予充分重视。该书同样并非秦蕙田一人完成，戴震等学者均曾参与编撰。秦蕙田长期担任礼部高官，当时的许多礼制政策都经其制定。相较于朱熹撰作《通解》而难行于后世而言，秦氏的许多主张都在清代的礼制中体现了出来，从《清史稿》的《职官志》和《礼志》中即可看出一二。

① 永瑢等：《四库全书总目》，中华书局1965年版，第168页。
② 徐世昌等编著：《清儒学案》，中华书局2008年版，第2581页。
③ 秦蕙田：《五礼通考·自序》，北华大学图书馆藏乾隆味经窝刊本。
④ 梁启超：《中国近三百年学术史》，上海古籍出版社2014年版，第191页。

江永《礼书纲目》。江永早年就精于礼学，其礼学著作除《礼书纲目》八十八卷外，还有《周礼疑义举要》《仪礼释宫增注》《礼记训义择言》等多种。《礼书纲目》是其毕生治礼的结晶，据江永自述："朱子之书修于晚岁，前后体例亦颇不一。王朝礼编自众手，节目阔疏，且未入疏义。黄氏之书，丧礼固详密，亦间有漏落；祭礼未及精专修改，丧礼疏密不伦。信斋杨氏有祭礼《通解》，议论详赡，而编类亦有未精者。盖纂述若斯之难也。永窃谓是书规模极大，条理极密，当别立门目以统之，更为凡例以定之，盖裒集经传，欲其该备而无遗；厘析篇章，欲其有条而不紊。尊经之意，当以朱子为宗；排纂之法，当以黄氏丧礼为式。"① 显然，该书是继承《通解》所作的通礼性著作。四库馆臣如此评价道："是书则仍记文之旧，不从《通解》，尤为详慎，亦未尝曲相附合也。盖《通解》朱子未成之书，不免小有出入。其间分合移易之处，亦尚未一一考证使之融会贯通。永引据诸书，厘正发明，实足终朱子未竟之绪。"② 统观该书，其对古制的考证颇显功夫，是清代通礼性著作中的上乘之作。

张尔岐《仪礼郑注句读》。张尔岐本为明末诸生，宗主程朱，入清之后终生不仕，以著述为业。其《仪礼郑注句读》被普遍认为是开清代《仪礼》学新风的论著，曾受到顾炎武的高度赞赏："《仪礼郑注句读》一书，根本先儒，立言简当……使朱子见之，必不仅谢监岳之称许也。"③ 该书仅十七卷（后附两卷考异），相对

① 江永：《礼书纲目·序》，文渊阁四库全书本。
② 永瑢等：《四库全书总目》，中华书局1965年版，第179页。
③ 顾炎武：《顾炎武文选》，钱仲联主编，张兵选注评点，苏州大学出版社2001年版，第110页。

而言卷帙并不多，但奠定了清儒《仪礼》研究的基本格局。四库馆臣评曰："字句同异，考证尤详。所校除监本外，则有唐开成石经本、元吴澄本、及陆德明音义朱子与黄榦所次《经传通解》诸家。其谬误脱落、衍羡颠倒、经注混淆之处，皆参考得实。又明西安王尧惠所刻石经补字，最为舛错，亦一一驳正。"① 该书更接近于在《仪礼》框架下参照《通解》的编撰体例进行的重新编撰，虽非通礼，但与朱子礼学关系密切。

凌廷堪《礼经释例》。凌廷堪专精礼学，早年推重同乡戴震，中年以后浸淫于礼学，其学术主张的突出特点就是强调"礼"的重要性要超过"理"，也就是"以礼代理"。其所撰的《礼经释例》将《仪礼》拆散并按"例"来重新组合，这神似朱熹编撰《通解》的做法，梁启超和胡适均对此持肯定态度，认为其方法科学，为礼学史的一大创举。该书归纳出二百四十六例，包括通例四十，饮食例五十六，宾客例十八，射例二十，变例二十一，祭例三十，器服例四十，杂例二十一。卢文弨说该书"悉以礼经为主，间有旁通他经者，则又各为之考，附于所释之后。君此书出，而天下始无有畏其难读者矣"②。此书虽非直接仿效《通解》，也不同于一般的通礼性著作，但主观上仍是想把散乱的《仪礼》进行重新梳理。只不过朱熹、秦蕙田等人是面向实践的角度进行的重组，而凌廷堪则更接近于总结规律角度下的重组，两者的思路接近但视角不同。

黄以周《礼书通故》。全书分五十子目，共一百零二卷，可谓

---

① 永瑢等：《四库全书总目》，中华书局1965年版，第162页。
② 凌廷堪：《凌廷堪全集》（第4册），纪健生校点，黄山书社2009年版，第318—319页。

体大思精。其最大的特点是对古今无异议的礼学问题仅做介绍，对古今聚讼的问题则详列诸说，再下按断。俞樾在书前的序中将此书与秦蕙田《五礼通考》相比较："秦味经氏之《五礼通考》，曾文正公尝与余言：此书体大物博，历代典章，具在于此，三通之外，得此而四，为学者不可不读之书。余读之诚然。惟秦氏之书，按而不断，无所折衷，可谓礼学之渊薮，而未足为治礼者之艺极。求其博学详说，去非求是，得以窥见先王制作之潭奥者，其在定海黄氏之书乎！"他进一步评价该书道："其宏纲巨目，凡四十有九，洵足究天人之奥，通古今之宜，视秦氏《五礼通考》博或不及，精则过之。向使文正得见此书，必大嗟叹，谓秦氏之后又有此作，可益三通而五矣！"① 此言虽不免溢美，但大体上仍符合本书的事实。

除上述外，清代乾嘉以前还有多种并不太著名的通礼性著作，多数收入《四库存目》中，以下择与《通解》体例相关者简述之：

《礼乐通考》三十卷，胡抡撰。此书针对朱子《通解》五礼杂糅不具本末而作。篇首通论一卷，吉礼、凶礼各六卷，宾礼二卷，军礼一卷，嘉礼七卷，篇末乐制七卷。

《礼学汇编》六十四卷。应㧑谦撰。此书仿《通解》之例，稍加变通，分为六十一篇。形式仍用旧目旧文，然多主观臆断之失。未见刊行，现存有清抄本，分别存于上海图书馆与南京图书馆，均为六十四卷。《四库存目提要》与《清史稿》均误作七十卷。

《仪礼经传内编》二十三卷，外编五卷，姜兆锡撰。该书内编为嘉、昏、军、宾、凶、吉诸礼；外编为丧服本经。大体以《仪礼》为主，采摘他书以补之。多因袭前人成果，少有发明。《四库

---

① 黄以周：《礼书通故》（第1册），中华书局2007年版，第1页。

全书总目》入存目类，谓该书"大率以《仪礼》为主，《仪礼》所未备，则采他书以补之。类多因袭前人、发明最少……盖欲补正《仪礼经传通解》，然不及原书远矣"①。

《三礼合纂》二十八卷，张怡撰。入四库存目，馆臣评价该书"大体仿《仪礼经传通解》，而叙次微有不同。首通礼、次祭礼、次王朝之礼、次丧礼。其通礼以《大学》《中庸》为首，《大学》从王守仁所解古本，不用朱子改定之本。次王朝之礼，则首《周官》，而以《仪礼》觐、聘、燕、射诸篇附焉……"② 张怡学问宗主王阳明、郝敬一派，对朱熹多有不满，清人对该书的评价甚低。

除上述乾嘉以前的通礼性著作外，乾嘉以后还有一些通礼著作，如陈凤泉《礼书附录》十二卷、林乔荫《三礼陈数求义》三十卷、林昌彝《三礼通释》二百八十卷③等，因其影响更小，这里就不多介绍了。

第三节
《仪礼经传通解》影响下的清代礼学

清代礼学大盛，钱基博在《经学通志》中概括了其特色："有考订字句，正其讹脱者；有辨章注语，校其音读者；有离经辨志，明其章句者；有发凡起例，观其会通者；有删正旧注，订其阙失者；有驳纠前人，庶乎不刊者；有明发经疑，以俟论定者；有偶

---

① 永瑢等：《四库全书总目》，中华书局 1965 年版，第 206 页。
② 永瑢等：《四库全书总目》，中华书局 1965 年版，第 202 页。
③ 中国科学院图书馆整理：《续修四库全书总目提要·经部》，中华书局 1993 年版，第607—631 页。

疏小笺，自抒所见者；有折衷至当，重造新疏者；有依物取类，绘为礼图者；有疏证名物，究明古制者；有心知其意，创通大义者；有网罗众说，博采前贤者；有旁采古记，而补礼经之阙佚者；有囊括大典，而考礼制之沿革者；有兼综《三礼》，而明礼学之源委者。"① 可谓荦荦大观。但如果我们按图索骥，逐一排比，就会发现几乎所有的类例都能从《通解》中找到影子。前文我们以全书框架为例，说明了《通解》对清儒的影响。本节进一步将朱子考据学与清代考据学的关系分为三类进行阐述，即清儒沿着朱熹所发的疑问继续进行考据，清儒尊重并补充朱熹的考据成果，以及清儒对朱熹的考据结果进行修正，由此进一步凸显清代考据学与朱熹考据学之异同。

一、朱子启疑，清儒继业

如上文所述，朱熹晚年已开始重视从考据的视角重审经典。《仪礼》之所以号称"难读"，一个很重要的原因就是一旦将之与其他文献（如《左传》《周礼》）相互参证，往往会出现许多极难解释的矛盾。虽然朱子以前的学者已想尽办法对有些矛盾进行解释，但个别问题因解释不当或过于牵强，反而更显舭棱。对此，朱子能考释则考释之，不能考释则揭出其疑问，待后儒进一步考释之。略举数例。

> 《冠义》："见于母，母拜之。见于兄弟，兄弟拜之：成人
> 而与为礼也。玄冠、玄端，奠挚于君，遂以挚见于乡大夫、

---

① 钱基博：《钱基博著作集·经学通志》，上海古籍出版社 2011 年版，第 103—104 页。

乡先生，以成人见也。"（孔疏：按《仪礼》，庙中冠子以酒脯
奠庙讫，子持所奠酒脯以见于母，母拜其酒脯。重从尊者处
来，故拜之，非拜子也。）

朱按："疏说非，本文正意恐不然也。"①

朱子指出孔疏不当，认为母拜子并非"拜其酒脯"，但并未进
一步说明原因。吕大临也持类似观点，他说"所荐脯醢为醴子设，
非奠庙也"。吕氏进一步将"敬拜"分为两种，一种是"庸敬"
（即一般的敬），一种是"斯须之敬"（即仅形式上的敬），"母虽尊
也，卒有从子之道。故当其冠也，以成人之礼礼之，则屈其庸敬，
以申斯须之敬，明从子之义，犹未害乎母之尊也"②。吕氏所述可
以代表宋儒质疑孔疏之缘由。清儒对此多有讨论，概括而言有
"嫡子承父说"（杨晨《古礼乐述·冠义母拜说》）、"肃拜不跪
说"（万斯大《仪礼商·士冠礼》）、"子尊母卑说"（黄以周《礼
书通故·冠礼》）、"古礼不近人情说"（皮锡瑞《经学通论·三
礼》）等，均对孔疏提出质疑。实际上，这些都是对朱子所启疑
问的回应，但迄今未有定论。

《乡饮酒·乐宾》："乃间歌《鱼丽》，笙《由庚》，歌
《南有嘉鱼》，笙《崇丘》，歌《南山有台》，笙《由仪》。"
（郑注：《由庚》《崇丘》《由仪》今亡，其义未闻。）

朱按："小序于此六笙诗皆著其义，盖序者以意言之。今

---

① 朱熹：《朱子全书》（第2册），朱杰人等主编，上海古籍出版社2002年版，第72页。
② 吕大临等：《蓝田吕氏遗著辑校》，陈俊民辑校，中华书局1993年版，第385页。

郑此注云'其义未闻',则亦不敢信其说矣。"①

此涉及《诗经》学史上著名的"笙诗"论争,这一论争很大程度
上就是由朱熹所重新发现的。关于乐宾间歌的过程,据张尔岐曰:
"谓一歌毕,一笙继之也。堂上歌《鱼丽》方终,堂下笙即吹《由
庚》,余篇皆然。"② 其堂下三诗是"笙诗"。按照毛传的传统解
释:"《由庚》,万物得由其道也。《崇丘》,万物得极其高大也。
《由仪》,万物之生各得其宜也。有其义而亡其辞。"即仅述其义而
不言其辞。看过《毛序》的郑玄在此处笺曰"其义未闻",显然与
毛传立异,朱熹即指出这一疑问。另朱熹在《诗集传·华黍》中
提出:"曰笙、曰乐、曰奏,而不言歌,则有声而无词明矣。"③ 这
是在郑玄观点的基础上首创"笙诗无辞"说,曾被清儒所称道。
但若如此,《毛序》所述笙诗之"义"又不知从何而来。清儒姚际
恒就曾弥缝朱熹"笙诗无辞"和《毛序》"笙诗存义",指出《毛
序》的"义"系据篇名附会想象而来,④ 这有一定的道理。朱熹此
疑大起清儒聚讼。

　　《聘·郊劳·辞》:"辞。曰:非礼也。敢。对。曰,非礼
　　也。敢。"(郑注:辞,辞不受也,对,答问也。二者皆卒曰
　　"敢",言不敢。)

---

① 朱熹:《朱子全书》(第2册),朱杰人等主编,上海古籍出版社2002年版,第283—
　　284页。
② 张尔岐:《仪礼郑注句读·卷4》,文渊阁四库全书本。
③ 朱熹:《朱子全书》(第1册),朱杰人等主编,上海古籍出版社2002年版,第558页。
④ 参见姚际恒:《诗经通论》"附论仪礼六笙诗"条。

　　朱按："诸本下句未有'辞'字，注无复出'辞'字。永嘉本张淳《识误》曰：以注、疏考之，经下羡一'辞'字，注上合更有一'辞'字。盖传写误以注文为经文也，当依注疏减经以还注。其说为是。今从之。"①

关于此句，朱子所见原经文末句作"敢辞"，注文首句只有一个"辞"字。段玉裁继承朱熹所启之疑问，肯定其将"辞"字减经以还注，并且进一步考证了经典中"辤"和"辭"的不同用法。②朱子这一看似大胆改经且无其他依据的做法被多数清儒所接受。需要注意的是，这种形式的阑入也说明了经文与郑注很早就已经逐句比附在一起，因此才可能导致注文阑入经文。

　　《冠·陈器服》："玄端，玄裳、黄裳、杂裳可也。缁带，爵韠。"（郑注：此莫夕于朝之服……士皆爵韦为韠，其爵同，不以玄冠名服者，是为缁布冠陈之。）
　　朱按："注'其爵同'三字未详。"③

朱子不详其意，示阙疑。后儒盛世佐曾补充曰："注云其爵同者，谓公侯伯之士皆一命，子男之士皆不命也。士虽有上中下三等，而其爵则同，故皆以爵韦为韠。"④ 可补朱说。

---

① 朱熹：《朱子全书》（第 2 册），朱杰人等主编，上海古籍出版社 2002 年版，第 741 页。
② 参见段玉裁：《经韵楼集》，钟敬华校点，上海古籍出版社 2008 年版，第 29 页。
③ 朱熹：《朱子全书》（第 2 册），朱杰人等主编，上海古籍出版社 2002 年版，第 50 页。
④ 胡培翚：《仪礼正义》，段熙仲点校，江苏古籍出版社 1993 年版，第 44 页。

《聘·有言·记》:"百名以上,书于策;不及百名,书于方。"(贾疏:简据一片,策是众简相连。郑作《论语序》云:"《易》《诗》《书》《礼》《乐》《春秋》策皆尺二寸,《孝经》谦半之,《论语》八寸策者,三分居一又谦焉。"是其策之长短。郑注《尚书》:"三十字,一简之文",服虔注《左氏》云:"古文篆书,一简八字。"是一简之字数。)

朱按:"此简之长及字数皆未详,或六经之策皆二尺四寸,乃与下数合。当更考之。"①

关于秦汉的简策制度,当代学者结合考古资料已多有发明,与《独断》等文献记载多有不同。② 要而言之,上引贾疏所述简策制度与考古所见多有不合,朱子从经典记载本身的矛盾中已经开始怀疑此事。当代学者对简策制度的研究虽未必是回应朱熹的质疑,但客观上是对其疑问的"更考之",可谓广义上的"继业"。

二、朱子考订,清儒绍述

朱熹在《通解》中有许多精彩的考订,清儒三礼注疏如胡培翚《仪礼正义》、孙诒让《周礼正义》等均将之作为重要的参考加以引用,显示出清儒对朱子考订工作的认可。类似的证据比比皆是,且前文已大量涉及,兹从黄以周《礼书通故》中择出两例:

① 朱熹:《朱子全书》(第2册),朱杰人等主编,上海古籍出版社2002年版,第758页。
② 参见郑有国:《中国简牍学综论》,华东师范大学出版社1989年版;沈颂金:《二十世纪简帛学研究》,学苑出版社2003年版;王子今:《简牍史话》,社会科学文献出版社2012年版;等等。另可参陈梦家、高大伦的相关论文。

《燕·陈器馔》："司宫尊于东楹之西，两方壶，左玄酒，南上。公尊瓦大两，有丰，幂用绤若锡，在尊南，南上。尊士旅食于门西，两圜壶。"（贾疏：在尊南者，幂本为瓦大设，今未用，陈于方壶之南，不可在方壶、瓦大之间相杂故也。）

朱按："'在尊南'者，谓瓦大在方壶之南耳。疏云幂未用而陈于方壶之南，不杂于方壶、瓦大之间，误也。若然，则正在二者之间矣，何得言不杂邪？"①

关于燕礼所陈器具的位置，贾公彦和朱熹都是根据郑注和经文来推测的，具体哪一种更为合理，我们可以用黄以周的观点来代表："经'在尊南'承'瓦大'言，非指幂。《大射仪》'膳尊两瓹在南，盖幂加勺'可证。贾疏误会郑意，从朱子说。"② 此说代表了清儒的观点。

《聘·礼宾》："公壹拜送。"（郑注：公尊也。贾疏：宾再拜稽首，公乃壹拜，当空首，故云公尊也。）

朱按："此经云公拜送，而下文乃云宾答再拜，此疏反云宾再拜，而公乃拜，误矣。其言空首则得之。"③

礼宾时，公拜送前宾是否先拜，是朱子和贾疏分歧的焦点。贾疏以为，宾先再拜稽首，公答以一拜空首；朱子则据经文认为宾不先拜，而是公先拜，此后"宾答再拜"。黄以周同样赞同朱熹的观

---

① 朱熹：《朱子全书》（第 2 册），朱杰人等主编，上海古籍出版社 2002 年版，第 623—624 页。
② 黄以周：《礼书通故》（第 3 册），中华书局 2007 年版，第 1054 页。
③ 朱熹：《朱子全书》（第 2 册），朱杰人等主编，上海古籍出版社 2002 年版，第 759 页。

点：“《聘礼》特著‘公一拜送’，为‘宾答再拜稽首’立文，贾疏因此谓……不言一者，当为再拜送，其说未核……《觐礼》送几尚一拜，而谓礼之轻者须再拜送乎？”① 黄氏从《仪礼》经例的角度对朱熹的说法进行了补充论证，绍述其说。

再举一妯娌相互称谓的问题。娣姒互称是礼学的一大聚讼问题，贾疏解释得比较牵强，首揭这一问题的正是朱子：

> 《五宗·妻党》：“长妇谓稚妇为娣妇，娣妇谓长妇为姒妇。”（《丧服传》。贾疏：世人多疑娣姒之名皆以为兄妻呼弟妻为娣，弟妻呼兄妻为姒……《公羊传》……以弟解娣，自然以长解姒。长谓身之年长，非夫之年长也。此篇乃谓妇之长稚，不言夫之大小。《左传》穆姜谓声伯之母为姒，叔向之嫂谓叔向之妻为姒，二者皆呼夫弟之妻为姒，岂计夫之长幼乎？故贾逵、郑玄及杜预皆云：“兄弟之妻相谓，谓长者为姒。”知娣、姒之名不计夫之长幼也。）
>
> 朱按：“此篇所指，皆姒娣相对之定名。同事一夫，则以生之先后为长少。各事一夫，则以夫之长幼为先后，所谓从夫之爵、坐以夫齿者是也。单举则可通谓之姒，盖相推让之意耳。疏说恐非是。”②

贾疏以为，兄弟之妻相互称谓时，据妻子本身之年长年幼而互称，年幼者称长者为“姒”，长者称幼者为“娣”，与夫的长幼无关，

---

① 黄以周：《儆季杂著·授几》，收入詹亚园、韩伟表编著：《黄以周全集》（第10册），上海古籍出版社2014年版，第107页。
② 朱熹：《朱子全书》（第2册），朱杰人等主编，上海古籍出版社2002年版，第232页。

且举《左传》中穆姜、叔向之嫂为例证之。朱子并不同意这一观点，朱子认为，"同事一夫则以生之先后为长少，各事一夫则以夫之长幼为先后"，而穆姜等例中称兄媳称弟媳为"姒"，其为尊称，如同后世文人不计年齿互称为"兄"一样。胡培翚进一步补充朱说，认为相对于夫家而言，"以先来为姒，后来为娣，则姒明是兄妻，娣明是弟妻"①。江筠更提出："《春秋传》不著娣称，疑尔时两相称俱曰姒，盖以避媵之有姪娣也。"② 大体而言，清代礼家徐乾学、沈彤、盛世佐、吴廷华、孔广森等都赞同朱子的观点。

三、朱子考定，清儒讞疑

"考订"与"考定"并不相同。前文为"订"而未"定"，故清儒赓续而"定"之，为补充朱熹未"定"之考据。而朱子有些考据自信没有问题，自觉已成"定"论，而清儒则发其讞疑，改其结论。二者之结论虽互相矛盾，但其方法均为考据，此为清儒对朱子考据思想在方法（而非结论）上的承继。

> 《五宗》："摄主不厌祭，不旅，不假，不绥祭，不配。"
> （郑注：皆辟正主……不绥祭，谓辟主人也。）
> 朱按："'谓辟主人'今本辟皆作今，以疏考之，当改作辟。"③

朱子此处罕见地径改郑注，另加按语说明，但清儒多不从。孔疏曰

---

① 胡培翚：《仪礼正义》，段熙仲点校，江苏古籍出版社1993年版，第1543页。
② 胡培翚：《仪礼正义》，段熙仲点校，江苏古籍出版社1993年版，第1544页。
③ 朱熹：《朱子全书》（第2册），朱杰人等主编，上海古籍出版社2002年版，第207页。

"此谓摄主辟正主，不敢受嘏，故不绥祭"之文，朱子盖据此改字。此句意为若宗子不在，由支子主祭，则于仪节上"不厌祭，不旅，不假，不绥祭，不配"，以示摄位。"绥祭"是"受嘏"（领受祖先的福荫）前举行的祭祀，郑注原作"谓今主人"，意为不绥祭乃特指当今主持祭祀者（支子），可通。朱改为"谓辟主人"，意为摄祭时不绥祭意为回避主人（宗子），意亦可通。若两皆可通，且其义亦同，则不当改字。此为朱子疑注有误，虽略作考订但根据尚不足以说服清儒，故清儒多认为郑注不误，斥朱子改郑为"疑古过勇"。

> 《燕·即位·记》："与卿燕，则大夫为宾；与大夫燕，亦大夫为宾。"
>
> 　朱按："公所与燕者，虽不为宾，亦当如异国之宾为苟敬也。"[1]

贾疏在此前明记"此谓与己臣子燕法"，朱子按语实承此而发。在《通解》中朱子继承了程颐以来特别强调的"礼主敬"的观念，认为这段记文强调即使在本国内燕，本国之臣作为燕的对象亦同于异国之宾，国君须存敬意，极富宋儒解经的特色。清儒于此多解释为何燕、宾如此搭配，关于朱子"苟敬"之说则多不见从。如盛世佐就曾言："若己国之臣，各有位次，阼阶西北面之位，非诸公莫敢居也，朱子之说亦未敢以为然。"[2] 表明国内诸臣与公燕，纵为宾，亦不同于异国之宾之座次。多数清儒均不同意朱子"苟敬"之说。

---

①　朱熹：《朱子全书》（第 2 册），朱杰人等主编，上海古籍出版社 2002 年版，第 628 页。
②　盛世佐：《仪礼集编》卷 12，文渊阁四库全书本。

《士相见·尝为臣》："摈者对曰'某也命某，某非敢为仪也，敢以请。'"

朱按："某也，盖主人之名。"①

这段经文共出现三个"某"，均为人名。朱子认为第一个为主人之名，言外之意就是后两个为摈者自名，敖继公即沿用朱子这一说法。但清儒盛世佐对此提出质疑："朱子止以某也为主人之名，则自余某字皆为摈者自名矣。然亦有疑焉，如此节第三某字，若作摈者自名，终于义未协，以还赘非出自摈者意也。"② 他提出第三个"某"亦当为主人名，实为质疑朱子之说，这一质疑被后来的清儒接受。

《燕·即位》："小臣设公席于阼阶上，西乡设加席。公升，即位于席，西乡。"（郑注：后设公席者，凡礼，卑者先即事，尊者后也。贾疏：此燕私礼，故贱者先即事。《大射》辨尊卑，故先设公席，后设宾席也。）

朱按："此篇与《大射》虽设席之先后不同，然皆公先升即位，然后纳宾，非卑者先即事也。但其言偶不同耳，不当据文便生异义也。注、疏说皆非是。"③

宋时设席可能与今天一样是先尊后卑，但此处经文设席先小臣而后公，即先卑而后尊，郑注发凡提出"凡礼卑者先即事，尊者后

---

① 朱熹:《朱子全书》(第2册)，朱杰人等主编，上海古籍出版社2002年版，第247页。
② 盛世佐:《仪礼集编·卷5》，文渊阁四库全书本。
③ 朱熹:《朱子全书》(第2册)，朱杰人等主编，上海古籍出版社2002年版，第625页。

也"。朱子对此提出质疑，认为这只是偶然的文句错乱，否认郑注的"卑者先即事"说。黄以周就曾举《大射》中司宫设尊、小臣设公席、司宫设宾席等条为证，批评朱熹的质疑没有根据，并言"礼设膳筐、设公尊，皆尊者后"①，可见清儒考礼已较朱熹更密。

> 《冠·母不在》："冠者母不在，则使人受脯于西阶下。"
>
> 　朱按："经云'不在'恐兼存、没而言，若被出而嫁亦是也。盖主人若非宗子，则固有无主妇者。此云'使人'，未必母使之也。又《昏礼》，使者授人脯之后，又执以反命，则此使人受脯之后，亦必更有礼节，但文不具，不可考耳。"②

关于经文"母不在"指的是因何情况而不在，朱子认为包括因事不在和去世两种情况。清儒多不同意朱子"兼存没"说，张尔岐、褚寅亮、王士让、胡培翚③均认为仅指因事不在而言，包括疾病、（外戚）丧服未除、归宁等；若母已去世，应扫地而祭，而不应使人代母受脯。显然，清儒的说法更符合逻辑。

第四节
《仪礼经传通解》存在的不足

对《通解》的评价历来就是见仁见智的，其中自然少不了一些批评性意见。关于《通解》存在的不足，我们应该辩证地看待。

---

① 黄以周：《礼书通故》（第3册），中华书局2007年版，第1054页。
② 朱熹：《朱子全书》（第2册），朱杰人等主编，上海古籍出版社2002年版，第70页。
③ 均参见胡培翚：《仪礼正义》，段熙仲点校，江苏古籍出版社1993年版，第120页。

一般而言，对《通解》提出批评意见者心中肯定存在一个"完美"的样本，将此二者比对后得出《通解》还不够完美的结论。但实际上他认为"完美"的样本在别人看来未必"完美"，也就是说，其对《通解》提出的批评未必就是《通解》的"缺点"，更客观地讲应该是"特点"。因此，所谓的"不足"在多数情况下只是一家之言，甚至可能是别人眼中的"优点"。本节尽量保持评述的客观性，从第三者的视角对其不足进行公正的评价。关于《通解》的不足，概而言之，约有三端：一为割裂经文，信从杂书。清儒喜作此论。二为分类勉强，体例稍杂。清代和当代学者都曾提出此点。三为考据不密，间有疏失。这一点是《通解》的硬伤，其对"河图""洛书"的错误考据直到清代胡渭时才初步予以厘清，且至今仍未完全廓清其影响。以下分述之。

一、割裂经文，信从杂书

"割裂经文"此点，实际上应算《通解》的特色而非不足，只是对于尊重经典固有形态的学者而言显得"窜乱圣经"，尤其在尊经色彩较重的清儒眼中更是如此。清初盛世佐曾提出："朱子《仪礼经传通解》，析诸篇之记，分属经文，盖编纂之初，不得不权立此例，以便寻省。惜未卒业，而门人继之，因仍不改，非朱子意。"① 这种批评相对还算客气，毕竟将"析诸篇之记，分属经文"的过错归为"门人继之，因仍不改"，当为论者因身处"尊朱"时代而特示的回护之言。而乾嘉以后学风已变，对《通解》割裂经文的批评也变得更加直接。邵懿辰就曾指出：

---

① 盛世佐：《仪礼集编·卷首》，文渊阁四库全书本。

昔朱子晚年志修礼书，为《仪礼经传通解》，略仿刘
《录》、郑注十七篇之次，取戴《记》各篇以附之，自分家礼、
乡礼、学礼、邦国礼、王朝礼五类，而丧、祭二者以属门人
别编，附于末焉。然割裂经、传，创立子目，不能尽餍学者
之心而垂为定论。庄子云：语道必于其序。则其序之未能惬
当，为不合圣人定礼之本意也。①

邵氏直接批评《通解》不仅"割裂经、传"难以服众，且"创立
子目"也不足以垂为定论，以至于批评《通解》"不合圣人定礼之
本意"，此语已属严苛。然而对类似的"割裂经文"现象，清儒的
评价也并非呈一边倒之势。如江永就赞赏朱子在《通解》中表现
的"尊经"思想，言其《礼书纲目》"尊经之意，当以朱子为宗；
排纂之法，当以黄氏丧礼为式"②。实际上，江永在"割裂经文"
上比朱熹走得更远。另一名学者谢金銮也曾赞赏这种割裂经文的
做法有利于"观其会通"：

任氏以朱子有《大学章句》，遂取《礼记》而窜易编次
之，甚至《郊特牲》一篇全逸题名，散附于他段。责以变乱
古经之咎，复何辞焉？但任氏之意，实师朱子《仪礼经传通
解》，自为成书，汇分简帙，使修己力行之君子易于贯通焉。
至其解义，则穷究注疏、自悟指归，上契前圣之心源，所谓
天理烂熟者，岂依门傍户者所可比哉！学者观其梳剔之明，

---

① 邵懿辰：《礼经通论》，"论礼十七篇当从大戴之次本无阙佚"条，仁和邵氏戊辰孟夏
刊本。

② 江永：《礼书纲目·序》，文渊阁四库全书本。

而得其会通之妙，则乱丝之治，条理井然，还考原文，昭然
自在，岂以任氏而弃古本哉！①

谢氏主要评价的是采取类似编撰手段的任启运所著《礼记章句》一
书。任氏将《礼记》小规模地拆散，当时人多责以"变乱古经"，
但谢氏慧眼发现其目的本是"使修己力行之君子易于贯通"，且这样
做可以达到"观其梳剔之明，而得其会通之妙，则乱丝之治，条理
井然，还考原文，昭然自在"的效果。此可反映谢氏对这种割裂经
文的别样认识。但整体上看，持类似意见的清儒尚属少数。

对于《通解》"信从杂书"，清儒似乎并无太多的批判，反而
朱熹本人在书信、题跋中曾隐约透漏这种担忧。他曾批评余正甫
所编的"礼书""黜周《礼》，使事无统纪，合经传，使书无间，
别多取《国语》杂记之言，使传者疑而习者蔽"，并强调《通解》
"不多取《国语》杂书、迂僻蔓衍之说"②。但在《通解》中，朱
子仍然"以《仪礼》为经，而取《礼记》及诸经史、杂书所载有
及于礼者，皆以附于本经之下"③。实际上，他已部分吸收了余正
甫的编撰手段，至少在《通解》中有不少"《国语》杂记之言"，
表明朱熹本人在对待"杂书"的态度上前后并不一致。

清儒之所以较少批评此点，实与清代将"九经四史"均视为
正统学问的认识转变有关。大量"以史证经""以子佐经"的考据
文章均可证明，清儒在"信从杂书"这一点上已比朱子更甚。他
们自然也不会在这一点上对《通解》作出太多批评。

①　谢金銮：《再复郑六亭书》，收入唐鉴：《唐鉴集》，岳麓书社 2010 年版，第 571 页。
②　朱熹：《朱子全书》（第 24 册），朱杰人等主编，上海古籍出版社 2002 年版，第 3423 页。
③　朱熹：《朱子全书》（第 2 册），朱杰人等主编，上海古籍出版社 2002 年版，第 25 页。

二、分类勉强，体例稍杂

传统礼学的分类本身就聚讼难决，有主张"吉、凶、军、宾、嘉"五分法（《大宗伯》），也有主张"冠、婚、丧、祭、射、御、朝、聘"八分法（《礼运》）。五分法是以国家礼仪为中心的官方分类法，八分法是以个人成长和社会化历程为中心的分类法，此外还有六分法（《王制》）、四分法（《文中子》），均可视为八分法的缩略版。这表明，对古礼的分类自古已为难事。朱熹在《通解》中采取七分法，这本身并无先例，实际上朱子对此也踌躇再三。后人未曾继承此法，表明这一分类方法确实存在某些不当，尤其在受过系统逻辑训练且不再将经典视为神圣不可更改的当代学者看来，其分类原则的不一是相当明显的：家礼、乡礼、邦国礼、王朝礼四者基本上是按照行礼场合进行的区分，代表了一个人齐于家、举于乡、达于国、平于天下的四个层级，理论上这四者已经能够涵盖一切；学礼实际上只是一个人在求学期间所应遵守的礼节，自古未见单列，理论上应该将之贯穿在前四个层级之中；而丧礼、祭礼则是按照礼本身的内容进行的区分，与之逻辑对等的应该是冠礼、昏礼、乡射礼等名目。按照三种不同的原则对七个名目进行划分，自然会出现归属上的混乱。如入于"家礼"的宗法问题，实际上与"丧礼"中的丧服问题密不可分，此可谓"一仆二主"；另外，将委曲的《曲礼》《郊特牲》拆散分入各个位置，其中就产生了个别文句"无人认领"或"重复引用"的现象。这都是七分法"分类勉强、体例稍杂"的直接证明。

实际上，古人也已发现此一缺陷，上文已述的清初多种著作均采取"五分法"来重新编排《通解》，就显示了对朱子分类的不满。清儒李文炤对这一问题的认识最为深刻：

> 朱子与门人黄直卿，厘为《仪礼经传通解集注》……顾其书实为稿本，而篇目之离合，注疏之得失，犹多有可议者。盖专以冠、昏为家礼，而丧、祭列之续卷，则不当分而分也。《曲礼》[以]仪之纷赜，生民所通用，《大学》《中庸》之渊微，圣学之极则，而并入学礼，则不当合而合也。至于《周官》乃治平之全书，不专于言礼，而裂取其分土制国、设官建侯、师田刑辟之事，以充王朝之礼，能无笔削圣经之嫌乎。故知此书实为稿本，而未可执之以为定论也。①

李氏全面批评了《通解》"不当分而分""不当合而合""以《周官》充王朝礼"三个分类不当的问题。从前文分析看，不能说朱熹完全没有意识到这些问题，恰恰相反，朱子历次调整目录，本质上就是想要解决这一问题，至少对此作出"最优解"。反观李文炤另创的"七分法"——"嘉、军、凶、吉、宾、通礼、通乐"，显然这种分类法的创意出自"五分法"，并不见得比朱熹的"七分法"高明。

清儒中对《通解》全书批评得最严厉者当属姚际恒。姚氏似乎对朱子非常不屑，他顽固地认为应该以《礼记》为礼经，而《仪礼》只是"仪"："朱仲晦以《仪礼》为经，《礼记》为传，明

---

① 李文炤：《增删仪礼经传通解序》，收入《李文炤集》，岳麓书社 2012 年版，第 5—6 页。

是反见。朱之说本袭唐陆德明……陆之说又本于臣瓒……今不举臣瓒与陆，而举朱者，以朱为近世所宗，且实有《仪礼经传》之书故也。"① 在这样的认识前提下，他几乎没有细读《通解》就对之大肆挞伐：

> 《仪礼经传通解》一书，经传颠倒前已言之。然吾实不解作者意指，以为尊《仪礼》耶？全录注、疏，毫无发明，一抄书吏可为也，尊之之义安在？以裁割《礼记》《周礼》史传等书附益之为能耶？检摘事迹可相类者合于一处，不别是非同异，一粗识文字童子亦可为也，又何以为能？其于无可合者，则分家、乡、学、邦国、王朝等名，凭臆变乱，牵强填塞，此全属纂辑类书伎俩。使经义破碎支离，何益于学，何益于治？观其《乞修三礼礼子》，欲招集学徒，大官给养，广拨书吏，迂妄至此，更有足哂者也？此书近世传本甚少，近有人重刊，然世究鲜传习，亦可见人心同然，但未能深知其非耳。②

这段尖锐的批评几乎句句都有明显的错误："全录注、疏，毫无发明"系想当然之说，只要将注疏与之对比就可发现，经朱熹定稿的《通解》几乎对每条注疏都有删节，并加按语发明；"相类者合于一处，不别是非同异"并不符合事实，《通解》中有大量按语是

---

① 姚际恒：《仪礼通论·论旨》，收入《续修四库全书》（第 86 册），上海古籍出版社1996 年版，第 17 页。
② 姚际恒：《仪礼通论·论旨》，收入《续修四库全书》（第 86 册），上海古籍出版社1996 年版，第 30—31 页。

针对资料的编排而作的，说明姚氏并未详读此书；"经义破碎支离"虽不益于学，但"益于治"自古并无异议，姚氏批其"何益于治"纯属无中生有；而朱子欲"招集学徒，大官给养"就是"迂妄""足哂"，这完全是门户之见、构陷之语，不足一驳。这种没有太多根据的反对意见纵然尖锐，也难掩其持论偏颇，反而惹人生厌。

三、考据不密，间有疏失

朱子虽然有所考据，但毕竟不如后儒（尤其是清儒）考据之细密，因此其考据的成果也有被清儒否认者，前文已多有叙述。这里只举一例，那就是其关于"洛书"的考证失误，这个失误严重淆乱了此后的易学史。

据业师陈恩林先生考证，今天所谓的"洛书"为宋代道士所创，其源头可追溯至两汉，本来与《周易》没有关系。[①] 在汉代，"洛书"有两种说法，一种是刘歆、孔安国主张的"九畴即洛书"，一种为《春秋纬》《论衡》中提到的"洛书为古书"。二者均不是今天习见的"二四为肩，六八为足，左三右七，戴九履一，五居中央"的九宫图。

九宫图本于《易纬乾凿度》，当时称为"太一九宫图"。北宋刘牧和北宋伪托的《子华子》将此图命名为"河图"，朱熹改名为"洛书"并将之与《周易》扯上关系，列于《周易本义》之卷首，沿袭至今，被清人讥为"添蛇足而粪佛头"[②]。朱熹所见该图名称

---

① 参见陈恩林：《河图、洛书时代考辨》，《史学集刊》1991 年第 1 期；陈恩林：《再谈河图、洛书的时代问题》，《史学集刊》1992 年第 4 期。
② 皮锡瑞：《皮锡瑞集》，岳麓书社 2012 年版，第 1250 页。

本来是"河图"，其改称为"洛书"，实际上是经过一番考证的：

> 读《大戴》礼书，又得一证甚明，其《明堂篇》有"二九四、七五三、六一八"之语，而郑氏注云："法龟文"也，然则汉人固以九数者为"洛书"也。①

据文献记载，"河图"出自麒麟背上，"洛书"出自龟背上。既然郑玄注此图为"龟文"，显然九宫图当名为"洛书"。而编注群经、博雅淹通的郑玄都明确说九宫图就是"法龟文"的"洛书"，那么此图应改名为"洛书"则毋庸置疑。

问题在于，这条注文是否出自郑玄？并非如此。前文已述，《大戴礼记》最早的注本是北周卢辩注本，朱熹在《通解》中引用卢辩注时，一直误以为是郑玄注，毕生都未觉察到。如在《冠礼·筮日》正文引用《仪礼·士冠礼》："主人玄冠朝服，缁带素韠，即位于门东，西面"，下引用了郑玄《仪礼注》："主人，将冠者之父兄也……玄则六入与？"注文讨论了经中涉及的名物制度。而朱子所引下冒："又曰：古者田狩而食其肉，衣其皮，先以两皮如韠，以蔽前后。及后世，圣人易之以布帛，犹存其蔽前，示不忘古。尊祭服，异其名曰韨。"② 这"又曰"下的一段实际是卢辩所注《大戴礼记·公冠［符］》中"公玄端以皮弁皆韠"的文字，朱子显然误以为《大戴礼记》也是郑玄所注，方用"又曰"以冒上文。关于这一点，稍后的王应麟就曾注意到："《大戴礼》

---

① 朱鉴：《文公易说·卷1》，文渊阁四库全书本。
② 朱熹：《朱子全书》（第2册），朱杰人等主编，上海古籍出版社2002年版，第42页。

卢辩注,非郑氏。朱文公引《明堂篇》郑氏注云'法龟文',未考《北史》也。"① 但王应麟的考据几乎没有产生影响,清初李光地在《周易折中》的按语中,仍笃信朱熹将九宫图更名为"洛书"是有郑玄撑腰的说法。李光地在引述《文公易说》等说法后,加了一条貌似"折中"的按语:

> 郑注《大戴礼》是确证,至《子华子》则位置虽明,但错以洛书为河图。②

无独有偶,今天也有人持这种论调:

> 郑玄注说是仿效龟背之文,那还不是世传的洛书? 这是汉人把它看成是洛书的铁证,当然洛书就不是宋朝人的伪造。朱熹的看法有理有据,只要不带成见,应当承认他说的正确。③

足见朱熹这段看似严密的考证之贻误。而这一考证显然与其撰写《通解》的过程密切相关,朱子本欲贯通《易》《礼》二经,不想此说因考据不密而功亏一篑。皮锡瑞称此为"贤知之过"④,诚哉是言。

正是朱熹在编撰《通解》时疏于对《大戴礼记》注者的考证,

---

① 王应麟:《困学纪闻》(上),翁元圻注,商务印书馆1959年版,第598页。
② 李光地:《周易折中》,巴蜀书社2010年版,第436页。
③ 马恒君编:《周易正宗》,华夏出版社2019年版,第8页。
④ 皮锡瑞:《皮锡瑞集》,岳麓书社2012年版,第1250页。

而以为其系郑玄所撰，造成北周的卢辩打着郑玄的招牌骗过了朱熹，又骗过了李光地，使"九宫洛书"这种出自北宋道士的伪迹反而居于《周易》卷首，至今都有人相信这个九宫图出自"伏羲时代，洛水之滨"，是与《周易》密切相关的图案资料。朱熹考据不密之贻误，正借其对后世影响之巨而被放大，这是朱熹晚年所编的《通解》中不容讳饰的硬伤。

自清代江藩作《汉学师承记》以扬其流，方东树作《汉学商兑》以击其波，汉宋两家几不可两立。至陈澧、曾国藩诸家开始调停汉宋，特别强调朱子之考据学，提出朱子晚年曾有"考据学转向"，此后几乎所有的调和论者都注意到了朱熹晚年以《通解》贯通义理考据的做法。严格意义上讲，将"礼"作为朱熹晚年的学术归宿并提出"礼融汉宋"，其实并不是"汉宋之争"发生后持"调和汉宋"论者的调停之言，而是朱子及其后学一直以来坚持的学术立场，直至清初的江永、秦蕙田无不持此意见。朱熹晚年纂修《通解》时贯通三礼的宏大视野，极大地启示了清代学者，有清一代出现了百卷上下的通礼著作，如江永《礼书纲目八十八卷》、秦蕙田《五礼通考二百六十二卷》、黄以周《礼书通故一百零二卷》、应㧑谦《礼学汇编六十四卷》、林昌彝《三礼通释二百八十卷》等，无不是在朱子《通解》的启发下而创制。我们将清代礼学与朱子晚年礼学思想进行比较，就会清楚地发现清代的礼学大师都曾关注《通解》的考礼文字，也就是说，清儒与朱子的考礼在方法上一致，在性质上接近，在事实上继承，二者之间的承递关系显著，这也表明了清代的考据学者对朱熹晚年考据成绩的认可。

　　《通解》虽然优点众多，但同样曾受后儒批评，概括有三：一为割裂经文，信从杂书；二为分类勉强，体例稍杂；三为考据不密，间有疏失。对于《通解》的上述批评，我们毋宁称之为"特点"，应辩证地加以看待和分析，既不能否认回护，也不能偏听门户之见，这样庶几能持平议论，不被旧说所迷惑。

第七章
结　论

　　《仪礼经传通解》既是朱子晚年投入了巨大精力的一部著作，也是他晚年最为看重的一部礼学巨著。庆元以后，他几乎将所有的精力都投入到此书的编撰中，直到去世前，该书最终也没能编撰完成。考亭后学黄榦等人继承了朱熹的遗志，在朱熹去世22年后终于将之全部刊印面世。作为研究朱熹晚年学术思想的重要参考资料，该书在朱子学和礼学史上的地位都是不容忽视的。《通解》之于朱熹，颇似《春秋》之于孔子：这两部书都是两位哲人历经一生的苦难之后，沉吟良久，手自编修，意在为后人留作"大经大法"的巨著，且这两部书均是交由他们的高足继续负责讲习、纂修，均体现了与其早年不尽一致的学风趋向。只不过与孔学中的《春秋》研究相比，朱子学中的《通解》研究可谓鲜有问津。由于《通解》卷帙浩繁、内容广泛，历来学者往往一方面肯定其价值，另一方面讨巧用《语录》《文集》的相关内容来对《通解》进行研究。即使此书尚有宋刻足本存世，无论是在进行朱子学研究还是宋代礼学研究时，学界都极少引用该书，其影响远远小于王安石的《周官新义》和朱熹的《家礼》，这与朱熹晚年对此书投入的巨大精力极不相称。

　　朱熹编撰《通解》时正值庆元党禁，他非常担心书稿被政敌构陷销毁，在其易箦前还特别叮咛爱徒兼女婿黄榦继续编修。朱熹去世十多年后，经黄榦三次修订，《通解》于嘉定年间第一次由朱熹三子朱在和张虙分别主持刊刻于南康道院，分两次将全书刊行。书版直到明初尚有零星刊印，但此时经过补修的板片比例已占到全书的七八成，这种嘉定刊宋元明递修本《通解》今天尚有完整的两部存世，分别藏于东京大学和北京、台北三地，另外还有若干零本。到明正德年间，《通解》第二次被刊刻。此次系部分刊行，仅有经文而无注文。再晚则可见朝鲜王朝铜活字印本，此为第三次刊印，其底本是嘉定刊元修本，朝鲜本后传入日本形成了第四次刊行的和刻本。到清初康熙年间，吕留良的宝诰堂翻刻了全部《通解》，乾隆年间梁万方修订了全本《通解》并在聚锦堂重刊，是本书迄今可见的第五、六次刊印，到清末光绪年间另有数种印本。宋以后的几次刊印均出自嘉定刊本在宋元明不同时期修版后的刷印本，因此文字上颇有异同，在引用时有必要核对不同版本。

朱子一生讲学，由博而约，丰富并完善了二程思想的基本框架，而其晚年仿佛又回到了"支离事业"（陆九渊评价朱熹语）中去爬梳礼经，这不免让我们怀疑朱子晚年是否确实如王阳明、李绂所认为的"朱子晚年之论尽与陆子合"[①]，还是另有所归。从朱熹一生的礼学实践来看，其晚年愈发认识到"礼即理也，但谓之理，则疑若未有形迹之可言；制而为礼，则有品节文章之可见矣"。可见"礼学"与"理学"是朱子学之"一体两面"，二者相辅相成，缺一不可。此即阮元所言："朱子中年讲理，固已精实，

---

① 李绂：《朱子晚年全论》，中华书局 2000 年版，第 2 页。

晚年讲礼，尤耐繁难。诚有见乎'理'必出于'礼'也。"这种朱熹晚年与其中年思想的不同最集中地体现在《仪礼经传通解》中。前贤在研究朱子学风时使用的材料多从《语录》和《文集》的书信中拣择，此类文献虽出朱子亲笔，但往往应机而发，据对方资质及设问而方便引导，叩之以大者则大鸣，叩之以小者则小鸣。正如孔子说仁，随机应答，处处不同。因此，朱子在书信和语录中不乏前后矛盾之处，仅据此立论往往难以周衍。基于此，本书更看重朱子在学术实践中所表现出来的"学风"，而将书信、语录作为佐证，借以接近朱子晚年的真实想法。

朱熹晚年礼学思想不仅体现在朱熹本人的学术实践中，在黄榦等高足续修的《通解》中也可以约略看到庆元以后朱熹学风转变的端倪。本书将《通解》全书作为一个整体来考察：《通解》的大纲本由朱熹确定，其未定稿的部分以及丧、祭礼部分的框架在朱熹生前已基本完成，其中主要反映的仍然是朱熹的礼学思想，因此仅将前三十余卷"定稿"作为研究对象无疑并不全面。一方面，黄榦作为朱熹礼学最重要的继承人，其与朱熹的礼学思想几乎是难分彼此的，不应该强行割裂二者；另一方面，整部《通解》都是朱熹与其弟子合著完成的，并没有严格区分的必要。仅就署名黄榦的《通解续》而言，朱熹在拟定框架，审定丧、祭礼部分的草稿，甚至删削丧礼部分定稿方面均有贡献，而黄榦在撰写的丧、祭礼部分的"按语"时也大量引用了朱熹的《语录》《文集》等资料。总体而言，虽然《通解续》的责任者为黄榦，但朱熹对于这一部分的贡献同样不容磨灭，且黄榦所做几乎全是在朱熹的认可或授意下完成的。

在以全书为研究对象的同时，我们也应该注意到黄榦、杨复

的礼学思想与朱熹礼学既有继承又有发展的辩证关系。反映在
《通解》中，就是朱熹和黄榦各自撰写的部分既存大同，又有小
异：第一，黄榦撰写的部分体例更加"完备"，也就是黄榦转述朱
熹所说的"丧祭礼规模甚善，他日取吾所编家、乡、邦国、王朝
礼，其悉用此规模更定之"①。我们从黄榦、杨复的续书中发现二
者将经典拆得更为琐碎，一切以便于使用为准的，基本不考虑三
礼原来的篇章结构，这可能就是朱熹所指的"规模甚善"。第二，
黄榦所续部分中出自《四书》《诗经》的内容，注疏均不用朱子
《四书集注》和《诗集传》，而直接用旧注疏。第三，黄榦所引的
疏文全文引用占比较大，且有个别重复引用者，这与朱熹几乎每
条疏文都加以改写、再引时仅录正文而略去注文的原则不同。以
上三条中，第一条可能是有意为之，并得到朱熹的认可，而后两
条可能是黄榦没有最终定稿的缘故，因为在杨复的《祭礼》定稿
中，此二者都有一定程度的修正。但无论如何，《通解》全书仍作
为朱子一派礼学的代表，与同时代的王安石《周官新义》、陆佃
《礼记解》、李如圭《仪礼集释》、卫湜《礼记集说》等表现出截
然不同的旨趣，割去《通解》的后半部分来研究朱子礼学，显然
是片面的。

　　如果将《通解》作为朱子一生的学术终点，结合黄榦、杨复
等朱子后学的表现，笔者认为"调和朱陆"绝非朱子一生学术的
终点，朱子学真正的指向绝对不会仅仅停留在思辨层面的"尊德
性"还是"道问学"这一选择上，而是指向打通"经典"与"现
实"之间的隔阂，将儒家经典中的理想秩序落实到现实层面，而

---

① 　朱熹：《朱子全书》（第 4 册），朱杰人等主编，上海古籍出版社 2002 年版，第 2186 页。

对经典的深入研究则是达到这一终点的必由之路。换言之，朱子礼学的最终指向是和孔子一样，都表现出一种"行夏之时、乘殷之辂、服周之冕"即"损益三代"的倾向，有着强烈的"复古致用"色彩。

自清中叶以来，考据之学大兴而义理之学弥衰，江藩、方东树争论考据义理孰是孰非，汉宋两家几不两立。至陈澧、朱一新诸家主持调停汉宋，特别强调朱子考据，提出朱熹晚年曾有此学术转捩。此后钱基博、吕思勉及后来的钱穆、张舜徽等均持此见，可谓洞彻本源。将"礼"作为朱熹晚年的学术归宿，其实并不是对汉宋之争的调停之言，而是考亭后学一直以来坚持的学术立场，即使是清初的江永、徐乾学、秦蕙田等人实际上仍在沿袭朱熹晚年的礼学主张。换言之，所谓的"汉宋之争"可能只是清代个别学者构建出来的一种"学术史叙述模式"，其本身并不符合史实。

而一旦我们进入《仪礼经传通解》的场域中，就很容易感觉这部书有点"不伦不类"：它在解释一些涉及心性层面的问题时极富宋儒特色，尤其在《学记》《中庸》《大学》等篇章中直接抛弃郑注而自拟注疏，这是朱熹中年学风的孑遗；书中还有一些相对精密的考证文字和精湛的版本意识，与清代的考据学者如出一辙，这是朱熹晚年出现的学风转变；另外，该书整体的框架与后世偏好于实用的"仪注类"文献颇为接近，这一倾向也许源自早期儒家的"演礼"传统，与后世的经世致用之学也若合符节，其面向现实的编排可能是"朱子礼学"的一大特色。这三种倾向融汇于一书之中，就像为朱子学后世的发展预埋了三个相互制约的"基因"：无论哪个倾向被过度强调，从《仪礼经传通解》中均能寻绎出制衡的因素。正如钱穆所说："朱子以理学大儒而晚年大力修礼书……清儒挟门户私见，力排宋学，谓宋儒好言理，不如古人之重礼。然清儒考礼，一意古籍辨订，曾于当代政治制度，民生日用毫不厝意。较之朱子，度量相越洴不可以道里计矣！"①

　　明清以来兴起的"考据学"，应该只是究明真理的一种方式，或具有"准科学"的意味，乾嘉考据学不必如有些学者所言等同于"启蒙运动"或"文艺复兴"，因为其最终指向并不一定是"近代化"或"世俗化"。但考据学在解构已经僵化的、中世纪式的教条主义方面，无疑与欧洲的文艺复兴运动有着相当程度的相似性。在传统的语境下，有资格对"现实不合理规则"指手画脚的只有"经典"，唯有通过"考据"，经典才得以明晰。因此，古来改革家多高擎复古之旗，行改制之实，变法者如刘歆、王安石、康有为往往通过"代圣人立言"来宣扬改革，这正是王夫之自况谓"六经责我开生面"——从熟悉的《六经》中读出陌生的意蕴，其中对"熟面"的无可忍受已毋庸讳言。从这个意义上说，朱熹在《通解》中的"考据"还略有"为后世制法"的意味。

　　钱穆、张舜徽等先生都曾注意到，清代考据学的源头似可追溯至朱子学，而我们通过对《通解》解经方法的考察发现，其中已经具备了清代考据学者所运用的几乎所有的考据方法，这对如何重新认识清代考据学的发生有着非比寻常的意义。本书在这一思路的基础上试图将认识更推进一步：通过细节分析可知，一方面，我们认识到朱子考据与清代考据之间的遥相呼应；另一方面，

---

① 钱穆：《钱宾四先生全集（14）·朱子新学案（4）》，联经出版事业有限公司1998年版，第171页。

我们也可以观察到二者之间存在的微妙差异。朱子的考据有着鲜明的宋学色彩，醉心于心性层面的体认和直截了当的解经路径，同时又暗藏致用意味，这与清人"为考据而考据"的治学旨趣并不一致。另如清儒侈谈训诂、文字之学，朱子则仅求便捷、达意，少事穿凿引附；朱子热衷于可资实用的堪舆、律吕之学，清儒对此则多漠然，斥为末技。对于二者细节的不同，似乎也不宜简单地以是或非、高明或拙劣来进行评判。

本书试图将《通解》全书作为研究对象，将《通解》放在宋代礼学的背景中来凸显朱子礼学的学术特点；同时将《通解》作为朱子一生的"学术终点"进行观照，实际上是从朱熹一生的学术实践角度赋予《通解》以"晚年定论"的价值；最后把《通解》放在考据学的视域下进行考察，则是从朱子学乃至中国思想史的视角来考量，以鸟瞰方式来定位这部并不为今人看重的礼学巨著。这三个视角虽各不相同，但《通解》之于宋代礼学、朱子学以及思想史的地位则均属不可替代。而中国思想史生生不息的传承与草蛇灰线般的关联，亦得以尽见于此中。

如果我们将朱熹的学术经历和"朱子学"的发展历程进行对比观察，就会发现其间存在着惊人的同构性：二者在晚期都出现了回归经典、面向现实的倾向。中国晚明的朱子学者就已经开启了考据经典的先河，而清初的顾炎武、李塨无不高扬"通经致用"的大旗。此外，从朝鲜和日本的朱子学发展特征来看，其晚期均出现了重新回到经典本身的思潮，在朝鲜为"汉学派"（朴世堂、丁若镛），在日本为"古学派"（伊藤仁斋、荻生徂徕）。这些思潮表面上看是"反朱子学"的，但毋宁说是"反性理学"的，这一学术史的流变却与朱子晚年的学术转向异曲同工，这可能不仅仅是简单的巧合。因此，我们一旦将《通解》作为朱子一生的学术终点来观照，可以发现，在东亚的传统语境下，性理之学在面对挑战时的逻辑终点似乎只能是回归经典、返本开新，而对经典的回归又伴随地产生了瓦解性理学根基的可能，于是就会在"性理之学"和"考据之学"之间出现取舍与顾盼，这似乎又成了历史的必然。

可以说，朱熹晚年的学风嬗变本身已经蕴含了"汉宋之争"的种子，若从宋学的角度消解"汉宋之别"，也舍《通解》莫由，这正是清儒"以礼代理"之构想的逻辑原点。

参考文献

（按出版先后为序）

一、古人著述类

（一）《仪礼经传通解》影印诸本

长泽规矩也，户川芳郎. 仪礼经传通解：和刻本 & 仪礼经传通解续：和刻本 ［M］. 东京：汲古书院. 1980.

梁万方. 重刊朱子仪礼经传通解六十九卷//四库全书存目丛书编纂委员会. 四库全书存目丛书·经部·第112—114册 ［M］. 济南：齐鲁书社. 1996.

朱熹；朱杰人，严佐之，刘永翔主编. 朱子全书 ［M］. 上海：上海古籍出版社. 2002.

朱熹. 仪礼经传通解（中华再造善本）［M］. 北京：北京图书馆出版社. 2006.

朱熹；黄榦编. 仪礼经传通解正续编 影印宋刊元明递修本 ［M］. 北京：北京大学出版社. 2012.

（二）三礼文献

阮元校刻. 十三经注疏·附校勘记 ［M］. 北京：中华书局. 1982.

李如圭. 仪礼集释//丛书集成排印本 ［M］. 北京：中华书局. 1985.

孙希旦；沈啸寰，王星贤点校. 礼记集解 ［M］. 北京：中华书局. 1989.

郑元庆. 礼记集说//丛书集成63·社会科学类. 古礼仪 ［M］. 台北：新文丰出版公司. 1989.

胡培翚；段熙仲点校. 仪礼正义［M］. 南京：江苏古籍出版社. 1993.

朱彬；饶钦农点校. 礼记训纂［M］. 北京：中华书局. 1996.

褚寅亮. 仪礼管见//续修四库全书 88·经部·礼类［M］. 上海：上海古籍出版社. 1996.

姚际恒；陈祖武点校. 仪礼通论［M］. 北京：中国社会科学出版社. 1998.

凌廷堪. 校礼堂文集［M］. 北京：中华书局. 1998.

彭林整理，王文锦审定. 仪礼注疏［M］. 北京：北京大学出版社. 1999.

黄怀信. 大戴礼记汇校集注［M］. 西安：三秦出版社. 2005.

曾枣庄，刘琳主编. 全宋文［M］. 上海：上海辞书出版社. 2006.

黄以周. 礼书通故［M］. 北京：中华书局. 2007.

方向东. 大戴礼记汇校集解［M］. 北京：中华书局. 2008.

庆星大学校韩国学研究所编. 韩国礼学丛书［M］. 首尔：民族文化. 2008.

杨复. 杨复再修仪礼经传通解续卷祭礼［M］. 台北："中研院"中国文哲研究所. 2011.

卢文弨；陈东辉，彭喜双点样；林庆彰校订. 仪礼注疏详校外三种［M］. 台北："中研院"中国文哲研究所. 2012.

孙诒让. 周礼正义［M］. 北京：中华书局. 2013.

秦蕙田：《五礼通考》，北华大学图书馆藏乾隆味经窝刻本。

邵懿辰：《礼经通论》，仁和邵氏戊辰孟夏刊本。

朱鉴编纂：《文公易说》，文渊阁四库全书（上古籍影印本）。

吴澄：《礼记纂言》，文渊阁四库全书（上古籍影印本）。

吴澄：《三礼考注》，文渊阁四库全书（上古籍影印本）。

张尔岐：《仪礼郑注句读》，文渊阁四库全书（上古籍影印本）。

卫湜：《礼记集说》，文渊阁四库全书（上古籍影印本）。

盛世佐：《仪礼集编》，文渊阁四库全书（上古籍影印本）。

江永：《礼书纲目》，文渊阁四库全书（上古籍影印本）。

敖继公：《仪礼集说》，文渊阁四库全书（上古籍影印本）。

李光地：《朱子礼纂》，文渊阁四库全书（上古籍影印本）。

杨复：《仪礼图》，文渊阁四库全书（上古籍影印本）。

（三）其他相关文献

虞集. 道园学古录（四部丛刊初编）［M］. 上海：商务印书馆. 1929.

关仪一郎编. 日本儒林丛书［M］. 东京：东洋图书刊行会. 1929.

冯琦原编；陈邦瞻纂辑；张溥论正. 宋史纪事本末［M］. 北京：中华书局. 1955.

王应麟. 汉艺文志考证//二十五史刊行委员会编. 二十五史补编［M］. 北京：中华书局. 1955.

黄宗羲；陈乃乾编. 黄梨洲文集［M］. 北京：中华书局. 1959.

王应麟；翁元圻注. 困学纪闻［M］. 北京：商务印书馆. 1959.

朝鲜科学院，中国科学院编. 李朝实录［M］. 北京：科学出版社. 1959.

钱宝琮校点. 算经十书［M］. 北京：中华书局. 1963.

永瑢等纂. 四库全书总目［M］. 北京：中华书局. 1965.

房玄龄等. 晋书［M］. 北京：中华书局. 1974.

脱脱等. 宋史［M］. 北京：中华书局. 1977.

江藩；钟哲整理. 国朝汉学师承记［M］. 北京：中华书局. 1983.

王鏊. 震泽长语（丛书集成本）［M］. 北京：中华书局. 1985.

王懋竑；何忠礼点校. 朱子年谱：考异附录［M］. 北京：中华书局. 1985.

阮元. 揅经室续集［M］. 北京：中华书局. 1985.

吕祖谦. 吕东莱文集（丛书集成本）［M］. 北京：中华书局. 1985

史绳祖. 学斋占毕（丛书集成本）［M］. 北京：中华书局. 1985.

李心传编. 道命录（丛书集成本）［M］. 北京：中华书局. 1985.

崔述. 丰镐考信录（丛书集成本）［M］. 北京：中华书局. 1985.

黄榦. 勉斋先生黄文肃公文集//北京图书馆古籍出版编辑组编. 北京图书馆古籍珍本丛刊90·集部·宋别集类［M］. 北京：书目文献出版社. 1988.

曾国藩；殷绍基等整理. 曾国藩全集［M］. 长沙：岳麓书社. 1990.

王达津主编. 清代经部序跋选［M］. 天津：天津古籍出版社. 1991.

辛绍业. 敬堂文稿［M］. 北京：中华书局. 1991.

束景南编. 朱熹佚文辑考［M］. 南京：江苏古籍出版社. 1991.

程荣纂辑. 汉魏丛书 [M]. 长春: 吉林大学出版社. 1992.

中国科学院图书馆整理. 续修四库全书总目提要 [M]. 北京: 中华书局. 1993.

吕大临 等; 陈俊民辑校. 蓝田吕氏遗著辑校 [M]. 北京: 中华书局. 1993.

胡师安等. 元西湖书院重整书目//丛书集成续编 67 · 史部 [M]. 上海: 上海书店出版社. 1994.

民族文化推进会编. 韩国文集丛刊 [M]. 首尔: 景仁文化社. 1995.

俞樾; 崔高维点校. 九九销夏录 [M]. 北京: 中华书局. 1995

陆心源. 皕宋楼藏书志//续修四库全书 928 · 史部 · 目录类 [M]. 上海: 上海古籍出版社. 1996.

夏炘. 述朱质疑//续修四库全书 952 · 子部 · 儒家类 [M]. 上海: 上海古籍出版社. 1996.

梅鷟. 南雍志 · 经籍考//续修四库全书 749 · 史部 [M]. 上海: 上海古籍出版社. 1996.

段玉裁. 九拜考//续修四库全书 175 · 经部 · 群经总义类 [M]. 上海: 上海古籍出版社. 1996.

王懋竑; 何忠礼点校. 朱熹年谱 [M]. 北京: 中华书局. 1998

戴震. 戴震全集 [M]. 北京: 清华大学出版社. 1999.

全祖望; 朱铸禹校注. 全祖望集汇校集注 [M]. 上海: 上海古籍出版社. 2000.

李心传. 建炎以来朝野杂记 [M]. 北京: 中华书局. 2000.

瞿镛编纂; 瞿果行标点. 铁琴铜剑楼藏书目录 [M]. 上海: 上海古籍出版社. 2000.

贾谊; 阎振益, 钟夏校注. 新书校注 [M]. 北京: 中华书局. 2000.

刘锦藻. 清朝续文献通考 [M]. 杭州: 浙江古籍出版社. 2000.

浙江省地方志编纂委员会编. （雍正）浙江通志 [M]. 北京: 中华书局. 2001.

魏源编次; 贺长龄辑. 魏源全集 · 皇朝经世文编 [M]. 长沙: 岳麓书社. 2004.

俞樾等. 古书疑义举例五种 [M]. 北京: 中华书局. 2005.

尹会一. 健余先生讲习录//《四库禁毁书丛刊》编纂委员会编. 四库禁
　　毁书丛刊 31 [M]. 北京：北京出版社. 2005.

勉斋先生黄文肃公年谱//舒大刚主编. 儒藏·史部·儒林年谱 14 [M].
　　成都：四川大学出版社. 2007.

陈澧. 陈澧集 [M]. 上海：上海古籍出版社. 2008.

段玉裁；钟敬华校点. 经韵楼集 [M]. 上海：上海古籍出版社. 2008.

马承源主编. 上海博物馆藏战国楚竹书 7 [M]. 上海：上海古籍出版
　　社. 2008.

徐世昌等编著. 清儒学案 [M]. 北京：中华书局. 2008.

竹添光鸿. 左氏会笺 [M]. 成都：巴蜀书社. 2008.

杨伯峻编. 春秋左传注修订本 [M]. 北京：中华书局. 2009.

陆心源；冯惠民整理. 仪顾堂书目题跋汇编 [M]. 北京：中华书
　　局. 2009.

凌廷堪；纪健生校点. 凌廷堪全集 [M]. 合肥：黄山书社. 2009.

张栻. 张栻集 [M]. 长沙：岳麓书社. 2010.

李光地. 周易折中 [M]. 成都：巴蜀书社. 2010.

唐鉴. 唐鉴集 [M]. 长沙：岳麓书社. 2010.

吴云；李春台校注. 贾谊集校注增订版 [M]. 天津：天津古籍出版
　　社. 2010.

傅亚庶. 孔丛子校释 [M]. 北京：中华书局. 2011.

徐正等点校. 吕留良诗文集 [M]. 杭州：浙江古籍出版社. 2011.

李文炤. 李文炤集 [M]. 长沙：岳麓书社. 2012.

丘濬. 大学衍义补//朱维铮主编. 中国经学史基本丛书 4 [M]. 上海：
　　上海书店出版社. 2012.

王引之. 经义述闻//朱维铮主编. 中国经学史基本丛书 5 [M]. 上海：
　　上海书店出版社. 2012.

王梓材，冯云濠编撰；杨世文，舒大刚点校. 宋元学案补遗 [M]. 北京：
　　人民出版社. 2012.

邱居里，邢新欣点校. 吴师道集 [M]. 杭州：浙江古籍出版社；浙江出
　　版联合集团. 2012

皮锡瑞. 皮锡瑞集 [M]. 长沙：岳麓书社. 2012.

王鸣盛；黄曙辉点校. 十七史商榷［M］. 上海：上海古籍出版社. 2013.

阎若璩；黄怀信，吕翊欣校点. 尚书古文疏证：附古文尚书冤词［M］.
　　上海：上海古籍出版社. 2013.

李光地；陈祖武点校. 榕村全书［M］. 福州：福建人民出版社. 2013.

顾炎武；黄汝成集释. 日知录集释［M］. 上海：上海古籍出版社. 2014.

黄以周；詹亚园，韩伟表编著. 黄以周全集［M］. 上海：上海古籍出版
　　社. 2014.

张金吾；柳向春整理；吴格审定. 爱日精庐藏书志［M］. 上海：上海古
　　籍出版社. 2014.

万斯大；曾攀点校. 万斯大集［M］. 杭州：浙江古籍出版社. 2016.

涩江全善，森立之；杜泽逊，班龙门校. 经籍访古志［M］. 上海：上海
　　古籍出版社. 2017.

朱彝尊：《经义考》，文渊阁四库全书（上古籍影印本）。

黄震：《黄氏日抄》，文渊阁四库全书（上古籍影印本）。

王安石：《临川集》，文渊阁四库全书（上古籍影印本）。

马端临：《文献通考》，文渊阁四库全书（上古籍影印本）。

俞樾：《群经平议》，清光绪二十五年刊春在堂全书本。

丁丙：《善本书室藏书志》，清光绪二十七年钱塘丁氏刻本。

会泽正志斋：《及门遗范》，江户浅井吉兵卫 1882 年刻本。

二、今人著作类

戴君仁. 梅园论学集［M］. 台北：台湾开明书店. 1970.

余嘉锡. 四库提要辨证［M］. 北京：中华书局. 1980.

阿部隆一. 中国访书志［M］. 东京：汲古书院. 1983.

侯外庐等主编. 宋明理学史［M］. 北京：人民出版社. 1984.

阿部隆一. 阿部隆一遗稿集第 1 卷［M］. 东京：汲古书院. 1985.

马叙伦. 说文解字六书疏证［M］. 上海：上海书店出版社. 1985.

钱穆. 中国近三百年学术史［M］. 北京：中华书局. 1986.

韩明安编著. 诗经研究概观［M］. 哈尔滨：黑龙江教育出版社. 1988.

汪惠敏. 宋代经学之研究［M］. 台北：师大书苑有限公司. 1989.

李致忠. 宋版书叙录［M］. 北京：北京图书馆出版社. 1994.

于述胜. 朱熹与南宋教育思潮［M］. 济南：山东大学出版社. 1996.

张振铎编著. 古籍刻工名录［M］. 上海：上海书店出版社. 1996.

刘师培. 刘申叔遗书［M］. 南京：江苏古籍出版社. 1997.

钱玄，钱兴奇编著. 三礼辞典［M］. 南京：江苏古籍出版社. 1998.

钱穆. 钱宾四先生全集·朱子新学案［M］. 台北：联经出版事业公
　　司. 1998.

章权才. 宋明经学史［M］. 广州：广东人民出版社. 1999.

束景南. 朱熹年谱长编［M］. 上海：华东师范大学出版社. 2001.

张寿安. 以礼代理 凌廷堪与清中叶儒学思想之转变［M］. 石家庄：河北
　　教育出版社. 2001.

王锷编. 三礼研究论著提要［M］. 兰州：甘肃教育出版社. 2001.

洪湛侯. 诗经学史［M］. 北京：中华书局. 2002.

束景南. 朱子大传［M］. 北京：商务印书馆. 2003.

陈来. 中国近世思想史研究［M］. 北京：商务印书馆. 2003.

卞僧慧. 吕留良年谱长编［M］. 北京：中华书局. 2003.

蔡方鹿. 朱熹经学与中国经学［M］. 北京：人民出版社. 2004.

余英时. 朱熹的历史世界：宋代士大夫政治文化的研究［M］. 北京：生
　　活·读书·新知三联书店. 2004.

林国标. 清初朱子学研究——对一种经世理学的解读［M］. 长沙：湖南
　　人民出版社. 2004.

李学勤. 李学勤文集［M］. 上海：上海辞书出版社. 2005.

汪少华. 中国古车舆名物考辨［M］. 北京：商务印书馆. 2005.

张舜徽. 爱晚庐随笔［M］. 武汉：华中师范大学出版社. 2005.

戴庞海. 先秦冠礼研究［M］. 郑州：中州古籍出版社. 2006.

萧一山编. 清代通史［M］. 上海：华东师范大学出版社. 2006.

王俊义主编. 炎黄文化研究第 3 辑［M］. 郑州：大象出版社. 2006.

张富祥. 宋代文献学研究［M］. 上海：上海古籍出版社. 2006.

潘殊闲. 叶梦得研究［M］. 成都：巴蜀书社. 2007.

陈来. 朱子书信编年考证：增订本［M］. 北京：生活·读书·新知三联书店. 2007.

龚书铎主编. 白寿彝文集·朱熹撰述丛考·中国交通史［M］. 开封：河南大学出版社. 2008.

杨世文. 走出汉学：宋代经典辨疑思潮研究［M］. 成都：四川大学出版社. 2008.

韦政通. 中国思想史［M］. 长春：吉林出版集团有限责任公司. 2009.

姜广辉. 中国经学思想史［M］. 北京：中国社会科学出版社. 2010.

吴震，吾妻重二. 思想与文献：日本学者宋明儒学研究［M］. 上海：华东师范大学出版社. 2010.

史革新. 晚清学术文化新论［M］. 北京：北京师范大学出版社. 2010.

孙显军.《大戴礼记》诠释史考论［M］. 北京：社会科学文献出版社. 2011.

钱基博. 钱基博著作集［M］. 上海：上海古籍出版社. 2011.

孙赫男.《左氏会笺》研究［M］. 北京：光明日报出版社. 2011.

惠吉兴. 宋代礼学研究［M］. 保定：河北大学出版社. 2011.

李红. 朱熹《仪礼经传通解》语音研究［M］. 厦门：厦门大学出版社. 2011.

钱基博. 钱基博著作集 经学通志［M］. 上海：上海古籍出版社. 2011.

沈乃文主编. 版本目录学研究 第3辑［M］. 北京：北京图书馆出版社. 2012.

舒大刚主编. 儒学文献通论［M］. 福州：福建人民出版社. 2012.

王春林.《书集传》研究与校注［M］. 北京：人民出版社. 2012.

许子滨.《春秋》《左传》礼制研究［M］. 上海：上海古籍出版社. 2012.

马楠编. 比经推例［M］. 北京：新世界出版社. 2012.

陈鸿儒. 朱熹《诗》韵研究［M］. 北京：社会科学文献出版社. 2012.

刘蔷. 天禄琳琅研究［M］. 北京：北京大学出版社. 2012.

陈来主编. 哲学与时代：朱子学国际学术研讨会论文集［M］. 上海：华东师范大学出版社. 2012.

梁启超. 中国近三百年学术史［M］. 上海：上海古籍出版社. 2014.

叶纯芳，乔秀岩编. 朱熹礼学基本问题研究［M］. 北京：中华书局. 2015.

林庆彰. 林庆彰著作集 明代考据学研究［M］. 上海：华东师范大学出版社. 2015.

向世陵主编. 宋代经学哲学研究 儒学复兴卷［M］. 上海：上海科学技术文献出版社. 2015.

景红艳. 《春秋左传》所见周代重大礼制问题研究［M］. 北京：中国社会科学出版社. 2015.

吕思勉. 吕思勉全集［M］. 上海：上海古籍出版社. 2016.

陈垣. 史讳举例［M］. 北京：中华书局. 2016.

姚进生主编. 朱子与朱子学文献研究［M］. 厦门：厦门大学出版社. 2016.

顾宏义. 朱熹师友门人往还书札汇编［M］. 上海：上海古籍出版社. 2017.

王志阳. 《仪礼经传通解》研究［M］. 北京：社会科学文献出版社. 2018.

乔秀岩，叶纯芳著. 文献学读书记［M］. 北京：生活·读书·新知三联书店. 2018.

殷慧. 礼理双彰：朱熹礼学思想探微［M］. 北京：中华书局. 2019.

三、论文类

楠本正继. 朱晦庵の二遗业［J］. 哲学年报，1953，（14）：1—28.

上山春平. 朱子の礼学——「仪礼经传通解」研究序说［J］. 京都大学人文科学研究所：人文学报，1976，（41）：1—54.

高明. 朱子的礼学［J］. 辅仁学志. 1982，（11）：35—49.

陈恩林. 河图、洛书时代考辨［J］. 史学集刊，1991，（01）：14—20.

陈恩林. 再谈河图、洛书的时代问题［J］. 史学集刊，1992，（04）：73—77.

史应勇. 两部儒家礼典的不同命运——论大、小戴《礼记》的关系及《大戴礼记》的被冷落［J］. 学术月刊，2000，（04）：80—85.

孙致文. 朱熹《仪礼经传通解》研究 [D]. 台北:"中央大学"文学研究所, 2003.

陈捷. 岸田吟香的乐善堂在中国的图书出版和贩卖活动 [J]. 中国典籍与文化, 2005, (03): 46—59.

何俊. 由礼转理抑或以礼合理:唐宋思想转型的一个视角 [J]. 北京大学学报 (哲学社会科学版), 2007, (06): 36—43.

殷慧. 朱熹礼学思想研究 [D]. 长沙:湖南大学, 2009.

孙显军. 朱熹的《大戴礼记》研究 [J]. 苏州大学学报 (哲学社会科学版), 2009, (01): 70—72.

邓声国. 《仪礼经传通解》"今按"之文献学面面观:朱熹整理《仪礼》及《注疏》之检讨 [J]. 齐鲁文化研究. 2009: 74—89.

晁福林. 从上博简《武王践阼》看战国时期的古史编撰 [J]. 史学理论研究, 2011, (01): 114—123+161.

殷慧. 宋代儒学重建视野中的朱熹《仪礼》学 [J]. 湖南大学学报 (社会科学版), 2012, (06): 24—30.

乔秀岩 (桥本秀美). 嘉定南康军刊本《仪礼经传通解》之补修情况 [J]. 中国典籍与文化, 2013, (02): 63—70.

李少鹏, 孙云渤. 清末吉林崇文书院考略 [J]. 北华大学学报 (社会科学版), 2014, (06): 70—72.

郑毅, 李少鹏. 略论"火烧船厂"研究中报刊史料的使用——以《申报》、《盛京时报》为中心 [J]. 古籍整理研究学刊, 2014, (04): 10—15.

王志阳. 《仪礼经传通解》朱子按语研究 [J]. 甘肃社会科学, 2014, (06): 55—58.

曹建墩. 论朱子礼学对《五礼通考》的影响 [J]. 江海学刊, 2014, (05): 156—161.

廖明飞. 《仪礼》注疏合刻考 [J]. 文史, 2014, (01): 185—207.

王志阳. 《仪礼经传通解》研究 [D]. 南京大学, 2014.

陈恩林, 李少鹏. 对古代"中国正义论"讨论中若干提法的商榷——兼谈先秦的民本思想 [J]. 北华大学学报 (社会科学版), 2015, (01): 57—60.

潘斌. 朱子《仪礼经传通解》的编纂缘由和学术影响 [J]. 四川师范大

学学报（社会科学版），2015，（03）：5—11.

许兆昌，李大鸣. 试论《武王践阼》的文本流变［J］. 古代文明，2015，（02）：42—54+113.

李少鹏.《书断》版本考异［J］. 关东学刊，2016，（05）：44—51.

李少鹏，孙赫男.《仪礼经传通解》版本考略［J］. 古籍整理研究学刊，2016，（05）：36—42.

彭卫民. 礼理一体：朱熹与《三礼》的对话（上）［J］. 社会科学论坛，2016，（11）：38—56.

冯兵."尽数拆洗"与"万世规矩准绳"——朱熹的礼学著述及其历史影响论析［J］. 人文杂志，2016，（08）：9—13.

黄益飞. 金文所见拜礼与《周礼》九拜［J］. 南方文物，2016，（03）：225—233+208—209.

王志阳. 论《仪礼经传通解》对后世礼书编撰的影响［J］. 天中学刊，2017，（01）：98—106.

李少鹏，孙赫男. 从汉宋之争到礼融汉宋——以朱熹晚年的学术转捩为途径［J］. 文艺争鸣，2017，（11）：190—192.

李少鹏.《仪礼经传通解》研究［D］. 吉林大学，2017.

邓声国. 试论朱熹《通解》对清代礼经研究的影响［J］. 朱子学刊，2017，（01）：30—45.

王志阳.《仪礼经传通解》编撰缘起新论［J］. 朱子学刊，2017，（01）：46—61.

李少鹏. 庆元以后朱熹学风转变析论——以《仪礼经传通解》为视角［J］. 孔子研究，2018，（06）：92—100.

谢遐龄. 从《仪礼经传通解·祭礼》看朱子学的宗教维度［J］. 复旦学报（社会科学版），2019，（02）：16—25+93.

李少鹏. 朝鲜刊《仪礼经传通解》的版本及流布［J］. 图书馆杂志，2020，（06）：127—132.

杜以恒. 朱熹《仪礼经传通解》分节探析［J］. 孔子研究，2020，（05）：47—56.

李旭. 朱熹修撰《仪礼经传通解》编年考辨［J］. 文献，2021，（03）：4—21.

后　记

　　距我在吉林大学古籍研究所孙赫男教授门下获得博士学位，忽忽已有五年。五年间，我虽然不曾停下学术研究的脚步，但关注的兴趣点逐渐从中国古典转至东北边疆与东亚思想，同时也未曾放弃对"经学"的关切。本书作为在博士论文基础上的修订本，不仅章节顺序有了大幅调整，内容方面也增删了三分之一以上的内容，付梓之际，权作为我经学研究的一个阶段性总结，交由读者评判。

　　回想约十年前，在孙师的指导下我选择此题为博士学位论文的研究对象，老师耳提面命，犹在耳畔："这个题目虽已有人涉及，但你要在独立阅读原始文献的基础上推进前人的研究，切不可人云亦云，应重在补前人所未备。"十多年来我一直向逸斋陈恩林先生请益学问，也曾将此选题面禀陈师，先生特别提醒要将《仪礼经传通解》放到中国经学史的长河中看待，不要沉浸于细小案例，不要受成说影响。撰写过程中，我须臾不敢忘怀这些教诲，然绠短汲深，唯勉力为之以报师恩。

　　朱熹是继孔子之后当仁不让的儒学宗师，这两位圣哲的一生经历也颇为类似，其中一点是他们晚年均花费极大精力编纂了一部总结自己一生学问的经典——《春秋》和《仪礼经传通解》。说这两部书相似，是因为它们都是两位哲人历经晚年的苦难之后，沉吟良久，手自编修，意在为后人留作"大经大法"的巨著：孔子说"《春秋》天子之事也"，朱熹也有意以《通解》为后世制法。同时，这两部书均是交由他们的得意弟子继续负责讲习、纂修。《春秋》修成后"子夏之徒不能赞一辞"，而《通解》也交由朱门嫡传黄榦负责撰成，这显示了两部书在二圣眼中颇有"非高足难与言"的意味。最重要的是，两书均体现了与圣哲中年不尽一致的学风趋向。孔子晚年说"知我者其《春秋》，罪我者其《春秋》"，似谓其作《春秋》违背了其早年"述而不作"的宗旨；而朱熹在《通解》中所显露出的与中年"性理学"迥异的"考据学"意味，更是本书重点揭示的内容。可惜的是，相对于孔门六艺中"《春秋》"学的大宗地位，朱子学中的《通解》研究几乎被朱子研究者所无视，这着实令人遗憾。

我自幼濡染横渠四句"为天地立心，为生民立命，为往圣继绝学，为万世开太平"，曾深深感慨于宋儒气吞山河的志魄，尽力遵行。攻读博士学位时，渐转向拜服清儒淹通经史、不限门户的宽博学风，每每渴求新知，贪多为是。迷茫之余，也曾一度沉浸内典，耽于缘起性空、万法唯识之辨，细思之也能觉察其有空寂无为之偏。后偶读到朱熹言其"求理太多而涵泳之功少，故日常匆迫而不暇於省察，遂欲尽罢生面功夫，且读旧所习熟者而加涵养之力"（《答敬夫孟子说疑义》），恍如触电，方觉朱子学问崖岸高峻，非王鸣盛、杭世骏辈虚伪俗儒所能比。反观横渠所教、朱子所感，真有担荷天下、打破虚空的精神感召力，这才是儒学的精神命脉所在。余不敏，愿终身奉此圭臬。

在本书出版过程中，承蒙我博士阶段的指导教师孙赫男教授赐序谬奖。我是孙老师门下的第一位博士，本书无疑也凝聚了孙老师的不少心血。北华大学东亚历史与文献研究中心主任郑毅教授既是我硕士阶段的导师，也是我所在单位的领导，十余年来如慈父般惠我良多，对本书也提出不少修改意见。北华大学美术学院赵彦辉教授一直对我关怀备至，于我亦师亦兄，并赐题书名，感佩由衷。商务印书馆责任编辑精心、专业编辑拙稿，为本书增色不少。拙荆孙云渤博士同样精于古典文献，为支持我的事业，甘愿牺牲自己、照顾家庭，十年来毫无抱怨，让我备感温馨……凡此种种，感念在心，情长笺短，谨申谢悃。

人常言："学如积薪，后来居上。"我深知此语于经学却未必。前儒于经学早已机关道尽，我辈所谓"创见"多是未读尽前人书时的自大之语。本书中于前人已述尽量标注，若有曲解错会乃至疏于引证之误，其责在我。其他识见浅薄、评述失当之处，祈请方家不吝指正。

李少鹏

2022 年初夏

于松花江畔小迦楼罗山馆

图书在版编目 (CIP) 数据

朱熹晚年礼学思想研究 : 以《仪礼经传通解》为中心的考察 / 李少鹏著 . — 北京 : 商务印书馆 , 2022
　ISBN 978-7-100-21515-2

　Ⅰ . ①朱… Ⅱ . ①李… Ⅲ . ①朱熹（1130-1200）—礼仪—思想评论 Ⅳ . ① B244.75 ② K892.9

中国版本图书馆 CIP 数据核字（2022）第 138345 号

权利保留，侵权必究。

朱熹晚年礼学思想研究

以《仪礼经传通解》为中心的考察

李少鹏　著

商　务　印　书　馆　出　版
（北京王府井大街 36 号　邮政编码 100710）
商　务　印　书　馆　发　行
江苏凤凰数码印务有限公司印刷
ISBN　978-7-100-21515-2

2022 年 11 月第 1 版　　　开本 880×1240　1/32
2022 年 11 月第 1 次印刷　　印张 14

定价：85.00 元